법과 경제생활

Law and Economic Life

문상일

박영사

이 저서는 2023년 대한민국 교육부와 한국연구재단의 지원을 받아 수행된 연구임(NRF－2023S1A6A4076685)

머리말

우리는 살아가면서 수많은 선택을 하고, 다양한 사람들과 관계를 맺으며 하루하루를 살아갑니다. 친구와의 약속, 물건을 사고파는 일, 집을 빌리거나 돈을 빌려주는 일, 혹은 억울한 일을 당했을 때 어디에 기대야 할지 고민하는 순간들까지 — 이 모든 것에는 법이 깊숙이 자리잡고 있습니다. 하지만 많은 분들이 법이라고 하면 어렵고, 딱딱하고, 나와는 먼 이야기라고 느끼곤 합니다.

『법과 경제생활』은 바로 그런 분들을 위해 집필되었습니다. 법학을 전공하지 않아도, 판례나 조문을 외우지 않아도, 일상 속에서 겪게 되는 다양한 법률문제를 자연스럽게 이해하고, 스스로 판단할 수 있도록 돕는 것이 이 책의 가장 큰 목표입니다.

2010년 미국 유학을 마치고 돌아온 직후 연세대학교에서 일반교양과목 「법과 경제생활」을 강의하면서부터, 저는 늘 고민해 왔습니다. "법을 모르는 일반인에게 법을 어떻게 설명해야 할까?", "법이라는 복잡한 제도를 어떻게 하면 삶의 언어로 풀어낼 수 있을까?" 그렇게 오랜 시간 학생들과 호흡하고, 질문을 받고, 설명을 반복하면서 정리한 내용들이 이 책의 밑바탕이 되었습니다.

이 책은 민사, 형사, 상사 등 법의 기초적인 영역은 물론이고, 요즘 시대에 특히 중요해진 주제들 — 예를 들면 온라인플랫폼에서의 거래, 프랜차이즈 가맹점과 본사 사이의 갈등, TV홈쇼핑에서의 소비자 피해 사례 등도 함께 다루고 있습니다. 단순히 법조문을 소개하는 데 그치지 않고, 현실에서 벌어졌던 생생한 사례를 중심으로 "왜 그런 일이 벌어졌는지", "그럴 땐 어떻게 해야 하는지"를 하나하나 짚어봅니다.

이 책은 정답을 알려주는 교과서라기보다는, 삶의 여러 갈림길에서 독자가 스스로 생각하고 판단할 수 있도록 돕는 법률생활 안내서입니다. "이럴 땐 법이

뭐라고 할까?", "내가 잘못한 걸까?", "상대방은 어떤 권리가 있을까?"라는 질문 앞에서 조금 더 차분하고 현명한 결정을 내릴 수 있도록, 이 책이 작은 힘이 되기를 바랍니다.

무엇보다 기쁘게 생각하는 것은, 그동안 이 과목을 수강한 많은 학생들이 이 수업을 통해 법학에 대한 관심을 키우고, 나아가 법조인의 길을 걷게 되었다는 점입니다. 지금도 여러 분야에서 훌륭하게 활동하고 있는 제자들이 많으며, 그들의 성장과 열정은 이 책을 끝까지 집필할 수 있었던 큰 동기이자 원동력이 되어주었습니다.

앞으로도 이 책이 법학을 처음 접하는 학생들에게 단순한 교양지식 그 이상을 남기고, 장래에 법조인의 꿈을 키워나가는 데 의미 있는 계기가 되기를 바랍니다.

마지막으로, 이 교재가 수업에서든, 일상에서든 독자 여러분께 작지만 단단한 길잡이가 되기를 진심으로 기대합니다. 또 출판을 위해 애써 주신 박영사 관계자 여러분께도 깊은 감사를 전합니다.

2025년 7월 송도 연구실에서
문상일

차 례

제1장 법(法)의 개념

제2장 민사법률관계

제3장 형사법률관계

제4장 보험법률관계

제5장 상사법률관계

제6장 소비자보호

제7장 유통시장 현황과 규제

제 1 장

법의 개념

제1장 법(法)의 개념

제1절 법의 기능

Ⅰ. 사회와 규범

사람들이 집단생활을 시작한 아주 오래전부터 인간은 단체라는 사회를 구성해서 다른 인간들과 함께 생존하기 위해 공동체를 형성해 서로 협력함으로써 혹독한 생존경쟁에서 살아남았다. 이러한 공동생활은 자기만의 이익을 추구하기보다 서로를 존중해 주고 다른 구성원들과의 공동 생존을 위한 협력관계를 기반으로 하고 있는데, 이러한 특성을 아리스토텔레스는 '인간은 사회적 동물이다'라고 표현함으로써 인간의 사회성을 인정한 바 있다.

다만 인간이 형성한 이러한 공동체는 항상 협력관계로만 유지되는 것은 아니었으며, 오히려 서로 갈등과 대립에 의해 분쟁이 발생하는 경우가 더 일반적이었다. 인간의 본능적인 이기심과 개인 중심적 성향은 이러한 협력적 공동체를 혼란과 불안, 약탈과 복수가 만연하는 악순환의 고리를 만들었으며, 이를 통제하지 못하는 경우에는 결국 공동체 질서는 붕괴되고 인간사회의 존립은 불가능한 것으로 인식되어 왔었다. 이런 이유에서 사회에 인간이 존재하는 한 사회의 안정과 평화를 유지하기 위한 규범(規範)이 필요하게 되었으며, 인간의 행위를 효율적으로 규율할 수 있는 제도적 장치의 하나로서 법을 만들게 되었다.

이처럼 규범은 구성원들이 공동생활을 위한 생활의 준칙으로 서로 합의를 통해 만든 질서의 하나로서 관습, 도덕, 법 등 다양한 형태로 존재하고 있는데, 그 중에서도 특히 법규범은 그 시대의 가치관을 반영해서 구성원들에 의해 인위적으로 창출되어 강제성이 부여된 시대 현상을 반영한 사회적 규범에 해당한다. 따라서 법은 사회 일반인을 대상으로 하는 현실적인 가치기준인 동시에 법의 목적을 실현하기 위해 합리적이고 순리적이면서 당위성을 가지는 규범이며, 실현가능성이 전제되어야 한다.

오늘날처럼 사회 구성원들의 다양하고 복잡한 사고방식과 생활양식을 법이라는 규범으로 획일적으로 규율하려는 시도는 자칫 합리성을 결여시킬 수 있는 위험이 있으며, 논리적으로도 법과 다양성의 개념은 모순되는 양면성을 가지므로 과거에 비해 법규범의 내용과 형식은 시대가 흐를수록 복잡하고 다양하게 구현될 수밖에 없다. 그 결과 오늘날 대다수 국가들은 일일이 확인조차 어려울 정도로 많은 종류와 수의 법률들을 제정해서 국가와 사회질서 유지를 위해 운영하고 있는데, 모든 법률의 내용을 상세히 알고 행동하는 것 자체가 불가능하다고 볼 수 있다.

Ⅱ. 법의 기능(機能)

인간은 천부인권으로서 인간으로서의 존엄과 가치, 행복, 자유를 법에 의해서 보장받으므로, 국가권력도 개인의 자유와 권리의 본질을 침해할 수 없음은 물론 헌법에 의해 국민의 자유와 권리를 보장할 의무를 갖는다. 이처럼 법은 인간의 인권을 보장하는 기능을 가지며, 그 수단의 하나로 대다수 국가에서는 법치주의(法治主義)를 제도화하고 있다.

그 외에도 법은 사회생활의 기본 질서를 유지함으로써 안정적인 사회생활을 담보하는 기능을 가진다. 사회질서를 유지하기 위해서 법은 일관성과 안정성을 가져야 하며, 무엇보다 공동체로부터 승인받은 강제성이 인정되어야 한다. 더불어 사회생활의 안정성 유지를 위해 법은 예측가능성을 가져야 하며, 이를 통해 법에 대한 신뢰가 확보될 수 있다.

또한 법이 개인의 자유와 권리를 보호하고 사회질서를 유지하기 위해서는 사회생활 전반에 대한 통제력을 행사할 수 있는 규범력(規範力)이 인정되어야 한다. 다시 말해, 개인의 권리를 침해하거나 나아가 사회질서를 해치는 법 위반 행위에 대해서는 공권력으로 하여금 강력한 제재를 가하게 허용함으로써 전체 사회질서를 유지할 수 있는 통제적 기능을 가져야 한다. 이러한 법의 통제적 기능은 개인의 자유와 권리를 중시하던 시대보다 오늘날과 같이 공공복리 증대 및 사회질서 유지를 위해 사인(私人)의 경제력 행사를 제한할 필요성이 높아진 경우에 더욱 중요한 기능으로 작용한다.

개인간의 분쟁이 발생하는 경우 이를 해결하기 위한 분쟁해결 기능은 애초 규범으로서 법이 탄생하게 된 본질적 기능에 해당한다. 분쟁을 해결하기 위한 규범으로는 법 이외에도 도덕, 관습 등이 있으나 시대적 가치관을 반영해 국가권력에 의해 강제력이 인정되는 법이 분쟁해결의 가장 효율적인 규범으로 기능하기 때문에, 분쟁 당사자가 모두 수용할 수 있는 중립적이고 합리적인 심판을 위한 공정한 사법체계를 수립하는 국가의 역할이 중요성을 가지게 된다.

제2절 법의 체계

국가의 법체계는 최고 상위법인 헌법(Constitutional Law)을 정점으로 하여 법의 상호 관계를 구성하는 법질서의 총체를 의미하며, 흔히 법의 연원이나 법원(法源, source of law)이라는 용어로 사용되기도 한다. 법은 체계적이고 통일적인 사회규범으로서, 단순한 법조문의 집합체라기보다는 국가 법질서의 근간을 이루는 법규범의 통일체라 할 수 있다.

일반적으로 법은 성문법과 불문법으로 구분하는데, 제정법 중심의 성문법 체계하에서는 헌법, 법률, 명령, 규칙, 자치법규 등으로 체계화 되어 있는 반면, 판례법 중심의 불문법 체계하에서는 판례법을 비롯해 관습법과 조리 등이 법체계의 근간을 형성하고 있다. 성문법과 불문법 체계 중 어느 것이 우수한 것인지 평가하는 것은 무의미 하며, 법체계의 형식이 어떻든 사회에서의 통제력과 실천적 기능을 효율적으로 행사할 수 있는 법체계를 형성하기 위해서 오늘날 대부분 국가들은 성문법과 불문법을 상호보완관계로 모두 활용하고 있다.

Ⅰ. 성문법

성문법이란 법전의 형식을 갖추고 일정한 절차와 형식에 의해 권한 있는 국가기관이 제정한 법을 말하며, 제정법 또는 실정법이라고도 부른다. 본래 법은 불문법에서 성문법으로 진화하였는데, 공동체 내에서 법적 확실성을 담보하고 예측가능성을 높이기 위해 법전의 형식을 가진 성문법이 등장하게 되었다. 특히 오늘날과 같이 사회가 복잡하고 다변화되면서 법적 안정성이 더욱 요구됨에 따라 미국이나 영국과 같은 불문법 국가에서도 법전 형식의 성문법을 도입하고 있는 실정이다. 한편, 성문법은 법규범이 사전에 성문화되어 법전화되어 있기 때문에 그 내용이 고정적이고 탄력적이지 못하다는 특성이 있어 급변하는 사회 및 경제현실에 신속하고 탄력적으로 대응하지 못한다는 단점이 있다. 더불어, 입법기관의 자의적인 법제정으로 인해 국민의 법적 확신과 사회정의를 무시한 성문법 만능주의에 빠져들 위험성도 있어 자칫 독재권력에 의한 통치수단으로 잘못 사용될 경우 심각한 인권침해의 도구로 전락할 위험도 있다.

성문법주의를 채택하고 있는 우리나라 법체계를 중심으로 살펴보면, 국가의 이념과 조직, 작용에 관한 국가의 근본법으로 최고법에 해당하는 헌법이 법률 등 다른 제정법보다 상위에 위치해 국가의 전체 법질서를 규율하고 있다. 다음으로 법률은 헌법 이념을 구현하기 위한 하위법으로 헌법에 위배되지 않는 범위에서 삼권분립 및 국민의 기본권을 침해하지 않는 범위에서 입법기관인 국회에서 제정한 실정법이다.

그 외 행정기관이 법률의 위임을 받아 법률의 구체적인 내용을 집행하기 위해 제정하는 명령이 있는데, 흔히 행정입법이라고 부른다. 명령은 국회 의결을 거치지 않고 행정기관이 제정권을 가진다는 점에서 법률과 다르다. 그리고 헌법에서는 권력분립 이념에 따라 행정부 이외의 국가권력기관인 국회, 대법원, 헌법재판소, 중앙선거관리위원회 등의 행정 자율성 보장을 위해 내부규율과 사무처리를 위한 독자적인 규칙제정권을 인정하고 있다. 그 외 지방자치단체가 법령의 범위 내에서 제정한 자치권에 관한 규정인 자치법규로 조례와 규칙이 있다. 조례는 지방자치단체의 의회 의결을 거쳐 제정되며, 규칙은 지방자치단체의 장이 법령 또는 조례가 위임한 범위 내에서 제정한 자치법규이다.

국내법은 아니지만 국제조약과 일반적으로 승인된 국제법규도 국내법과 동일한 효력을 가지는데(헌법 제6조), 조약은 국가간 합의문서로서 대통령이 체결하고 국회 동의를 거쳐 효력이 발생한다.

Ⅱ. 불문법

불문법은 문서로서 성문화된 제정법이 아니라 관행으로 존재하는 법원(法源)을 말하는데, 성문법과 같이 입법기관의 제정절차를 거치지 않고 자율적으로 생성된 비제정법으로서 관습법, 판례법, 조리 등이 여기에 해당한다. 다양하게 변화하는 현대 사회생활에서 사전에 제정된 성문법전 만으로는 모든 생활관계를 규율하는데 한계가 있으므로, 비록 성문법주의 국가에서도 제정법의 규제적 한계를 보완하기 위한 수단으로 불문법을 보충적으로 도입하는 경우가 많다. 성문법체계하에서는 법해석과 개정작업을 통해 현실과의 괴리를 보충할 수는 있지만, 법해석과 개정에도 한계가 있으므로 성문법의 경직성을 불문법을 통해 보완할 필요성이 있다. 영미법은 전형적인 불문법주의 국가로서 판례와 관습법을 기준으로 분쟁을 해결해 왔으나 법적 안정성을 도모하기 위해 성문법전을 제정함으로써 불문법체계의 단점을 보완하고 있다.

관습법은 입법기관에서 제정한 법이 아니라 사회생활 과정에서 형성되어 온 일반적인 법적 확신이나 인식이 법적 가치를 얻은 성문화되지 않은 법을 말한다. 관습법과 구별해야 할 개념으로 관습이 있는데, 관습은 오랜 기간 사회생활에서 자연발생적으로 생성된 사회질서나 관행이지만 사회 구성원들에게 아직까지 법적 확신까지는 얻지 못한 규범력이 없는 관행이라는 점에서 법적 확신을 가지고 재판의 판단규범으로 기능하는 관습법과는 다른 개념이다.

관습법과 관습의 구별이 용이하지는 않지만 그 개념상 차이를 우리 대법원 판례를 통해 확인해 본다.

> 사회의 반복적인 관행으로 생성된 사회생활규범이 관습법으로 성립하기 위해서는 헌법을 최상위 규범으로 하는 전체 법질서에 반하지 아니하는 것으로서 정당성과 합리성이 인정되어야 하고, 그렇지 아니한 경우에는 관습에 법적 규범인 관습법으로서의 효력을 인정할 수 없다(대법원 2005. 7. 21. 선고 2002다1178 판결).

판례법은 법원의 판례를 통해 형성된 법원리에 법적 효력이 인정되는 규범을 의미하며, 유사한 사실관계에 공통적으로 적용되어 온 최고 법원의 판례법리가 하나의 법원리로 인정되는 경우에 성립된다. 불문법주의 국가에서는 판례법은 중요한 법원으로 기능하고 있으며, 선례구속의 원칙(doctrine of stare decisis)에 따라 최고 법원의 판례가 하급법원을 기속하게 된다. 반면 성문법주의 국가에서는 사법권 독립의 원칙에 따라 다른 법원의 판례의 법규범적 효력이 인정되지 않기 때문에 판례의 법원성이 일반적으로 부인되고, 다만 실정법 해석을 위한 기준으로 활용되고 있다.

조리는 사물의 합리적, 본질적 법칙으로 국가가 법규범으로 효력을 인정한 법적 원리를 말하는데, 보통 사회통념, 경험법칙, 공서양속, 신의성실의 원칙, 법의 일반원칙, 정의 등으로 표현되며, 일반적으로 합리성과 구체적으로 타당성이 인정되는 보편적 가치를 그 내용으로 하고 있다. 복잡하고 다양하게 변화하는 사회생활관계에서 발생하는 분쟁을 해결하기 위해서는 제정법이나 관습법, 판례법으로는 부족하기 때문에 적용할 법규범이 없는 경우에도 법관은 법의 흠결을 보충해서라도 판결을 내려야 하므로 법의 마지막 해석기준으로 법관이 만약 입법자라면 규정할 수 있는 원리인 조리에 따라 판단하도록 하고 있다. 이런 의미에서 조리는 법의 흠결을 보완하는 재판의 근거와 기준이 된다.

제3절 기초 법률이론

Ⅰ. 법의 목적

모든 법의 법을 제정해서 운용하는 목적이 있다. 예를 들어, 우리나라 법 가운데 사업자의 공정한 거래를 위해 제정된 독점규제 및 공정거래에 관한 법률에서는 '이 법은 사업자의 시장지배적지위의 남용과 과도한 경제력의 집중을 방지하고, 부당한 공동행위 및 불공정거래행위를 규제하여 공정하고 자유로운 경쟁을 촉진함으로써 창의적인 기업활동을 조성하고 소비자를 보호함과 아울러 국민경제의 균형 있는 발전을 도모함을 목적으로 한다.'는 내용의 동법의 제정과 운영 목적에 관한 사항을 제1조에 두고 있다. 이처럼 법의 목적은 해당 법을 운용하고 해석 및 적용하는데 있어 중요한 방향성을 제시하는 역할을 하고 있다.

그렇다면 보다 본질적으로 한 국가에서 제정되어 운영되고 있는 모든 법의 공통된 목적은 무엇인지에 대해서는 여러 주장이 제기되어 왔는데, 독일의 법철학자인 라드브루흐(G. Radbruch)는 법의 목적을 '정의', '합목적성', '법적 안정성' 세 가지에 있다고 주장하였는데 현대법학에서는 통설적 견해로 인정되고 있다.

그렇다면 첫 번째 개념 요소인 법의 정의란 무엇인가? 정의의 개념에 관해서는 오래전부터 많은 철학자들이 다양한 견해를 제시하였는데, 가장 대표적으로 아리스토텔레스의 정의론에서는 정의를 '일반적 정의'와 '특수적 정의'로 구분하였고, 다시 특수적 정의는 '평균적 정의'와 '배분적 정의'로 세분화하여 개념정의를 하고 있다. 모든 사람을 차별없이 평등하게 취급해야 한다는 것이 절대적 균등 개념에 해당하는 '평균적 정의'라 하였고, 이에 반해 상대적이고 비례적인 평등을 '배분적 정의'라 하였다. 즉 성과나 능력 등에 따라 차등적이고 비례적으로 대우하는 것이 배분적 정의개념에 부합한다는 것이다. 이처럼 아리스토텔레스의 정의는 평등을 의미하는 개념으로 이해할 수 있다. 그 외에도 정의가 무엇인지에 대해서는 많은 법철학자들의 논의가 있었지만 이 책의 서술 목적을 벗어나는 철학적 논의에 해당하므로 자세한 설명은 생략하기로 한다.

두 번째 법의 목적요소는 합목적성인데, 이는 법질서가 국가 이념과 가치관에 따라 결정, 실행되는 원리를 의미한다. 따라서 국가가 어떠한 체제와 가치관을 가지는가에 따라 법의 목적도 합목적적으로 조정될 수밖에 없다. 즉 사회주의적 가치관을 우선시하는 국가에서는 법의 목적이 사회적 불평등을 제거하고 절대적 평등을 달성하는데 있다고 보는 반면, 민주주의적 가치관을 우선시하는 국가에서는 국민의 다양한 의견 존중, 국민 참여에 의한 배분적, 비례적 평등 달성을 법의 목적으로 볼 것이다. 이러한 법의 합목적성 추구는 한 국가내에서도 법률에 따라 다르게 구현되기도 하는데, 사인간의 법률관계를 규율하는 민법의 경우에는 개인의 권리와 의무를 중심으로 발전해 온 반면, 사회보장법이나 공정거래법은 개인의 이익보다는 공동체적 가치관에 기초해 국가 전체의 이익을 더 우선시 하고 있다. 따라서 법의 합목적성은 개인중심의 가치관과 공동체중심의 가치관을 조화롭게 법의 목적에 맞게 운영하는 것이라 할 수 있다.

마지막으로 법의 안정성이란 법에 의해 보호되는 사회생활의 질서와 안정을 의미한다. 다시 말해서 법의 적용에 있어 그 내용이 명확하지 못하다거나 적용기준이 모호함으로 인해 법 적용의 예측가능성이 현저히 떨어지는 경우 등과 같이 법적용에 있어 불안정한 측면이 있는 경우에는 법에 대한 국민의 신뢰가 떨어질 수밖에 없고 이로 인해 법의 규범력도 저하될 수 있다. 따라서, 우선 법의 내용은 명확해야 하고 해석 주체에 따라 다양한 의미로 해석되어서는 아니될 것이다. 또한 법적 안정성을 위해서는 법의 제정이나 개정이 함부로 쉽게 이루어져서는 아니 된다. 어제까지 허용되는 행위가 갑자기 며칠 사이에 금지된다든지, 그 반대현상이 빈번하게 이루어질 때에는 법적 안정성이 침해될 수 있다.

Ⅱ. 법의 효력

법은 제정되었다고 해서 바로 실천력을 갖는 것은 아니다. 법은 일정한 시간적, 공간적, 인적 범위 내에서 현실적인 구속력을 발휘할 때 비로소 법으로서 기능한다. 법의 효력에 대한 이해는 국민의 권리 행사와 의무 이행에 필수적이며, 각종 분쟁에서 법률의 유·무효 판단 기준이 되기도 한다.

1. 시간적 효력

(1) 법의 시행시기

법률은 공포된 날로부터 일정 기간이 지나야 효력이 발생하는 것이 원칙이다. 이를 '유예기간' 또는 '시행유예'라고 하며, 일반적으로 공포일로부터 20일 후 효력을 발생한다. 이는 국민이 해당 법률의 내용을 인지하고 대비할 수 있도록 하기 위함이다. 예컨대, A법률의 개정안이 2025년 1월 1일에 공포되고, '공포 후 6개월 경과시 시행'이라는 규정을 둔 경우, 해당 법률은 2025년 7월 1일부터 효력을 가지게 된다.

(2) 소급효 금지의 원칙

법은 원칙적으로 소급 적용되지 않는다. 즉 법률이 시행되기 이전의 행위에 대해서는 그 당시 유효한 법이 적용되며, 나중에 제정된 법은 적용되지 않는다. 이는 국민의 예측 가능성과 법적 안정성을 보장하기 위한 기본 원칙이다. 다만, 예외적으로 국민에게 유리한 경우에는 소급 적용이 허용되기도 한다. 일례로, 형법 제1조 제2항은 '범죄 후 법률이 변경되어 그 행위가 범죄를 구성하지 아니하게 되거나 형이 구법보다 가벼워진 경우에는 신법에 따른다'처럼 나중에 특정범죄에 대한 형벌이 폐지되거나 또는 형이 감경되는 경우에는 개정된 법이 소급해서 적용되는 것이다. 예를 들어, 형법이 개정되어 특정 범죄에 대한 처벌이 징역 3년에서 1년으로 감경되었을 경우, 과거에 동일 범죄로 재판 중인 피고인에게도 감경된 법률이 적용된다. 또한 세금 감면, 규제 완화와 같이 공법상 부담을 완화하는 신법의 경우에도 과거 행위에 소급해서 적용되기도 한다.

하지만 정부가 2026년 1월부터 '부동산 임대소득세'를 신설하면서, 2025년도 임대소득까지 과세 대상에 포함시키면 이는 불리한 내용의 법을 소급해서 적용함에 따라 위헌 문제가 발생할 수 있다.

2. 공간적 효력

(1) 영토 내 효력(속지주의)

법은 일반적으로 해당 국가의 영토 내에서 이루어진 모든 행위와 사람에 대해 적용된다. 이를 속지주의(屬地主義)라고 하는데, 형법 제2조는 '본법은 대한민국영역 내에서 죄를 범한 내국인과 외국인에게 적용한다'라고 정하고 있어, 외국인이라도 대한민국 영토 내에서 행한 행위에는 대한민국의 법이 적용된다. 예를 들어, 외국인 관광객 A가 한국 내에서 소매치기 범죄를 저지른 경우, A는 대한민국 형법에 따라 처벌을 받는다.

(2) 영토 외 효력(속인주의 · 보호주의)

특정한 경우, 대한민국의 법은 국외에서 대한민국 국민이 저지른 행위에 대해 적용될 수 있다. 이를 속인주의(屬人主義)라고 하는데, 우리 형법 제3조에서는 '본법은 대한민국영역외에서 죄를 범한 내국인에게 적용한다'고 정하고 있다. 이와 별도로 대한민국 외에서 대한민국의 안전이나 공공질서를 해치는 외국인의 행위에 대해서는 일정한 범죄가 적용되는데, 이를 보호주의라 한다. 형법 제5조에서는 대한민국 또는 대한민국 국민에게 해를 끼칠 목적의 외국인의 국외 행위인 '내란죄, 외환죄, 국기에 관한 죄, 통화죄, 유가증권, 우표 및 인지에 관한 죄, 문서에 관한 죄와 인장에 관한 죄'등을 나열하고 있다.

[속인주의 적용 사례]
대한민국 국민 B가 태국에서 마약을 소지했다면, 태국법에 따라 처벌될 수 있지만, 동시에 대한민국 형법에 의해서도 추가적으로 처벌될 수 있다.

[보호주의 적용 사례]
외국인 C가 중국에서 한국의 정부 기관을 해킹한 경우, 이는 한국의 국가 이익을 침해한 것이므로 한국 형법의 적용을 받을 수 있다.

3. 인적 효력

법은 누구에게 적용되는가의 문제로, 일반적으로 전 국민을 대상으로 하되, 특정 법률은 특정 계층에만 적용되는 경우도 존재한다.

(1) 일반적 효력

모든 국민은 법의 적용 대상이다. 국민의 기본적 권리와 의무는 법률로 보장·제한된다. 외국인도 일정 범위 내에서 대한민국 법률의 적용을 받는다. 그 예로써 국내에 거주 중인 외국인 D가 민사상 손해배상을 청구하면 대한민국 민법이 적용된다.

(2) 특별한 효력

특정한 신분이나 지위에 있는 사람에게만 적용되는 법률이 있는데, 군형법이나 국가공무원법, 변호사법, 의료법, 세무사법 등은 특정 신분을 가지거나 특정 자격증을 보유한 전문직에게 적용되는 법률이다. 이러한 법률은 일반법과의 관계에서 특별법적 지위에 있으므로 우선 적용되는데, 예를 들어 군인 K가 군 복무 중 상관을 폭행했다면, 이는 형법상의 폭행죄가 아닌 군형법상 상관폭행죄로 처벌된다. 그리고, 공무원 X가 국가공무원 신분으로서 허위 학력을 기재하여 채용되었는데, 민간 기업과 달리 공무원은 국가공무원법상 징계사유로 파면될 수 있다. 전문직 자격을 가진 자에게 적용되는 법률인 변호사법에 따를 경우 변호사 Y가 수임료를 부당하게 청구했다면, 이는 민사상 손해배상뿐 아니라 변호사법상 징계 사유가 되어 대한변호사협회의 징계 대상이 된다.

☑ 한 중소기업이 정부의 조세특례제도를 이용하여 설비투자를 했는데, 이후 조세감면 혜택이 소급 폐지된 경우, 기업은 법적 안정성에 위반된다고 주장할 수 있다(소급입법의 문제).
☑ 우리 국민이 해외직구 플랫폼을 운영하며 외국 소비자를 기망한 경우, 한국 형법이 적용될 수

있을까? 형법상 속인주의 원칙에 따라 적용 가능성이 있다(공간적 효력의 확장).
☑ A씨가 공무원 신분으로 허위공문서를 작성한 경우, 일반 형법 외에도 「공무원 행동강령」 및 관련 특별법이 함께 적용될 수 있다(특별법 적용).

Ⅲ. 법의 분류

현대 국가에서 운영되는 법은 그 기능과 적용 범위, 목적에 따라 다양하게 분류된다. 이러한 분류는 단순한 이론적 구분에 그치는 것이 아니라, 법의 적용과 해석, 그리고 입법정책의 방향 설정에 실질적인 영향을 미친다. 법을 다양한 기준에 따라 분류해 보면 다음과 같다.

1. 공법과 사법의 구분

(1) 공법(公法, Public Law)

공법은 국가 또는 공공단체가 권력 주체로서 국민과의 관계를 규율하는 법이다. 대표적으로 헌법, 형법, 행정법, 조세법 등이 여기에 해당한다. 이 법들은 국가권력과 개인 간의 관계에서 우월적 지위를 전제로 하며, 일반적으로 강행규정의 성격을 띤다.

(2) 사법(私法, Private Law)

사법은 개인 상호 간의 법률관계를 규율하는 법으로, 민법, 상법이 대표적이다. 당사자들의 자율성과 평등성을 전제로 하며, 임의규정이 많은 것이 특징이다. 예를 들어, 개인간의 매매계약, 손해배상, 주식회사의 주주총회 결의의 효력 등이 사법 규율 영역에 해당한다. 오늘날 현대 법체계에서는 공법과 사법의 경계가 모호해지는 추세이며, 이를 공사법의 융합 또는 혼합법 영역이라고 부르기도 한다. 예컨대, 공정거래법은 사법적 성격과 함께 강한 공법적 통제 요소를 갖는다.

2. 실체법과 절차법

(1) 실체법(Substantive Law)

권리와 의무의 내용을 규율하는 법으로 무엇이 권리이고 무엇이 의무인지를 정하는 규범이다. 민법 제750조(불법행위책임), 형법 제250조(살인죄 규정)가 이에 해당한다.

(2) 절차법(Procedural Law)

반면, 실체법상의 권리·의무를 실현하는 수단과 방법을 규율하는 법으로 민사소송법, 형사소송법, 행정소송법이 대표적인 절차법에 해당한다. 실체법이 목적이라면, 절차법은 그 목적을 실현하기 위한 수단이다.

3. 국내법과 국제법

(1) 국내법

특정 국가 내에서만 효력을 가지는 법률로서, 헌법, 민법, 형법 등 국가 입법기관이 제정한 법률들이 이에 해당한다.

(2) 국제법

국가 간의 관계나 국제기구와 개인 사이의 법적 관계를 규율하는 법으로 대표적으로 국제조약, 국제관습법 등이 있다. 헌법 제6조에 따라 대한민국에서 체결된 국제조약은 국내법과 동일한 효력을 가지며, 국내법과 충돌할 경우 우선적 효력을 가지는 경우도 있다.

4. 강행법규와 임의법규

법규범은 그 적용 강제성의 정도에 따라 강행법규와 임의법규로 구분되는데, 이러한 구분은 단지 학문적 구분에 그치지 않고, 실제 계약서 작성이나 분쟁 해결에서 핵심적인 기준이 된다.

(1) 강행법규(Imperative Norms, 強行法規)

강행법규란, 당사자의 의사와 무관하게 강제로 적용되는 법규로, 이를 위반한 계약이나 약정은 무효가 된다. 주로 공공질서(公共公序)나 선량한 풍속(善良한 風俗), 사회적 약자의 보호를 위한 분야에 적용되며, 국가의 강제력이 전제된다. 예를 들어, 강행법규의 하나인 형법이 적용되는 경우 개인간의 합의로 형사처벌의 내용을 변경하는 것은 허용되지 않는다. 또한 회사와 근로자가 근로계약에서 '휴일없이 계속 일하기로 합의'하였다 하더라도 이는 근로기준법 위반에 해당되어 이러한 약정은 무효이다. 유사한 예로, 주택임대차보호법에서는 임차인에 대해 계약갱신요구권 행사를 인정하는 강행규정이 있는데, 임대인이 임대차 계약체결시 임차인의 갱신요구권을 포기한다는 내용의 특약을 넣더라도 이러한 특약은 무효가 된다.

☑ A 사장은 근로자 B에게 "야근수당 없이 일하면 인센티브를 주겠다"고 구두 약속을 했다. 그러나 이는 근로기준법 제56조(연장근로수당 지급 규정)에 위반되는 내용이므로 B는 사장의 약속 여부와 무관하게 야근수당을 청구할 수 있다.
☑ C 임대인은 D 임차인과 임대차계약을 체결하면서 "보증금 반환은 1년 연장 시에만 가능하다"고 특약을 넣었다. 그러나 이는 주택임대차보호법상 임차인의 권리(보증금반환청구권)를 침해하므로 강행규정 위반으로 무효가 될 수 있다.

(2) 임의법규(Dispositive Norms, 任意法規)

임의법규는 당사자의 자유로운 합의에 따라 적용 여부나 내용을 조정할 수 있는 법규다. 법에서 정한 내용은 일종의 '기본 틀'일 뿐이고, 당사자가 이를 다르게 약정하면 그 약정이 우선한다. 민법상 계약 관계에서 많이 나타난다. 예를 들어, 민법 제563조에서는 매매는 당사자 일방이 재산권을 상대방에게 이전할 것을 약정하고, 상대방은 이에 대해 대금을 지급할 것을 약정함으로써 그 효력이 생긴다고 정하고 있지만, 구체적인 대금 지급 시기, 방식, 장소 등은 당사자 간 합의로 자유롭게 정할 수 있다. 또한 민법 제565조에서는 매매계약의 해제는 일정한 조건에서 허용되지만, 당사자가 해제 사유를 달리 정하면 그에 따르도록 허용하고 있다.

☑ A는 B에게 중고차를 판매하면서, 차량 인도일을 "계약 후 2주 이내"로 합의했다. 민법상은 '계약 후 즉시'가 원칙일 수 있으나, 당사자 합의가 있으면 임의법규에 따라 합의사항이 우선 적용된다.
☑ C와 D가 체결한 임대차계약서에 "보증금은 계약종료 후 3개월 이내 반환한다"는 조항이 있다면, 민법상 '계약 종료 시 반환'이라는 기본 규정이 있더라도 합의가 우선한다.

Ⅳ. 법의 적용과 해석

1. 법의 적용

법의 적용은 추상적인 법규범을 구체적인 사실관계에 대응시켜 작동시키는 과정을 말하는데, 법원이나 행정기관이 개별 사건에 대해 관련된 법규를 적용하여 판단을 내리는 절차를 말한다. 법의 구체적 적용단계는 먼저 사실의 확정단계에서는 증거조사나 사실심리를 통해 사건의 구체적 사실관계를 조사하고 확정한다. 다음에는 확정된 사실관계에 적용될 수 있는 법규를 탐색하는 법규의 선택이며, 이어서 선택된 법규의 문언과

목적을 파악하여 의미를 밝히는 법규해석의 단계를 거치고 마지막으로 해석된 법규를 사실에 결합하여 결론을 도출하는 법규적용을 통해 유무죄 여부를 결정하거나, 계약의 효력을 판단하게 된다. 법을 적용함에 있어 가장 중요한 부분의 하나인 법 해석에 있어서는 단지 조문의 문언적 의미만을 읽는 것이 아니라, 현실의 문제를 법률적으로 해결하기 위한 사고의 도구로서 각 해석 방법은 개별 사안의 특성에 따라 보완적으로 작동하며, 때로는 복수의 해석 방법이 함께 활용되기도 한다.

2. 법의 해석

(1) 문리적 해석(문언 해석)

문리적 해석은 법조문에 사용된 단어와 문장의 문법적 의미에 충실하게 해석하는 방법으로 가장 기본적인 해석 방식이며, 그 자체로 법적 안정성과 예측 가능성을 보장한다. 문리적 해석의 예를 들면, 형법 제250조의 살인죄에서 '사람을 살해한 자는 사형, 무기 또는 5년 이상의 징역에 처한다'라고 정하고 있는데, 여기서 '사람'의 범위를 문리적으로 보면 출생 후의 자연인을 의미하며, 따라서 태아는 이 조항의 보호 대상에서 제외된다는 것이 전통적 문리 해석이다.

(2) 논리적 해석

문리 해석만으로는 의미가 불명확하거나 모순이 생길 때, 논리적 사고원리에 따라 의미를 도출하는 방법이 논리적 해석방식인데, 대표적으로 다음과 같은 해석방식이 있다.

가. 반대해석

법에 어떤 내용이 규정되어 있다면, 그와 반대의 상황은 허용되지 않는다는 추론인데, 예를 들어, 「도로교통법」에 "만 65세 이상 운전자는 정기검사 대상"이라고 규정되었을 경우, 65세 미만 운전자는 검사 대상이 아니다라는 해석을 할 수 있다.

나. 유추해석

조문이 규율하지 않는 유사 사안에 대해 같은 규정을 적용하는 해석방식으로 예를 들어 「전자문서법」 제정 이전에는 '서면으로 한 계약'에 전자계약서가 포함되는가?가 쟁점이었고, 유추해석을 통해 동등한 법적 효력을 인정하게 되었다.

다. 확대해석

문언보다 넓은 의미로 해석하는 방식으로 형법상 '주거침입'에 대해 단순히 문을 넘어 들어가는 행위만이 아니라, 사람이 사실상 지배하는 공간까지 포함해 주거로 해석하는 경우가 그 예이다.

(3) 목적론적 해석

해당 법조문이 왜 만들어졌는지, 어떠한 목적을 달성하려는지를 중심으로 해석하는 방식으로, 특히 사회적 약자 보호나 시대적 가치를 반영할 때 널리 활용된다. 예를 들어 청소년보호법은 청소년의 신체·정서적 보호를 목적으로 하므로, 성인에 비해 표현의 자유를 제한하는 조항이 있어도 합헌으로 판단될 수 있으므로 청소년에게 판매가 금지된 도서나 음반은 '표현의 자유'보다 청소년 보호라는 관점에서 자유권에 대한 제한이 허용된다. 다른 예로는, 상가임대차보호법에서 상가 임차인의 계약갱신요구권은 자영업자 보호라는 입법 목적에 기초하는데, 임대차 계약서에 "임차인은 갱신요구권을 행사하지 않는다"는 조항이 있더라도, 목적론적 해석에 따르면 그 특약은 무효가 될 수 있다.

(4) 역사적 해석

해당 조문이 제정되었을 당시의 시대적 상황, 입법 취지, 입법자 의도 등을 반영하여 해석하는 방법이다. 제정 후 오랜기간 존속된 법률이나, 시대와 사회적 변화를 고려해야 하는 법에서 의미 있다. 예를 들면, 헌법 제1조의 "대한민국은 민주공화국이다"라는 조항의 의미는 1948년 건국 당시 일제 잔재의 청산과 권력의 국민 귀속이라는 역사적 맥락에서 해석될 필요가 있다. 단순히 정치체제 선언이 아닌, 국가 권력의 정당성 근거라는 의미로 역사적 해석이 중요하다. 다른 예로 민법상 가족제도 해석에 있어 민법이 제정된 1958년의 가족관 개념(호주제 중심)은 오늘날 평등가치와 충돌하므로, 입법 당시의 의미보다 현행 헌법정신과 조화된 해석이 요청된다. 이 경우 역사적 해석이 해체적 기능을 하기도 한다.

(5) 비교법적 해석

유사한 외국법 제도나 판례를 참조하여 보다 합리적인 해석을 도출하는 방법인데, 특히 글로벌한 국제거래, 국제법, 신기술 관련 법령에서 자주 사용된다. 개인정보보호법 해석에 있어 유럽의 GDPR은 개인정보 자기결정권을 매우 강하게 보장하고 있어, 우리나라에서도 '삭제권'(잊힐 권리)의 도입에 대한 논의가 진행되었는데 이러한 외국 사례는 국내법 해석에 영향을 미친다. 다른 예로, 온라인플랫폼 사업자의 책임과 관련해서 미국에서는 플랫폼 사업자의 콘텐츠 책임을 제한하는 법령이 있고, 유럽 역시 관련 규제가 마련되어 있는데, 우리나라에서도 플랫폼 책임 논란이 있을 때 해외 판례 및 법제를 해석의 자료로 활용하여, 우리 법의 방향성과 적정 범위를 판단하게 된다.

Ⅴ. 법의 이상과 현실

법은 추상적 규범이지만 생활현실 속에서 구체적으로 적용되며, 그 과정에서 이상과 현실의 괴리가 자주 드러난다. 법의 현실과 이상은 법철학의 주요 논점이자, 실무적 비판과 법제개선의 핵심 주제이기도 하다.

1. 법의 이상: 정의, 합목적성, 법적 안정성

법은 단순히 명령이나 지시가 아니라, 사회를 바람직하게 유지하고 발전시키기 위한 규범체계이다. 따라서 법이 지향해야 할 이상(理想)은 단지 '합법'이라는 형식적 기준을 넘어서야 하며, 정의(正義), 합목적성(目的性), 법적 안정성(安定性)이라는 세 가지 핵심 가치의 균형을 통해 실현된다.

(1) 정의(Justice): 공정하고 평등한 법 적용

정의는 법이 사람들 사이의 권리와 의무를 공정하게 배분하고 판단해야 한다는 원칙으로 이는 다시 절차적 정의와 분배적 정의로 나뉜다. 절차적 정의란 법적 절차가 공정하고 투명해야 한다는 의미로서 적법절차나 방어권 보장이 그 예이다. 한편 분배적 정의란 법의 결과가 사회 구성원에게 합리적으로 분배되어야 한다는 의미로서 조세의 공평한 부과라던지 복지 혜택의 형평성이 그 예가 된다.

> ☑ **위법한 수사에 따른 무죄 판결 - 절차적 정의 실현**
> 대법원은, 피고인이 실제로 범죄를 저질렀더라도 영장 없는 불법압수나 자백 강요 등 위법한 수사가 있었다면, 이를 근거로 한 증거는 배제하고 무죄를 선고한다.
> ☑ **기초연금 제도 - 분배적 정의 실현**
> 노후 소득이 부족한 고령층에 대해 정부가 기초연금을 지급하는 것은 사회구성원 간 기회 불균형을 보완하고, 필요에 따른 재분배를 실현하는 제도이다.

(2) 합목적성(Teleology): 현실 사회의 목적에 부합하는 법

합목적성은 법이 현실 사회의 가치, 시대정신, 공익의 실현이라는 목적에 부합하도록 운영되어야 한다는 것을 의미하는데, 단순히 형식적으로 옳은 법이 아니라, 사회적 필요에 부응하고 실질적 유용성을 갖춰야 한다는 관점이다. 예를 들어, 청소년 보호법과 심야 게임 규제 폐지제도는 과거 '심야 게임 셧다운제'가 청소년 보호라는 목적에서 도입되었으나, 디지털 학습·문화 활동이 중요한 오늘날에는 규제의 실효성과 부작용에 대한 평가를 반영해 폐지되었다. 이는 시대 변화에 따라 법이 현실에 맞춰 유연하게 조정되는 경우이다.

(3) 법적 안정성(Legal Stability): 예측 가능성과 신뢰 보장

법적 안정성은 법이 쉽게 바뀌지 않고, 일관되게 적용되며, 누구나 자신이 처한 법적 지위를 예측할 수 있어야 한다는 원칙으로, 이는 개인과 기업이 법률관계에 기반해 계획을 세우고 신뢰할 수 있는 사회를 만드는 데 필수적이다. 법적 안정성과 예측가능성을 높이기 위해 대법원이 기존의 판례를 변경하는 경우에는 기존 법리를 명확히 부정하고 그 이유를 충분히 설명해야 하며, 중요한 경우 '전원합의체'를 통해 신중하게 판단함으로써 갑작스러운 법 해석 변경으로 인한 법적 혼란을 방지하고 있다. 그리고, 조세법의 소급입법 금지 원칙의 경우에도 국가는 새로운 세금을 도입할 때 이전 시점의 거래나 소득에 소급 적용하지 못하도록 하는데, 이는 국민이 법률이 정한 방식에 따라 세무계획을 세울 수 있어야 하며, 이것이 법적 안정성의 핵심요소이기 때문이다.

2. 법의 현실: 정치·경제·사회적 영향

법은 때때로 정치적 영향, 경제적 불균형 및 법의 경직성으로 인해 이상과 다르게 작용한다. 다시 말해서, 특정 시기에 검찰의 기소권이 정권 비판세력에 집중된 사례처럼 정권에 유리한 입법이나 법집행이 우선되는 경우가 있다. 또한 대기업 총수의 편법 상속에 대한 솜방망이 처벌 논란에서 보듯이 자본력이 있는 집단은 유리한 법률서비스 접근과 판결 가능성이 커지는 경제적 불균형 현상이 발생하기도 한다. 마지막으로 과거 온라인 사기의 수법이 진화했지만, 전통적 형법만으로는 대응이 어려웠던 시기가 있었던 것과 같이 시대 변화에 맞춰 법이 탄력적으로 제때 개정되지 않거나 경제현실을 반영하지 못하는 등 법의 경직성이 나타날 수밖에 없다.

이처럼 법의 이상과 현실의 부조화를 해소하기 위해서는 입법 과정에서 시민의 의견을 충분히 수렴하고, 입법예고의 실질화를 통해 입법 과정의 투명성이 확보되도록 제도화해야 한다. 더불어 소비자, 노동자, 소상공인 등 사회적·경제적 약자 보호를 위해 법 해석의 유연성과 균형성을 확보할 필요가 있다. 마지막으로 법률구조제도, 공익법률기관, 로스쿨을 통한 국민의 법률 서비스 기회 확대 등 사법 접근성 향상을 위한 제도적 장치들이 마련되어야 한다.

☑ 청년 A가 전세 계약을 맺었는데 집주인이 보증금을 반환하지 않고 연락을 끊었다. 현행 주택임대차보호법은 보호 규정을 두고 있으나, A는 법률 대리인을 선임할 여력이 없어 결국 보증금을 회수하지 못했다. 이처럼 실제 법은 존재하지만, 현실에서 실효성이 없다면 법적 이상을 실현하지 못한 것이다.

☑ B 대기업이 하청업체에 단가 후려치기를 강요했으나, 공정거래위원회의 제재는 '시정명령'에 그쳤고 벌금도 과소했다. 이처럼 법의 이상은 공정한 시장경제의 실현이나, 현실은 제재 미비로 인해 오히려 불공정행위가 구조화된다.

제 2 장

민사법률관계

제2장 민사법률관계

현대사회의 변화는 과거와 달리 정치, 사회, 기술, 문화 영역에서뿐 아니라 특히 경제영역에서 급속하게 진행되고 있다. 이처럼 급변하는 현대사회에서 우리가 일상생활을 영위하다보면 다양한 법률문제에 부딪치게 되고 경우에 따라서는 민·형사소송의 당사자가 되는 경우도 발생하게 된다. 이러한 법률분쟁 가운데 일반인들이 가장 많이 겪게 되는 분야가 민사법률관계인데, 예를 들면 부동산거래, 담보거래, 금전거래, 혼인과 이혼, 상속, 임대차계약관계에서 발생하게 되는 분쟁들로 이는 국내법상 민법(民法)의 규율대상에 해당한다. 따라서 일상생활에서 발생하는 대다수의 법률문제는 민법에 의해 해결될 수 있는데 이는 민법이 사인간의 권리관계를 규율하는 가장 기초적인 법률인 일반사법이기 때문이다. 민법은 총칙, 물권, 채권, 친족, 상속편으로 구성되어 있으며, 물권과 채권은 재산거래에 관한 권리관계를 규율하고, 친족·상속편은 가족관계에서 발생하는 문제들을 다루고 있다. 이 장에서는 민법분야 중 일반적으로 많은 법률문제가 야기될 수 있는 혼인과 이혼, 상속, 금전거래 및 주택·상가임대차거래와 관련한 법률들의 내용과 효과 등을 사례와 함께 살펴보기로 한다. 법학을 체계적으로 공부한 경험이 없는 일반인의 경우 법률용어와 기초이론에 대한 이해가 필요하기에 먼저 민법의 기초적인 이론을 간단히 살펴보기로 한다.

제1절 민법의 기초이론

Ⅰ. 법률관계와 권리

국내법체계는 크게 공법(公法)과 사법(私法)체계로 구분되는데, 공법이란 국가와 국가, 국가와 지방자치단체, 지방자치단체 상호간의 관계, 국가 및 지방자치단체와 개인간의 관계를 규율하는 법률로써 헌법, 행정법, 형법 및 각종 소송법이 여기에 속한다. 이와 달리 민법, 상법과 같은 사법은 개인 간의 권리와 의무를 주된 규율대상으로 한다. 다시 말해, 권리를 가진 자가 자기의 권리를 만족스럽게 행사할 수 있도록 돕고 의무를 부담하는 자가 이를 충실히 이행하도록 강제하는 것이 사법의 역할이다. 이러한 개인 상호간의 관계에서 서로 권리와 의무를 가지고 있을 때 양자간의 관계를 법률관계(法律關係)라 한다. 예를 들어, A가 B의 부동산을 구입하기로 하는 계약(부동산매매계약)을 체결한 경우, 매수인 A는 매도인 B에 대해 부동산매매대금을 지급해야 할 계약상 의무를 부담하게 되고, 동시에 B는 A에게 부동산의 소유권을 이전해 줘야 할 의무를 부담하게 된다. 그리고 A와 B는 동시에 상대방이 부담하는 의무에 대응하는 권리, 즉 A는 부동산소유권이전청구권을 B는 매매대금지급청구권을 가지게 된다. 이와 같이 권리와 의무를 갖는 A와 B의 관계가 법률관계이며 이러한 법률관계를 민법에서는 매매라 한다.

민법상 중요한 권리는 통상 채권(債權)과 물권(物權)을 들 수 있다. 채권이란, 특정인이 다른 특정인에 대해 일정한 행위를 요구할 수 있는 권리인데, 위의 예에서 B가 A로부터 매매대금을 받을 수 있는 권리와 A가 B로부터 부동산 소유권을 이전받을 권리가 채권이며 이러한 채권을 가지고 있는 자를 채권자라 한다. 그리고 채권에 대응하는 의무를 채무(債務)라 하며 채무를 부담하는 자를 채무자라고 한다. 이러한 채권은 채무자가 의무를 이행함으로써 채권자가 만족을 얻게 되는 것과 같이 상대방의 협력을 얻어야만 실현할 수 있는 권리라는 의미에서 상대권이라 한다.

반면, 물권이란 물건(物件, 민법상 물건은 동산과 부동산으로 구분)을 직접 지배함으로써 이익을 누릴 수 있는 권리이다. 위의 예에서, B는 자신의 부동산을 사용하고 그로부터 발생하는 수익을 취할 수 있으며 필요한 경우에는 이를 처분할 수 있는 권한을 가지고 있는데, 이는 B가 부동산에 대해 소유권이라는 물권을 가지고 있기 때문이다. 이러한 물권은 권리행사를 위해 타인의 협력을 필요로 하지 않는다는 점에서 절대권이라고도 한다.

그 외 중요한 권리의 종류로서 형성권(形成權)이라는 것이 있다. 형성권이란 어느 법률관계의 당사자가 일방적으로 어떠한 법률효과를 원하는 의사표시를 함으로써 그 법률관계가 창설되거나 변경되는 효력을 가져오는 권리이다. 위의 예에서 A와 B가 부동산매매계약을 체결했는데도 불구하고 A가 대금지급 약정일에 매매대금을 지급하지 않고 있는 경우에는 B는 계약위반을 이유로 이 계약을 해제할 수가 있는데, 이러한 해제권은 B가 A에게 계약을 위반했으므로 매매계약을 해제한다는 일방적 의사표시로써 행사할 수 있고, 이러한 해제의사표시가 있으면 계약이 소멸되는 효과가 발생하게 된다. 물론, 계약위반에 따른 손해배상을 청구할 수 있음은 당연하다.

Ⅱ. 법률행위(法律行爲)

앞의 부동산매매계약의 예에서 A와 B가 법률적으로 의미 있는 행위를 함으로써 일정한 법적 효과가 발생하게 된다. 다시 말해, 부동산매매계약이라는 법률행위로부터 서로에게 일정한 권리와 의무가 발생하는 법적 효과가 발생하는데 이를 법률효과(法律效果)라 한다. 그리고, 법률효과를 발생하게 하는 원인이 되는 것을 법률요건(法律要件)이라 하며, 법률요건을 구성하고 있는 사실들을 법률사실(法律事實)이라 한다. 즉 법률사실이 발생하여 법률요건을 충족하면, 그 효과로서 법률관계가 형성되는 것이다. 법률사실에는 여러 형태가 있는데, 가장 흔한 것이 법률행위와 불법행위(不法行爲)이다. 예를 들어, A가 자동차를 운전하다 실수로 횡단보도를 지나가는 B를 치어 상처를 입혔다면, A의 행위는 불법행위라는 법률사실이며 이를 법률요건으로 하여 A는 B에게 손해배상을 해야 하는 법률효과가 발생하는 것이다.

법률행위는 그 분류기준이 다양하지만, 가장 기초적인 분류가 단독행위(單獨行爲), 계약(契約), 합동행위(合同行爲)의 구분이다. 단독행위는 한 사람의 일방적인 의사표시로 독립된 법적 효과를 발휘하는 법률행위이다. 예를 들면, A가 죽기 전에 자신의 전 재산을 B에게 주라는 유언을 남겼다면 그 유언만으로 A의 재산이 B에게 이전되는 법률효과가 발생하게 된다. 반면, 계약은 동일한 법률효과를 원하는 2인 이상의 당사자들이 내용상 합치되는 의사표시를 서로 교환함으로써 완성시키는 법률행위를 말한다. 일상생활에서 미처 인식하지 못했지만 사소한 행위들도 법률적으로는 계약에 해당하는 경우가 많다. 우선, 학생이 등교를 위해 아침에 버스를 타는 경우 교통카드로 운임을 지급하고 운전사가 아무 말 없이 운전을 계속 하는 경우에는 이로써 운송계약이 체결된 것이다. 그러므로 등교 중에 운전기사의 고의나 과실로 인해 교통사고가 발생하여 승객이 다친 경우 운송계약상 운송인의 의무위반을 근거로 운송인의 손해배상책임이 그 법률효과로써 인정되는 것이다. 또한 커피자판기에 200원을 투입하고 커피를 뽑아 마시는 행위 역시 자판기 운영자와 소비자 간에 커피판매계약이 체결된 것으로 본다. 이처럼, 우리 주변에서 무심코 발생하는 많은 행위들이 계약관계에 해당하는 것을 알 수 있다.

마지막으로 합동행위란 다수의 사람이 일치된 의사표시를 하여 그들에게 공통된 법 효과를 발생하게 하는 행위이다. 합동행위는 여러 당사자의 의사표시가 하나로 모아져서 하나의 법률행위로 완성된다는 점에서 계약과 다른데, 여러 명이 모여 주식회사를 설립하는 행위가 합동행위의 예가 된다.

Ⅲ. 법률행위의 무효(無效)와 취소(取消)

우리는 일상생활에서 무효나 취소라는 용어를 많이 사용한다. 하지만, 법적 의미에서 그 차이점을 정확히 구분해서 사용하는 경우는 흔하지 않은데 이 두 개념은 행사요건이나 법적 효과가 다르다는 점에서 엄연히 구별해야 하는 개념이다. 우선, 무효와 취소는 의사표시나 법률행위에 일정한 흠(하자)이 있다는 점에서 공통되지만 인정사유 등 많은 부분이 다르다.

무효란 어떤 법률행위 또는 의사표시가 법률이 정한 요건을 충족하지 못하여 처음부터 법률행위의 효력이 발생하지 못하는 것을 말한다. 예를 들어, A는 이웃에 사는 B를 짝사랑하여 B 몰래 혼자 혼인신고를 해 버린 경우 A와 B의 혼인은 서로 혼인하겠다는 진정한 혼인의사가 없기 때문에 법적으로 유효한 혼인이 될 수 없어 무효혼이 되는 것이다. 즉 B의 단독 혼인신고만으로는 처음부터 유효한 법률혼으로서의 효력이 발생하지 않는 것이다. 반면, 취소란 일단은 법률행위가 유효한 것으로 취급되나, 법률행위를 한 사람이 일정한 취소사유가 있는 경우 그 행위가 없었던 것으로 하고자 하는 의사표시이다. 취소를 하게 되면 법률행위는 소급해서 처음부터 효력이 없었던 것으로 취급되므로 결과적으로는 무효와 동일한 효력을 가진다. 하지만, 취소를 하기 전까지는 유효한 법률행위로 보기 때문에 만약 취소를 하지 않고 일정한 기간이 지나게 되면 완전히 유효한 법률행위가 된다는 점에서 무효와 다르다. 민법상 사기(詐欺)에 의해 속아서 계약을 체결한 경우에는 나중에 이 계약을 취소할 수 있는 것으로 보는데, 예를 들면 A가 친구 B에게 속아서 값싼 변견을 순종 진돗개로 잘못 알고 비싼 값을 주고 구입한 경우 이 동산매매라는 법률행위는 일단 유효한 것으로 된다. 하지만, 나중에 A가 자신이 속았다는 사실을 안 경우에는 일정기간(취소권 행사기간) 내에는 위 매매라는 법률행위를 취소함으로써 처음부터 매매행위가 없었던 것으로 할 수 있으며, 이 경우 취소권행사의 효력으로서 자기가 받은 변견을 돌려주고 지급한 매매대금은 돌려 받을 수 있게 된다. 그런데 만약 A가 이미 변견과 정이 들어서 그대로 키우겠다고 생각한 경우에는 이 법률행위를 취소하지 않게 되면 그대로 유효한 법률행위로써 효력을 가지게 된다. 그렇다면, 우리 민법상 어떤 경우에 법률행위가 무효가 되고 취소할 수 있는지 살펴보자. 그 전에 민법상 중요한 법률 용어를 먼저 살펴보기로 한다.

거래의 안전

어떤 법률행위에 무효나 취소사유가 있다 하더라도 거래의 안전을 위해서 함부로 무효가 되거나 취소할 수 있도록 해서는 안 된다. 거래의 안전이란 거래 당사자들이 거래로부터 발생하는 법률효과에 대한 기대를 존중해야 하며, 거래 당시에는 예측하지 못했던 사정에 의해서 거래의 효과가 제한되어서는 안 되며, 애초에 원했던 대로 결과를 얻을 수 있게 해 주어야 한다는 것이다. 예를 들면, 식당에서 메뉴에 5,000원이라 표시된 쫄면을 주문해서 먹고 계산하려는데 주인이 가격표가 옛날 것이라며 6,000원을 내든지 아니면 쫄면 매매계약이 취소되었으니 손해배상으로 6,000원을 내라고 주장할 경우, 이러한 주인의 주장은 손님의 가격에 대한 신뢰에 반하는 행위이므로 허용되어서는 안된다. 그렇게 취급하지 않을 경우에는 손님들은 일일이 주문할 때마다 표시가격이 맞는지 여부를 확인해야 하는 번거로움이 있을 것이며, 이는 주인입장에서도 번거로운 일이 될 것이다. 거래의 안전이념은 사법이념 중 중요한 것으로 되어 있으며, 이는 거래 당사자의 신뢰를 보호하고 사회 전체 경제의 원활한 운영을 위해 꼭 필요한 것이다.

고의(故意)와 과실(過失)

남에게 피해를 준 경우 일부러 피해를 준 경우와 실수로 한 경우는 그 취급이 분명 달라야 할 것이다. 법적 의미에서 전자를 고의라 하고, 후자를 과실이라 한다. 동일한 결과를 야기한 불법행위인 교통사고로 인한 상해를 예를 들면, 고의로 사람을 친 경우와 깜박 졸다 실수로 사고를 낸 경우는 법적인 취급을 달리해야 하는 것이다. 법에서는 고의가 있는 경우에만 행위자에게 불이익을 주는 경우가 있고, 과실의 경우에도 불이익이 부여되는 경우도 있다. 하지만, 과실조차 인정되지 않는 경우에는 불이익을 줄 수 없다.

선의(善意)와 악의(惡意)

일반적으로 사용되는 의미와 법적 개념으로서의 '선의'와 '악의' 개념은 확연히 다른데, 위 쫄면의 예에서 손님이 가격이 오른 것을 모르고 가격표에 표시되어 있는 가격으로 믿고 주문한 경우에는 선의가 되고, 가격이 올랐지만 메뉴에는 예전 가격으로 표시되어 있다는 사실을 알면서도 나중에 우길 생각을 가지고 있었다면 이는 악의가 된다. 즉 어떤 사정을 알고 있었다는 것을 '악의'라 하며, 반면 어떤 사정을 모른 경우를 '선의'라 부른다.

선의(善意)의 제3자에게 대항(對抗)하지 못한다

법률행위의 당사자가 어떤 사정을 모르고 있는 제3자에 대하여 해당 법률행위의 효력을 주장하지 못한다는 것을 의미하며, 반대로 제3자가 그 법률행위의 효력을 인정하는 것은 가능하다는 의미이다. 이는 당사자간 법률행위에 무효나 취소사유가 존재하는 경우에도 거래안전을 보호할 필요성이 있는 경우에는 별도 규정으로써 거래상대방에 대한 무효나 취소 주장을 제한함으로써 상대방을 보호하기 위한 취지이다.

1. 무효사유

법률행위가 무효가 되는 사유는 다음과 같다.

(1) 의사무능력자(意思無能力者)의 행위

법률행위를 하는 사람이 자신이 하는 행위의 객관적 의미를 이해할 능력이 없는 의사무능력자인 경우에는 그 법률행위는 처음부터 효력이 없다. 의사능력이 있는지 여부는 법률행위를 하는 자가 행위를 할 당시의 구체적인 의식상태에 의해 판단하는데 일반적으로 6~7세 미만의 어린이의 사리판단능력이면 의사능력이 없다고 봐야 한다. 하지만, 이는 법률행위 종류에 따라 다른데 6세 어린이라도 100원짜리 사탕을 살 때에는 의사능력이 있다고 봐야 하지만, 이 아이가 상속받은 부동산을 헐값에 매매하는 계약을 체결하는 경우라면 의사무능력으로 취급해야 한다. 그 외에도 술이나 약물에 만취한 상태에서 친구에게 국보급 도자기를 무상으로 주기로 약정하는 의사표시도 의사무능력상태에서의 의사표시로써 무효가 될 것이다.

(2) 비진의의사표시(非眞意意思表示)

의사표시를 하는 사람이 진실로 그러한 의사표시를 할 생각이 없이 한 의사표시를 진의가 아닌 의사표시, 즉 비진의의사표시라 한다. 예를 들어, A가 S커피전문점에 가서 블루마운틴이라는 고급커피 원두를 구입하려고 했는데 직원이 없다고 하자 만약 그 커피 원두를 구해오면 100만원에 구입하겠다고 농담으로 말한 경우가 비진의의사표시에 해당된다. 그렇다면 위의 예에서 마침 직원이 개인적으로 보관중이던 블루마운틴 원두를 A에게 판매할 생각으로 택시를 타고 집에 가서 원두를 가져와 A에게 제공하였다면 A는 자신이 약속한 대로 100만원을 주고 사야 하는가? 결론은 상대방인 직원이 농담인 것을 알고 있었는지 여부에 따라 달라진다. 우리 민법은 진의 아닌 의사표시도 일단은 유효한 의사표시로 취급하기 때문에 위 사례의 경우 A는 원두를 매수하겠다는 청약의 의사표시를 하였고 이러한 청약에 대해 직원은 A가 매수하겠다는 목적물을 제공함으로써 승낙을 한 것으로 보아 매매라는 법률행위가 성립된 것으로 본다. 따라서 A는 직원에게 자신이 제시했던 매매대금 100만원을 지급해야 할 의무가 발생하게 된다. 다만, 만약 직원이 A의 청약이 비진의의사표시임을 알았거나 알 수 있었을 경우에는 A의 의사표시 자체가 무효라고 정하고 있다. 따라서 A의 상대방인 직원이 선의였다면 A의 의사표시는 유효한 것이 되나, 만약 악의 또는 중과실이 인정된다면 무효가 된다. 이와 같이 거래 상대방의 선악여부에 따라 계약의 효력을 달리 정하고 있는 것은 선의의 거래 상대방을 보호하기 위한, 즉 거래의 안전을 보호하기 위한 취지이다.

> 제107조(진의 아닌 의사표시)
> ① 의사표시는 표의자가 진의 아님을 알고 한 것이라도 그 효력이 있다. 그러나 상대방이 표의자의 진의 아님을 알았거나 이를 알 수 있었을 경우에는 무효로 한다.
> ② 전항의 의사표시의 무효는 선의의 제삼자에게 대항하지 못한다.

(3) 허위표시(虛僞表示)

거래 당사자들이 서로 의사표시를 하였지만 실제로는 그러한 의사표시를 할 진정한 의사 없이 한 경우가 허위표시에 해당한다. 예를 들어 A가 빚이 많아 곧 채권자들이 돈을 받으러 올 것을 미리 알고 자기 집을 허위로 친구 B에게 매매하기로 하는 계약을 체결한 경우 이러한 매매계약은 허위의 의사표시로서 무효가 되는 것이다. 다시 말해, A와 B 모두에게 진정으로 이 집을 매매하겠다는 의사는 없었고 단지 채무를 면탈하기 위한 목적에서 허위로 매매를 하였기 때문에 매매행위의 효력을 인정하지 않는 것이다. 하지만, 만약 B가 나중에 이 집을 허위매매라는 사정을 모르는 제3자인 C에게 다시 팔았다면 B와 C간의 부동산 매매계약의 효력은 어떻게 되는가? 이 경우에도 A, B간의 계약이 처음부터 무효이므로 B가 이 집에 대한 소유권이 없는 상태에서 C에게 매매한 경우이므로 A와 B사이의 계약이 무효가 되는 것으로 보고 B가 소유권이 없는 타인의 부동산을 C에게 매매하였으므로 C는 소유권을 취득하지 못하는 것으로 봐야 하는가? 우리 민법은 허위표시의 경우 당사자간에는 무효가 되지만 이로써 선의의 제3자, 즉 C에게는 그 무효로써 대항하지 못하도록 함으로써 B가 진정한 소유권자로 믿고 거래한 C를 보호함으로써 거래의 안전을 도모하고 있다. 결과적으로, A는 B에 대한 매매가 무효이므로 다시 자기에게 집을 반환하라고 C에게 주장하지 못하며 A는 B를 상대로 매매대금을 자신에게 반환하라고 청구할 수밖에 없게 된다.

제108조(통정한 허위의 의사표시)
① 상대방과 통정한 허위의 의사표시는 무효로 한다.
② 전항의 의사표시의 무효는 선의의 제삼자에게 대항하지 못한다.

(4) 법률행위 목적의 무효

법률행위로부터 당사자들이 성취하려는 목적이 확정되어 있지 않은 경우나 성취 불가능한 경우, 또는 위법한 경우라던가 선량한 풍속에 위배되는 경우에는 무효가 된다. 예를 들어, A가 B에게 좋은 물건이 있는데 사겠냐고 묻자 B가 사겠다고 대답한 경우에는 계약의 목적이 확정되어 있지 않기 때문에 무효인 계약이 되고, A가 B에게 살아있는 용(龍) 한 마리를 구해오면 1억 원에 사겠다라고 했더니 B가 좋다라고 한 경우에는 세상에 존재하지 않는 매매목적물인 용을 찾는다는 것 자체가 불가능하므로 이 계약은 애초 성취가 불가능한 계약으로 무효가 된다. 또한 A와 B가 태국에서 한국까지 마약을 몰래 운반해 주면 100만 원을 지급하기로 하는 물건운송계약을 체결했다 하더라도 이 계약은 불법한 목적을 계약내용으로 하고 있어 무효가 된다. 따라서, 나중에 마약운송을 마친 B가 A에 대해 계약에 따라 100만원을 지급하라고 청구할 수 없다는 것이다. 그 외에도 아버지가 아들에게 아들이 어머니와 헤어져 사는 조건으로 매달 100만 원씩 용돈을 지급한다는 계약을 체결하더라도 이는 선량한 풍속 기타 사회질서에 반하는 내용의 계약이므로 무효이다.

그리고 민법은 '당사자의 궁박, 경솔, 무경험으로 인하여 현저하게 공정을 잃은 법률행위'인 불공정한 법률행위 역시 무효로 본다. 예를 들면, 문방구에서 200원에 살 수 있는 수성싸인펜 한 개를 수능시험장에 입실한 A가 옆사람에게 10,000원에 어쩔 수 없이 구입하였다면, 이는 A의 궁박한 사정을 이용해서 폭리를 취한 것이므로 무효인 매매계약이 되는 것이다.

2. 취소사유

다음으로 민법상 법률행위를 취소할 수 있는 사유는 다음과 같다.

(1) 제한능력자의 법률행위

고등학생인 17세 A는 동네 휴대폰매장에서 최신형 스마트폰을 36개월 할부로 구입하기로 하는 할부매매계약을 혼자서 체결하였다. 이 법률행위의 효력은 유효한가?

16세 B는 할아버지로부터 강남구 청담동 소재 5층 빌라건물을 무상으로 증여 받았다. 증여 당시 위 빌라건물에는 총 9세대의 임차인이 세들어 살고 있는 경우 B는 법정대리인 동의 없이도 위 건물을 수증 받을 수 있는가?

10세 소년 C는 평소 엄마로부터 받은 용돈을 알뜰히 1년간 모아서 자기가 사고 싶어 하던 20만 원 상당의 모형자동차를 구입한 경우, 이 법률행위는 취소가 가능한가?

행위능력이란, 행위자가 단독으로 유효한 법률행위를 할 수 있는 능력을 말한다. 즉 의사무능력자보다는 지적 능력이 높지만 일반인에 비해서는 낮은 사람을 행위무능력자라 하는데, 이러한 행위무능력자들은 단독으로는 유효한 법률행위를 할 수 없고 법정대리인이 대신 행위를 하거나 그의 동의를 얻어서 법률행위를 해야 하며, 만일 행위무능력자가 단독으로 법률행위를 한 경우에는 이를 취소할 수 있다. 과거 민법상 행위무능력자로는 미성년자와 한정치산자, 금치산자가 있었지만 한정치산과 금치산선고제도가 현실적으로 거의 이용되는 경우가 없었기 때문에 2011년 민법 개정을 통해 2013년부터 기존의 한정치산 및 금치산 제도를 폐지하고, 법적인 능력의 차이로 인해 완전한 권리행사를 하기 어려운 행위능력 제한자를 특별히 보호하기 제한능력자제도로 개편하였다.

따라서 현재는 단독으로 유효한 법률행위를 할 수 있는 자인 행위능력자와 할 수 없는 자인 제한능력자로 구분하고, 제한능력자가 단독으로 법률행위를 한 경우에는 그 행위를 취소할 수 있도록 하고 있는데, 제한능력자에는 미성년자, 피성년후견인, 피한정후견인 및 피특정후견인이 있다. 후견제도에 대해서는 뒤에서 상세하게 설명하기로 한다.

이러한 제한능력자 가운데 미성년자는 19세가 되지 못한 사람으로서 반드시 법정대리인의 동의가 있어야만 유효한 법률행위를 할 수 있으며, 그렇지 않은 경우에는 그 법률행위를 취소할 수 있다. 위 첫 번째 사례와 같이 미성년자는 고가의 스마트폰을 법정대리인의 동의 없이 단독으로 구입할 수 있는 행위능력이 없다. 따라서 미성년자 본인 또는 법정대리인인 부모는 할부매매계약을 취소할 수 있고, 취소권을 행사한 경우에는 할부금을 지급할 책임이 없다.

하지만, 다음과 같은 경우에는 미성년자 단독 법률행위라 하더라도 유효한 것으로 예외가 인정된다.

① 권리만을 얻거나 의무만을 면하는 행위(민법 제5조)

특별히 미성년자에게 손해가 될 우려가 없는 행위들로 다른 사람으로부터 무상증여를 받는다거나 채무를 면제 받는 경우에는 미성년자에게 유리한 것이므로 법정대리인의 동의가 없이 단독으로 할 수 있다. 하지만 권리와 동시에 의무도 부담하게 되는 행위의 경우에는 법정대리인의 동의가 필요하다. 두 번째 사례와 같이 무상증여와 같은 권리만을 얻는 행위는 미성년자 단독으로 할 수 있다. 하지만, 위 건물에는 임차권을 가진 제3자가 있기 때문에 단순히 권리만을 얻는 것이 아니라 임대차계약에 따른 각종 의무, 예를 들면 임차보증금반환의무도 부담하게 되는 것이므로 B는 채무까지도 승계하게 되어 권리만을 얻는 행위로 볼 수 없다. 따라서 이 경우에는 취소가 가능하다.

② 법정대리인이 범위를 정하여 처분을 허락한 재산을 처분하는 행위(민법 제6조)

예를 들면, 용돈을 받아서 정해진 용도에 소비하는 경우로써 미성년자인 학생이 참고서를 사기 위해 부모로부터 교재비를 받아 서점에서 책을 구입하는 경우가 여기에 해당한다. 하지만, 용돈을 모아 거액이 된 경우에는 단독으로 처분할 수 없다. 이 경우 처분이 허락된 범위는 구체적이고 명확하게 설정되었어야 한다. 다시 말해 미성년자에게 처분을 허락한 재산은 단독으로 소비할 수 있으나 다만 그 처분범위는 구체적이고 명확해야 한다. 세 번째 사례와 같이 용돈이 모여 거금의 독립재산을 형성하게 되면 이는 미성년자 단독으로 처분할 수 있는 재산으로 볼 수 없기 때문에 법정대리인의 동의가 필요하다. 따라서 C 또는 그 법정대리인은 위 모형자동차 구입행위를 취소할 수 있다.

③ 법정대리인의 허락을 얻은 특정영업에 관한 행위를 하는 경우(민법 제8조)

미성년자가 상행위와 같은 영업을 하게 되는 경우, 그와 관련된 모든 대외적인 거래행위에 대해 일일이 법정대리인의 허락을 필요로 한다면, 계속적이고 반복적인 영업행위가 신속하게 이루어지지 못함은 물론이고 거래상대방이 예상치 못한 피해를 당하게 되는 경우가 발생할 수 있다. 이런 점을 고려하여 법정대리인이 한 번 영업을 허락하면 그 영업에 관련된 개별행위에 대해서는 별도로 허락을 받지 않아도 유효한 것으로 취급함으로써 미성년자와 거래 상대방의 편의를 도모하고자 하는 취지에서 인정된 예외이다.

④ 미성년자가 타인의 대리인으로서 법률행위를 하는 경우

대리인의 법률행위의 효과는 대리인이 아니라 본인에게 직접 귀속되므로 미성년자에게 특별히 불리할 것이 없기 때문에 허용되는데 이런 취지에서 민법은 대리인은 행위능력자일 필요가 없다는 규정을 두고 있다(민법 제117조).

⑤ 유언행위

만 17세 이상이면 미성년자라도 단독으로 유효한 유언행위를 할 수 있다.

⑥ 근로계약상 임금청구행위

과거 법정대리인에 의한 미성년 자녀의 노동력 착취행위를 막기 위해 인정된 예외로서, 근로여부도 미성년자 스스로 결정해야 하며, 근로계약으로부터 발생한 임금청구권도 미성년자가 독자적으로 행사할 수 있다(근로기준법 제68조). 따라서 미성년자가 임금을 청구하거나 수령하는데 있어 법정대리인의 동의는 필요 없음은 물론, 친권자나 후견인은 미성년자의 근로계약을 대리하지도 못하도록 제한하고 있다(근로기준법 제67조 제1항).

위에서 살펴본 것처럼, 법정대리인의 동의를 얻지 않은 미성년자의 단독법률행위는 언제든지 취소가 가능하기 때문에 거래 상대방의 지위가 불안하게 된다. 즉 미성년자측은 자기에게 유리하다고 생각되면 법률행위가 유효한 것으로 주장하고, 반대로 불리하다고 판단되면 취소할 수 있게 되어 거래형평에 어긋나는 경우가 많다. 따라서, 미성년자와 거래한 상대방의 법적 지위를 안정시키고 거래의 안전을 보호하기 위해 민법은 미성년자와 거래한 상대방에게 촉구권, 철회권 및 거절권을 인정하고 있다.

① 촉구권(促求權)

촉구권은 거래 상대방이 제한능력자측에 1개월 이상의 기간을 정하여 취소할 수 있는 행위를 추인할 것인지 여부를 물어보는 것을 말한다. 즉 미성년자의 상대방은 미성년자측에 대해 1개월 이상의 기간(유예기간)을 정하여 취소할 행위를 제시하여 추인여부에 대한 확답을 하도록 요구할 권리가 있다. 이 경우, 촉구의 상대방은 미성년자가 성년이 된 경우에는 본인이 되며 그렇지 않은 경우에는 법정대리인이 된다. 촉구시 정한 유예기간 내에 확답을 한 때에는 그 내용대로 법률효과가 발생하고, 만일 확답이 없는 경우에는 그 행위를 추인한 것으로 본다. 다만, 단독으로 추인할 수 없고 특별한 절차(예를 들면, 친족회의 동의가 필요한 경우)를 필요로 하는 행위인 경우에는 이를 취소한 것으로 본다.

② 철회권(撤回權)·거절권(拒絶權)

상대방이 계약 당시에 미성년자임을 알지 못한 경우, 다시 말해 선의인 경우에는 미성년자 측에서 법률행위를 추인하기 전에 상대방은 의사표시를 철회할 수 있다. 또한 미성년자의 단독행위(예, 채무면제)에 대해서는 미성년자 측에서 추인하기 전에 상대방은 이를 거절할 수 있다. 거절권을 행사하는 경우에는 상대방의 선·악의 여부를 불문한다. 이와 같은 철회나 거절의 의사표시는 법정대리인은 물론이고 미성년자에 대해서도 할 수 있다.

(2) 착오(錯誤)로 인한 의사표시

의사표시를 할 때 사실내용을 잘못 알고 착오를 일으켜 법률행위를 하는 경우가 있을 수 있다. 가령, A가 변견을 한 마리 가지고 있는데 이름을 '진도'라고 지은 경우, 친구 B가 이 개를 보고 종자가 무엇이냐는 의미로 '무슨 개냐?'라고 물었더니 A는 개의 이름을 묻는 줄 알고 '진도야'라고 대답하였고, B는 이 개를 진돗개로 잘못 알고 비싼 값을 주고 개를 구입한 경우, B의 구입의사표시는 착오로 비롯된 것이므로 착오부분이 계약내용에 있어 중요한 것이라면 나중에 취소할 수 있는 것이다. 하지만, 이 경우에도 거래안전을 위해 선의의 제3자에게는 대항하지 못한다.

(3) 사기(詐欺)·강박(强迫)에 의한 의사표시

위 예에서 A가 개의 종자를 묻는 것을 알면서도 B를 속이기 위해 진돗개라고 말함으로써 B가 진돗개로 잘못 알고 개를 산 경우라면, 이는 A가 적극적으로 B를 기망한 것이므로 사기에 의한 의사표시로 B는 취소할 수 있다. 또한 B는 이미 그 개가 변견이라는 것을 알고 있는데 A가 만약 개를 비싼 값에 사지 않으면 개를 끌고가 가족을 물게 하겠다고 위협을 하기에 어쩔 수 없이 고가에 구입한 경우에도 강박에 의한 의사표시로서 취소할 수 있다. 다만, 사기나 강박을 원인으로 취소하는 경우라도 선의의 제3자에게는 대항하지 못한다.

취소는 상대방에게 취소의 의사표시를 전달함으로써 행사가능하며 특별한 방식이 정해져 있지는 않다. 하지만, 취소권은 일정한 기간 내에 행사하여야 하는데, 그 기간은 추인할 수 있는 날부터 3년, 법률행위를 한 날부터 10년 이내로 제한되어 있다(민법 제146조). 또한 추인은 취소의 원인이 소멸된 이후에 해야 효력이 있다. 개별 취소사유별로 추인할 수 있는 시점은 미성년자의 경우에는 성년이 된 날, 사기의 경우에는 사기라는 사실을 안 날, 강박은 강박상태로부터 벗어난 날, 착오의 경우에는 중요한 내용에 착오를 일으켰다는 사실을 안 날이 된다. 하지만 법정대리인이나 후견인이 추인을 하는 경우에는 취소 원인이 소멸되기 전이라도 가능하다. 예를 들어, 법정대리인은 미성년자의 취소 가능한 계약 체결행위를 안 날부터 3년, 그 법률행위를 한 날부터 10년 이내에 취소권을 행사해야 하며, 이 기간 중 어느 것이든 먼저 경과하면 취소권이 소멸한다.

제140조(법률행위의 취소권자)
취소할 수 있는 법률행위는 제한능력자, 착오로 인하거나 사기·강박에 의하여 의사표시를 한 자, 그의 대리인 또는 승계인만이 취소할 수 있다.

취소를 하면 그 법률행위의 효력은 처음부터 무효인 것과 마찬가지로 소멸된다(민법 제141조 본문). 따라서 취소된 법률행위를 원인으로 하는 채무가 아직 이행되지 않았다면 그 채무를 이행할 필요가 없고, 이미 지급받은 것이 있다면 반환해야 한다. 이 경우 제한능력자는 그 행위로 인해 받은 이익이 현존하는 한도에서만 상환하면 된다.

이러한 취소권은 취소할 수 있는 자가 법률행위를 취소하지 않겠다는 추인을 한 경우에는 취소권이 소멸된다. 취소할 수 있는 법률행위에 대한 추인(追認)은 취소할 수 있는 법률행위를 그 취소사유가 존재함에도 불구하고 유효로 확정시키겠다는 취소권자의 의사표시이다. 추인은 법률행위의 취소원인이 종료한 후에 해야 하지만, 법정대리인은 이와 상관없이 언제든 추인할 수 있다(민법 제144조). 따라서 미성년자의 법률행위는 자신이 직접 추인하려면 취소사유가 종료한 날, 즉 성년이 된 날 이후부터 추인이 가능하지만, 그 법정대리인은 법률행위를 한 시점 이후에는 언제든 추인할 수 있다.

(4) 취소권의 배제

18세인 A는 자기 소유의 임야를 B에게 매매하기로 하고 계약서를 작성하던 중 아무래도 어려보이는 A의 외모를 보고 B가 혹시 미성년자 아니냐고 묻자 자신이 입고 있는 예비군 군복을 보라고 손짓하며 자신은 이미 군대를 다녀왔고 계약 당일 마침 예비군 훈련을 받고 왔다고 하면서 자신이 성년자라고 거짓말을 하였고, B는 A의 말을 믿고 임야매매계약을 체결하였다. 2년이 지난 뒤 임야 주변에 대규모 쇼핑몰이 입점하기로 도시계획이 변경되면서 임야시세가 최소 5배 이상 폭등하게 되자 A는 B에 대해 계약 당시 자신이 미성년자였다는 사실을 이유로 위 임야 매매계약을 취소한다고 통지하면서 B에게 매매대금을 반환해 주고 임야소유권을 반환해 달라고 요청하고 있다. 과연 A는 취소권이 인정되는가?

미성년자와 같은 제한능력자의 법정대리인 동의 없는 단독 법률행위는 취소가 가능한데, 취소권 행사기간 내에는 언제든지 취소가 가능함에 따라 거래상대방은 매우 불안정한 지위에 놓이게 되며 취소권을 악용하는 경우에는 거래상대방의 경제적 손실이 발생할 가능성도 있다. 예를 들어, 만약 18세 미성년자가 조숙해 보이는 자신의 외모를 이용해 혼자서 휴대폰 판매점에 가서 최신 스마트폰을 구입하는 계약을 체결하고, 1년 동안 잘 사용하고 나서 다시 대리점에 찾아가 1년 전의 계약에 대해 취소권을 행사하겠다고 하면서 1년간 사용했던 중고 스마트폰을 돌려 주며 대금을 반환해 달라고 한다면 어떻게 해야 하는가? 앞서 살펴본 대로라면, 미성년자가 법정대리인의 동의를 받지 않고 단독으로 한 법률행위이므로 당연히 취소가 가능하다. 하지만, 미성년자임을 전혀 모르고 있었던 거래 상대방은 전혀 예상하지 못했던 재산상 손해를 입게 될 것이며 이러한 결론이 불합리한 것임을 두 말할 필요가 없다. 따라서 우리 민법은 제한능력자가 속임수로써 상대방으로 하여금 자신을 능력자로 믿게 한 경우에는 제한능력자나 대리인 또는 승계인은 제한능력을 이유로 그 법률행위를 취소할 수 없도록 취소권행사를 제한함으로써 제한능력자와 거래한 상대방을 보호하고 있다. 또한 미성년자나 피한정후견인이 속임수로 법정대리인 동의가 있는 것으로 믿게 한 경우에도 취소권을 행사하지 못한다. 그렇다면 위 사례에서 과연 미성년자가 '속임수'를 사용했다고 볼 수 있는지가 취소권을 제한할 수 있는지를 판단하는 중요한 요소가 되는데, 속임수의 의미와 관련해서 우리 판례는 단순히 자기가 능력자라고 진술하는 것만으로는 부족하고 주민등록증이나 인감증명서를 위조하는 등의 적극적 수단을 사용한 경우라야 한다고 해석하고 있다(대법원 1971. 12. 14. 선고 71다2045 판결).

제17조(제한능력자의 속임수)
① 제한능력자가 속임수로써 자기를 능력자로 믿게 한 경우에는 그 행위를 취소할 수 없다.
② 미성년자나 피한정후견인이 속임수로써 법정대리인의 동의가 있는 것으로 믿게 한 경우에도 제1항과 같다.

Ⅳ. 후견제도

과거 행위무능력자로 취급되어 오던 한정치산 및 금치산제도가 2013년 7월 폐지됨에 따라 친권에 의한 보호를 받지 못하는 미성년자(미성년후견제도) 또는 장애, 질병, 노령 등으로 인하여 사무처리에 도움이 필요한 성인들의 재산관리 및 일상생활을 보호하고 지원하기 위해 후견제도(성년후견제도)가 새롭게 도입되었다. 이 제도는 기존의 한정치산이나 금치산제도와 달리 당사자의 잔존능력을 존중하여 경제적·비경제적 영역에 대해 후견인에 의한 지원이 가능하게 되어 특히 장애인과 고령자의 권리보호에 실효성이 있는 제도로 평가할 수 있다.

1. 미성년후견제도

미성년자에게 친권자가 없거나 친권자가 친권을 상실 또는 일시정지 되거나, 대리권이나 재산관리권의 상실선고를 받는 등 친권의 전부 또는 일부를 행사할 수 없는 경우 미성년자의 후견인을 선임하도록 하는 제도이다. 미성년후견은 친권을 행사하는 부모가 유언으로 후견인을 지정할 수 있으며, 유언으로 지정된 후견인이 없는 경우에는 가정법원이 직권이나 미성년자, 친족, 이해관계인, 검사, 지방자치단체의 장의 청구에 따라 미성년후견인을 선임하게 되는데, 미성년후견인의 수는 자연인 한 명으로 제한된다.

2. 성년후견제도

성년자가 질병·장애·노령, 그 밖의 사유로 인한 정신적 제약으로 후견이 필요한 경우에 후견인을 선임하도록 마련된 제도이며 네 가지 유형으로 구분된다.

(1) 성년후견

질병·장애·노령, 그 밖의 사유로 인한 정신적 제약으로 사무처리능력이 지속적으로 결여된 사람에 대하여 일정한 자들의 청구에 의해 법원이 후견인을 선임하는 제도로서, 예를 들어 지적장애를 앓고 있는 아들과 생활하고 있는 고령의 아버지가 아들 장래를 염려해 자신이 죽고 난 뒤에 아들을 보살펴 줄 사람으로 아들의 사촌형을 성년후견인으로 선임할 수 있다. 본인을 비롯해 일정한 자의 청구에 의해 가정법원에서 성년후견 개시 심판을 받은 자를 피성년후견인이라 하며, 종래 금치산자와 유사한 개념이다. 피성년후견인의 법률행위는 취소할 수 있지만, 일용품 구입 등 일상생활에 필요한 과도하지 않은 대가를 지급하는 법률행위는 취소할 수 없다.

(2) 한정후견

질병·장애·노령, 그 밖의 사유로 인한 정신적 제약으로 사무처리능력이 부족한 사람에 대하여 일정한 자들의 청구에 의해 법원이 후견인을 선임하는 제도로서, 예를 들어 지적장애 2급인 30대 남자가 장애인 시설에서 오랜 기간 생활하면서 장애인급여 및 재활교육을 통한 급여 등을 성실하게 저축해 3천만 원 정도의 예금을 가지고 있는데 이러한 사실을 안 가족들이 뒤늦게 데리고 가려는 경우 예금재산을 보호하기 위해 통장관리를 담당할 한정후견인을 선임할 수 있을 것이다. 본인 등 일정한 자의 청구에 의해 가정법원이 한정후견 개시 심판을 선고받은 자를 피한정후견인이라 하며, 종래 한정치산자와 유사한 개념으로 원칙적으로 행위능력자에 해당한다. 피한정후견인이 법률행위를 하기 위해서는 한정후견인의 동의를 얻어야 하며, 그렇지 않은 경우에는 이를 취소할 수 있다. 다만, 일상생활용품의 구입 등 과도한 대가를 지급하지 않은 법률행위는 단독으로 할 수 있다(제13조 4항).

(3) 특정후견

질병·장애·노령, 그 밖의 사유로 인한 정신적 제약으로 일시적인 후원이나 특정한 사무에 관한 후원이 필요한 사람에 대하여 일정한 자들의 청구에 의해 법원이 후견인을 선임하는 제도인데, 예를 들어 퇴임교수인 78세 A는 집에서 홈트레이딩을 통한 주식투자를 20여 년째 해오고 있는데, 최근 심각한 치매증상을 보이면서 투자손실이 계속 증가하고 있어 가족들은 혹시나 A의 현금뿐 아니라 주택까지 탕진할 지도 모른다는 불안감에 주식투자를 만류했지만 고집을 부리며 계속 손실을 보고 있다. 이런 경우 A의 자녀 중 한 명을 특정후견인으로 선임하고 후견인으로 하여금 예금과 부동산을 관리하도록 하게 되면 재산상 피해를 미연에 방지할 수 있다. 특정후견은 본인의 의사에 반하여 법률행위를 할 수 없으며, 가정법원은 특정후견의 기간 또는 사무범위를 정하여야 하는데, 이 제도는 피특정후견인이 정신적·육체적 쇠약으로 신상보호나 재산관리를 위한 후견인이 필요할 때를 대비한 맞춤형 후견제도로 새로 도입되었다.

(4) 임의후견

질병·장애·노령, 그 밖의 사유로 인한 정신적 제약으로 사무처리능력이 부족한 상황에 있거나 부족하게 될 상황에 대비하여 자신의 재산관리 및 신상보호에 관한 사무의 전부 또는 일부를 스스로 다른 사람에게 위탁하고 그 위탁사무에 관하여 대리권을 수여하는 계약을 체결하도록 하는 제도이며, 후견계약은 가정법원이 임의후견 감독인을 선임한 때로부터 효력이 발생하게 된다. 예를 들어, 치매증상을 인지하고 있는 고령의 남자가 훗날의 피해를 방지하기 위해 미리 큰 아들을 임의후견인으로 선임하는 계약을 체결한 경우, 나중에 치매증상이 심해질 경우 장남이 법원에 임의후견인감독인 선임을 청구해 법원이 선임하게 되면 계약내용에 따라 장남이 후견인이 되어 아버지의 재산관리를 할 수 있게 된다.

이러한 성년후견제도는 이전의 금치산제도와 한정치산제도가 경제적 문제에 대한 지원에 국한되었으며, 후견인에 대한 실질적 감독이 곤란했을 뿐 아니라 선고사실이 가족관계등록부에 공시되었기 때문에 개인정보 침해문제가 발생하는 등의 이유로 이용도가 매우 낮았다는 지적이 많았기 때문에, 성년후견제도에서는 재산보호뿐 아니라 의료행위나 거주지 결정 등에 대한 지원이 이루어질 뿐 아니라, 후견업무에 대한 실질적 감독장치도 마련하였으며, 별도 등기제도를 운영함으로써 개인정보도 보호할 수 있도록 제도가 변경되어 장래 활용도가 높을 것으로 예상된다.

현행법상 제한능력자 제도를 도표로 정리하면 다음과 같다.

	미성년자	피한정후견인	피성년후견인	피특정후견인
대상	19세 미만자	사무처리능력이 부족한 자	사무처리능력이 지속적으로 결여된 자	일신상 후견이 필요한 자
행위능력	동의시 인정	동의시 인정	원칙 제한. 예외	인정
후견내용	법률행위	법률행위	재산관리, 의료·요양·복지	일시적 또는 특정사무의 후원
구민법상 명칭	미성년자	한정치산자	금치산자	신설

Ⅴ. 해제권(解除權)과 해지권(解止權)

당사자 사이에 성립된 계약관계는 당사자 일방의 계약해제 · 취소 또는 해지에 의해 해소된다. 계약이 해제 또는 취소되면 계약은 처음부터 효력이 없었던 것으로 되며, 해지되는 경우에는 장래를 향해서만 계약의 효력이 소멸한다.

1. 계약의 해제

계약의 해제란 계약당사자의 일방적 의사표시에 의해 유효하게 성립된 계약의 내용을 처음부터 계약이 없었던 것과 같은 상태로 회복시키는 것을 말한다. 계약이란 상호합의한 내용으로 서로를 구속하는 것을 목적으로 하지만, 일방당사자의 일방적인 의사표시로 애초부터 계약이 없었던 것으로 해버린다면 상대방으로서는 예측하지 못한 손해를 입게 된다. 따라서 계약의 해제는 상대방이 이러한 손해를 감수할 수밖에 없는 책임있는 사유가 인정되는 경우에 한해서 허용되는데 가장 대표적인 사유가 계약을 이행하지 않는 것과 같은 채무불이행이다. 이러한 해제권은 계약 당사자 사이에 해제에 관한 특약이 있는 경우(약정해제권)와 법률의 규정에 의한 경우(법정해제권)에 인정된다. 보통 해제권이라 할 때는 법정해제권을 말하는데 법정해제권은 상대방의 채무불이행, 즉 상대방이 계약내용을 이행하지 않으면 발생하며 구체적으로 이행지체와 이행불능이 그 원인이 된다.

(1) 이행지체

상대방이 계약내용에 따라 자신의 채무를 이행하지 않는 경우 계약 당사자는 상당한 기간을 정해 계약을 이행할 것을 최고(催告)하고, 그 기간 내에도 이행되지 않으면 계약을 해제할 수 있다(민법 제544조 본문). 그러나 ① 상대방이 미리 이행하지 않는다는 의사표시를 한 경우(민법 제544조 단서), ② 계약의 성질 또는 상대방의 의사표시에 의해 일정한 시일 또는 일정한 기간 내에 이행하지 않으면 계약의 목적을 달성할 수 없는 경우(민법 제545조), ③ 당사자 사이에 최고를 하지 않고도 바로 해제할 수 있다는 특약을 한 경우에는 상대방에 대한 최고 없이도 바로 계약해제가 가능하다.

(2) 이행불능

상대방의 책임 있는 사유로 계약을 이행하는 것이 불가능하게 된 경우에는 계약을 해제할 수 있는데(민법 제546조), 예를 들어 중고물건을 매매하기로 한 계약에서 매매 목적물을 매도인이 분실해 버린 경우나 이중매매로 다른 사람에게 벌써 팔아버린 경우에는 계약을 이행 할 수 없으므로 이행불능에 의한 계약해제가 가능하다.

계약의 해제는 상대방에 대한 의사표시로 하며, 이 의사표시는 나중에 철회할 수 없다(민법 제543조). 또한 계약이 해제되면 계약관계가 처음부터 소멸된 것으로 되어 다음과 같은 효과가 발생한다.

① 원상회복의무

계약이 해제되면 각 계약 당사자는 상대방에 대해 계약이 행해지지 않았던 것과 같은 상태로 원상회복시킬 의무가 있다. 따라서, 아직 이행하지 않은 계약의 내용은 이행할 필요가 없으며, 이미 이행한 것은 원상태로 회복시켜야 한다. 또한 금전을 반환하는 경우에는 그 받은 날부터의 이자도 반환해야 한다.

② 동시이행의 항변권

양 당사자의 원상회복의무는 동시에 이루어져야 하며, 상대방이 채무의 이행을 제공하지 않으면, 그 이행이 있을 때까지 자기의 채무이행을 거절할 수 있다.

③ 손해배상청구

계약해제의 상대방에게 해제원인에 대한 귀책사유가 있다면 계약해제로 인해 발생한 손해에 대해 손해배상을 청구할 수 있다. 이 때 손해배상액은 통상의 손해액을 그 한도로 한다. 예를 들어, A가 자신의 아파트를 10억 원에 B에게 매매하기로 하는 부동산 매매계약을 체결하고 계약금 1억 원을 수령하였는데 일주일 뒤에 시세가 급등하자 C에게 15억 원에 동일한 아파트를 이중으로 매매한 경우 B는 계약이 완성되었다면 시세차익으로 얻을 수 있었던 경제적 이익(5억 원)을 A의 채무불이행으로 인한 계약해제로 인해 재산상 피해를 입은 것으로 보아야 하므로 A에 대해 손해배상청구권을 행사할 수 있다. 하지만 정확한 손해액 산정에는 상당한 기간이 소요될 수 있어 매매계약에 있어서는 보통 계약금(1억 원)을 손해배상액으로 예정하기로 하는 약정을 하게 되는데 이에 따라 B는 자신이 지급한 계약금에 더하여 손해배상액으로 예정된 1억 원을 포함해 A로부터 2억 원을 돌려받을 수 있다.

2. 계약의 해지

해제와 유사한 것으로 해지가 있다. 해지도 해제와 마찬가지로 채무불이행을 원인으로 하고 계약을 실효시키는 의사표시이지만 소급효가 없다는 점이 다르다. 즉 계약의 해지란 상대방의 일방적 의사표시에 의해 유효하게 성립한 계약의 효력을 장래를 향해 소멸시키는 것을 말한다. 해지권은 계약 당사자 사이에 해지에 관한 특약이 있는 경우(약정해지권)와 법률의 규정이 있는 경우(법정해지권)에 발생하는데, 기간의 정함이 없는 계속적 채권관계에서는 각 당사자에게 원칙적으로 해지의 자유가 인정되기 때문에 해지권에 관한 약정이나 법률의 규정이 없더라도 언제든지 해지의 통고를 할 수 있다. 예컨대, 신문을 구독하기로 하는 계약을 체결하였으나 신문배달이 자주 걸러지는 경우 구독계약을 소멸시키려 할 것이다. 이 경우 해제를 한다면 그동안 배달 받은 신문들도 모두 돌려줘야 하는 결과가 되어 원상회복을 시키기 어렵게 된다. 따라서 이와 같이 계속적인 급부를 목적으로 하는 계약에서는 해지만이 가능하다.

Ⅵ. 법률행위의 대리(代理)

1. 대리의 의의

어떤 사람이 서점에 가서 책을 사는 행위는 동산 매매라는 법률행위에 해당한다. 그 책을 동네 서점에서 구입하는 경우에는 고객과 서점주인 간에 직접 매매거래가 이루어지겠지만, 광화문에 있는 대형서점에서 고객이 같은 책을 구입하는 경우에는 서점 주인이 아닌 직원과 거래를 하게 된다. 그렇다면, 고객이 책 주인도 아닌 직원과 매매행위를 한 경우에도 유효한 법률행위로 봐야 하는지 의문이 들 수 있다. 즉 직원은 자기 소유가 아닌 다른 사람의 물건을 돈을 받고 판 것이므로 유효한 매매행위가 성립되지 않는다는 논리도 설득력이 있을 수 있다. 하지만, 서점 주인이 모든 손님들을 상대해서 도서판매를 위한 거래를 할 수는 없기 때문에 법에서는 직원이 주인으로부터 책을 판매할 수 있는 권한을 부여 받아서 주인 대신 서적판매행위를 할 수 있도록 허용하고 있는데 이를 대리제도라 한다.

즉 직원과 같이 타인(서점주인)을 위해 법률행위(도서의 매매행위)를 할 권한이 있는 자를 대리인이라 하며, 이러한 대리행위를 할 권능을 대리권이라 한다. 그리고 서점주인과 같이 대리인에게 대리권을 수여하고 자기를 위해 법률행위를 하게 하는 자를 본인이라 한다. 대리제도의 특징은 대리인이 거래상대방과 법률행위를 하지만, 그 법률행위의 효과는 대리인이 아니라 직접 본인에게 발생한다는 점이다. 즉 도서판매행위로부터 발생하는 모든 권리와 의무가 본인인 주인에게 귀속된다는 것이다. 다른 예를 통해 대리의 법률효과에 대해 이해해 보자. A는 K은행 창구에 가서 은행직원 B에게 1,000만 원을 건네주고 자신의 예금통장에 입금을 의뢰하였다. 한 달 뒤 A는 다시 은행에 가서 1,000만 원을 인출하려고 하는데 은행지점장이 나와서 B에게 돈을 맡겼으니 B에게 가서 받으라고 하면서 예금지급을 거절할 수는 없다. 왜냐하면, B는 예금입출금 거래를 할 수 있는 대리권을 은행으로부터 부여받은 대리인이므로 B와의 예금계약은 본인인 은행에 직접적으로 그 효과가 귀속되므로 예금자 A는 직접 K은행에 대해 자신의 권리를 주장할 수 있으며 K은행 역시 B의 법률행위로부터 발생한 예금반환의무를 부담하게 되는 것이다. 이와 같이 대리제도는 본인 스스로 모든 법률행위를 할 수 없는 경우라도 대리인을 통해 법률행위를 할 수 있도록 사적 자치를 확장하고 보충하는 기능을 수행하고 있다.

2. 대리권의 종류와 범위

대리권은 본인의 수권(授權)행위나 법률규정에 의하여 발생한다. 전자의 경우를 임의대리(任意代理)라 하고, 후자를 법정대리(法定代理)라 한다. 임의대리에서의 수권행위는 본인의 일방적인 수권의사표시만으로 이루어지는 것으로 본다. 이러한 수권행위는 위임계약이나 고용계약 등의 기초적 내부관계와 함께 이루어지는 것이 보통이다.

대리인이 행사할 수 있는 대리권의 구체적인 범위는 임의대리의 경우에는 본인의 수권행위에서 정해지며 법정대리의 경우에는 법률규정에 의해 정해진다. 하지만, 임의대리의 경우에 수권행위에 의해서 명확한 대리권의 범위가 정해지지 않는 경우가 있는데 이러한 경우에는 의사표시해석에 따라 그 범위를 정하고, 그로써도 불분명한 경우에는 민법 제118조에 따라서 결정하게 되는데 이에 따르면, 권한을 정하지 않은 대리인은 대리의 목적이 된 물건이나 권리의 관리행위로써 보존행위나 물건이나 권리의 성질이 변하지 않는 범위 내에서의 이용행위와 개량행위를 할 수 있으나 본인으로부터 별도의 수권이 없는 한 처분행위는 할 수 없다.

3. 대리권의 제한

(1) 공동대리

대리인은 반드시 한 명만 선임할 수 있는 것은 아니므로 여러 명의 대리인 선임도 가능하다. 이처럼 본인이 여러 명의 대리인을 선임하는 경우 대리인 각자가 본인을 대리할 수 있는 것이 원칙이다(민법 제119조). 예를 들면, 사업가 A가 서울영업을 담당할 지배인 B를 선임하고 이어서 부산영업을 담당할 지배인 C, 제주도지점 영업을 담당할 지배인 D를 대리인으로 선임하였다면 이 대리인들은 각자가 독립해서 본인을 위한 영업행위를 할 수 있는 것이다. 하지만, 본인이 수권행위에서 여러 명의 대리인으로 하여금 반드시 공동으로만 대리행위를 하도록 한 경우에는 수인의 대리인은 공동으로만 본인을 위한 법률행위를 해야 한다. 이를 공동대리라 하는데, 이러한 제한에 위반하여 대리인 중 1인이 단독으로 대리행위를 하였다면 이는 권한이 없는 무권대리가 되어 본인에게 그 효과가 미치지 않게 된다. 예를 들면, A가 청담동에 소재한 전자제품판매대리점을 관리할 지배인으로 B, C, D 세 명을 선임하면서 공동대리제한을 둔 경우 위 대리점이 에어컨 판매계약을 X회사와 체결하는 경우에는 반드시 세 명의 대리인이 함께 계약을 체결해야 한다. 다만, 공동대리 제한이 있다 하더라도 대리인이 상대방으로부터 의사표시를 수령하는 수동대리의 경우에는 공동대리의 제한을 받지 않는다. 따라서 위 대리점이 X회사에 에어컨을 판매할 경우 매매계약은 공동대리로써 해야 하지만, 매매대금 수령행위는 B, C, D중 한 명이 단독으로 할 수 있으므로 X회사가 D에게 대금을 지급했다면 대금지급의 효력이 본인에게 미치게 된다.

(2) 자기계약·쌍방대리의 금지

자기계약(自己契約)이라 함은, 대리인이 본인을 대리하면서 동시에 자신이 거래 상대방이 되어 체결하는 계약을 말한다. 예를 들면, A의 대리인 B가 부동산 매수의 권한을 위임받아 자기소유의 부동산을 A에게 매도하는 내용의 부동산매매계약을 체결하면서 계약서에는 '매도인 B', '매수인 A의 대리인 B'라고 기재하는 형태의 계약이다. 이러한 자기계약은 대리인지위와 거래상대방의 지위가 동일하게 되어 본인에게 불리한 내용의 거래가 이루어질 위험성이 매우 높기 때문에 우리 민법은 이를 원칙적으로 금지하고 있다.

쌍방대리(雙方代理) 역시 본인을 보호하기 위해 금지되고 있는데, 이는 한 명의 대리인이 동시에 거래당사자인 서로 다른 두 명의 본인을 대리하여 법률행위를 하는 것을 말한다. 이러한 거래에서는 본인 중 한 명에게 특히 불리하게 거래가 이루어질 가능성이 높다. 예를 들면, A가 자신의 부동산을 적절한 가격에 팔아 달라면서 B를 대리인으로 선임했는데 B는 이 부동산을 자신의 동생 C에게 헐값에 사도록 하고 자신이 C의 대리인이 되어 매매계약을 체결하는 경우이다. 이 경우 '매도인 A의 대리인 B', '매수인 C의 대리인 B'의 형태로 계약서가 작성되게 된다. 우리 민법은 쌍방대리도 금지하고 있는데, 다만 예외적으로 본인의 허락이 있는 경우라면 자기계약이나 쌍방대리도 허용되고, 채무변제의 경우와 같이 당사자들 사이에 이해관계의 충돌이 없는 때에도 허용하고 있다.

4. 대리행위

어떤 사람이 법률행위를 하는 경우 그 사람이 자기를 위한 법률행위를 하는 것인지 아니면 다른 사람의 대리인 자격에서 법률행위를 하는 것인지 상대방이 알 수 없는 경우가 많다. 따라서 우리 민법은 대리인의 법률행위의 효력을 본인에게 귀속시키기 위해서는 대리인이 법률행위를 할 당시에 반드시 자신이 아닌 본인을 위한 법률행위임을 표시하도록 하고 있다. 이를 현명주의(顯名主義)라 한다. 현명주의에 따른 법률행위의 예를 살펴보면, A가 B에게 부동산 매수에 관한 대리권을 수여한 경우 '매수인 A의 대리인 B'라고 표시해야만 하며, '매수인 B'라고 표시한 경우에는 B 자신을 위한 계약으로 보아 A에 대해서는 계약의 효력이 발생하지 않는다. 이는 대리인이 현명하지 않고 행한 법률행위는 대리인 자신을 위한 것으로 보기 때문이다(민법 제115조).

대리인의 법률행위에도 사기나 강박, 착오와 같은 하자가 존재하여 취소권이 발생하는 경우가 있다. 예를 들면, 상대방이 대리인에 대해 사기나 강박을 한 경우에 기망을 당하거나 위협을 느끼고 의사표시를 한 당사자는 대리인이지만 법률행위의 효과는 직접적으로 본인에게 귀속되기 때문에 사기나 강박을 이유로 이 계약을 본인이 취소하고자 할 경우 사기나 강박을 당한 주체가 본인이 아니므로 과연 본인이 대리인의 의사표시를 취소할 수 있는지가 문제될 수 있다. 이처럼 대리에 의한 법률행위의 효과는 본인에게 귀속되기 때문에 이런 경우에 본인이 대리인의 의사표시를 취소할 수 있도록 하기 위해 우리 민법은 대리행위의 하자는 대리인을 기준으로 판단하도록 함으로써 본인이 취소권을 행사하기 위해 과연 사기나 강박을 당했는지 여부는 본인이 아닌 대리인을 기준으로 판단하도록 하고 있다.

제116조(대리행위의 하자)
① 의사표시의 효력이 의사의 흠결, 사기, 강박 또는 어느 사정을 알았거나 과실로 알지 못한 것으로 인하여 영향을 받을 경우에 그 사실의 유무는 대리인을 표준하여 결정한다.

5. 무권대리(無權代理)

대리인이 대리행위를 하기 위해서는 법률행위를 하는 시점에 본인이나 법률규정에 의해 수여된 유효한 대리권이 존재해야 한다. 그런데 본인을 위한 대리행위임을 표시하고 법률행위를 하였지만, 법률행위 당시에 대리권을 보유하고 있지 않은 경우에는 권한 없는 대리행위인 무권대리가 된다.

이러한 대리권이 없는 자에 의한 무권대리행위는 원칙적으로 무효로서 본인에게는 효력이 발생하지 않지만, 본인의 입장에서 유리하다고 판단되면 이후에 이를 유효로 할 수도 있도록 하고 있다. 즉 무권대리행위에 대해 본인이 추인을 하게 되면 유효한 대리행위가 있었던 것으로 취급해 대리행위의 효과가 본인에게 발생하게 된다(민법 제130조). 예를 들면, A가 친구 B에게 식사자리에서 사업자금이 필요해 자기 아파트를 적당한 가격에 처분하고 싶다는 말을 했는데, 며칠 뒤 B가 C와 A의 아파트 매매계약을 체결하고 이러한 사실을 A에게 알려준 경우 A는 B의 무권대리 행위가 자신에게 유리하다고 생각하는 경우에는 계약당시 B에게 대리권을 수여하지는 않았더라도 이후에 그 계약을 추인함으로써 유효한 매매계약으로 인정할 수 있다.

무권대리행위의 원칙적 무효취급과 관련해서 다음과 같은 경우가 문제가 될 수 있다. 가령, 사업 때문에 바쁜 A가 자신의 아파트를 담보로 은행에서 1억만 대출 받아 달라고 부탁하며 친구 B에게 근저당권설정 및 대출에 필요한 서류들을 건네주었는데, 이 서류들을 이용해 B가 위 아파트를 팔아버리고 도주한 경우, 아파트매매행위의 효력이 A에게 발생한다고 볼 수 있는가 하는 것이다. 이론상 B는 아파트대출에 관한 대리권만 가지고 있었을 뿐 아파트매매에 관한 대리권은 없었으므로 무권대리가 되어 본인의 추인이 없다면 이 매매행위는 무효가 되어 아파트를 B로부터 매수한 상대방은 A에게 아파트를 반환해주고 B에게 매매대금을 돌려받아야 한다는 부당한 결과가 발생하게 된다. 따라서 우리 민법에서는 해당 법률행위를 할 수 있는 대리권이 없는 무권대리에 해당하는 경우라 하더라도, 거래 상대방 입장에서 대리권이 있다고 믿을 만한 정황이 있었고, 그러한 상황을 야기한 데 대해 본인에게도 일정한 책임이 있다고 인정되는 경우에는 상대방보호를 위해 본인에게 대리행위의 효력을 인정하고 있는데, 이를 표현대리(表見代理)

라 한다. 민법이 인정하고 있는 표현대리는 세 가지 유형이 있다.

(1) 대리권수여의 표시에 의한 표현대리

거래 상대방에게 특정인에게 대리권을 부여한다는 의사표시를 한 경우에는 실제 대리권을 수여하지는 않았다 하더라도 특정인과 거래 상대방의 법률행위의 효력이 본인에게 귀속되도록 할 필요가 있다. 예를 들면, A는 B에게 자기 대리인으로 C를 선임한다고 말하였으나, 아직 C에게 대리권을 부여하지 않고 있던 중에 B와 C는 A의 부동산을 매매하는 계약을 체결한 경우처럼 본인이 거래상대방에게 특정인을 대리인으로 선임한다는 뜻의 통지를 하였지만 사실은 특정인에게 실제 대리권을 수여하지 않은 상태에서 표현대리인이 대리행위를 한 경우에 과연 그 법률효과가 본인에게 귀속되는지가 문제될 수 있다. 이런 경우는 실제 대리권이 없는 자의 행위로서 무권대리가 되지만 본인이 특정인에게 대리권을 수여한다는 의사표시를 거래상대방에게 하였으므로 그 의사표시를 믿고 대리인으로 알고 거래한 상대방을 거래안전 차원에서 보호할 필요성이 있다. 따라서 우리 민법에서는 ① 본인이 제3자에게 대리권 수여의 의사표시를 하였고, ② 표현대리인이 표시된 대리권 범위 내에서 본인의 이름으로 법률행위를 하였으며 ③ 상대방도 대리권이 존재한다고 믿었던 경우에는 본인이 표현대리인의 행위에 대해 책임을 지도록 하고 있다. 따라서 위 사례에서도 B에게 C를 대리인으로 선임한다고 표시한 이상 실제 C에게 대리권을 수여하지 않았다 하더라도 A는 C의 표현대리행위에 대해 책임을 부담하게 되어 B와 C사이에 체결된 부동산매매계약의 이행책임이 인정된다.

제125조(대리권수여의 표시에 의한 표현대리)
제삼자에 대하여 타인에게 대리권을 수여함을 표시한 자는 그 대리권의 범위내에서 행한 그 타인과 그 제삼자간의 법률행위에 대하여 책임이 있다. 그러나 제삼자가 대리권없음을 알았거나 알 수 있었을 때에는 그러하지 아니하다.

(2) 권한을 넘은 표현대리(越權代理)

A는 B에게 햇살론 대출을 받아달라고 부탁하면서 자신의 운전면허증, C은행 통장, 휴대폰 등을 교부하였는데, B가 A의 동의 없이 D은행의 인터넷 홈페이지에 접속해 A명의의 대출거래약정을 체결하였다. 나중에 D은행이 A에게 대출금상환을 요구하자 A는 자신은 B에게 D은행으로부터 대출을 받아 달라고 부탁한 적이 없으므로 이는 무권대리에 해당하므로 D은행에 대한 채무를 변제할 책임이 없다고 주장한다. 과연 A의 주장은 타당한가?

월권대리란, 기본적인 대리권이 있는 대리인이 본인으로부터 수여 받은 대리권의 범위를 넘어서 대리행위를 한 경우로서 상대방 입장에서 그러한 대리행위를 할 권한이 있다고 믿을 만한 정당한 사유가 있는 경우에는 본인에게 책임을 인정하는 표현대리이다.

월권대리 인정여부를 결정하는데 가장 중요한 요소는 정당한 사유가 있었는지에 관한 것인데, 예를 들어 A가 B에게 자신의 아파트를 담보로 제공하고 은행으로부터 금전을 대출해 줄 것을 부탁하면서 근저당권 설정등기에 필요한 서류를 넘겨주었는데 B가 이 서류를 이용해 아파트를 C에게 팔아버린 경우 부동산매매계약의 효력이 문제될 수 있다. 이 사례에서 매매계약의 효력이 인정되기 위해서는 C가 법률행위 당시 B에게 매매행위를 할 수 있는 대리권이 존재한다고 믿을 만한 정당한 이유가 인정되어야 하는데, 구체적으로 B가 A로부터 넘겨받은 등기이전에 필요한 서류와 위임장을 C에게 보여준 경우 C는 B가 매매에 관한 대리권이 있다고 믿었을 것이므로 정당한 사유를 인정할 수 있다. 하지만, 만일 위임장에 구체적으로 금전대출행위를 위해 대리권을 수여한다는 내용이 기재가 되어 있었다면 대리권의 범위가 금전대출행위로 제한이 되어 있다는 사실을 확인할 수 있었을 것이므로 부주의로 이를 확인하지 못한 C에게 정당한 사유를 인정하기는 어려울 것이다.

월권대리와 관련해서 자주 문제되는 것이 부부간의 일상가사대리권의 인정범위에 관한 것인데, 예를 들어 처가 교통사고로 입원해서 식물인간 상태로 있는 남편 명의의 부동산을 매각 처분해서 그 돈으로 병원비와 가족의 생활비로 사용한 경우 부동산매매행위의 효력을 인정할 수 있는지가 문제될 수 있다. 우리 민법에서는 부부는 일상의 가사에 관해서는 서로 대리권이 있다고 정하고 있는데(민법 제827조 제1항), 사례처럼 배우자 명의의 부동산을 처분하는 행위가 일상가사의 범위에 속하는지가 문제된다. 이와 관련해서 우리 판례는 원칙적으로 배우자 명의의 부동산을 처분하거나 이 부동산을 담보로 제공하고 금전을 대출하는 행위는 일상가사대리권에 포함되지 않는 것으로 보고 있지만, 사례와 같이 처가 남편 명의의 부동산을 매각하게 된 동기나 그 후 대금의 사용용도 등을 고려해 볼 때, 급박한 사정으로 인해 어쩔 수 없이 남편을 대신하여 이 부동산을 처분하였으므로 거래상대방 입장에서는 누구라도 처에게 대리권이 있다고 믿을 만한 사유가 존재한다. 이와 같은 비상가사대리의 경우에는 본인인 남편에게 그 효력이 미치게 된다. 하지만, 일반적으로 처가 남편 몰래 남편 부동산을 제3자에게 매각하는 행위는 특별히 거래상대방이 처가 대리권을 가지고 있다고 믿을 만한 정당한 사유가 없는 경우에는 대리행위의 효력이 남편에게 미치지 않는 것으로 보고 있다. 아무리 부부 사이라 할지라도 일상가사 범위를 벗어나는 부동산처분과 같은 행위에 대해서는 상대배우자로부터 대리권을 수여 받아야 하기 때문이다.

이런 취지에서 위 사례의 경우 A가 B에게 대출을 받아달라고 부탁하며 자신의 신분증 등을 교부한 것은 기본대리권을 수여한 행위로 보아야 하며, D은행이 A명의의 공인인증서를 통한 전자서명을 받고 A 명의의 휴대전화기로 본인 여부를 확인하는 과정에서 A가 B에게 자기 명의 휴대폰을 교부해 대출기관의 본인 확인을 통과할 수 있도록 한 상태였으므로, D은행은 A가 직접 대출신청을 한다고 오인할 만한 사유가 있었다고 보이는 점 등 제반사정에 비추어 볼 때 A는 B에게 햇살론 대출약정 체결에 관한 기본대리권을 수여하였고, D은행은 B가 대출약정을 체결한 행위가 본인 자신으로서 본인의 권한을 행사하는 것으로 믿은 데 정당한 사유가 있었다고 보아 A는 민법 제126조의 표현대리 법리의 유추적용에 따라 대출약정에 대한 책임을 부담한다고 보았다(수원지법 여주지원 2017. 11. 29. 선고 2017가단2993 판결).

제126조(권한을 넘은 표현대리)
대리인이 그 권한외의 법률행위를 한 경우에 제삼자가 그 권한이 있다고 믿을 만한 정당한 이유가 있는 때에는 본인은 그 행위에 대하여 책임이 있다.

(3) 대리권 소멸후의 표현대리

기존에 존재하던 대리권이 소멸하였음에도 더 이상 대리인이 아닌 자가 계속해서 대리행위를 하는 경우, 즉 대리인에게 과거에는 대리권이 존재하였지만 이후에 대리권이 소멸하여 법률행위 당시에는 대리권이 없는 경우 표현대리인과 법률행위를 한 상대방이 선의이며 과실이 없을 때에는 본인이 책임을 지도록 하고 있다. 구체적인 사례를 통해 살펴보면, A는 B에게 자기 소유 상가건물에 대해 근저당을 설정하고 은행으로부터 대출을 받아 달라는 부탁을 하면서 위임장을 교부하였다. 하지만, 그날 저녁 A는 친구로부터 필요한 돈을 빌렸으므로 대출을 받을 필요가 없어져 B에게 바로 전화를 걸어 대출을 받지 않아도 되며 낮에 교부했던 위임장은 폐기해 버리라고 말하였는데 B가 다음 날 C에게 위 건물을 매각하고 매매대금을 가지고 잠적해 버린 경우 과연 B의 매매행위 효력을 인정할 수 있는가가 문제될 수 있다.

이 사례에서 본인 A가 B에게 수여했던 대리권을 철회하였으므로 민법 제129조의 '대리권소멸 후의 표현대리'가 성립할 가능성이 있다. 동시에, A가 수여했던 대리권은 대출에 관한 것이었지만 B는 매매를 하였으므로 민법 제126조의 월권대리 성립여부도 문제될 수 있다. 하지만, 제126조의 월권대리가 성립하기 위해서는 표현대리인에게 기본대리권이 있어야 하는데 B에게는 기본대리권조차도 이미 철회되어 이를 인정하기 어려운 경우에는 제126조가 적용되지 않는다. 다만, 과거에 가졌던 대리권이 소멸되어 제129조에 의하여 표현대리로 인정되는 경우에 그 표현대리의 권한을 넘는 대리행위가 있는 경우에는 제126조에 의한 표현대리가 성립될 수 있다(대법원 2008. 1. 31. 선고 2007다74713 판결). 따라서 위 사례에서 상대방인 C가 B에게 대리권이 있다고 믿은데 정당한 이유가 있는 경우에는 민법 제126조에 따라 본인이 책임을 져야 하므로 B와 C 사이의 매매계약의 효력이 A에게도 미치게 된다. 따라서 A는 단순히 전화로 대리권 수여행위 철회만 할 것이 아니라 위임장도 직접 회수했어야 피해를 방지할 수 있었을 것이다.

제129조(대리권 소멸후의 표현대리)
대리권의 소멸은 선의의 제삼자에게 대항하지 못한다. 그러나 제삼자가 과실로 인하여 그 사실을 알지 못한 때에는 그러하지 아니하다.

Ⅶ. 불법행위

1. 불법행위의 의의

불법행위란, 타인의 권리 또는 법익을 위법하게 침해하고 그로 인해 손해가 발생했을 경우, 이를 야기한 자가 그 손해를 배상해야 할 책임을 말하는데, 이는 계약관계와 무관하게 발생하는 비(非)계약상 법률관계로, 손해배상의 가장 보편적인 법적 근거다. 우리 민법 제750조에서는 불법행위를 고의 또는 과실로 인한 위법행위로 타인에게 손해를 가한 행위로서 가해자는 피해자에 대해 그 손해를 배상할 책임을 부담한다고 정하고 있다. 불법행위제도는 비(非)계약책임의 일반조항으로, 계약관계가 없는 사람들 간에도 법질서 유지를 위해 손해에 대한 배상 책임을 지우는 제도이다. 이 규정은 법질서에 대한 신뢰와 피해자 보호, 그리고 사회적 정의 실현을 동시에 추구한다. 불법행위 책임의 핵심요소는 첫째, 단순히 불법이라는 이유만으로는 책임이 성립되지 않으며, 둘째 반드시 일정한 요건(고의/과실, 위법성, 손해, 인과관계 등)이 충족되어야 한다. 그리고 법익은 '권리' 외에도 법률상 보호가치가 있는 이익(예, 명예, 프라이버시 등)까지 포함한다. 이처럼 법률이 허용하지 않는 위법한 행위로 다른 사람에게 손해를 입혔다는 점이 가해자로 하여금 배상의무를 부과하도록 하는 법적인 원인이 된다.

불법행위가 성립하기 위한 요건인 위법행위(違法行爲)는 타인의 권리 또는 법익을 침해하는 행위로서, 오늘날 사람의 권리 또는 법익의 범위가 점점 확대되어 가는 추세로 인해 불법행위가 성립할 수 있는 가능성도 커지고 있다. 이처럼 민법상 불법행위는 위법행위로 인해 발생한 손해를 사후적으로 배상하게 하는데 그 목적이 있으며, 법리적 배경에는 손해의 공평하고 타당한 부담을 지도원리로 하고 있다.

2. 성립요건

불법행위가 인정되기 위해서는 아래의 5가지 요건이 모두 충족되어야 하며, 이 중 하나라도 결여되면 불법행위 책임은 성립하지 않는다.

(1) 행위의 존재

사람의 행동 또는 부작위(하지 않아야 할 의무를 위반한 경우)가 있어야 하며, 반드시 '신체적 움직임'만이 아니라 결정과 조치 자체도 포함된다. 예를 들면, A가 운전 중 휴대폰을 사용하며 운전을 하다가 전방 차량을 뒤에서 추돌한 경우와 같은 행위는 운전 중 부주의(과실행위)로 인정된다. 또한 건물주 B가 낡은 간판을 방치하여 간판이 지나가는 사람에게 떨어져 상해를 입힌 경우와 같이 적극적인 '행위'는 없지만, 건물 관리자로서의 주의의무를 이행하지 않은 부작위로 행위의 요건이 충족된다.

(2) 위법성

해당 행위가 사회질서 또는 법질서에 반하는 경우를 말하며, 단순히 법을 위반한 것이 아니라 위법성을 조각시킬 수 있는 정당한 사유도 없어야 한다. 정당방위, 자구행위, 긴급피난 등은 위법성을 조각하는 사유가 된다. 예를 들어, C가 인터넷 게시판에 D에 대한 허위사실을 유포하여 D의 명예를 훼손한 경우에는 위법성이 인정된다. 하지만, E가 절도범을 제지하는 과정에서 경미한 상해를 입힌 경우에는 정당방위로 인정되어 위법성이 조각될 수 있다.

(3) 고의 또는 과실

고의란 자신의 행위가 타인에게 손해를 입힌다는 사실을 인식하면서도 행한 것을 말하고, 과실이란 주의의무를 게을리하여 손해를 일으킨 경우를 말한다. 고의든 과실이든 '책임 있는 행위'여야 하며, 정신질환자 등은 책임이 면제될 수 있다. F가 사적인 감정으로 G의 차량 타이어를 의도적으로 펑크낸 경우라면 명백한 고의가 인정되므로 불법행위가 성립된다. 그리고 의사 H가 수술 중 환자체질에 맞지 않는 약제를 잘못 처방해 후유증이 발생한 경우에는 과실에 의한 의료 불법행위가 성립될 여지가 있다.

(4) 손해의 발생

손해는 재산적 손해뿐 아니라, 비재산적 손해인 정신적 고통이나 명예훼손 등도 포함되며, 실제 피해자가 입은 손해액의 발생은 피해자가 입증해야 하며, 정신적 피해에 대한 손해배상액인 위자료는 법원이 정한다. 재산적 손해의 예로는 교통사고로 인해 차량 수리비 350만 원, 병원비 50만 원이 발생한 경우 가해자의 불법행위로 인해서 피해자는 총 400만 원의 재산상 손해를 입은 것으로 인정될 수 있다. 반면, 비재산적 손해의 예로 온라인상 명예훼손으로 인해 취업에 불이익을 받거나 정신적 충격을 받은 경우와 같은 경우에는 위자료 300만 원을 청구할 수 있다.

(5) 인과관계

불법행위가 성립하기 위해서는 가해자의 행위와 피해자의 손해 사이에 상당한 인과관계가 존재해야 한다. 즉 가해 행위가 없었다면 손해도 발생하지 않았을 것이라는 개연성 있는 인과(causation) 흐름이 입증되어야 한다. 예를 들어, I가 고객에게 유통기한이 지난 식품을 판매했고, 고객이 그걸 먹고 식중독에 걸렸다면 I의 행위와 손해 사이에 직접적 인과관계가 인정된다. 반면, J가 낙서한 건물 벽면을 K가 복구하던 중 옥상에서 아래로 떨어진 발판에 의해 다친 경우 J의 낙서와 K의 손해는 직접적인 인과관계를 인정하기 어려우므로 불법행위는 성립되지 않는다.

3. 불법행위의 유형

(1) 일반불법행위 (민법 제750조)

제750조(불법행위의 내용)
고의 또는 과실로 인한 위법행위로 타인에게 손해를 가한 자는 그 손해를 배상할 책임이 있다.

일반불법행위는 계약관계가 없는 사람들 간에, 고의 또는 과실로 위법한 행위를 통해 타인의 권리나 법익을 침해하고 손해를 발생시킨 경우 적용되는 가장 포괄적이고 기본적인 책임유형이다. 불법행위는 계약이 없어도 책임이 발생할 수 있고, 손해가 실제로 발생해야 하며, 인과관계도 요구된다. 그리고 행위자는 반드시 고의나 과실이 있어야 한다. 일반불법행위 적용의 대표적 사례를 들어 보면 다음과 같다.

일상 속 실수에 의한 재산 손해

A가 친구와 농담을 주고받으며 휴대폰을 던졌는데, 그 휴대폰이 옆에 있던 B의 노트북을 맞춰 액정이 깨졌다. 이때 A는 액정을 파손하려는 고의는 없지만 주의의무를 게을리한 과실이 인정되며, B의 재산권이 침해되었고 노트북 수리비에 해당하는 금전적 손해가 발생했으므로 일반불법행위가 성립된다.

자전거 충돌 사고

고등학생 C가 인도에서 과속으로 자전거를 타다가 D와 충돌해 D가 넘어져 팔이 골절되는 상해를 입었다. 이때, C의 과속행위는 과실에 해당하고, D는 치료비에 상당하는 재산상 손해를 입었다. 이러한 D의 재산적 손해와 C의 과실행위 사이에는 명확한 인과관계가 인정되어 일반불법행위가 성립한다. 다만, 미성년자인 C가 만 14세 미만이면 보호자 책임 문제로 넘어갈 수 있다.

허위사실 유포에 의한 명예훼손

E가 인터넷 커뮤니티에 F에 대한 근거 없는 소문을 게시함으로써 F가 정신적 고통을 받고 사회적 신뢰를 잃게 된 경우, E의 고의적 행위로 인해 F의 명예라는 비재산적 법익이 침해되었고, 가해행위와 피해간에는 인과관계가 존재하며 구체적 손해에 대한 입증이 가능하므로 일반불법행위가 성립되어 F는 정신적 손해인 위자료를 청구할 수 있다.

반려동물로 인한 손해

G가 산책 중 목줄을 하지 않은 개가 다른 행인을 물어 상해를 입힌 경우, G는 동물 관리자로서 과실이 인정되어, 피해자의 신체적 손해에 대한 배상책임이 인정된다(일반불법행위 성립).

오염된 음식 판매

식당 H에서 유통기한이 지난 재료로 만든 음식을 먹은 고객 I가 식중독에 걸려 입원하였다면, 식당의 고의 또는 중대한 과실로 인해 고객의 신체와 재산에 손해가 발생하였으므로 의료비 및 위자료를 포함한 손해배상책임이 인정된다.

일반불법행위가 인정되기 위해서는 원칙적으로 피해자가 가해자의 고의 또는 과실의 존재, 위법성, 손해발생 그리고 인과관계를 입증해야 한다. 그러나 의료과실이나 자동차 사고와 같은 불법행위에 있어서 일부 판례는 '일단 손해가 발생하면 가해자의 과실이 추정된다'는 논리가 인정되기도 한다. 예외적으로 일반불법행위가 적용되지 않는 경우로는, 피해자의 침해행위를 방어한 경우인 정당방위, 자신이나 타인의 법익 보호를 위한 불가피한 행위인 긴급피난, 법령 또는 사회상규에 따른 정당한 행위로서 정당행위는 위법성이 조각되어 불법행위가 성립되지 않는다. 예를 들어, 경찰이 공무집행 중 과잉행동을 한 경우, 정당행위의 범위를 벗어나면 과잉행위로서 위법성이 인정되는 불법행위가 되지만, 상당한 범위 내에서는 위법성이 없어 불법행위 책임이 인정되지 않는다.

(2) 특수불법행위(민법 제752조~제766조)

특수불법행위는 특정한 행위자나 행위 유형에 대하여 특별한 책임 구조를 규정한 제도인데, 일반불법행위와는 달리 행위자 본인이 아닌 제3자에게도 책임이 귀속될 수 있는 점이 핵심이다. 이는 피해자 보호의 실효성을 확보하려는 입법정책의 결과이다.

가. 미성년자 등 책임무능력자의 행위

제753조(미성년자의 책임능력)
미성년자가 타인에게 손해를 가한 경우에 그 행위의 책임을 변식할 지능이 없는 때에는 배상의 책임이 없다.
제754조(심신상실자의 책임능력)
심신상실 중에 타인에게 손해를 가한 자는 배상의 책임이 없다. 그러나 고의 또는 과실로 인하여 심신상실을 초래한 때에는 그러하지 아니하다.
제755조(감독자의 책임)
① 다른 자에게 손해를 가한 사람이 제753조 또는 제754조에 따라 책임이 없는 경우에는 그를 감독할 법정의무가 있는 자가 그 손해를 배상할 책임이 있다. 다만, 감독의무를 게을리 하지 아니한 경우에는 그러하지 아니하다.
② 감독의무자를 갈음하여 제753조 또는 제754조에 따라 책임이 없는 사람을 감독하는 자도 제1항의 책임이 있다.

보통 만 14세 미만 또는 정신질환자 등 책임능력이 없는 자의 불법행위에 대해서는 그를 감독할 법정대리인이 배상 책임을 진다. 다만, 법정대리인이 감독의무를 다했거나, 그 손해가 감독의무를 다했더라도 피할 수 없는 경우에는 면책이 가능하다. 예를 들어, 초등학교 3학년 학생 A가 장난으로 이웃집 자동차를 돌로 긁어서 자동차에 흠집이 생긴 경우, A는 책임무능력자이지만, 부모가 감독의무를 다하지 못했다면 민법 제753조에 따라 부모가 피해자에 대해 손해배상책임을 부담하게 된다.

나. 사용자책임

제756조(사용자의 배상책임)
① 타인을 사용하여 어느 사무에 종사하게 한 자는 피용자가 그 사무집행에 관하여 제삼자에게 가한 손해를 배상할 책임이 있다. 그러나 사용자가 피용자의 선임 및 그 사무감독에 상당한 주의를 한 때 또는 상당한 주의를 하여도 손해가 있을 경우에는 그러하지 아니하다.
② 사용자에 갈음하여 그 사무를 감독하는 자도 전항의 책임이 있다.
③ 전2항의 경우에 사용자 또는 감독자는 피용자에 대하여 구상권을 행사할 수 있다.

피용자가 직무집행 중 제3자에게 손해를 가한 경우, 사용자(고용주)는 손해배상 책임을 진다. 다만 사용자가 상당한 주의의무를 다했음을 증명하면 면책이 가능하지만, 실제 입증은 매우 어렵다. 예를 들어, 음식 배달원 B가 오토바이로 배달 도중 보행자를 충격하여 상해를 입힌 경우, B의 고용주인 음식점 사장이 민법 제756조에 따라 사용자 책임을 지게 되어 피해자에 대해 손해배상책임을 부담하며, B 본인도 공동 책임을 지게 된다.

다. 공동불법행위

제760조(공동불법행위자의 책임)
① 수인이 공동의 불법행위로 타인에게 손해를 가한 때에는 연대하여 그 손해를 배상할 책임이 있다.
② 공동 아닌 수인의 행위중 어느 자의 행위가 그 손해를 가한 것인지를 알 수 없는 때에도 전항과 같다.
③ 교사자나 방조자는 공동행위자로 본다.

두 명 이상이 공동으로 불법행위를 한 경우에는 연대책임을 지는데, 이때 피해자는 공동가해자 중 누구에게든 손해배상 전액을 청구할 수 있고, 그 후 내부적으로 구상관계가 이루어진다. 공동불법행위의 사례를 들어 보면, 두 명의 청년이 길거리에서 공동으로 폭행을 가해 피해자가 중상을 입었다면, 피해자는 두 명의 가해자 중 한 명에게 전체 손해를 청구할 수 있으며, 그 청구 받고 전액을 손해배상 한 가해자는 다른 가해자에게 일부를 구상청구할 수 있다.

라. 동물점유자 책임

> 第759条(동물의 점유자의 책임)
> ① 동물의 점유자는 그 동물이 타인에게 가한 손해를 배상할 책임이 있다. 그러나 동물의 종류와 성질에 따라 그 본관에 상당한 주의를 해태하지 아니한 때에는 그러하지 아니하다.
> ② 점유자에 갈음하여 동물을 보관한 자도 전항의 책임이 있다.

동물을 지배하거나 관리하는 자가 그 동물로 인해 발생한 손해에 대해 책임을 진다. 단, 동물의 특성에 비추어 손해 발생을 방지하기 위한 상당한 주의를 다한 경우 면책이 가능하다. 예를 들어, 애완견이 산책 중 이웃 아이를 물어 상처를 입힌 경우 견주에게 본 조의 손해배상책임이 인정될 수 있다.

마. 공작물점유자 책임

> 第758条(공작물등의 점유자, 소유자의 책임)
> ① 공작물의 설치 또는 보존의 하자로 인하여 타인에게 손해를 가한 때에는 공작물점유자가 손해를 배상할 책임이 있다. 그러나 점유자가 손해의 방지에 필요한 주의를 해태하지 아니한 때에는 그 소유자가 손해를 배상할 책임이 있다.
> ② 전항의 규정은 수목의 재식 또는 보존에 하자있는 경우에 준용한다.
> ③ 전2항의 경우 점유자 또는 소유자는 그 손해의 원인에 대한 책임 있는 자에 대하여 구상권을 행사할 수 있다.

건물, 간판, 시설물 등 공작물의 설치 또는 보존의 하자로 인해 손해가 발생한 경우, 점유자 혹은 소유자가 손해배상책임을 지는데, 만약 건물 외벽 간판이 바람에 의해 떨어져 지나가던 행인이 부상을 입었다면 간판 유지관리 책임자인 상가관리회사 또는 건물의 소유자가 손해배상 책임을 지게 된다.

4. 불법행위에 따른 손해의 종류와 배상

불법행위에 따른 손해배상청구에 있어 구체적인 손해는 재산적 손해와 비재산적 손해로 분류할 수 있는데, 전자에는 불법행위로 피해자가 입은 실제 손해인 병원비, 수리비 등과 불법행위 사고로 인해서 피해자가 얻지 못하고 잃어버린 소득에 해당하는 일실이익이 포함된다. 예를 들면, 교통사고로 병원에 입원하는 바람에 자영업자 A가 3개월 간 영업을 하지 못해 월 300만원의 순이익을 얻지 못했다면 일실이익 총 900만 원을 포함하여 손해배상청구가 가능하다. 이와 별도로 불법행위 피해자가 입은 정신적 피해에 대해서는 위자료 청구가 가능한데, 우리 민법 제751조에서는 '타인의 신체, 자유 또는 명예를 해하거나 기타 정신상 고통을 가한 자는 재산 이외의 손해에 대해서도 배상할 책임'을 명문으로 인정하고 있다. 예를 들면, 인터넷에 A가 허위사실을 유포해 B의 명예를 심각하게 훼손시킨 경우, B는 A에게 손해배상과 위자료를 함께 청구할 수 있다.

손해배상은 금전배상을 원칙으로 하지만, 예외적으로 원상회복이 가능한 경우에는 원상회복이 우선된다. 따라서, 가해자가 훼손한 조형물을 복원 가능한 경우에는 금전배상보다는 원상복구를 하는 것을 우선으로 하고, 불가능한 경우에는 금전으로 배상하게 된다. 피해자가 소송을 제기하면, 법원은 배상액, 책임비율, 정신적 위자료 등을 종합적으로 고려해 구체적 배상액을 결정하게 된다. 실생활에서 발생할 수 있는 불법행위 유형별로 정리하면 아래 표와 같다.

사례	불법행위 여부	법적 효과
교통사고로 상대 차량 파손	과실 인정 → 불법행위	차량수리비+대차료 배상
Youtube에서 허위사실 유포	명예훼손 → 불법행위	손해배상+위자료
초등학생이 공공미술 훼손	책임무능력자 → 부모 책임	부모에게 손해배상책임 인정
회사원이 출장 중 타인에게 상해를 가함	사용자 책임 성립	회사가 배상책임 부담

불법행위 피해자에게도 사고 및 피해발생에 어느 정도 과실이 있을 경우에는 피해자의 과실비율만큼 배상액을 감경하게 되는데 이를 과실상계라 한다. 예를 들어 보행자가 무단횡단을 하던 중 교통사고가 발생한 경우 피해자에게도 30%의 과실이 인정된다면 손해액 1,000만 원 중 700만 원만 불법행위자가 배상하면 된다.

불법행위에 따른 손해는 통상손해와 특별손해가 있는데 특별손해는 가해자가 예견할 수 있었던 경우에만 배상책임이 발생한다. 그리고 계약책임과 유사하게 불법행위 책임에도 예견가능성이 제한 원칙으로 작용할 수 있는데, 예를 들어 미술품 포장을 소홀히 해서 수 억원 가치의 고가의 미술품이 파손되었다면 상대방이 이러한 정보를 알리지 않았을 경우에는 가해자의 예견가능성이 없다고 인정되는 경우에는 피해금액 전액에 대한 배상책임은 인정되지 않게 된다.

5. 불법행위의 입증 책임

불법행위가 발생한 경우 원칙적으로 피해자가 가해자의 고의·과실 및 손해 발생을 입증해야 한다. 하지만 특정한 경우(예: 의료사고, 제조물책임 등)에는 입증책임이 전환되거나 완화되기도 한다. 예를 들어, 의사의 수술 실수(의료과실)로 인해 환자에게 후유증이 발생했을 경우, 법원은 일정 범위 내에서 의사의 주의의무 위반을 추정해 피해자 보호를 위해 불법행위 입증책임을 의사측이 과실이 없었음을 입증하도록 요구할 수 있다.

[사례: 운전 중 부주의로 인한 과실책임]

A는 자가용을 운전하던 중 스마트폰으로 메신저를 확인하느라 전방 주시를 하지 못하고 앞서 정차 중이던 차량을 들이받았다. 이 사고로 상대방 차량 운전자 B는 허리 디스크로 장기간 입원 치료를 받게 되었고, 차량도 심하게 파손되었다. B는 A를 상대로 치료비와 위자료를 청구하였다. A의 행위에 대해 불법행위 책임이 성립할 수 있는가?

[해설]

민법상 불법행위 성립 요건은 행위의 존재, 위법성, 고의 또는 과실의 존재, 손해의 발생, 그리고 행위와 손해발생 사이의 인과관계의 존재가 모두 인정되어야 하므로 이 요건들을 하나씩 검토할 필요가 있다. 우선, A는 자가용을 운전하면서 스마트폰을 조작하였고, 이는 운전자로서의 주의의무 위반에 해당한다. 그리고 도로교통법상 전방 주시는 기본 의무이며, 이를 위반한 것은 법적 질서에 반하는 위법한 행위이다. 또한 스마트폰 확인은 고의는 아니지만, 운전자에게 요구되는 주의의무를 명백히 위반한 과실에 해당하며, 운전자의 경우 업무상 과실이 인정된다. B가 입은 신체상 손해(치료비) 및 재산상 손해(차량 수리비), 정신적 손해(위자료)는 현실적 손해로 인정된다. 마지막으로 A의 행위가 없었더라면 사고는 발생하지 않았을 것이므로, 상당한 인과관계도 인정되므로, 결론적으로 민법 제750조에 따른 일반불법행위 요건이 모두 충족되므로, A는 손해배상 책임을 진다.

[사례: 미성년자의 행위와 부모의 책임]

초등학교 2학년 학생 A는 공원에서 놀다가 돌을 던졌고, 그 돌이 옆에 주차된 차량의 유리창을 깨뜨렸다. 차량 소유자 B는 A의 부모를 상대로 수리비 전액을 청구하였다. 부모는 "A가 장난치다 실수한 것"이며 "자신들은 돌 던질 위험이 있는 상황이 아니었다"고 주장했다. A의 부모는 손해배상 책임을 지는가?

[해설]

A는 만 14세 미만의 책임무능력자이므로 직접 불법행위 책임을 지지는 않는다. 다만, 민법 제753조에 따라, 책임무능력자의 감독자인 법정대리인이 감독의무를 다하지 않았거나, 설사 다했더라도 손해발생을 방지할 수 없었던 것이 아닌 경우라면 손해배상 책임을 지게 된다. 이 경우 불법행위 성립여부에 관한 쟁점은 부모의 감독의무 위반 여부인데, A가 공공장소에서 위험한 행동을 할 가

능성을 예측할 수 있었는지 여부가 판단 기준이다. 초등학생이 돌을 던질 수 있다는 건 일반적으로 예견 가능하며, 부모가 동행 중이었거나 근처에 있었을 경우라면 감독의무 위반에 따른 책임이 인정된다. 따라서 A의 부모가 돌 던짐을 예견하거나 방지할 주의의무를 다하지 않았다면, 민법 제753조에 따라 손해배상 책임을 진다.

□ 참조 판례: 대법원 1998.7.24. 선고 97다2085

"7세 아동의 행위로 인한 손해에 대해 부모가 감독의무를 다하지 않았다면 부모는 민법상 손해배상 책임을 진다."

[사례: 공동불법행위의 연대책임]

인터넷 커뮤니티에서 두 명의 유저 C와 D가 공모하여 E에 대한 비방성 허위 게시물을 퍼뜨렸다. E는 이로 인해 사회적 신뢰를 잃고 정신적 충격을 받았다. E는 C와 D 모두를 상대로 위자료를 청구하였다. C는 "D가 글을 먼저 썼고, 자신은 단순히 '공유'만 했을 뿐"이라며 책임이 없다고 주장하였다. C와 D는 연대하여 손해배상 책임을 지는가?

[해설]

공동불법행위 성립 요건은 둘 이상의 자가 공동으로 위법행위에 관여했는가, 각자의 행위가 인과관계와 함께 손해에 기여했는가인데 C의 공유 행위는 비중이 다르더라도 본질적으로 불법행위에 가담한 것이며, D의 원문 작성과 연결된 고의 공동행위로 평가가 가능하므로 C와 D는 민법 제760조에 따라 공동불법행위자로서 연대책임을 지며, 피해자는 누구에게든 전액 청구 가능하다.

6. 과실책임과 무과실책임

A는 자기 소유의 20년 정도 운행한 트럭을 공터에 주차하였는데, 전기장치 결함에 의해 밤사이 차량에서 화재가 발생하였고, 그 불이 번져 인근에 주차되어 있던 B 소유의 승용차에 옮겨 붙어 차량이 전소되는 피해가 발생하였다. B는 A를 상대로 손해배상을 청구할 수 있는가?

다른 사람의 권리나 법익을 침해하는 위법행위가 발행하였고 그로 인해 타인에게 손해를 입힌 경우라 하더라도, 가해자에게 손해배상책임을 부과하기 위해서는 가해자를 비난할 만한 사유, 다시 말해서 손해를 발생시킨데 대한 일정한 귀책사유가 인정되어야 한다. 그렇지 않고 피해자 발생하였다 하더라도 가해자에게 아무런 잘못을 물을 수 없는 경우조차 손해배상책임을 인정하게 되면 너무 가혹한 결과가 될 수 있다. 따라서 민법상 불법행위책임이 인정되기 위해서는 행위자에게 고의 또는 과실이 있는 경우에만 배상책임을 인정하는 과실책임의 원칙에 따르고 있다. 여기서 과실의 판단기준은 행위자 개인의 능력에 따라 다르게 정해지는 것이 아니라 사회 일반인에게 요구되는 평균적 주의,

즉 추상적 과실이 기준이 된다.

이처럼 불법행위책임은 원칙적으로 행위자에게 고의나 과실이 존재해야 인정되는 과실책임법리가 적용되지만 경우에 따라서는 가해자에게 과실조차 없는 경우라도 배상책임을 인정함으로써 손해의 공평·타당한 부담이라는 지도원리에 부합하는 경우에는 무과실책임법리가 적용되기도 한다. 예컨대, 어떤 기업이 제조과정에서 오염물질을 배출함으로써 인근 주민들이 피해을 입었다고 가정할 경우, 기업이 아무리 예방노력을 기울인다 하더라도 당시 과학기술 수준으로는 오염물질 배출을 피할 수 없는 상황이라면 기업측의 과실을 인정하기 어려운 상황이다. 하지만, 그 기업은 주민들에게 피해를 주면서 영업을 통해 수익을 창출하고 있기 때문에 오염에 의한 피해에 대해서는 과실이 인정되지 않는 경우라 하더라도 배상책임을 인정하는 것이 손해의 공평하고 타당한 분담이라는 원리에 부합하기 때문에 무과실책임이 인정될 수 있다.

다만, 민법상 불법행위는 과실책임이 원칙이므로, 무과실책임은 법률에 규정이 있는 극히 예외적인 경우에 한해서만 인정되는데, 주로 교통기관이나 위험한 기업시설에서 비롯되는 경우가 그것이다.

제2절 혼인과 이혼

Ⅰ. 친족제도

가족 사이의 다양한 신분관계와 결합관계를 규율하는 법이 가족법이며, 세부적으로는 친족법과 상속법으로 구성되어 있다. 친족법은 혼인관계, 부부관계, 부모와 자의 관계 및 이혼관계와 같이 신분적 공동생활관계의 형성과 해소를 규율하는 법이고, 상속법은 친족관계를 바탕으로 한 재산상속에 관하여 규율하는 법제이다. 이러한 가족법제는 나라마다 고유한 전통적 가족관계를 바탕으로 마련되어 있어 재산법제와 달리 나라별로 내용이 매우 다르게 규율되고 있을 뿐 아니라 보수적인 성향을 강하게 내포하고 있는 법제이다. 이러한 특성으로 인해 시대의 변화에 따라 전통적인 가족관도 변하고, 여성의 사회적 지위도 향상되었으며, 개인주의 사상이 보편화되어 가고 있는 현대사회의 가족관계의 변화들이 가족법제에 반영이 되고는 있으나 재산법 분야에 비하면 가족법제에의 반영정도나 속도는 매우 더디다.

그럼에도 우리 가족법제에서는 남녀평등사상의 반영에 따라 성별에 따른 상속분의 차별이 철폐되었고, 동성동본 금혼제도도 폐지되었으며, 근친혼 금지범위도 대폭 축소되는 방향의 친족법 개정이 이루어져 선진화된 가족법제를 유지하고 있다.

1. 친족의 개념

친족이란 법률상 가족관계로서 배우자, 혈족(血族), 인척(姻戚)을 말하는데(민법 제767조), 배우자는 혼인관계로 형성된 부부의 일방을 말하고, 혈족이란 혈연으로 형성된 친족관계로서 직계혈족(直系血族)과 방계혈족(傍系血族)을 말한다(민법 제768조). 이러한 혈족은 친자, 형제자매와 같이 서로 간에 사실상 혈연관계가 있는 자에 해당하는 자연혈족과 사실상 혈연관계는 없지만 법률규정에 의해 혈족으로 의제되는 혈족인 양자와 같은 법정혈족으로 나눌 수 있다. 인척이란 혼인에 의해 맺어진 신분관계로서 배우자의 혈족, 혈족의 배우자, 배우자 혈족의 배우자를 말한다(민법 제769조).

직계혈족 가운데 직계존속이란 부모, 조부모, 증조부모와 같이 수직 상향으로 형성된 혈족을 말하며, 부계(父系)와 모계(母系)를 구분하지 않기 때문에 외조부모 등도 포함하고, 자연혈족뿐 아니라 법률상 혈족인 양부모 및 친양부모와 그의 직계존속도 포함한다. 반대로 직계비속이란 자녀, 손자녀와 같이 수직 하향으로 형성된 혈족을 말하며, 부계(父系)와 모계(母系)를 구분하지 않기 때문에 외손자녀, 외증손자녀 등과 같은 자연혈족 뿐 아니라 법률상 혈족인 양자, 친양자와 그 직계비속까지 포함한다.

개념상 혈족이나 인척에 해당하는 모든 사람이 친족이 되는 것은 아니고, 우리 민법상 친족의 범위는 8촌 이내의 혈족, 4촌 이내의 인척, 배우자로 제한하고 있다(민법 제777조).

2. 촌수

촌수란 친족관계의 밀접도를 나타내는 척도로서, 친족 상호간의 혈통연결의 거리를 촌수로 표시한다. 민법상 촌수의 계산은 로마법식 촌수계산법에 따르고 있는데, 혈족에서 직계혈족은 자기로부터 직계존속이나 직계비속에 이르는 세수(世數)를 통산해서 계산한다. 예를 들어, 자기를 기준으로 부모 또는 자녀와는 1촌, 조부모 또는 손자녀와는 2촌, 증조부모 또는 증손자녀와는 3촌 관계에 있다.

방계혈족은 자기로부터 계산하려는 상대 혈족에 이르는 동원(同源), 즉 같은 직계존속까지 이르는 세수와 그 직계존속으로부터 상대 혈족에 이르는 세수를 통산하여 계산한다. 예를 들어, 자기를 기준으로 사촌 동생은 동원에 해당하는 직계존속이 조부모이므로 자기와 조부모가 2촌, 조부모와 사촌동생의 세수가 2촌이므로 통산하면 4촌 관계의 방계혈족이 되는 것이다. 인척의 촌수는 배우자의 혈족에 대해서는 배우자의 그 혈족에 대한 촌수에 따르고, 혈족의 배우자는 그 혈족에 대한 촌수와 같다.

3. 친족간의 의무

일정 범위의 친족간에는 서로 부양해야 할 의무가 있는데(민법 제974조 1호), 먼저 친족인 직계혈족 및 그 배우자 사이인 부모와 자녀를 비롯해 조부모와 손자녀와 같은 직계혈족 사이, 시부모와 며느리, 사위와 장인·장모 사이, 시부모와 손자 며느리 사이에 서로 부양의무가 있다. 그 외에도 생계를 같이하는 친족 사이에는 부양의무가 있으며 형제자매 사이에도 가족관계에 있거나, 생계를 같이하는 경우에는 부양의무가 있다.

우리 민법상 가족의 개념

한 집안의 구성원으로서 가족관계등록부나 주민등록에 이름이 기재된 사람을 의미한다. 그 범위로는 배우자, 직계혈족 및 형제자매, 그리고 생계를 같이 하는 인척인 직계혈족의 배우자, 배우자의 직계혈족 및 배우자의 형제자매에 한하여 가족이 된다(민법 제779조).

Ⅱ. 혼인제도(婚姻制度)

1. 혼인의 성립

혼인이란 영속적인 가정생활 공동체를 형성하기 위하여 법적으로 인정된 남녀간의 결합으로서 당사자의 진정한 혼인의사에 따라 부부가 되기 위한 법률행위이다. 따라서 민법상 유효한 혼인이 성립하기 위해서는 단순히 같이 동거하기로 하는 등의 의사표시만으로는 충분하지 않고 법이 정하는 일정한 요건을 갖추어야만 하며, 이러한 혼인(법률혼)에 대해서만 일정한 법률효과를 인정받을 수 있다. 혼인은 당사자의 자유로운 혼인의사의 합치에 의하여 이루어지며 「가족관계의 등록 등에 관한 법률」이 정하는 바에 따라 혼인신고를 함으로써 그 효력이 발생한다. 혼인에는 법률혼주의와 사실혼주의가 있으나 우리나라를 비롯한 대다수 국가들은 법률혼주의를 취하고 있다. 우리 민법 친족 편에서 정하고 있는 혼인의 성립요건을 살펴보면 다음과 같다.

(1) 실질적 요건

혼인의 요건 가운데 가장 중요한 것은 당사자간의 진정한 혼인의사의 합치이다. 이러한 진정한 혼인의사가 없는 경우, 예를 들어 어린 남녀의 부모들간의 정혼이나 육체적 결합을 갖지 않기로 하는 부동거결혼, 또는 국적 취득과 같은 다른 목적을 위해 혼인하기로 하는 가장혼인이나 조건부·기한부 혼인 등의 경우에는 진정한 혼인의 의사가 없는 경우로서 무효가 된다. 그 외 혼인의 실질적 요건으로는, ① 혼인당사자가 민법상 혼인할 수 있는 연령(혼인나이)에 도달해야 하는데 민법은 18세 이상을 요구하고 있다. 즉 19세가 되지 못한 미성년자라 하더라도 18세가 지나면 부모 등의 동의를 얻어 혼인할 수가 있다. ② 근친혼이 아니어야 한다. 과거에는 촌수와 무관하게 동성동본(同姓同本)간에는 혼인을 금지하였으나, 이는 헌법상 기본권을 침해한다고 보아 현재는 일정범위의 친족을 제외하고는 동성동본간의 혼인도 유효한 것으로 인정하고 있다. 마지막으로 ③ 우리 민법은 일부일처제를 채택하고 있어 이미 혼인한 기혼자의 중혼은 허용하지 않고 있다. 즉 배우자의 사망이나 이혼 등과 같은 사유 없이 아직 혼인관계가 해소되지 않은 상태에서 중복해서 혼인할 수 없도록 제한하고 있다(민법 제810조).

2022년 12월 개정 민법(시행 2023. 6. 28)에서는 법률상 '만(滿) 나이' 계산원칙과 다르게 지금까지 일상생활에서는 태어난 날부터 바로 한 살로 계산해 매년 한 살씩 증가하는 일명 '세는 나이'를 사용하고 있어, 법률상 나이계산 및 표시방식이 조금씩 다르게 되어 있음으로 인한 행정서비스 및 계약체결상 혼선과 분쟁이 지속되는 문제점을 해결하기 위해 국제적 통용기준에 맞도록 나이는 '만 나이'로 계산하고 연수로 표시하도록 일부 규정을 개정하였음. 주요 개정 조문은 민법 제807조(혼인적령)의 '만 18세'를 '18세'로 개정하였고, 제1061조(유언적령)의 '만17세'를 '17세'로 개정하였다.

제808조(동의가 필요한 혼인)

① 미성년자가 혼인을 하는 경우에는 부모의 동의를 받아야 하며, 부모 중 한쪽이 동의권을 행사할 수 없을 때에는 다른 한쪽의 동의를 받아야 하고, 부모가 모두 동의권을 행사할 수 없을 때에는 미성년후견인의 동의를 받아야 한다.

② 피성년후견인은 부모나 성년후견인의 동의를 받아 혼인할 수 있다.

제809조(근친혼 등의 금지)

① 8촌 이내의 혈족(친양자의 입양 전의 혈족을 포함한다) 사이에서는 혼인하지 못한다.

② 6촌 이내의 혈족의 배우자, 배우자의 6촌 이내의 혈족, 배우자의 4촌 이내의 혈족의 배우자인

인척이거나 이러한 인척이었던 자 사이에서는 혼인하지 못한다.
③ 6촌 이내의 양부모계(養父母系)의 혈족이었던 자와 4촌 이내의 양부모계의 인척이었던 자 사이에서는 혼인하지 못한다.

(2) 형식적 요건: 혼인신고

베트남 국적의 A 여성은 한국국적을 취득하기 위한 목적으로 브로커를 통해 한국인 B 남성과 혼인하였으나, 실제 동거하고 있지는 않을 뿐 아니라 혼인신고 이후 2년 넘게 만난 적도 없다. A와 B의 혼인은 유효한가?

X와 Y는 결혼식을 올리고 신혼여행을 다녀온 직후 X가 뇌졸중으로 혼수상태에 빠져 있는 사이에 Y가 혼인신고를 하였고, 얼마 뒤 X는 사망하였다. Y는 X재산에 대한 상속권을 가지는가?

C와 D는 대학재학 중 선후배 사이로 만나 졸업 후 2년 여 간의 교제기간을 거쳐 서로 결혼하기로 하고 양가 부모님과 친지 및 지인들이 참석한 가운데 결혼식을 올리고 6년간 동거하였으나 C, D 모두 바쁜 직장생활로 인해 혼인신고를 미루어 오던 중 C가 교통사고로 인해 사망하였다. 이 경우 D는 배우자로서 C의 재산을 상속할 수 있는가?

혼인의 실질적 요건을 충족한 경우에는 혼인신고를 함으로써 비로소 유효한 혼인관계가 성립된다. 혼인신고는 「가족관계의 등록 등에 관한 법률」이 정하는 절차에 따라 이루어지는데, 이러한 신고절차를 거치지 않은 경우에는 아무리 오랜 기간 진정한 혼인의사를 가지고 동거했다 하더라도 법률상 혼인으로는 보지 않는다.

따라서 첫 번째 사례의 경우 A와 B는 진정한 혼인의사 없이 단지 국적취득을 위한 수단으로 혼인신고를 한 것에 불과하므로 혼인의 실질적 요건인 진정한 혼인의사가 흠결되어 있어 그 혼인은 무효이다. 마찬가지로 두 번째 사례와 관련해 우리 판례는 유효한 법률혼으로 인정되기 위해서는 당사자 사이에 혼인의 합의가 있어야 하고, 이러한 혼인의 합의는 혼인신고를 할 당시에도 존재해야 하는데 X가 혼인신고 당시 혼수상태에 있었다면 특별한 사정이 없는 한 이 결혼은 무효라고 보아야 하므로(대법원 1996. 6. 28, 선고 94므1089 판결), 이 결혼은 사실혼 관계에 불과하므로 Y는 법률상 배우자가 아니므로 X에 대한 상속권이 인정되지 않는다고 판단하였다. 세 번째 사례에서와 같이 C와 D가 아무리 오랜 기간 교제를 했고 진정한 혼인의사를 가지고 결혼식을 올림으로써 혼인을 한 것으로 인정된다 하여도 혼인신고를 하지 않은 경우에는 혼인의 형식적 요건을 흠결하였으므로 법률상 유효한 혼인으로 는 볼 수 없으므로, D는 사실혼 배우자에 해당하여 C에 대한 상속권은 인정할 수 없다.

[배우자의 상속순위]

상속법상 상속순위는 직계비속, 직계존속, 형제자매, 4촌 이내의 방계혈족 순서이며 피상속인의 배우자는 직계비속이나 직계존속과 공동상속인이 되며, 직계비속과 직계존속이 아무도 없는 경우에는 단독상속인이 된다. 하지만 법률혼 배우자에 대해서만 상속권이 인정되지 사실혼 배우자는 상속권이 인정되지 않는다.

---

2. 혼인의 효과

(1) 신분상 효과

혼인을 하게 되면 법률상 배우자가 되어 친족관계가 형성됨은 물론 상대배우자의 4촌 이내의 혈족과 그 혈족의 배우자와도 친족관계가 된다. 더불어 부부 사이에는 생활장소를 같이 해야 할 동거의무 외에 서로 부양하고 협조해야 할 법적 의무가 발생하며, 서로 혼인 중에는 다른 이성과 육체적 관계를 맺지 않아야 할 정조의무를 부담한다. 이러한 부부간의 법률상 의무를 위반하는 경우에는 재판상 이혼사유에 해당하게 된다. 그리고 혼인을 하게 되면 처는 남편의 가(家)에 입적되지만 부부는 각자 본래의 성을 사용하게 된다. 이외에도 미성년자가 부모 등의 동의를 얻어 혼인을 한 경우에는 가정생활의 독립성을 보장해 주기 위해 성년으로 의제하고 일상생활에서 더 이상 법정대리인의 동의 없이도 법률행위를 할 수 있도록 배려하고 있다.

친족(親族)

우리 민법상 친족의 범위는 8촌 이내의 혈족(血族), 4촌 이내의 인척(姻戚), 배우자이며(민법 제777조), 혈족 가운데 자기의 직계존속(直系尊屬)과 직계비속(直系卑屬)을 직계혈족이라 하고, 자기의 형제자매와 형제자매의 직계비속, 직계존속의 형제자매 및 그 형제자매의 직계비속을 방계혈족이라고 한다(민법 제768조). 그리고 혈족의 배우자, 배우자의 혈족, 배우자 혈족의 배우자를 인척이라 한다(민법 제769조).

(2) 재산상 효과

전업주부인 A는 직장인 남편 B의 급여소득을 이용하여 결혼 이후 지난 20여 년간 부동산에 투자하여 차익을 남기는 방법으로 재산을 증식시켜 현재 강남구 대치동에 100억 원 상당의 건물을 B의 명의로 보유하고 있는데, A와 B의 이혼소송이 진행되던 중 B가 이 부동산에 대해 자신의 특유

재산이라고 주장하며 재산분할을 거부하고 있는데, 과연 이 재산은 B의 특유재산인가 그렇지 않으면 부부공동재산으로 보아 재산분할 대상으로 취급해야 하는가?

부부관계도 경제생활을 기초로 형성된다는 점에서 부부간의 재산관계를 명백히 규율할 필요가 있는데 이를 부부재산제라 한다. 혼인의 효과의 하나로 법률은 부부의 재산관계에 관해 특별히 규율하고 있는데, 혼인 전에 일방의 명의로 보유하고 있던 고유의 재산과 혼인 중 자신의 명의로 취득한 재산은 특유재산으로 인정되고, 누구의 것인지 귀속이 불분명한 재산은 부부공유재산으로 추정한다. 다만, 혼인 전에 당사자가 미리 재산관계에 관한 계약을 체결하고 등기하게 되면 부부재산계약 내용에 따라 규율한다.

더불어, 혼인 당사자간에 부부재산계약을 체결하지 않은 경우에는 부부별산제 원칙에 따른 법정재산제를 채택하고 있다. 부부간의 재산관계는 일반인들 사이의 재산관계와는 조금 다른 측면이 있는데, 부부는 혼인공동생활을 영위하고 있으므로 필요한 범위 내에서는 공동체적 요소가 강조되어야 함과 동시에 아무리 부부라 할지라도 법적으로는 별개의 인격체로서 독립된 생활영역이 존중되어야 하므로 재산관계에 있어서 위 두 가지 측면을 적절히 조화시킬 필요가 있다.

이런 이유에서 민법은 부부 사이의 협조·동거·부양의무에 근거해서 미성년자녀를 포함하여 가족공동생활에 필요한 비용을 서로 부담하도록 하고 있으며 이를 위해 부부간 일상가사대리권을 인정함으로써 부부중 일방이 일상가사 범위내에서 부담한 채무에 대해서는 쌍방이 서로 연대채무를 부담하도록 하고 있다. 이와 별도로, 부부별산제도 채택함으로써 부부일방이 혼인 전부터 자기 명의로 보유했던 고가의 동산이나 부동산, 자동차, 예금채권 등의 고유재산과 혼인 중에 자기명의로 취득한 재산은 특유재산으로 취급하여 각자가 사용, 관리, 수익하도록 하고 있으며, 이혼시 재산분할 대상에서 제외하고 있다.

사례와 같이 남편의 수입을 가지고 수차례 부동산을 샀다가 차익을 남기는 방법으로 재산을 증식해 왔다면 그로 인해 취득한 부동산은 부부공유재산으로 취급해야 하며, 부부 중 일방명의의 재산은 대외적으로 특유재산일 뿐 다른 일방의 반증으로 이러한 추정은 깨어지고 실질적으로 공유가 된다(대법원 1990. 10. 23. 선고 90다카5624 판결 참조).

(3) 일상가사대리권(日常家事代理權)과 일상가사비용의 연대책임

A는 시골에서 양봉과 논농사를 큰 규모로 운영중이며, B녀와 재혼한 후 A 소유 건물 1층에서 B녀가 식당 및 의류매장을 운영하면서 경영부진 등으로 A 몰래 거액의 채무를 부담하게 되자, 지인을 모집하여 계를 조직해 4천만 원에 상당하는 계금채무를 부담하게 되었다. A는 B의 계금채무를 변제할 책임이 있는가?

부부는 일상가사에 관하여 별도의 대리권 수여행위가 없더라도 상호 대리권을 가지기 때문에, 부부 일방이 일상가사에 관하여 제3자와 법률행위를 한 때에는 다른 배우자도 이로 인한 채무에 대하여 연대책임을 져야 한다. 원칙적으로 민법상 대리법리에 의할 경우에는 개별적인 대리권 수여행위(수권행위)가 있어야 하는데, 부부간에는 일상적인 가사생활에 필요한 범위 내에서는 이러한 수권행위 없이도 다른 배우자의 대리인으로서의 권한을 인정함으로써 부부는 물론 거래상대방의 신뢰도 보호하기 위한 취지이다. 만약 이와 같은 일상가사대리권이 인정되지 않는다면 가사주부로서 소득이 없는 처가 가정생활에 필요한 물건을 구입하는 행위를 한 경우 거래상대방은 부인에 대해서만 채권을 행사할 수 있고 배우자인 남편은 이에 대해 변제책임이 없게 되어 결국 거래상대방이 예측하지 못한 피해를 입게 될 가능성이 높아지게 되며, 이로 인해 장래에는 소득이 없는 처와는 제3자가 거래를 하지 않게 됨에 따라 양 당사자 모두 거래활동에 제약을 받게 되는 결과가 된다.

우리 판례에서는 일상가사의 범위에 관해 부부공동생활에 필요한 식료품, 연료, 의복구입, 가옥임차, 세금납부, 자녀 교육비용 등을 위해 부부일방이 부담한 개인 명의의 채무에 대해서는 다른 배우자의 책임을 인정하고 있지만, 일반적인 금전차용행위는 일상가사의 범위를 벗어난 것으로 취급하고 있다. 다만, 예외적으로 긴급한 필요에 의한 자금조달 목적의 금전차용의 경우에는 일상가사 범위 내로 보고 있다. 반대로, 통상적인 생활비의 범위를 초과한 금전소비대차나 어음배서행위를 비롯하여 부부 일방이 다른 일방의 명의의 재산을 처분하거나 근저당권설정과 같은 담보로 제공하는 행위는 일상가사의 범위를 벗어난 것으로 보고 있다.

일상가사대리권을 벗어난 부부 일방의 무권대리 행위에 대해 배우자가 이를 추인한 경우에는 민법 무권대리 규정에 따라 배우자가 책임을 져야 하며, 더불어 민법 제126조의 권한을 넘은 표현대리 규정에 따라 거래 상대방이 부부 일방이 일상가사범위를 넘은 행위에 대해 권한이 있다고 믿을 만한 정당한 이유가 인정된다면 역시 배우자의 책임이 인정된다. 우리 판례는 배우자 일방이 부담하는 병원 진료비도 혼인 중 진료비 채무가 발생하였다면 비록 나중에 부부가 이혼을 한 경우라 할지라도 다른 배우자와 연대책임이 인정된다고 보았으며, 처가 남편 명의로 분양받은 아파트의 분양대금을 납입할 목적으로 제3자로부터 금전을 빌려 분양금을 납입한 경우 이러한 금전차용행위는 일상가사에 해당한다고 보았다(대법원 1999. 3. 9. 선고 98다46877 판결).

위 예시 사례와 관련해서 우리 판례는 "민법 제832조에서 말하는 일상의 가사에 관한 법률행위라 함은 부부의 공동생활에서 필요로 하는 통상의 사무에 관한 법률행위를 말하는 것으로, 그 구체적인 범위는 부부공동체의 사회적 지위·재산·수입 능력 등 현실적 생활 상태뿐만 아니라 그 부부의 생활 장소인 지역사회의 관습 등에 의하여 정하여지나, 당해 구체적인 법률행위가 일상의 가사에 관한 법률행위인지 여부를 판단함에 있어서는 그 법률행위를 한 부부공동체의 내부 사정이나 그 행위의 개별적인 목적만을 중시할 것이 아니라 그 법률행위의 객관적인 종류나 성질 등도 충분히 고려하여 판단하여야 한다"는 취지에서 B가 부담한 4천만 원의 계금채무는 부부 혼인공동체의 통상의 사무에 포함되는 일상의 가사로 인한 채무라기보다는 B 자신의 사업상의 필요에 의한 채무라고 보아 A의 연대책임을 부정하고 있다(대법원 2000. 4. 25. 선고 2000다8267 판결).

第827조(부부간의 가사대리권)
① 부부는 일상의 가사에 관하여 서로 대리권이 있다.
② 전항의 대리권에 가한 제한은 선의의 제3자에게 대항하지 못한다.

第832조(가사로 인한 채무의 연대책임)
부부의 일방이 일상의 가사에 관하여 제삼자와 법률행위를 한 때에는 다른 일방은 이로 인한 채무에 대하여 연대책임이 있다. 그러나 이미 제삼자에 대하여 다른 일방의 책임없음을 명시한 때에는 그러하지 아니하다.

3. 중혼(重婚)

(1) 중혼의 의의

중혼은 법률혼 배우자가 있는 자가 또 다른 법률혼 관계를 형성하는 것을 말한다. 다시 말해, 배우자가 있는 사람이 다른 사람과 중복해서 혼인하는 것으로서 동시에 두 개 이상의 법률혼이 존재하고 있는 상태를 의미한다. 따라서 배우자 외의 사람과 혼인하더라도 혼인신고를 하지 않은 사실혼 관계라면 중혼이 아니다.

과거에는 혼인신고업무가 전산화되어 있지 않아 공무원의 실수로 이중으로 혼인신고가 되는 경우가 종종 있었으나 최근에는 혼인신고업무의 전산화로 인해 실수에 의해 중혼이 되는 경우는 거의 없다. 다만, 부득이하게 중혼이 되는 경우로는 배우자간 협의 이혼을 한 후에 다른 사람과 재혼을 했는데 이전의 이혼이 법원에 의해 무효 또는 취소 판결을 받은 경우라든지, 재판상 이혼을 한 후 재혼했는데 그 이혼확정판결을 기각하는 재심판결이 다시 확정된 경우 또는 전혼(前婚)이 배우자의 실종선고로 인해 혼인관계가 해소된 후에 실종된 배우자의 생존사실을 알면서도 재혼했는데 그 실종 배우자가 살아 돌아와 실종선고가 취소된 경우 등을 들 수 있다.

(2) 중혼(重婚)의 효과

중혼은 법률상 혼인관계가 둘 이상 존재하는 위법한 상태이지만, 그 자체로 당연히 무효가 되는 것이 아니라 혼인의 취소사유가 될 뿐이다(민법 제816조 제1호). 또한 중혼을 이유로 나중에 한 혼인이 취소되지 않는 한, 전혼과 후혼 모두 유효한 혼인으로 인정되기 때문에 중혼자인 본인은 전혼 배우자뿐만 아니라 후혼 배우자와도 법률상 부부로서 그 권리와 의무를 인정받게 된다. 그 결과, 중혼이 취소되지 않은 사이에 본인이 사망한 경우 전혼 배우자와 후혼 배우자가 모두 본인의 상속인이 되며, 반대의 경우에도 중혼자도 전·후혼 배우자의 상속인으로서의 지위를 모두 갖게 된다. 한편 중혼을 이유로 후혼이 취소되면 전혼 배우자와만 법률상 부부관계가 유지되고, 후혼 배우자와의 부부관계는 종료된다.

배우자가 실종선고를 받은 경우에는 사망한 것으로 간주되어 혼인관계가 해소되지만, 만약 실종되었던 전 배우자가 살아서 돌아온다면 실종선고가 취소된다. 이 때 실종선고와 그 취소 사이 기간 중에 배우자가 재혼한 경우 전 배우자의 실종선고가 취소되면 중혼이 되는지 여부가 문제된다. 이런 경우, 재혼 당사자가 실종 배우자의 생존사실을 모르고 재혼한 경우라면 전혼이 부활하지 않으므로 재혼은 중혼이 되지 않는다는 것이 통설적 견해이며, 실종선고 후 재혼한 경우에는 선의가 추정된다. 하지만, 재혼 당사자가 실종 배우자의 생존사실을 알고도 재혼한 경우라면 전혼이 부활해서 후혼인 재혼은 중혼이 된다. 구별해야 할 점은, 배우자의 생사불명을 사유로 이혼소송을 제기해서 전혼을 해소한 경우에는 전 배우자가 살아 돌아오더라도 재혼 당사자의 선의, 악의 여부를 불문하고 전혼은 부활하지 않으므로 중혼이 될 가능성은 없다.

4. 사실혼(事實婚)

A는 B와 혼인하여 슬하에 2명의 자녀를 두고 있는 군인으로, 결혼 3년 후부터 다른 여성 C와 사

실상 10여 년 이상 동거해 오고 있다. A와 B는 이혼하지 않은 상태에서 A는 매달 생활비 외에도 A 소유 상가건물에 B와 그 자녀들이 살게 하면서 1층 점포임대 수입도 B가 생활비로 사용하도록 했다. 그러던 중 군인이었던 A가 사망한 경우 군인연금법상 유족연금을 지급받을 수 있는 배우자는 누구인가?

혼인하겠다는 의사의 합치, 혼인적령, 근친혼금지, 중혼금지 등 혼인의 실질적 요건은 갖추었지만, 혼인신고라는 형식적 요건을 갖추지 않은 상태로 혼인생활을 지속하는 관계, 즉 흔히 말하는 동거관계를 사실혼이라고 한다. 이와 같은 사실혼 상태에서도 사실혼 배우자간의 동거·부양·협조·정조의무는 인정되며 일상가사채무의 연대책임 등 부부공동생활을 전제로 하는 일반적인 혼인의 효과가 인정되지만, 인척관계의 발생 또는 상속 등 혼인신고를 전제로 하는 혼인의 효과는 인정되지 않는다. 결혼식만 올리고 혼인신고를 하지 않은 사실혼 부부는 헤어지는 데 특별한 절차가 요구되지 않으므로, 별도의 이혼절차를 거칠 필요 없이 당사자 간 합의나 일방적 통보의 방법으로 형식에 구애 없이 사실혼 관계를 해소시킬 수 있다. 따라서 법률혼 부부인 경우에는 살아있는 동안 부부관계를 해소하려면 이혼절차를 거쳐야 하지만 사실혼 부부인 경우에는 혼인신고라는 법적 절차를 밟지 않았기 때문에 이혼신고 없이도 부부 사이에 헤어지자는 합의가 있거나 부부 중 일방이 상대방에게 헤어질 것을 통보하면 사실혼관계를 해소시킬 수 있다.

법률혼과 달리 사실혼 배우자간에는 친족관계가 발생하지 않으며 사망한 사실혼 배우자의 상속권도 인정되지 않는다. 또한 미성년자가 사실혼 관계에 있더라도 민법 제826조의2의 성년의제가 인정되지 않으며, 사실혼 부부 사이에서 출생한 자녀는 혼인 외 출생자가 되어 모의 성과 본을 따르게 된다.

다만, 사실혼 상태의 배우자의 지위를 보호하기 위한 제도도 마련이 되어 있는데, 우선 사실혼 배우자가 사망한 경우 다른 배우자의 유족 자격을 인정해 각종 보상금이나 보험금, 연금을 받을 수 있는 자격을 인정하고 있다. 즉 사망한 사실혼 배우자가 근로자로 업무상 사망하거나, 산업재해로 사망한 경우, 국민연금·군인연금·사립학교 교직원 연금에 가입한 경우라든가, 국가유공자나 독립유공자에 해당하는 경우에는 생존 사실혼 배우자는 유족으로 취급된다. 그리고 사실혼 배우자에 대해서도 상속인이 없는 경우에는 특별연고자로서 상속재산에 대한 분여권은 인정되며, 사망한 사실혼 배우자 명의의 주택에서 공동생활을 한 사실혼 배우자는 주택임차권을 승계할 수 있다. 또한 상대 배우자가 정당한 이유 없이 사실혼 관계를 파기한 경우에는 상대 배우자는 위자료청구권을 행사할 수 있다.

만약 결혼식을 올리고 신혼여행까지 다녀와 함께 부부공동생활을 하고 있지만 일방 배우자가 혼인신고를 반대하고 있다면 상대 배우자는 가정법원에 사실상혼인관계존재확인청구를 해서 확정판결을 받아 단독으로 혼인신고를 하는 것도 가능하다.

위 사례에서 우리 법원은 법률혼주의와 중혼금지 원칙을 근간으로 하는 우리 가족법 체계를 고려해 볼 때, 군인연금법상 유족연금 수급자격이 인정되는 '사실상 혼인관계에 있던 자'를 포함하고 있는 취지가 사실상 혼인생활을 하면서 혼인의 실체는 갖추고 있지만 단지 혼인신고가 되지 않아 법률혼으로 인정되지 않는 경우에 그 사실상 배우자를 보호하려는 데 있는 것이지, 법률혼 관계와 사실상 동거관계가 경합하고 있는 경우와 같이 사실상 배우자외에 법률혼 배우자가 따로 있는 경우에는 그 사실상 배우자는 군인연금법상 사실상 혼인관계에 있던 자로 볼 수 없다고 판단하여 C는 유족연금 수급자격이 없다고 보았다(대법원 2007. 2. 22. 선고 2006두18584 판결).

Ⅲ. 이혼제도

1. 이혼제도 개관

A는 남해안에 위치한 레저공원 선착장에서 모터보트를 타고 친구들과 인근 바다에 나가 해산물을 채취하기 위해 출항하였고, 잠수장비를 착용한 상태로 입수하였지만 돌아오지 않은 상태로 1년이 경과하였다. A의 배우자 B는 법원에 A에 대해 특별실종선고 심판을 구하는 소를 제기하면서 A의 재산을 상속하려고 한다. B는 상속권이 있는가?

법률상 혼인관계를 해소하는 방법은 여러 가지가 있는데 우선 배우자 일방이 사망한 경우라면 특별한 절차 없이 혼인관계는 해소된다. 그리고, 혼인관계에 일정한 무효사유나 취소사유가 존재하는 경우라면 법원의 확정판결에 의해 해소되기도 한다. 그 외에 일반인들에게 법적인 측면에서 가장 중요한 혼인해소 방법은 이혼이다. 현행 민법상 인정되는 이혼의 방법에는 당사자의 이혼합의에 의한 협의이혼과 법률상 정해진 이혼사유에 해당되는 경우 배우자 일방이 이혼을 청구하는 재판상 이혼이 있다. 혼인의 자유가 인정되는 것과 마찬가지로 혼인관계의 해소를 원하는 경우에는 자유롭게 이혼을 할 수 있지만, 배우자 일방이 이혼을 원하지 않아서 원만하게 이혼합의에 도달하지 못할 경우에는 민법상 법정이혼사유에 해당하지 않는 한 이혼할 수 없도록 제한을 두고 있다. 이는 과거 남편의 처에 대한 축출이혼과 같은 폐해를 방지하기 위함이다. 이혼과 관련해 많이 문제되는 것이 이혼시 재산분할청구권 및 위자료청구권이 인정되는지 여부와 구체

적인 인정 범위에 관한 것이며, 그 외에도 자녀의 양육권에 관해서도 분쟁이 발생하는 경우가 많다.

현행법상 혼인관계가 해소되는 사유로는 먼저 배우자의 사망으로 부부일방이 사망하는 경우에는 자연스럽게 혼인관계는 해소된다. 다음으로는 사망으로 간주되는 실종선고로 부부 일방이 실종선고를 받으면 실종기간이 만료한 때에 실종자는 사망한 것으로 간주되어 혼인관계가 해소된다.

실종선고(失踪宣告)

실종선고(失踪宣告)란 부재자(不在者)의 생사(生死)가 5년간 분명하지 않은 때에 이해관계인이나 검사의 청구에 의하여 가정법원이 행하는 심판을 의미하는데, 전지(戰地)에 임(臨)한 사람, 침몰한 선박 중에 있던 사람, 추락한 항공기 중에 있던 사람 그 밖에 사망의 원인이 될 위난을 당한 사람의 생사가 전쟁종지(終止) 후 또는 선박의 침몰, 항공기의 추락 그 밖에 위난이 종료한 후 1년간 분명하지 않은 때에도 이해관계인이나 검사는 법원에 실종선고를 청구할 수 있다(민법 제27조 제2항). 실종선고를 받은 자는 실종기간(5년 또는 1년)이 경과한 때에 사망한 것으로 본다(민법 제28조).

보통실종이 아닌 민법 제27조 제2항의 특별실종에 해당하기 위해서는 "기타 사망의 원인이 될 위난을 당한 자"라는 요건을 충족시켜야 하는데, 본조의 위난은 화재, 홍수, 지진, 화산 폭발 등과 같이 일반적·객관적으로 사람의 생명에 명백한 위험을 야기함으로써 사망의 결과가 발생할 확률이 매우 높은 상황을 의미하므로 위 사례와 같이 잠수장비를 착용하고 해산물 채취를 위해 입수하였다가 행방불명이 된 경우는 "사망의 원인이 될 위난"에 해당하지 않는다는 것이 판례의 입장이다(대법원 2011. 1. 31. 자 2010스165 결정)

(1) 혼인의 취소(제816조)

A는 국제결혼중개업자의 소개로 베트남 국적의 B 녀를 만나 베트남에서 결혼식을 올린 후 한국으로 귀국해 혼인신고를 마쳤다. 그런데 B는 A와 혼인하기 전 만 13세 경에 베트남에서 남성에게 납치되어 강간을 당하고 임신을 하여 아이를 출산하였고, 남성의 폭력을 피해 친정집으로 돌아왔고 그 후 아이는 그 남성이 데리고 가버렸다고 한다. 혼인 후 B의 출산사실을 알게 된 A는 사기를 근거로 혼인취소소송을 제기하였다. A는 승소할 수 있는가?

B녀는 20세에 A와 혼인하여 두 자녀를 낳았으나 A가 가사를 돌보지 않고 도박을 하는 등 가정불화가 계속되자 별거를 하던 중 경찰관이던 C를 만나 자신의 과거를 숨긴 채 동거를 시작하였으며, 동거기간 중 A와 협의이혼하고 이후 C와 혼인신고를 마쳤다. C는 A와 14년간 혼인생활을 계속하던 중 B가 이미 혼인하여 두 명의 자녀를 두고 있다는 익명의 투서를 받고 사실을 확인한 결과 모두 진실임을 알게 되자 배신감을 느끼고 B를 상대로 혼인취소소송을 제기하였다. 과연 취소사유에 해당하는가?

A는 B와 중매로 만나 혼인하였고 신혼생활 중에도 B와의 성관계를 극히 꺼려하며 한 달에 2~3회 정도로 드물게 성생활을 했지만 성기결합이 이루어지지 않는 등 자녀를 갖기를 갈망하던 B와 갈등이 생겼고, 결혼 6개월 뒤 불임검사를 받았는데 그 결과 A는 무정자증에다 성염색체에 선천적 이상이 있다는 진단을 받아 혼인생활에 필요한 최소한의 성기능도 가지지 못한 것으로 결론이 나서 B는 부부생활을 계속할 수 없는 악질 기타 중대한 사유에 해당한다며 혼인취소소송을 제기할 수 있는가?

배우자의 사망이나 이혼 이외에도, 혼인의 성립과정에 법률상 하자가 존재하는 경우에는 혼인취소나 혼인무효소송을 통해 혼인을 해소할 수 있는데, 이혼이 혼인 중에 발생한 사유를 원인으로 혼인을 해소하는 것인데 반해, 혼인취소와 혼인무효는 혼인 성립과정에서 일정한 하자가 있는 경우에 인정된다는 점에서 차이가 있다.

민법상 다음의 혼인취소 사유가 존재하는 경우에는 혼인취소소송을 통해 혼인을 해소할 수 있는데 혼인관계의 특수성을 고려해 일반적인 취소의 경우와 같은 소급효는 인정되지 않으며, 혼인취소판결이 확정된 때부터 그 혼인은 장래를 향해서만 해소된다(민법 제824조).

① 혼인나이(18세)에 도달하지 않은 경우(민법 제807조)

② 미성년자 또는 피성년후견인이 미성년후견인 또는 성년후견인의 동의 없이 혼인한 경우(민법 제808조). 다만, 혼인 중에 임신을 하게 되면 취소청구를 할 수 없다(민법 제819조).

③ 6촌 이내의 혈족의 배우자, 배우자의 6촌 이내의 혈족, 배우자의 4촌 이내의 혈족의 배우자인 인척이거나 이러한 인척이었던 사람과 혼인한 경우(민법 제809조 제2항). 역시 당사자가 혼인 중에 임신을 하게 되면 취소청구권이 제한된다(민법 제820조).

④ 6촌 이내의 양부모계의 혈족이었던 사람과 4촌 이내의 양부모계의 인척이었던 사람과 혼인한 경우(민법 제809조 제3항). 역시 혼인 중에 임신을 하게 되면 취소청구권은 제한된다(민법 제820조).

⑤ 중혼(重婚)인 경우(민법 제810조)

⑥ 혼인 당시 당사자 일방에게 부부생활을 계속할 수 없는 악질이나 그 밖의 중대 사유가 있음을 알지 못한 경우(민법 제816조 2호). 이 경우 취소사유가 있다는 것을 안 날로부터 6개월이 경과하면 취소청구권을 행사할 수 없다(민법 제822조). 여기서 '악질'이란 사실상 치유가 불가능한 정도의 질병을 의미하며 불치의 정신병, 간질 또는 성불구가 이에 해당한다. 하지만, 판례에서는 성불구는 본 조의 악질로 보기 어렵다고 하였다.

⑦ 사기 또는 강박으로 인해 혼인의 의사표시를 한 경우(민법 제816조 3호). 이 경우 사기를 안 날 또는 강박상태로부터 벗어난 날로부터 3개월이 경과하면 취소청구권을 행사할 수 없다(민법 제823조).

여기서 사기라 함은 혼인 당사자 일방이나 제3자가 적극적으로 허위의 사실을 고지한 경우뿐만 아니라 소극적으로 고지를 하지 않거나 침묵한 경우도 포함되는데, 혼인 당사자 일방이나 제3자가 위법한 수단으로 상대방 당사자를 기망하였고, 그로 인해 상대방이 혼인의사를 결정하는데 있어 중대한 영향을 미치는 사항에 대해 착오에 빠졌으며, 만약 그러한 기망행위가 없었더라면 사회통념상 혼인의 의사표시를 하지 않았을 것이라고 인정되는 경우를 의미한다(대법원 2016. 2. 18. 선고 2015므654, 661 판결). 판례에서는 당사자가 상대방에게 자신의 학력, 혼인경력, 출산경력 등을 속인 경우는 사기에 해당한다고 보았다. 하지만 위 첫 번째 사례에 대해 우리 판례는 당사자가 성장과정에서 본인의 의사와 무관하게 아동성폭력범죄를 당해 임신을 하고 출산까지 했으나 이후 자녀와의 관계가 단절되고 상당한 기간 동안 양육이나 교류가 없는 경우라면 출산 경력이나 경위는 개인의 내밀한 영역에 속하는 것으로서 신의성실에 비추어 비난받을 정도라고 볼 수 없으므로 단순히 출산 경력을 고지하지 않았다고 해서 혼인취소사유에 해당한다고는 볼 수 없다고 판단하였다.

그리고 두 번째 사례는 실제 2011년 서울가정법원에서 다루었던 내용으로, 결혼 당시 C는 총각으로서 B가 적극적으로 자신의 이혼 및 자녀출생사실을 숨기지 않았더라면 혼인하지 않았을 것이라고 보아 이는 사기로 인한 혼인으로서 취소가 가능할 뿐 아니라 B는 C에 대해 위자료 1,000만원을 지급해야 한다고 판결하였다. 다만, B가 14년간의 혼인기간 중 아르바이트 등으로 가계를 도운 점 등을 참작해 C의 재산 50%를 분할 받을 수 있다고 보았다.

세 번째 사례의 경우, 고등법원에서는 혼인취소사유에 해당한다고 판단하였으나, 대법원에서는 A에게 설사 성염색체 이상과 불임 등의 문제가 있다고 하더라도 혼인취소사유인 부부생활을 계속할 수 없는 악질 기타 중대한 사유에 해당한다고 보기 어렵다고 보았으며, '혼인을 계속하기 어려운 중대한 사유'에 관한 민법 제840조 제6호의 이혼사유와는 달리 민법 제816조 제2호의 '부부생활을 계속할 수 없는 중대한 사유'는 엄격히 제한하여 해석해야 한다고 판시하였다(대법원 2015. 2. 26. 선고 2014므4734 판결).

혼인취소 판결이 확정되면 혼인관계는 장래를 향해 해소될 뿐 소급효는 인정되지 않으므로 혼인 중 출생한 자녀는 혼인취소가 되더라도 혼인 중 출생자로서의 지위를 그대로 유지하게 되며, 만약 배우자 사이에 재산상속이 이루어진 이후에 혼인취소판결이 확정되는 경우라도 그 상속은 무효로 되지 않는다(대법원 1996. 12. 23. 선고 95다48308 판결). 그리고 혼인취소의 원인이 당사자 일방에게 있는 경우에는 상대방은 재산상, 정신상 손해배상청구권을 행사할 수 있다. 다만, 혼인이 취소되는 경우 당사자가 지출한 결혼식 비용이나 생활비 등은 유효한 혼인생활을 유지하기 위해 필요한 비용이므로 재산상 손해배상청구권 대상이 아니다(서울가정법원 2006. 8. 31. 선고 2005드합2103 판결).

(2) 혼인의 무효

A가 추락 사고로 지적장애 3급으로 등록되었는데, 사고 전에 동거한 적이 있었던 B가 A가 입원한 병원에 찾아와 혼인신고를 하자고 제안한 후, A의 가족이 없는 틈을 타 A를 데리고 나가 인근 주민센터에서 A의 주민등록증 재발급신청 후 임시신분증을 발급받고 면사무소를 방문해 혼인신고를 마친 경우 유효한 법률혼으로 볼 수 있는가?

다음의 사유에 해당하는 경우에는 혼인무효소송을 통해 혼인을 해소할 수 있다(민법 제815조). 이 경우 혼인무효판결이 확정되면 그 혼인은 처음부터 없었던 것, 즉 처음부터 부부가 아니었던 것으로 된다.

① 당사자 사이에 혼인에 대한 합의가 없는 경우로서 당사자 사이에 사회관념상 부부라고 인정되는 정신적·육체적 결합을 생기게 할 의사의 합치가 없는 경우를 의미한다.

위 사례와 같이 혼인신고 당시 A에게는 사회관념상 부부라고 인정되는 신체적, 정신적 결합을 생기게 할 의사능력이 결여되었다고 보아야 하므로 A와 B의 혼인은 진정한 혼인의사가 없어 무효라고 보아야 한다(부산가정법원 2019. 1. 31. 선고 2016드단15613 판결).

② 8촌 이내의 혈족(친양자의 입양 전 혈족을 포함) 사이의 혼인인 경우. 과거처럼 동성동본혼을 모두 금지하지는 않지만 가까운 혈족간의 혼인에 대한 도덕적, 윤리적 문제점은 물론 의학적 측면에서 유전적인 부작용이 발생할 가능성이 매우 높다는 점 등을

고려하여 8촌 이내의 혈족간의 혼인은 무효로 하고 있다.

③ 당사자 사이에 직계인척관계가 있거나 있었던 당사자간 혼인의 경우 역시 도덕적으로 비난가능성이 높다는 등의 이유에서 무효사유로 정하고 있는데, 예를 들면 장모와 사위 또는 시아버지와 며느리 사이였던 당사자간의 혼인이 여기에 해당한다.

④ 당사자 사이에 양부모계의 직계혈족관계가 있었던 경우로서, 예를 들면 양부와 양녀 또는 양모와 양자 관계에 있었던 당사자간의 혼인은 무효로 하고 있다.

혼인무효사유가 있는 경우에는 법원에 혼인무효확인소송을 제기해 최종 무효확인 확정판결에 의해 무효로 되며, 무효혼의 경우 일상가사대리나 상속 등과 같이 부부관계를 전제로 인정되는 법률관계도 모두 무효로 되며, 무효혼에서 출생한 자녀는 혼인 외 출생자가 된다. 그리고 혼인무효의 원인을 제공한 당사자에 대해서는 손해배상청구권을 행사할 수 있다.

2. 협의이혼

혼인을 할 때와 마찬가지로 배우자간에는 자유롭게 이혼의사가 합치되는 경우에 이혼을 할 수 있는데 이를 협의이혼이라 한다. 즉 협의이혼은 부부가 서로 합의해서 혼인관계를 해소하는 것을 말한다. 부부 사이에 이혼하려는 진정한 의사가 있으면, 가정법원에 이혼신청을 하고 일정 기간이 지난 후 법원의 확인을 받아 행정관청에 이혼신고를 하면 이혼의 효력이 발생하게 된다. 협의이혼이 효력을 가지려면 이혼의사의 합치 등 실질적 요건과 이혼신고라는 형식적 요건을 모두 갖추어야 한다.

(1) 실질적 요건: 진정한 이혼의사의 합치(合致)가 있을 것

A와 B는 처음 만난 지 20일 만에 동거를 시작했고 이후 20일 뒤에 혼인신고를 마친 부부인데 둘은 동거주택 마련을 위해 A가 은행에서 1억 원을 대출받아 아파트를 매수하였다. 이후 B와 잦은 다툼이 있었고 이에 B는 A에게 이혼을 요구하며 분쟁이 지속되자 A는 B에게 가정폭력을 행사한 직후 '다시는 폭행을 하지 않겠으며 이를 어길시 이 아파트를 B에게 증여하고 합의 이혼한다'는 내용의 각서를 작성 교부하였다. 며칠 뒤 'A는 2005년 7월 18일 B와 협의 이혼함과 동시에 이 아파트를 B에게 증여하기로 맹세한다'는 내용의 또 다른 각서를 작성 교부하였는데, 당시 A와 B는 한달간 A의 태도를 지켜보고 반성의 태도가 역력하면 아파트 명의를 다시 A에게 이전하고 이혼을 취하하기로 합의하고 당일 오후에 A와 B는 법원에 가서 협의이혼의사확인을 받았다. 이후 B는 혼자 등기소에 들러 증여를 원인으로 아파트를 B명의로 소유권이전등기를 마친 후 구청에 들러 이혼신고를 하였다. 이에 A는 사기에 의한 이혼이라고 주장하며 아파트 반환을 요구할 수 있는가?

부부가 협의이혼을 하려면 진정한 이혼의사가 존재해야 하므로 부부가 자유로운 의사에 따라 이혼을 합의한 것으로 충분하며 구체적인 이혼사유가 무엇인지는 중요하지 않다. 이혼의사의 합치가 인정되기 위해서는 이혼 당사자는 의사능력이 있어야 하며 피성년후견인도 의사능력만 있으면 부모 또는 후견인의 동의를 받아 이혼할 수 있다(민법 제808조 제2항·제3항 및 민법 제835조). 하지만, 미성년자의 경우에는 혼인시에는 부모 또는 후견인의 동의가 필요하지만, 혼인하면 성년으로 의제되므로(민법 제826조의2) 19세가 되기 전이라도 성년으로 취급되므로 부모 등의 동의 없이 이혼할 수 있다. 이혼하려는 부부는 협의이혼의사확인서를 가정법원에 제출하고 이혼숙려기간이 경과한 후에 이혼의사 확인을 받아 이혼할 수 있다. 이때 이혼숙려기간은 자녀가 있는 경우에는 3개월, 자녀가 없는 경우에는 1개월로 정해져 있다(민법 제836조의2 참조).

혼인과 마찬가지로 이혼에 있어서도 진정한 이혼의사 없이 사기 또는 강박으로 인해 이혼의 의사표시를 한 경우에는 사기를 안 날로부터 3개월 이내에 그 이혼을 취소할 수 있다(민법 제838조 및 제839조). 판례에서도 협의이혼의사의 확인은 어디까지나 당사자들의 합의를 근간으로 하는 것이고 법원의 역할은 그들의 의사를 확인해서 증명해 주는데 그치는 것이므로, 이혼합의의 효력은 민법상의 원칙에 의해 결정되어야 할 것이고 이혼의사 표시가 사기, 강박에 의해 이루어졌다면 민법 제838조에 근거해서 취소할 수 있는 것으로 보고 있다(대법원 1987. 1. 20. 선고 86므86 판결). 위 사례는 2006년 서울가정법원에서 다룬 사례인데, 아내가 혼인을 계속할 의사가 없으면서도, 아파트를 자신에게 증여하고 협의이혼의사확인을 받으면 남편의 태도변화를 지켜보아 마치 혼인생활을 계속할 것처럼 남편을 기망하고, 이에 속은 남편으로 하여금 아내와 혼인을 계속할 목적으로 협의이혼의사확인을 받게 한 다음 남편 몰래 이혼신고를 함으로써 협의이혼에 이르게 된 경위에 비추어, 남편이 아내의 기망에 속아 이혼의 의사표시를 한 때에 해당한다고 보아 협의이혼을 취소하고, 이를 전제로 다시 남편의 이혼청구를 인용하였다(서울가법 2006. 12. 19. 선고 2005드단53135 판결).

채무면탈이나 해외이민 등의 목적으로 진정한 이혼의사 없이 일시적으로 이혼하기로 합의하고 허위로 이혼하는 것을 가장이혼(假裝離婚)이라 하는데, 판례는 이혼신고의 중대성에 비추어 그 가장이혼이 누구나 납득할 수 있을 정도로 부부 사이에 진정한 이혼의사의 합치 없이 이루어진 것이라는 증거를 제시해야 무효가 되고, 그렇지 않고 일시적이라 하더라도 법률상 부부관계를 해소하려는 당사자 간의 합의가 있어 협의이혼신고를 한 것이라면 그 이혼은 일단은 유효한 것으로 본다(대법원 1993. 6. 11. 선고 93므171).

(2) 형식적 요건: 이혼신고

협의이혼의 실질적 요건을 갖추었더라도 이혼신고를 하지 않으면 협의이혼이 성립하지 않는다. 다시 말해, 부부가 서로 협의이혼 하기로 합의했지만 이혼신고를 하지 않은 경우에는 장기간 별거해서 사실상 이혼상태라고 하더라도 법적으로는 여전히 부부관계로 인정된다.

(3) 협의이혼과 자녀의 양육

자녀의 양육사항이나 친권자가 정해지지 않은 상태에서 부모가 이혼하게 되면 자녀의 양육환경이 침해될 수 있기 때문에 협의이혼하려는 부부는 이혼 전에 자녀의 양육에 관한 사항과 누가 친권을 행사할지 등에 대해 합의로 정해야 하며, 합의를 하지 못한 경우에는 가정법원이 이를 정하도록 하고 있는데, 이는 부모의 협의이혼에 있어 자녀의 복리를 우선시하기 위함이다. 따라서 협의이혼하려는 부부는 가정법원에 이혼의사확인을 신청할 때 양육자의 결정, 양육비용의 부담, 면접교섭권의 행사 여부 등이 기재된 양육사항과 친권자 지정에 관한 합의서를 제출해야 하며, 부부가 이러한 사항에 대해 합의하지 못한 경우에는 법원에 그 결정을 청구해서 심판을 받도록 하고 있다. 더불어 협의이혼하려는 부부가 양육비용의 부담에 대해 합의한 경우에는 가정법원이 그 내용을 확인하는 양육비부담조서를 작성하여야 한다.

(4) 협의이혼시 위자료 및 재산분할청구

이혼시 배우자 일방의 책임 있는 사유로 인해 이혼하는 경우 다른 배우자가 입은 정신적 손해에 대한 배상책임이 인정되는데 이를 위자료라고 한다. 이러한 위자료청구권은 협의이혼 당시 반드시 행사할 필요는 없지만 그 손해 또는 가해자를 안 날로부터 3년 이내에 행사하지 않으면 시효로 인해 소멸한다(민법 제766조 제1항). 위자료와 별도로 부부 일방은 이혼으로 인해 부부공동생활이 해소되는 경우에 혼인 중 부부가 공동으로 형성한 재산에 대한 분할을 청구할 수 있으며 구체적인 분할비율 및 분할대상재산에 대해서는 당사자간의 합의로 정하지만 합의가 이루어지지 않는 경우에는 법원이 이를 정하게 된다. 협의이혼 당시에는 위자료, 재산분할 등 재산문제가 합의되지 않더라도 협의이혼을 하는 것은 가능하며 이혼 후 3년 이내에 위자료, 2년 이내에 재산분할에 관한 별개의 소송을 법원에 제기할 수 있다(민법 제839조의2 제3항). 상세한 내용은 후술하기로 한다.

3. 재판상 이혼

배우자간의 이혼의사가 합치되지 않더라도 배우자 일방의 청구가 있는 경우 법원의 판결에 의해 이혼할 수 있는 혼인해소 방법이 재판상 이혼이다. 재판상 이혼을 위해서는 민법에서 정하고 있는 이혼사유(민법 제840조)가 존재해야 하는데, 부부 일방은 이혼하기를 원하지만 다른 일방이 이혼을 원하지 않는 경우와 같이 당사자 간 협의이혼이 불가능한 경우 이혼소송을 제기해서 법원의 판결에 따라 이혼할 수 있다. 재판상 이혼을 하기 위해서는 소송을 제기하기 전에 먼저 법원에 이혼조정신청을 해야 하는데, 조정을 신청하지 않고 바로 이혼소송을 제기하면 법원이 직권으로 조정에 회부하게 된다. 이때 조정단계에서 이혼에 관한 합의를 하는 경우에는 이혼소송을 거치지 않고 조정이혼이 성립되지만, 만약 조정이 성립되지 않으면 재판상 이혼으로 진행된다. 구체적인 재판상 이혼사유를 살펴보자.

(1) 재판상 이혼 사유(민법 제840조)

① 배우자에게 부정(不貞)한 행위가 있었을 때

A는 3개월 전 처 B가 자신의 직장동료인 K와 오랜 기간 사귀며 성관계를 가져 왔다는 사실을 알게 되었지만, K가 다시는 B를 만나지 않겠다는 내용의 각서를 써주며 용서를 빌기에 두 사람에 대한 간통죄 고소를 단념하였고, 또한 이혼시 발생할 수 있는 자녀들의 정신적 충격을 염려하여 B와의 혼인관계를 현재까지 계속 유지해 오고 있었다. 그러던 중 A는 최근 우연히 C 녀와 가까워져 B와 이혼을 하고 C와 재혼하는 편이 낫겠다는 생각에 B를 상대로 재판상 이혼을 청구하려고 한다. 과연 A는 이혼소송에서 승소할 수 있는가?

68세의 고령인 A는 중풍으로 좌측 팔다리가 마비되었는데, 몇 년 전에 알게 된 B녀와 사실상 동거를 해오고 있었지만, 정교능력이 없어 실제 성관계를 맺은 적은 없다. A의 법률상 처인 C는 A를 상대로 부정한 행위를 근거로 이혼소송을 제기한 경우 이혼사유에 해당하는가?

A와 약혼한 B는 A를 만나기 이전부터 사귀었던 C 남과 약혼기간 중 정교하여 임신을 하게 되었고, A와 결혼 후 출산을 하였으나 그 아이를 A의 자식으로 속여 출생신고까지 마쳤다. B는 결혼 이후에는 C와 만난 적이 없이 현재까지 10여 년간 원만한 결혼생활을 해오고 있었으나 아무리 봐도 자기 자식이 아닌 것 같다는 생각에 A는 아이에 대해 친자검사를 한 결과 그 아이는 B가 약혼기간 중에 C와의 정교행위 결과 출생한 C의 친자라는 사실을 알게 되었다. 이에 A는 B를 상대로 제840조 제1호와 제6호를 근거로 재판상 이혼을 신청하였다. 결과는?

X녀는 친구들과 자주 놀러 가던 청담동 S 캬바레에서 K남을 알게 되었고, 이후 수 개월간 K와 여러 카바레를 다니며 교제를 하다가 남편 Y에게 발각되었다. 이에 Y는 부정한 행위를 근거로 이혼소송을 제기하였는데 승소할 수 있는가?

법률상 부부인 A와 B는 혼인생활 중에 누적된 불만과 갈등을 이유로 서로 이혼소송을 제기하였는데, A는 그 전에 협의이혼 과정에서 숙려기간 중에 다른 여성인 C와 교제한 사실이 더욱 화근이 되어 부부관계가 파탄에 이르게 되어 서로 이혼 및 위자료청구소송을 제기하였다.

배우자간에는 혼인 중 육체적인 순결을 지켜야 하는 정조의무가 인정되는데, '부정한 행위'란 혼인한 이후에 부부 일방이 자유로운 의사로 부부의 정조의무(貞操義務), 성적 순결의무를 위반하는 일체의 행위를 의미한다. 부정행위는 그 행위가 자유로운 의사에 의한 경우만을 의미하므로 제3자에 의한 성폭행 피해자인 경우에는 부정한 행위를 저지른 것으로 보지 않는다. 위 두 번째 사례와 같이 고령이고 중풍으로 정교능력이 없어 실제로 정교를 갖지는 못하였다 하더라도 배우자 아닌 자와 동거한 행위는 배우자로서의 정조의무에 충실하지 못한 것으로서 부정한 행위에 해당한다(대법원 1992. 11. 10. 선고 92므68 판결). 또한 대부분 간통과 같은 부정한 행위는 은밀하게 이루어지므로 사실이를 증명하는 것이 쉽지 않다. 따라서 명백한 물적 증거자료가 없더라도 부정한 행위가 있었던 것으로 추정할 수 있는 정황이 있다면 부정한 행위를 인정할 수 있다고 보므로, 이성과 숙박업소에서 함께 밤을 보낸 경우라던가 아내가 출산한 아이가 남편의 자식이 아님이 밝혀진 경우, 또는 제3자로부터 성병에 감염된 사실이 확인된 경우에는 부정한 행위가 있었다고 추정할 수 있다. 부정행위인지 여부는 개개의 구체적인 사안에 따라 그 정도와 상황을 종합적으로 참작해서 결정해야 한다. 부정한 행위를 이유로 이혼을 청구하기 위해서는 배우자의 부정행위를 안 날로부터 6개월, 그 부정행위가 있은 날로부터 2년 이내에 소송을 제기해야 하며, 배우자의 부정행위를 사전에 동의했거나 사후에 용서한 경우에는 더 이상 이혼을 청구하지 못한다.

네 번째 사례처럼 육체적인 성관계를 맺었다고 추정할 만한 정황은 없이 단지 카바레에서 춤을 추러 갔다가 다른 남자를 알게 되어 친하게 지내며 같이 기차를 타고 동행했다는 사실만으로는 '부정한 행위'를 한 것으로 단정하기 어렵다(대법원 1990. 7. 24. 선고 89므1115 판결 참조).

과거에는 형법상 간통죄 처벌규정이 있었으나 2015년 2월 형법상 간통죄에 대해 헌법재판소는 위헌법률 결정을 내려 더 이상 범죄행위로 보지 않게 되었는데, 위 첫 번째 사례와 같이 간통행위, 즉 배우자의 부정한 행위가 있었다 하더라도 그 사실을 알고 난 후 그 상대방으로부터 더 이상 만나지 않겠다는 각서를 받고 간통죄 고소를 포기한 후 혼인관계를 계속 유지한 것은 부정한 행위를 용서한 것으로 보아 더 이상 재판상 이혼사유로 보기 어렵다고 판단하였다(대법원 1999. 8. 24. 선고 99도2149 판결).

재판상 이혼사유인 배우자의 부정한 행위가 있었을 때라 함은 혼인 중 배우자 일방이 부정한 행위를 한 때를 말하는 것이므로 세 번째 사례와 같이 혼인 전 약혼단계에서 부정한 행위를 한 때에는 제840조 제1호의 이혼사유에 해당한다고 할 수는 없다. 또한 판례는 약혼기간 중 다른 남자와 정교하여 임신하고는 혼인 후 남편의 자식인 것으로 속여 출생신고를 한 것이 그 혼인생활의 경과 등에 비추어 혼인을 계속할 수 없는 중대한 사유가 된다고 하기도 어렵다고 보았다(대법원 1991. 9. 13. 선고 91므85, 92 판결).

이혼소송이 제기되었다 하더라도 여전히 혼인 중으로 보아 배우자간 정조의무가 존재하는데, 위 다섯 번째 사례에서처럼 협의이혼 숙려기간은 혼인관계 유지 등에 대한 진지한 고민의 시간이자 혼인관계 회복을 위한 노력을 기울여야 하는 시간임에도 다른 이성과 교제하는 행위는 혼인관계 유지를 방해하고 상대 배우자의 신뢰를 훼손하는 부정행위에 해당하며, 이러한 부적절한 이성관계가 부부관계 파탄의 주요 원인이 된 것으로 보아 유책배우자인 A는 이혼 및 위자료청구를 할 수 없고 B의 이혼 및 위자료 청구권만 인정하는 것이 판례의 입장이다(부산가정법원 2020. 2. 14. 선고 2018드단205427, 2019드단20996 판결).

② 배우자가 악의(惡意)로 다른 일방을 유기(遺棄)한 때

남편 A는 기독교 신자였던 처 B가 절에 다녀온 후 계속적으로 정신이상 증세를 보이면서 자신의 종교인 불교에 대해 적대적인 태도를 보이자 집을 나와 입산하여 스님이 되기 위해 10년간 B와 별거생활을 해오던 중 B가 A를 상대로 '악의의 유기'를 근거로 재판상 이혼소송을 제기하였다. 결과는?

A는 B와 혼인한 직후 20년 이상 C녀와 부첩(夫妾) 관계를 맺고 서울에서 거주하는 동안 B는 홀로 포천군 소재 집이나 출가한 딸들 집에서 기거하며 살아 왔다. B는 A를 상대로 악의의 유기를 이유로 제기한 이혼소송에서 승소할 수 있는가?

재혼남인 A는 처 B에 대해 행패를 부리는 것은 물론 무관심할 뿐 아니라 전처 소생의 딸의 양육문제로 수시로 B를 질책하고 폭언을 행사하기에 이를 견디지 못하고 혼인 후 1년 만에 B는 친정으로 돌아가 버린 경우 A는 B를 상대로 악의의 유기를 이유로 이혼소송을 제기하였다.

재판상 이혼사유로서 악의의 유기란 배우자가 정당한 이유 없이 다른 배우자를 방치함으로써 부부의 의무인 동거·부양·협조의무를 이행하지 않는 것을 의미한다. 따라서 첫 번째 사례처럼 정신이상 증세를 보이는 처를 버리고 집을 나와 입산하여 비구승이 됨으로써 부부가 10년 넘게 별거하게 되고, 서로의 배타적 신앙생활로 인한 애정의 결핍과 장기간의 별거로 혼인관계가 돌이킬 수 없는 파탄에 빠져있는 것이라면, 이러한 파탄은 A가 정신적으로 완전하지 아니한 처 B를 악의로 유기함으로써 야기된 결과로 보아 이혼사유에 해당한다(대법원 1990. 11. 9. 선고 90므583 판결).

두 번째 사례처럼 A가 20년 이상 C와 부첩(夫妾)관계를 맺고 서울에서 동거 하면서 B로 하여금 홀로 시골 집이나 출가한 딸들의 집 등에서 기거하게 한 이상, A가 B의 생활을 위하여 맏사위와 딸의 공동명의로 주택을 마련해 주었다 하더라도 A의 위와 같은 축첩행위 자체가 부당하게 동거의무를 이행하지 않은 것으로 보아 악의의 유기에 해당하는 것으로 본다. 또한 악의의 유기를 원인으로 하는 재판상 이혼청구권은 법률상 그 행사기간의 제한이 없는 형성권으로서 10년의 제척기간에 걸린다고 하더라도 부첩관계를 계속 유지함으로써 민법 제840조 제2호에 해당하는 배우자가 악의로 다른 일방을 유기하는 것이 이혼청구 당시까지 존속되고 있는 경우에는 기간 경과에 의하여 이혼청구권이 소멸하지 않는다(대법원 1998. 4. 10. 선고 96므1434 판결).

하지만 악의의 유기가 이혼사유에 해당하기 위해서는 정당한 이유 없이 배우자 일방이 다른 배우자를 방치하거나 동거하지 않아야 하는데 세 번째 사례처럼 B의 가출 원인을 A가 제공한 경우에는 B의 가출을 악의의 유기행위로 볼 수 없다(대법원 1990. 3. 23. 선고 89므1085 판결).

③ 배우자 또는 그 직계존속으로부터 심히 부당한 대우를 받았을 때

83세 A는 75세인 B와 1943년 혼인한 이후 당시 영어교사였던 B를 가사만 돌보도록 강요하고, 경제권을 장악한 뒤 생활비 절약 명목으로 쌀과 반찬을 구입해 제공하는 것 이외에는 생계를 유지하기 빠듯한 정도의 생활비만 지급하여 부득이 B는 하숙을 치거나 담배가게, 손수레보관소 운영을 통해 얻은 수입을 생활비에 보태며 살아왔는데, 1997년경부터 B의 불륜을 의심하고, 자녀가 자기 자식이 아니라고 하며, 집안에서 화장실 문을 열어둔 채 대소변을 보거나 발가벗고 집안을 돌아다니는 등으로 정신병원에서 망상장애 의심소견을 받은 적이 있다. 이에 B는 황혼이혼을 결심하고 배우자의 심히 부당한 대우를 이유로 이혼소송을 제기하였는데 그 결과는?

이혼 사유로서 배우자 또는 그 직계존속(시부모, 장인, 장모 등)의 심히 부당한 대우란 혼인관계의 지속을 강요하는 것이 가혹하다고 여겨질 정도로 배우자 또는 직계존속으로부터 폭행, 학대 또는 모욕을 당하는 것을 의미한다. 우리 판례는 남편이 혼인 초부터 아내가 아기를 낳을 수 없다는 트집을 잡아 학대를 하고 이혼을 요구하며 이에 응하지 않으면 자살하겠다며 실제 두 차례나 농약을 마시는 등 소동을 벌이기에 어쩔 수 없이 집을 나와 친정으로 돌아온 사안에서 처가 남편으로부터 심히 부당한 대우를 받은 경우에 해당한다고 판시한 바 있다(대법원 1990. 11. 27. 선고 90므484 판결 참조).

사례와 같이 최근 고령화 사회에 접어든 우리나라에서도 황혼이혼이 증가하고 있는데, 사례에 대해 우리 대법원은 '비록 A가 B에게 생활비를 적게 주어 B로 하여금 경제적으로 어려운 생활을 하도록 하고 가부장적 권위로 B를 대해 오는 한편 고령이 되어 B를 이유 없이 의심하는 언행을 보인 적은 있으나, A 스스로도 절약하는 생활을 하여 현재 약 18억 원에 상당하는 재산을 모은 점, A가 B를 의심하는 언행을 하거나 알몸으로 집안을 돌아다니기도 한 것은 고령으로 인하여 생긴 정신장애 증상에 기인하며 B는 위와 같은 정신장애 증상이 있는 A를 돌보고 부양하여야 할 의무가 있는 점, 현재 B는 만 75세이고, A는 만 83세에 이르는 고령인 점 및 혼인기간, 혼인 당시의 가치기준과 남녀관계 등을 종합하면, 위 인정 사실만으로 A가 B에게 심히 부당한 대우를 하였다거나 B와 A의 혼인관계가 이미 회복할 수 없을 정도로 파탄에 이르렀다고는 보이지 아니하고 달리 이를 인정할 만한 증거가 없다고 판단하여, 민법 제840조 제3호와 제6호의 이혼사유를 원인으로 하는 B의 이혼청구 및 그에 따른 위자료 및 재산분할청구를 모두 배척'함으로써 이혼사유로 인정하지 않았다(대법원 1999. 11. 26. 선고 99므180 판결).

④ 자기의 직계존속이 배우자로부터 심히 부당한 대우를 받았을 때

자기의 직계존속에 대한 배우자의 심히 부당한 대우란 혼인관계를 지속하는 것이 고통스러울 정도로 자기의 직계존속이 배우자에게 폭행, 학대 또는 모욕을 당하는 것을 의미하는데, 혼인할 때 결혼지참금을 가져 오지 않았다는 이유로 불만을 품고 아내를 계속 구타해 상처를 입혔을 뿐 아니라 장인에게까지 행패를 부린 사례에서 우리 대법원은 배우자 및 직계존속을 심히 부당하게 대우한 경우로 보아 이혼사유로 인정한 바 있다(대법원 1986. 5. 27. 선고 86므14 판결). 반면, 시어머니의 지속적인 학대에도 불구하고 시어머니를 모시며 살아가던 중 시어머니 거짓말만 믿은 남편의 지속적인 폭행과 협박이 이어지자 이를 모면하기 위해 시어머니에 대한 다소 불손한 행위가 있었던 것만으로는 직계존속에 대한 심히 부당한 대우를 한 것으로 볼 수 없다는 판례도 있다(대법원 1986. 2.

11. 선고 85므37 판결 참조).

⑤ 배우자의 생사가 3년 이상 분명하지 않을 때

동거의무가 있는 배우자의 생사불명상태가 장기간 계속되는 경우에는 다른 배우자의 이혼청구를 허용할 필요가 있는데, 배우자의 생사불명이란 배우자의 생존 여부를 전혀 확인할 수 없는 상태가 3년 이상 계속되는 것을 의미한다. 배우자의 생사불명으로 인한 이혼은 실종선고에 의한 혼인해소와 달리 배우자가 살아서 돌아오는 경우에도 이혼판결이 확정된 경우에는 종전의 혼인이 부활하지 않는다.

⑥ 그 밖에 혼인을 계속하기 어려운 중대한 사유가 있을 때

혼인을 계속하기 어려운 중대한 사유란 부부간의 애정과 신뢰가 바탕이 되어야 할 혼인의 본질에 상응하는 부부공동생활관계가 회복할 수 없을 정도로 파탄되고 혼인생활의 계속을 강제하는 것이 일방 배우자에게 참을 수 없는 고통이 되는 경우를 말한다(대법원 2021. 3. 25. 선고 2020므14763 판결). 또한 혼인을 계속하기 어려운 중대한 사유가 있는지 여부는 혼인파탄의 정도, 혼인계속의사의 유무, 혼인생활의 기간, 당사자의 책임유무, 당사자의 연령, 이혼 후의 생활보장이나 그 밖에 혼인관계의 여러 가지 사정을 종합적으로 고려해서 판단해야 한다. 혼인을 계속하기 어려운 중대한 사유로 이혼하는 경우 그 사유를 안 날로부터 6개월, 그 사유가 있은 날로부터 2년이 지나면 이혼을 청구하지 못한다. 다만, 그밖에 혼인을 계속하기 어려운 중대한 사유가 이혼청구 당시까지 계속되고 있는 경우에는 이 기간이 적용되지 않으므로 언제든지 이혼을 청구할 수 있다. 실무상 재판상 이혼소송을 제기하는 경우에는 제840조 1호부터 5호 사유 가운에 하나를 주된 청구원인으로 하고 제6호 사유를 보충적 청구원인으로 제기하는 경우가 많다. 우리 판례에서 본 호의 사유에 해당한다고 인정한 경우들을 정리해 보면 다음과 같다.

남편이 처에게 폭력을 행사하여 처가 집을 나가 이혼소송을 제기하고 재결합의사가 없음을 명백히 한 사안에서, 부부공동생활관계가 회복할 수 없을 정도로 파탄되고 그 혼인생활의 계속을 강요하는 것이 처에게 참을 수 없는 고통이 된다고 볼 수 있다 (대법원 2005. 12. 23. 선고 2005므1689 판결 참조).

가정은 단순히 부부만의 공동체에 지나지 않는 것이 아니고 그 자녀 등 모든 구성원의 공동생활을 보호하는 기능을 가진 것으로서 부부 중 일방이 불치의 정신병에 이환되었고, 그 질환이 단순히 애정과 정성으로 간호되거나 예후가 예측될 수 있는 것이 아니고 그 가정의 구성원 전체에게 끊임없는 정신적·육체적 희생을 요구하는 것이며, 경

제적 형편에 비추어 많은 재정적 지출을 요하고 그로 인한 다른 가족들의 고통이 언제 끝날지 모르는 상태에 이르렀다면, 온 가족이 헤어날 수 없는 고통을 받더라도 타방 배우자는 배우자 간의 애정에 터잡은 의무에 따라 한정 없이 참고 살아가라고 강요할 수는 없는 것이므로, 이러한 경우는 민법 제840조 제6호 소정의 재판상 이혼사유에 해당한다. 하지만, 부부의 일방이 정신병적 증세를 보여 혼인관계를 유지하는 데 어려움이 있다고 하더라도 그 증상이 가벼운 정도에 그치는 경우라든가, 회복이 가능한 경우인 때에는 그 상대방 배우자는 사랑과 희생으로 그 병의 치료를 위하여 진력을 다하여야 할 의무가 있는 것이고, 이러한 노력을 제대로 하여 보지 않고 정신병 증세로 인하여 혼인관계를 계속하기 어렵다고 주장하여 곧 이혼청구를 할 수는 없다(대법원 2004. 9. 13. 선고 2004므740 판결 참조).

처가 뚜렷한 합리적인 이유 없이 남편과의 성행위를 거부하고 결혼생활 동안 거의 매일 외간 남자와 전화통화를 하였으며 그로 인하여 남편이 이혼소송을 제기하고 별거에 이르게 되었다면 부부공동생활관계는 회복할 수 없을 정도로 파탄되었고, 그 혼인생활의 계속을 강제하는 것이 남편에게는 참을 수 없는 고통이 된다고 볼 수 있다(대법원 2002. 3. 29. 선고 2002므74 판결 참조).

처가 자궁적출술의 수술결과 임신불능이 되자, 남편이 종가의 종손임을 이유로 이혼을 주장하여 혼인관계가 파탄에 이르렀다면, 그와 같이 된 데에는 출산불능이 법률상의 이혼사유로 되지 아니하는 이상 남편 측에게 보다 더 큰 책임이 있다고 하여 남편의 이혼심판청구를 기각한다(대법원 1991. 2. 26. 선고 89므365 판결 참조).

처가 정신분열증 치료를 위하여 친정으로 가면서 장모가 사위에게 새 출발을 하라고 말하여 부가 그 직후부터 다른 여자와 동거하고 있는데 처의 정신분열증은 현재까지도 완치되지 아니하여 정상적인 가정생활이 어렵다면 민법 제840조 제6호 소정의 재판상 이혼사유에 해당한다(대법원 1991. 12. 24. 선고 91므627 판결 참조).

남편이, 처와 제3자와의 관계가 결백함을 알면서도 처를 간통죄로 고소하고 위 제3자 등으로 하여금 간통사실 등에 관한 거짓진술을 하도록 부탁함으로써 혼인관계가 파탄에 이르게 하였다면 그 행위는 민법 제840조 소정의 배우자로부터 심히 부당한 대우를 받은 때 또는 기타 혼인을 계속하기 어려운 중대한 사유가 있을 때에 해당한다(대법원 1990. 3. 23. 선고 89므1085 판결 참조).

(2) 유책배우자의 이혼청구

위에서 살펴본 재판상 이혼사유는 혼인파탄의 주된 책임이 있는 유책배우자에게 해당 사유가 있는 경우에 다른 배우자가 이혼청구를 할 수 있다. 이 경우 혼인파탄에 있어 유책성은 혼인파탄의 원인이 된 사실에 기초하여 평가해야 하며 혼인관계가 완전히 파탄된 뒤에 발생한 사유를 기초로 유책성 여부를 판단해서는 안 된다. 우리 민법은 혼인생활의 파탄에 대하여 주된 책임이 있는 배우자는 원칙적으로 그 파탄을 사유로 하여 이혼을 청구할 수 없도록 하고 있다(대법원 1993. 4. 23. 선고 92므1078 판결 참조).

이처럼 유책배우자의 이혼 청구를 허용하지 않는 취지는 혼인제도가 요구하는 도덕성에 배치되고 신의성실의 원칙에 반하는 결과를 방지하려는 데 있으므로, 혼인제도가 추구하는 이상과 신의성실의 원칙에 비추어 보더라도 유책배우자의 혼인파탄의 책임이 이혼 청구를 배척해야 할 정도로 남아 있지 않은 경우에는 그러한 배우자의 이혼 청구가 혼인과 가족제도를 형해화할 우려가 없고 사회의 도덕관·윤리관에도 반하지 아니한다고 할 것이므로 허용될 수 있다고 본다. 따라서 판례도 예외적으로 그 상대방도 혼인생활을 계속할 의사가 없음이 객관적으로 명백함에도 오기나 보복적 감정에서 이혼에 응하지 않고 있을 뿐이라는 등 특별한 사정이 있는 경우에는 유책배우자에게도 이혼청구권을 인정해 왔다. 이와 같이 유책배우자의 이혼 청구를 예외적으로 허용할 수 있는지를 판단할 때에는, 유책배우자의 책임의 태양·정도, 상대방 배우자의 혼인계속의사 및 유책배우자에 대한 감정, 당사자의 연령, 혼인생활의 기간과 혼인 후의 구체적인 생활관계, 별거기간, 부부간의 별거 후에 형성된 생활관계, 혼인생활의 파탄 후 여러 사정의 변경 여부, 이혼이 인정될 경우의 상대방 배우자의 정신적·사회적·경제적 상태와 생활보장의 정도, 미성년 자녀의 양육·교육·복지의 상황, 그 밖의 혼인관계의 여러 사정을 종합적으로 고려하여야 한다(대법원 2015. 9. 15. 선고 2013므568 전원합의체 판결).

4. 이혼의 효과

혼인으로 인해 신분상 효과와 재산상 효과가 발생하는 것과 마찬가지로 부부가 이혼을 하게 되면 혼인으로 인해 형성된 친족관계에 변동이 생기며, 그 외에도 자녀와 재산문제와 관련해서 일정한 효과가 발생하는데, 이혼으로 부부간 동거·부양·협조·정조의무 등 혼인의 존속을 전제로 한 일체의 권리·의무와 인척관계가 소멸하며, 재혼이 가능해지는 등의 신분상 효과가 발생한다. 다만, 이혼 후라도 인척관계(6촌 이내의 혈족의 배우자, 배우자의 6촌 이내의 혈족, 배우자의 4촌 이내의 혈족의 배우자)에 있거나 과거에 인척관계에 있었던 사람과는 혼인할 수 없다. 하지만, 이혼 후에도 부모와 자녀 사이의 혈연관계는 변하지 않으므로 자녀에 대한 권리·의무는 그대로 유지된다. 그 외에 이혼의 효과로서 유책배우자에 대한 위자료청구권과 혼인 중 공동형성재산에 대한 재산분할청구권이 인정되는 재산상 효과도 발생하는데 이하에서 상세하게 살펴본다.

5. 이혼 시 자녀에 대한 친권 및 양육권

부모가 이혼을 하게 되면 미성년 자녀의 친권자를 지정해야 하는데, 협의이혼의 경우에는 부부가 합의해서 정해야 하고, 합의할 수 없거나 합의가 이루어지지 않으면 부득이 가정법원이 직권으로 또는 당사자의 청구에 따라 친권자를 지정한다. 재판상 이혼을 하는 경우 친권자는 가정법원이 직권으로 지정하는데, 친권자가 지정된 후에도 자녀의 복지를 위해 필요한 경우에는 자녀의 4촌 이내의 친족의 청구에 따라 가정법원이 친권자를 변경할 수도 있다.

(1) 친권

친권이란 부모가 미성년인 자녀에 대해 가지는 신분·재산상 권리와 의무를 말하며, 혼인 중에는 부모가 미성년자인 자녀의 친권자가 되어 공동으로 친권을 행사하고, 이혼하는 경우에는 친권자를 지정해야 한다. 친권을 행사하는 부(父) 또는 모(母)는 미성년자인 자녀의 법정대리인이 되는데, 이러한 친권의 주요 내용으로는 자녀를 보호·교양할 권리의무, 자녀가 거주하는 장소를 지정할 수 있는 거소지정권, 자녀가 자기명의로 취득한 특유재산에 관한 관리권, 자녀의 재산에 관한 법률행위의 대리권 등이 있다. 다만, 무상(無償)으로 자녀에게 재산을 증여한 제3자가 친권자의 관리에 반대하는 의사를 표시한 경우에는 친권자는 그 재산을 관리하지 못하며, 이 경우 제3자가 다른 재산관리인을 지정하지 않으면 법원이 재산의 수여를 받은 사람 또는 친족(8촌 이내의 혈족, 4촌 이내의 인척 및 배우자)의 청구에 따라 재산관리인을 선임한다. 과거에는 친권의 내용으로 자녀에 대한 징계권도 포함되어 있었으나 자칫 징계라는 명분으로 자녀에 대한 폭행이나 학대를 정당화시키는 역할을 하는 등 부작용이 많다는 비판에 따라 2021년 해당 조문은 삭제되었다.

이러한 친권은 자녀의 신분과 재산에 관한 사항을 결정할 수 있는 권리이므로 미성년인 자녀를 부모가 양육하고 교양할 권리를 의미하는 양육권보다는 좀 더 포괄적인 개념이라고 할 수 있다. 따라서 이혼하는 경우에는 친권자와 양육자를 부모 중 일방 또는 쌍방으로 지정할 수 있고, 친권자와 양육자를 각각 달리 지정할 수도 있다. 친권자와 양육자가 달리 지정된 경우에는 친권의 효력은 양육권을 제외한 부분에만 미치게 된다.

(2) 양육권

양육권이란 미성년 자녀를 키우면서 교육시키는 등 자녀의 양육에 필요한 사항을 결정할 수 있는 권리를 말한다. 부부가 혼인 중인 때에는 양육권을 공동으로 행사할 수 있지만, 이혼하는 경우에는 양육자를 지정해야 하는데, 부부가 합의해서 누가 양육자가 될 것인지와 양육비용부담에 관한 내용, 그리고 면접교섭권의 인정 여부 및 방법에 관한 사항을 결정해야 하고, 합의할 수 없거나 합의가 이루어지지 않는 경우에는 가정법원이 직권으로 또는 당사자의 청구에 따라 양육에 관한 사항을 결정한다(민법 제837조 제1항·제2항 및 제4항). 그리고 양육에 관한 사항이 결정된 후에도 자녀의 복지를 위해 필요한 경우에는 직권 또는 부(父), 모(母), 자녀 및 검사의 청구에 따라 가정법원이 양육에 관한 사항을 변경할 수 있다(민법 제837조 제5항). 비록 이혼으로 양육에 관한 사항이 정해진다고 해서 양육권이 없는 부모와 자녀 사이의 권리의무에 변화가 있는 것은 아니며(민법 제837조 제6항), 혈족관계는 그대로 유지되고, 미성년자인 자녀의 혼인에 대한 동의권(민법 제808조 제1항), 부양의무(민법 제974조제1호), 상속권(민법 제1000조 제1항) 등도 그대로 인정된다.

(3) 면접교섭권

이혼 후 자녀를 직접 양육하지 않는 부모 일방과 자녀도 서로 연락하고 만날 수 있는 권리를 가지는데 이를 면접교섭권이라 한다(민법 제837조의2 제1항). 면접교섭에는 직접적인 만남, 서신교환, 전화통화, 선물교환, 일정기간 동안 부모 일방과 함께 지내는 등 다양한 방법이 활용될 수 있지만, 자녀가 부모를 만나기 싫어하거나 부모가 친권상실사유에 해당하는 등 자녀의 복리를 위해 필요한 경우에는 당사자의 청구 또는 가정법원의 직권에 의해 면접교섭이 제한되거나 배제될 수 있다(민법 제837조의2 제2항). 구체적인 면접교섭의 행사방법과 범위에 대해서는 부부가 합의해서 정하고, 합의가 이루어지지 않으면 가정법원에 심판을 청구해서 정할 수 있다.

(4) 자녀에 대한 양육비 부담

오늘날 과거와 달리 이혼율이 높아짐에 따라 양육비 분쟁이 자주 발생하고 있는데, 자녀의 양육에 소요되는 비용은 부부가 공동으로 부담하는 것이 원칙이므로 이혼한 경우 부모 중 한 명이 양육자가 되면 양육자가 아닌 다른 일방도 동일한 수준의 양육비를 부담해야 하고, 만일 양육자가 제3자일 때에는 부모 쌍방이 모두 양육비를 제3자에게 지급해야 한다. 일반적으로 양육비를 부담해야 하는 기간은 자녀가 성년(19세)이 되기 전까지이며, 구체적인 양육비는 부모의 재산상황이나 그 밖의 사정을 고려해서 정하게 된다.

우리 판례는 부모의 자녀양육의무는 특별한 사정이 없는 한 자녀의 출생과 동시에 발생하는 것이므로 현재 및 장래 양육비는 물론 과거의 양육비에 대하여도 상대방이 분담함이 상당하다고 인정되는 경우에는 그 비용의 상환을 청구할 수 있다고 보고 있다.

(5) 손해배상청구권과 재산분할청구권

이혼의 효과로서 중요한 것으로 유책배우자에 대한 손해배상청구 및 재산분할청구가 있다. 다시 말해 이혼시 혼인파탄의 책임이 있는 상대 배우자에게 이혼으로 인한 재산상·정신상 손해에 대한 금전배상을 청구할 수 있으며, 혼인 중에 부부가 공동으로 형성한 재산에 대해서는 분할을 청구할 수 있다.

① 손해배상청구권

부부가 이혼하는 경우 부부 중 일방은 혼인파탄에 책임이 있는 배우자에 대해 손해배상을 청구할 수 있다. 손해에는 재산상 손해와 정신상 손해가 모두 포함되는데, 우리 판례는 혼인파탄의 책임성에 대해 혼인파탄의 원인이 된 사실에 기초해서 평가할 일이며 혼인관계가 완전히 파탄된 뒤에 있었던 일을 가지고 따질 것은 아니라고 본다(대법원 2004. 2. 27. 선고 2003므1890 판결). 특히, 정신적 고통에 대한 손해배상인 위자료의 액수를 산정하는 경우에는 혼인파탄의 원인과 책임정도, 재산상태, 혼인기간 및 생활정도, 학력·직업·연령 등 신분사항, 자녀 양육관계 등의 사항을 고려해서 정하게 되며(대법원 1981. 10 13. 선고 80므100 판결), 혼인파탄의 원인이 부부 모두에게 있는 경우에는 부부 쌍방이 받은 정신적 고통의 정도, 즉 불법행위책임의 비율에 따라 위자료 액수가 정해진다(대법원 1994. 4. 26. 선고 93므1273, 1280 판결).

그렇다면 혼인파탄의 책임이 있는 제3자에 대해서도 위자료를 청구할 수 있는가? 위자료는 이혼의 원인을 제공한 사람에게 청구할 수 있으므로, 배우자가 혼인파탄에 책임이 있다면 그 배우자를 상대로, 시부모나 장인·장모 등 제3자가 혼인파탄에 책임이 있다면 그 제3자를 상대로 위자료를 청구할 수 있다. 우리 판례에서는 시부모나 장인·장모 또는 첩(妾)이나 배우자의 간통 상대방 등이 혼인생활에 부당하게 간섭해서 혼인을 파탄에 이르게 한 경우나 혼인생활의 지속을 강요하는 것이 가혹하다고 여겨질 정도로 시부모나 장인·장모에게 폭행, 학대 또는 모욕당하는 경우(대법원 2004. 2. 27. 선고 2003므1890 판결, 대법원 1998. 4. 10. 선고 96므1434 판결 등) 그러한 자들에 대한 위자료청구권을 인정하고 있다.

이러한 불법행위에 따른 손해배상청구권의 성격을 가지는 위자료청구권은 그 손해 또는 가해자를 안 날로부터 3년 이내에 행사하여야 한다(민법 제766조).

② 재산분할청구권

법률상 부부인 A와 B는 A의 외도와 B의 과다한 채무 등이 원인이 되어 갈등상황에 있다가, A가 자녀들이 모인 자리에서 B와 같이 살기 싫으니까 '집 재산권은 엄마(B)에게 이전함', '집 관계 비용 3천 3백만 원은 집 판매와 동시에 아빠(A)에게 줄 것', '생활비 및 집에 대한 모든 비용은 엄마가 부담함.' 등을 내용으로 하는 각서를 작성하고, B도 각서에 서명하였는데, 이후 A가 B를 상대로 이혼 및 재산분할을 청구하였다. A가 승소할 수 있겠는가?

이 사례의 경우 A와 B가 혼인관계를 정리하는 취지에서 작성한 재산분할을 내용으로 하는 각서는 협의이혼을 전제로 한 것이므로 협의이혼이 이루어지지 않았으므로 재산분할 협의의 효력도 발생하지 않기 때문에, 각서를 작성함으로써 재산분할에 대한 구체적인 권리·의무가 발생한 것으로 볼 수 없으므로 A가 이혼소송을 제기하면서 동시에 B에 대한 재산분할청구권도 행사할 수 있다고 본다(부산가정법원 2018. 11. 7. 선고 2018드단204974 판결).

부부가 이혼하면 혼인 중 부부가 공동으로 형성한 재산을 나눌 필요가 생긴다. 이때 이혼한 부부 일방이 상대 배우자에 대해 재산분할을 청구할 수 있는 권리가 재산분할청구권이다. 재산분할청구권은 협의이혼, 재판상 이혼의 경우에 모두 인정되며, 부부 사이에 재산분할에 관한 합의가 이루어지지 않으면 가정법원에 재산분할심판을 청구할 수 있다(민법 제839조의2, 민법 제843조). 불법행위에 따른 손해배상청구권으로서의 성격을 가지는 위자료청구권과는 달리 재산분할청구제도는 혼인 중 쌍방의 협력으로 형성된 공동재산에 대해 청산을 함으로써 경제적으로 곤궁한 상대 배우자에 대한 부양적 성격이 가미된 제도이므로(헌법재판소 1997. 10. 30. 96헌바14 전원재판부), 혼인파탄의 책임이 있는 유책배우자도 재산분할청구권을 행사할 수 있다.

재산분할 대상이 되는 재산은 혼인 중 부부가 공동으로 형성한 재산으로, 부부가 협력해서 취득한 부동산, 부부공동생활을 위해 저축한 예금, 부부공동생활을 위해 구입한 가재도구 등이 포함된다. 구체적인 재산분할의 비율은 부부가 합의해서 정할 수 있으며, 합의가 이루어지지 않으면 법원이 재산형성에 대한 기여도, 혼인파탄의 원인과 책임정도, 혼인기간 및 생활정도, 학력·직업·연령 등 신분사항, 자녀 양육관계, 위자료 등의 사항을 고려해서 정하게 된다(대법원 1998. 4. 10. 선고 96므1434 판결).

이혼시 재산분할청구권이 양도 또는 상속될 수 있는지에 대해서는 논란이 있는데, 이혼으로 경제적 곤궁상태에 빠질 수 있는 전 배우자에 대한 부양적 성격에서 인정되는 제도라는 점을 감안해 볼 때 일반적인 재산권과 같이 자유롭게 양도나 상속을 인정하기는 어렵다고 본다. 우리 판례도 이혼소송과 재산분할청구가 함께 병합된 사건에서 소송계속 중에 배우자 일방이 사망하면 이혼의 성립을 전제로 해서 이혼소송에 부대한 재산분할청구 역시 이를 유지할 이익이 상실되므로 이혼소송의 종료와 동시에 종료된다고 보았다(대법원 1994. 10. 28. 선고 94므246,253 판결).

재산분할청구권과 위자료청구권을 동시에 행사할 수 있는지에 대한 의문이 있지만, 재산분할은 혼인 중 부부가 공동으로 모은 재산에 대해 본인의 기여도에 따른 상환을 청구하는 것을 목적으로 하고, 위자료는 부부 일방의 잘못으로 이혼하게 된 사람의 정신적 고통을 위로하는 것을 목적으로 하는 등 그 권리의 발생근거, 제도의 입법취지, 재판절차 진행 등 여러 가지 관점에서 차이가 있어 판례는 이를 별개의 제도로 보고 있다(대법원 2001. 5. 8. 선고 2000다58804 판결). 따라서 재산분할청구와 위자료청구는 별개의 청구권으로 보아 동시에 행사할 수 있다.

재산분할의 대상이 되는 재산은 원칙적으로 혼인 중 부부가 공동으로 협력해서 모은 재산으로서 부부 중 누구의 소유인지가 불분명한 공동재산이며, 어떤 재산이 비록 부부 일방의 명의로 되어 있거나 제3자 명의로 명의신탁 되어 있더라도 실제로 부부의 협력으로 획득한 재산이라면 재산분할의 대상이 된다(대법원 1998. 4. 10. 선고 96므1434 판결). 이와 같은 부부 공동재산에는 주택, 예금, 주식, 대여금 등이 모두 포함되고, 채무(빚)가(이) 있는 경우 그 재산에서 공제된다. 우리 판례는 부부협력의 의미에 관해 맞벌이는 물론이고, 육아 및 가사노동도 포함되는 것으로 본다. 재산분할대상이 되는 재산의 범위와 구체적인 가액은 어느 시점을 기준으로 정하는지에 대해 우리 판례는 협의이혼인 경우 이혼신고일, 재판상 이혼인 경우 사실심 변론종결시를 기준으로 해서 재산분할의 대상이 되는 재산과 그 가액을 정하며(대법원 2006. 9. 14. 선고 2005다74900 판결), 재산분할의 방법이나 비율 또는 그 액수에 관해서는 당사자 쌍방의 협력으로 이룩한 재산의 액수 및 그 밖의 사정을 참작해서 산정하는 것으로 보고 있다(대법원 1998. 2. 13. 선고 97므1486, 1493 판결).

이혼의 경우 재산분할을 피하기 위해 미리 배우자 일방이 부동산을 헐값에 가장매매 하는 등의 부정행위가 발생할 개연성이 크다. 이런 경우에는 다른 배우자는 민법의 채권자취소권에 관한 조항을 준용해서 자신의 재산분할청구권 행사를 방해하는 사해행위(詐害行爲)를 취소하고 원상회복을 구하는 소송을 가정법원에 제기할 수 있다(민법 제

839조의3 제1항). 이러한 사해행위취소소송은 그 취소원인을 안 날로부터 1년, 사해행위가 있은 날로부터 5년 이내에 제기해야 한다(민법 제839조의3 제2항).

그렇다면 부부 일방의 특유재산도 재산분할의 대상이 되는가? 혼인 전부터 부부가 각자 소유하고 있던 재산이나 혼인 중에 부부 일방이 상속·증여·유증으로 취득한 재산 등은 부부 일방의 특유재산으로서 원칙적으로 재산분할의 대상이 될 수 없다. 다만, 다른 배우자가 그 특유재산의 유지·증가를 위해 기여했다면 그 증가분에 대해 재산분할에 포함시킬 수 있다(대법원 1994. 5. 13. 선고 93므1020 판결, 대법원 1998. 2. 13. 선고 97므1486, 1493 판결).

남편 A는 소방공무원으로 재직하던 중 업무상 재해를 입고 퇴직해 매월 퇴직금을 수령해 생활하고 있다. A의 처 B는 A가 재해 후유증으로 인해 거동이 불편함에도 A를 돌보지 않고 A가 퇴직하고 난 이후부터 음식점을 운영하는 등 외부활동을 하면서 생활하던 중 A와 B의 잦은 다툼과 불화로 B는 A를 상대로 이혼소송을 제기해 A의 퇴직금에 대해 재산분할을 청구하고 있다. B는 승소할 수 있는가?

부부 일방의 퇴직금이 재산분할 대상인지 여부도 문제된다. 이에 대해 과거 판례는 이혼 당시에 이미 수령한 퇴직금·연금 등은 재산분할의 대상이 될 수 있으나(대법원 1995. 5. 23. 선고 94므1713, 1720 판결), 장차 수령할 수 있는 퇴직금 등은 바로 재산분할 대상에 포함시킬 수는 없고 이를 참작해서 분할액수와 방법을 정하는 것이 타당한 것으로 보고 있었다(대법원 2002. 8. 28. 자 2002스36 결정). 하지만 최근 공무원 퇴직연금을 재산분할대상에 포함시켜야 한다는 내용의 최초의 대법원 판결이 나왔으며, 구체적으로 상대방 배우자가 전업주부인 경우에는 35%, 맞벌이 배우자인 경우의 사례에서는 50%의 분할비율을 인정하였다.

위 사례는 2011년 서울가정법원에서 다룬 사건으로, A와 B의 재판상 이혼사건에 대해 법원은 당사자의 혼인관계가 회복할 수 없을 정도로 악화된 점 등을 참작하여 B의 이혼 청구를 인용하고, 부인 B가 업무상 재해를 입고 도움이 필요한 공무원이었던 남편 A를 제대로 돌보지 아니한 채 주로 가정 외 활동에 관심을 기울인 점 등을 고려하여 혼인관계 파탄의 근본적이고 주된 책임은 부인 B에게 있으므로 B가 A에게 위자료를 지급하도록 판시하면서, A가 지급받는 공무원 연금 중 퇴직연금을 재산분할 대상에 포함된다고 판단한 사례로서(서울가정법원 2011. 8. 25. 선고 2010드합10979 판결), 위자료청구권과 재산분할청구권의 취지와 성격을 분명하게 구분한 사건이다. 또한 이 판례에서는 공무원연금 중 퇴직연금과 재해연금을 구분해 재산분할대상 여부를 다르게 보았는데, 공무원연금 중 퇴직연금은 사회보장수급권과 후불임금의 성격을 동시에 지니고 있는 점, 퇴직금을 일시금으로 수령한 경우에는 재산분할 대상이 될 수 있음에도 연금 형태로 수령하는 경우에는 재산분할 대상이 될 수 없다고 하는 것은 같은 성격의 재산이 수령자의 선택에 의하여 재산분할 대상에 포함되거나 포함되지 않게 되어 불합리한 점, 배우자의 내조를 바탕으로 공무원으로 근무할 수 있었고 퇴직연금까지 지급받을 수 있게 되었는데, 단순히 그 수액을 확정하기 어렵다는 이유만으로 퇴직연금을 재산분할 대상에서 제외한다면 형평에 반하는 점, 국민연금법에 따른 급여 중 노령연금에 관하여는 일정한 요건 하에 이혼한 배우자를 분할연금의 수급권자로 인정하여 혼인기간에 해당하는 연금액을 균등하게 나눈 금액을 지급받도록 규정하고 있는 것과의 균형 등을 종합하면 공무원연금 중 퇴직연금은 재산분할 대상으로 보았지만, 공무원연금 중 재해연금은 피고가 공무상 재해를 입어 재해연금을 지급받게 된 것에 관한 배우자의 기여도를 인정할 수 없다는 이유에서 재산분할 대상에서 제외하였다.

C는 고등학교 교사로 재직 중이며 처 D와는 혼인 후 두 자녀를 출산한 후 다른 여성 E와 20여년간 동거중이다. D와 두 자녀는 C 명의의 아파트에 거주하고 있으며, 최근까지 C가 매월 100만원 정도의 생활비를 보내오고 있다. D는 황혼이혼을 결심하고 C를 상대로 이혼소송을 제기하면서 C가 3년 뒤 퇴직하면서 수령할 퇴직금에 대해서 재산분할도 청구하였는데 C는 승소할 수 있는가?

과거에는 판례가 수령여부 및 수령액수가 미확정 상태인 퇴직급여는 재산분할대상이 아니라고 보았으며, 그로 인해 위 사례와 같은 경우 처가 이혼을 원하더라도 이혼 후 겪게 될 경제적 곤란으로 인해 이혼하지 못하는 경우가 많았다. 이런 문제점들을 감안해 최근 판례는 아직 퇴직전이라 하더라도 재판분할제도의 취지 및 여러 사정들에 비추어 보아, 비록 이혼 당시 부부 일방이 아직 재직 중이어서 실제 퇴직급여를 수령하지 않았더라도 이혼소송의 사실심 변론종결 시에 이미 잠재적으로 존재하여 경제적 가치의 현실적 평가가 가능한 재산인 퇴직급여 채권은 재산분할의 대상에 포함시킬 수 있으며, 구체적으로는 이혼소송의 사실심 변론종결 시를 기준으로 그 시점에서 퇴직할 경우 수령할 수 있을 것으로 예상되는 퇴직급여 상당액의 채권이 그 대상이 된다고 판단하고 있다(대법원 2014. 7. 16. 선고 2013므2250 전원합의체 판결).

혼인 중 부부 일방이 제3자에게 부담한 채무가 있는 경우에는 그 채무도 분할대상이 되는가? 우리 판례는 그러한 채무가 부부의 공동재산형성에 따른 채무인 경우로서, 예를 들어 같이 살 집을 마련하기 위해 대출받은 채무이거나 생활비와 같이 일상가사에 관한 채무라면 재산분할의 대상이 될 수 있다고 본다(대법원 2002. 8. 28. 자 2002스36 결정). 그리고, 혼인 중 부부 일방이 다른 일방의 도움으로 변호사, 의사, 회계사, 교수 등 장래 고액의 수입을 얻을 수 있는 전문 능력이나 자격을 취득한 경우에는 이 능력이나 자격으로 인한 장래 예상 수입 등이 재산분할의 액수와 방법을 정하는 데 참작될 수 있다(대법원 1998. 6. 12. 선고 98므213 판결).

그렇다면 혼인관계파탄의 책임이 있는 유책배우자도 이혼시 재산분할청구권을 행사할 수 있는가? 재산분할제도를 인정하는 취지가 이혼에 따른 배우자 일반의 경제적 어려움을 완화시키기 위함에 있음을 고려해 볼 때 유책배우자라도 혼인 중에 부부가 협력해서 이룩한 재산에 대해서는 재산분할을 청구할 수 있는 것으로 보아야 하며, 같은 취지에서 사실혼이 파기된 경우 사실혼 관계에 있던 배우자도 재산분할청구를 할 수 있는 것으로 본다.

그렇다면 재산분할청구권은 언제까지 행사해야 하는 권리인가? 부부가 이혼하는 경우 재산분할청구권은 이혼한 날부터 2년을 경과하면 소멸한다(민법 제839조의2 제3항). 재판상 이혼을 하는 경우에는 이혼소송을 제기함과 동시에 재산분할도 청구하는 것이 일반적이므로 재산분할청구권의 행사기간이 경과할 우려가 거의 없지만, 협의이혼을 하는 경우에는 재산분할에 대한 합의가 되지 않은 채 이혼하는 경우가 종종 있으므로 이런 경우에는 이혼한 날부터 2년 이내에 재산분할청구권을 행사하여야 하는데, 이때 이혼한 날이란 협의이혼의 경우는 이혼신고를 한 날, 재판상 이혼과 혼인취소의 경우는 이혼판결이나 혼인취소판결이 확정된 날을 말한다.

(6) 이혼의 무효와 취소

이혼신고는 되었지만 부부가 이혼의사가 없거나 불일치하는 경우에는 이혼무효소송을 통해 이혼을 무효로 할 수 있는데, 재판상 이혼은 재판절차를 거쳐 확정판결에 의해 이혼이 된 것이므로 법원의 판결을 무효로 할 수는 없으므로 이혼무효소송은 협의이혼의 경우에만 인정된다. 이혼이 무효가 될 수 있는 예로는, 진정한 이혼의사가 없는 경우로서 부부 일방 또는 쌍방이 모르는 사이에 누군가 이혼신고를 한 경우(민법 제834조), 부부 일방이 모르는 사이에 외국에서 이혼소송이 진행되어 외국 법원에서 이혼판결이 난 경우(서울가정법원 1993. 12. 9. 선고 92드68848 판결), 이혼신고가 수리되기 전에 부부 일방이나 쌍방이 이혼의사를 철회했음에도 불구하고 이혼신고가 수리되어 버린 경우(대법원 1994. 2. 8. 선고 93도2869 판결) 등을 들 수 있다. 그리고, 이혼합의는 부부의 자유로운 의사에 근거해서 이루어져야 하므로, 사기 또는 강박(强迫)으로 인해 이혼의 의사표시를 한 경우는 이혼의 의사표시를 취소할 수 있는데(민법 제838조), 사기 또는 강박에 의한 이혼의 경우 사기를 안 날 또는 강박으로부터 벗어 날부터 3개월 이내에 이혼취소 소송을 통해 이혼을 취소할 수 있다. 하지만 재판상 이혼의 경우에는 부부 일방의 소송 제기에 의해 이루어지므로 이혼이 취소될 여지가 없다. 이혼취소판결의 효력은 소급효가 인정되므로 취소된 이혼이 처음부터 없었던 것과 같아지므로 취소판결 전에 다른 일방이 재혼을 했다면 그 재혼은 중혼(重婚)이 된다.

제3절 상속

Ⅰ. 상속제도 개요

상속(相續)이란 사람이 사망한 경우 그가 살아있을 때의 재산상의 지위가 법률의 규정에 따라 상속권이 인정되는 사람에게 포괄적으로 승계되는 것을 말한다. 실종선고를 받은 경우에도 사망한 것으로 취급하므로 상속이 개시되는 원인으로 본다. 오늘날 대부분의 국가에서 자칫 부의 세습으로 여겨질 수 있는 상속제도가 인정되고 있는 것은 부의 세습이라는 측면보다는 유족들의 경제적 안정을 더 우선적으로 고려하고 있기 때문이며, 대신 고율의 상속세를 적용함으로써 부의 세습의 제한과 유족의 경제적 안정 도모라는 두 가치를 적절히 조율하고 있다.

상속에 있어 사망 또는 실종선고로 인하여 상속재산을 물려주는 사람을 피상속인(被相續人)이라 하며, 피상속인의 사망 또는 실종선고로 인해 상속재산을 물려받는 사람을 상속인(相續人)이라 한다. 이러한 상속은 피상속인의 사망으로 개시되는데 사망시점, 즉 상속이 개시되는 시점에 관해서는 법률에 명문규정이 없어 법학계와 의료계 간의 의견 대립이 있다. 법학계에서는 사람의 심장박동이 정지되어 호흡이 최종적으로 정지한 시점을 사망시기로 인정하는 반면, 장기이식 등의 필요성을 강조하여 의학계에서는 심장정지 시기보다 조금 앞선 시점인 뇌기능이 정지한 때를 사망시기로 보아야 한다고 주장하고 있다. 뇌기능은 정지하였다 하더라도 아직 심장이 박동하고 있는 상황에서 사망으로 취급해 장기이식 등을 하게 되는 경우 유족이나 일반 국민정서를 고려해 볼 때 아직까지는 법학계의 심장박동 정지설이 사망시점으로 타당하다고 본다. 이하에서는 우리법상 상속제도의 중요한 내용들을 설명한다.

1. 상속의 개시

상속은 사람(피상속인)의 사망으로 개시된다(민법 제997조). 사람의 사망 시점은 생명이 절대적·영구적으로 정지된 시점을 의미하는데 앞서 살펴 본 바와 같이 호흡, 맥박과 혈액순환이 완전히 멈추는 시점을 사망시점으로 보는 것이 법학계의 일반론이다. 이와 별개로 실종선고를 받은 사람도 사망한 것으로 보아 상속이 개시되는데, 실종선고(失踪宣告)란 부재자(不在者)의 생사(生死)가 5년간 분명하지 않은 경우 이해관계인이나 검사의 청구에 의하여 가정법원이 행하는 심판으로 실종선고를 받은 자는 사망한 것으로 간주한다. 특히, 전지(戰地)에 임(臨)한 사람, 침몰한 선박 중에 있던 사람, 추락한 항공기 중에 있던 사람 그 밖에 사망의 원인이 될 위난을 당한 사람의 경우에는 보통실종에 비해 사망의 가능성이 훨씬 높기 때문에 5년이 아니라 전쟁이 끝난 후 또는 선박의 침몰, 항공기의 추락 그 밖에 위난이 종료한 후 1년간 분명하지 않은 때에 이해관계인이나 검사는 법원에 실종선고를 청구할 수 있다(민법 제27조 제2항).

상속과 구분해야 될 개념으로 유언과 유증이 있다. 유언(遺言)은 사람이 그가 죽은 뒤의 법률관계를 정하려는 생전의 최종적 의사표시로서, 반드시 유언자 본인의 독립한 의사에 따라 행해져야 하는 행위로 유언자가 사망하면 그 효력이 생긴다. 유언자는 자신의 의사에 따라 자유롭게 유언할 수 있고, 생전에 이를 자유롭게 변경하거나 철회할 수도 있다. 한편, 유증(遺贈)이란 유언을 통해 무상으로 재산상의 이익을 타인에게 주는 것을 말하는데, 자연인 또는 법인에게 유증할 수 있으며, 상속인에게도 별도로 유증을 할 수 있다. 여러 명의 상속인 가운데 특정 상속인에 대해서만 생전증여나 유증을 하는 경우에는 자칫 다른 공동 상속인들의 법정 상속분을 침해할 우려가 있으며, 그로 인해 상속인들 간의 갈등이 심화되고 분쟁이 발생하기도 하는데, 우리 상속법제에서는 유언자나 피상속인의 자기재산 처분의 자유도 존중함과 동시에 가족간 갈등을 완화하기 위한 상속제도의 취지도 고려해 유류분제도 및 상속회복청구제도 등을 도입해 운영하고 있는데, 이에 관해서는 뒤에서 상세히 설명하기로 한다.

2. 상속과 유증

A는 처 B와 미성년 자녀인 C, D를 두고 있었는데, 지병으로 인해 사망하였다. A의 사망 당시 남겨진 재산은 주택과 예금채권 등 20억 원 정도였으나, A는 사망하기 몇 개월 전에 자신이 사망할 경우 자신의 모든 재산을 H 유아원에 기증한다는 내용의 유언장을 작성하였다. A의 상속인들은 상속을 받을 수 있겠는가?

피상속인이 사망하면 상속인에게 상속이 개시되어 피상속인의 상속재산이 상속인에게 포괄적으로 승계되는 것이 원칙이지만, 피상속인이 미리 유언을 통해 자신의 재산을 상속인이나 제3자에게 유증한 경우에는 유증의 효력이 발생하게 되는데, 이처럼 유증과 상속이 동시에 진행되는 경우에는 우선 피상속인인 유언자의 자기재산 처분의 의사를 존중해서 유증을 먼저 실행하고 이후 남은 재산으로 상속을 진행하게 된다. 이처럼 유증이 있으면 유증을 받는 사람은 유언의 효력을 주장하면서 상속인에게 유증의 이행을 요구할 수 있는데, 만약 위 사례와 같이 피상속인이 자신의 모든 재산을 상속인이 아닌 제3자에게 유증한 경우라면 상속인을 전혀 재산을 상속받지 못하게 될 가능성이 있다. 따라서 유증의 이행으로 인해 결과적으로 원래 상속인이었던 사람은 가까운 친족관계임에도 불구하고 전혀 상속을 받지 못하게 되는데 이러한 결과는 우리 상속제도의 취지에 반하는 것이다. 이런 문제점을 해결하기 위해 우리 민법은 유류분 제도를 마련하고, 상속재산의 일정부분을 유류분으로 하여 유증에 의해 상속인의 유류분이 침해된 경우에는 유증의 효력을 일정범위 내로 제한하고 있다.

따라서 만약 유증을 이행하고 난 이후에 남은 상속재산이 상속인의 유류분에 부족한 경우에는 상속인은 유류분반환청구를 할 수 있다(민법 제1112조-제1118조). 여기서 유류분이라 함은 상속에서 일정 범위의 상속인이 피상속인의 유언에도 불구하고 법률상 보장되는 상속재산의 일정비율을 말하는데 상세한 내용은 뒤에서 설명한다.

상속과 관련된 법률은 우선 상속인, 상속순위, 상속의 효과 등에 관해 규율하는 민법과 상속의 절차적인 내용을 규율하는 민사소송법 및 가사소송법이 있다. 그 외에도 부동산등기법에서는 상속재산이 부동산인 경우 관련 등기절차를 규율하고 있으며, 상속세 관련 사항은 상속세, 증여세법에서 상세한 내용을 두고 있다.

Ⅱ. 상속인

상속제도는 피상속인의 재산상 지위를 피상속인과 가까운 친족관계에 있는 사람 순서에 따라 승계하도록 함으로써 피상속인이 사망한 후에도 유족들의 경제적 안정을 도모한다는 취지에서 마련되었다. 따라서, 국가별로 상속인의 범위와 상속순위가 조금씩 다르게 규율되고 있는데, 우리 민법에서는 상속이 개시되어 피상속인의 재산상의 지위를 법률에 따라 승계하는 상속인의 순위를 피상속인의 직계비속과 배우자를 1순위, 피상속인의 직계존속과 배우자를 2순위로 정하고 있고, 3순위는 피상속인의 형제자매, 그리고 마지막 상속인인 4순위로 피상속인의 4촌 이내의 방계혈족으로 정하고 있다. 이때 동일한 순위에 해당하는 사람이 여러 명 있는 경우에는 피상속인과 가까운 촌수의 사람이 우선해서 상속은 받게 되는데, 예를 들어 직계비속으로 자녀와 손자가 있는 경우에는 손자보다 가까운 촌수에 해당하는 직계비속인 자녀가 상속인이 되며, 손자는 상속권이 없다.

상속인 자격에 있어 몇 가지 중요한 점을 살펴보면, 우선 상속인은 자연인이어야 하므로, 회사와 같은 법인은 상속을 받을 수 없고 다만 유증은 받을 수 있다. 또한 상속권이 인정되기 위해서는 원칙적으로 권리능력이 있어야 하므로 상속인은 상속개시 시점, 즉 피상속인이 사망한 시점에 생존해 있어야 하지만 예외적으로 태아는 상속순위와 관련해서 이미 출생한 것으로 취급하고 있다(민법 제1000조 제3항). 따라서, 태아가 상속개시 시점에는 출생하지 않았더라도 이후 출생하면 상속개시 당시에 상속인이었던 것으로 취급한다.

현행 민법상 상속인 자격이 인정되는 자로는, 태아(胎兒), 이성동복(異姓同腹)의 형제, 이혼 소송 중인 배우자, 인지(認知)된 혼외자(婚外子), 양자(養子), 친양자(親養子), 양부모(養父母), 친양부모(親養父母), 양자를 보낸 친생부모(親生父母), 북한에 있는 상속인 그리고 외국국적을 가지고 있는 상속인이 있으나, 반대로 적모서자(嫡母庶子), 사실혼(事實婚)의 배우자, 상속결격 사유가 있는 사람, 유효하지 않은 양자, 친양자를 보낸 친생부모 및 이혼한 배우자는 상속인이 될 수 없다.

Ⅲ. 상속순위

A 사망시 아버지 K, 법률상 배우자인 처 B와 그 자녀 C 및 C의 자 D가 있었는데, 과다한 채무로 인해 가족들은 상속을 포기하기로 합의하고 B와 C는 상속포기 신고를 한 경우 A의 상속인은 누가 되는가?

사람이 사망한 경우에 유언으로써 재산의 처분에 관한 지정을 한 경우라면 큰 문제가 없지만, 아무런 의사표시 없이 사망한 경우라면 상속재산의 분배와 관련한 문제가 발생할 수 있다. 이러한 상속과 관련한 분쟁에서 가장 중요한 것으로는 여러 명의 친족들 가운데 누가 상속인이 되는가라는 것과 그 상속인이 여러 명인 경우 구체적인 상속분배 비율은 어떻게 정하는가 하는 점이다. 특히, 상속인이 한 명인 경우라면 큰 문제가 없지만 2인 이상인 경우에는 상속순위를 놓고 이해관계자들 간에 분쟁이 발생할 소지가 많아 우리 민법은 상속순위에 관해 특별규정을 마련해 놓고 있다.

상속 순위에 관한 민법 제1000조 제1항 규정에 따르면, 피상속인 사망시 생존하고 있는 친족 가운데 제1순위 상속인에 해당하는 자는 법률혼 배우자와 그 직계비속이 된다. 직계비속은 자녀뿐 아니라 손자녀까지 포함하는 개념이므로 만약 자녀가 아무도 없는 경우에는 손자녀가 1순위 상속인이 되는 것이다. 그런데 1순위 상속권자에 해당하는 직계비속이 없는 경우에는 제2순위 상속권자로서 피상속인의 직계존속이 피상속인의 배우자와 공동으로 상속하게 된다. 여기의 직계존속에는 조부모와 증조모부 등도 포함한다. 그런데 제2순위 상속권자인 직계존속도 아무도 없는 경우에는 법률혼 배우자가 단독으로 상속을 받게 된다. 하지만 배우자조차 없다면 다음 제3순위 상속권자로 피상속인의 형제자매가 상속인이 되고, 형제자매조차 아무도 없다면 마지막으로 피상속인의 4촌 이내의 방계혈족이 제4순위로 상속받게 된다. 이러한 상속순위를 표로 정리하면 다음과 같다.

순위	상속인	예
1	피상속인의 직계비속+배우자	자녀, 손자녀, 증손자녀 등
2	피상속인의 직계존속+배우자	부, 모, 조부모, 증조부모 등
1순위와 2순위 상속인이 없는 경우에는 법률혼 배우자가 단독으로 상속		
3	피상속인의 형제자매	형, 누나, 동생 등
4	피상속인의 4촌 이내의 방계혈족	삼촌, 외삼촌, 고모, 이모, 사촌형·동생 등

사례의 경우 피상속인이 사망한 경우 1순위 상속권자인 직계비속 C와 배우자 B가 상속을 포기함에 따라 상속포기의 효과로서 이들은 처음부터 상속인이 아니었던 것으로 취급되므로, 다른 직계비속인 손자 D가 상속인이 된다(대법원 2015. 5. 14. 선고 2013다 48852 판결).

상속은 피상속인 사망 당시 그의 국적이 속한 국가의 상속법이 적용됨에 따라(국제사법 제49조), 외국인인 피상속인이 사망한 경우 그의 상속인의 국적이 한국이라 할지라도 외국인의 국적에 따른 상속법이 적용된다.

상속순위와 관련해서 배우자인 상속인의 지위가 문제되는데, 법률혼 배우자는 피상속인의 직계비속이 있는 경우에는 직계비속과, 직계비속이 없고 직계존속이 있는 경우에는 직계존속과 공동으로 상속한다. 피상속인의 직계비속이나 직계존속이 없는 경우에는 피상속인의 형제자매나 4촌 이내의 방계혈족이 있다 하더라도 상속결격사유가 없는 한 배우자가 모든 재산상 권리의무를 단독으로 상속한다(민법 제1003조 제1항). 피대습상속인의 배우자도 그 피대습상속인이 상속개시 전에 이미 사망하였거나 또는 결격사유가 있는 경우에는, 피대습상속인의 직계비속이 있는 경우에는 직계비속과, 직계비속이 없고 직계존속이 있는 경우에는 직계존속과 공동상속인이 되고, 그 상속인이 없는 때에는 단독상속을 하게 된다(민법 제1003조 제2항).

피상속인 A에게는 친형 C와 C의 자녀 D가 있고, A의 배우자와 아들은 A가 사망하기 전에 먼저 사망하였는데 그 아들에게는 딸 B가 있는 경우, A의 재산에 대한 상속인은 누구인가?

이 사례의 경우 A의 직계비속이 먼저 사망하였으므로 대습상속에 의해 A의 손녀 B가 1순위로 상속하게 되며, A의 형제자매인 C는 상속권이 인정되지 않는다.

상속권이 인정되는 배우자는 피상속인 사망 당시 피상속인과 법률상 혼인관계에 있었던 사람이어야 하므로, 사실혼 관계의 배우자는 상속인이 될 수 없다. 다만, 특별한 연고가 있는 경우 상속인이 없을 때에 한하여 상속재산을 분여(分與)받을 수 있는데(민법 제1057조의2), 상세한 내용은 뒤에서 설명한다.

Ⅳ. 대습상속(代襲相續)

A는 딸 B, C와 아들 D, E가 있으며 이들은 모두 혼인한 상태이다. 그리고 B는 K와 혼인하여 아들 Y를 낳았다. 그런데, A가 사망하기 3년 전에 B가 암으로 먼저 사망한 경우 A의 재산에 대한 상속인은 누구인가?

대기업 회장인 A에게는 자녀로 외동딸 C만 있었는데 최근 C는 대학병원 의사인 D와 혼인하였다. 연말을 맞아 A는 그의 처 B 및 딸 C와 함께 괌으로 가족여행을 가던 중 기상악화로 인해 여객기가 추락하였고, 동 여객기에 탑승한 모든 승객들은 사망하였다. A에게는 형제자매로 K, Y가 있는데 이 경우 A의 상속인은 누구인가?

상속은 피상속인이 사망한 당시 생존해 있는 상속인들에게만 인정되는 것이 원칙이다. 하지만, 이러한 원칙에 따를 경우 상속인 가족들간에 부당한 결과가 초래되어 가

족간의 분쟁이 발생하게 될 소지가 많다. 이런 경우를 가정해 보자. 피상속인에게는 직계비속인 자녀가 3명이 있었고, 그 자녀들이 모두 결혼을 해서 손자손녀들이 여러 명 있을 경우, 자녀들 중 1명이 피상속인 사망 3일 전에 먼저 사망했다면 사망한 직계비속의 가족들은 피상속인의 재산을 전혀 상속받을 수 없는 결과가 된다. 반대로, 자녀의 사망 시점이 피상속인 사망 이후라면 그 가족들은 결과적으로 피상속인의 재산을 상속받을 수 있게 된다. 이러한 차이는 민법상 상속권이 피상속인 사망 시 생존하고 있는 직계비속에게만 인정되기 때문에 따른 것으로 이러한 결론은 상속제도가 유족들의 경제생활의 안정을 도모하고자 하는 점에 있음을 고려하면 일정한 예외를 인정할 필요성이 있음을 알 수 있다. 이러한 취지에서 마련된 제도가 대습상속제도이다. 대습상속이란, 피상속인 사망 당시, 상속인이 되어야 하는 직계비속이나 형제자매가 상속개시 당시에 이미 사망했거나 상속결격자가 된 경우에, 그의 직계비속이나 배우자가 그러한 자를 대신하여 상속하는 것이다. 대습상속에서 대습상속인이란, 상속인이 될 직계비속 또는 형제자매(피대습인)가 상속개시 전에 사망하거나 결격자가 된 경우에 사망하거나 결격된 사람의 순위에 갈음하여 상속인이 되는 피대습인의 직계비속 또는 배우자를 말한다(민법 제1001조 및 제1003조 제2항).

대습상속인이 되려면, 사망하지 않았거나 상속결격이 없었더라면 상속인이 될 직계비속 또는 형제자매가 상속개시 전에 사망하거나 결격자가 되어야 하며, 사망하지 않았거나 상속결격이 없었더라면 상속인이 될 사람의 직계비속 또는 배우자이어야 한다. 이때 대습상속인의 상속분은 피대습상속인의 상속분과 동일하다.

위 첫 번째 사례와 같이 B는 A의 자녀로서 1순위 상속권자에 해당하지만 피상속인보다 먼저 사망하였기 때문에 대습상속이 이루어지게 되어 B가 상속받을 수 있었던 상속분을 그의 배우자 K와 직계비속 Y가 B에 갈음하여 대습상속을 받게 된다. 그 결과 A의 상속인은 직계비속인 C, D, E 및 K, Y가 된다.

우리 민법에서는 동일한 위난으로 여러 명이 사망한 경우에는 동시에 사망한 것으로 추정하고 있는데, 위 두 번째 사례와 같이 대습상속 인정 여부가 문제된 사안에서 대법원은 비행기 추락사고로 상속인이 될 직계비속인 외동딸이 피상속인(부와 모)과 동시에 사망한 경우에도 "상속개시 전의 사망에 포함되는 것으로 해석함이 타당"하다고 해석해 피상속인의 사위 D가 피상속인의 형제자매보다 우선하여 단독으로 대습상속 할 수 있다는 취지로 판단한 바 있다(대법원 2001. 3. 9. 선고 99다13157 판결).

Ⅴ. 상속분

상속인이 공동으로 상속재산을 승계하는 경우에 각 상속인은 자신의 상속분만큼의 상속재산을 승계한다. 상속분(相續分)이란 2명 이상의 상속인이 공동으로 상속재산을 승계하는 경우에 각 상속인이 승계할 몫을 말한다.

1. 지정상속분

피상속인이 유언을 통해 사실상 법정 상속분과 다른 상속분을 지정하는 것을 의미하며 유언상속분이라고도 한다. 피상속인의 유언에 의하여 포괄적 유증을 할 수 있는데(제1074조), 포괄적 유증을 받은 자는 재산상속인과 동일한 권리·의무가 있다. 포괄적 유증은 상속인이 아닌 제3자(법인 포함)에 대해서도 할 수 있으며 상속인 가운데 일부나 전부에 대해서도 할 수 있다.

2. 법정상속분

피상속인의 유언에 의한 상속분의 지정이 없는 경우에는 민법 제1009조에 따라 상속분이 결정되는데, 이를 법정상속분이라 한다. 법정상속분의 결정은 동일한 순위의 상속인이 여러 명인 경우에는 그 상속분을 균등하게 나누고(민법 제1009조), 피상속인의 배우자의 상속분은 직계비속 또는 직계존속과 공동으로 상속할 때에는 그 직계비속이나 직계존속의 상속분에 50%(5할)를 더 가산하게 된다(민법 제1009조 제2항). 예를 들어 피상속인 A에게 배우자 B, 직계비속 자녀 C, D가 있다고 가정하는 경우 상속재산 7억 원을 가정해 보면, 배우자 B는 다른 공동상속인인 직계비속보다 50%를 더 가산하게 되므로 B, C, D의 상속분 비율은 1.5:1:1이 된다. 따라서, 배우자 B는 전체 상속재산금액 7억 원의 3.5분의 1.5에 해당하는 금액을 상속받게 되어 7억 원 × 3/7에 해당하는 3억 원을 상속받고, 나머지 C와 D는 7억 원의 7분의 2에 해당하는 금액인 2억 원을 각각 상속받게 된다.

3. 대습상속인의 상속분

X는 배우자 Y와의 사이에 자녀 A를 두고 있는데, X에게는 아버지 K 및 어머니 L, 그리고 여동생 W가 있다. X는 일 년 전에 지병으로 사망하였고, 최근 K도 지병으로 사망하였다. K의 상속인은 누구이며 각 상속인의 상속재산은 얼마인가?

사망 또는 상속결격자가 된 사람에 갈음하여 상속인이 된 대습상속인(민법 제1001조)의 상속분은 사망 또는 결격된 사람의 상속분에 의한다(민법 제1010조 제1항). 사망 또는 결격된 사람의 직계비속이 여러 명인 때에는 그 상속분은 사망 또는 결격된 사람의 상속분의 한도에서 같은 순위의 상속인이 여러 명인 때에는 그 상속분은 동일한 것으로 하고, 배우자의 상속분은 직계비속과 공동으로 대습상속하는 때에는 직계비속의 상속분에 5할을 가산한다(민법 제1010조 제2항 전단 및 민법 제1009조). 한편, 대습상속인인 직계비속이 없는 경우에는 배우자가 단독으로 대습상속인이 되며, 피대습인의 상속분을 대습상속하게 된다(민법 제1010조 제1항·제2항 후단 및 제1003조).

사례의 경우 K 사망시 만약 X가 생존해 있었다면 K의 재산은 배우자 L과 직계비속인 X, W가 각각 1.5:1:1의 비율로 상속받을 수 있지만, 상속인이 될 직계비속(X)이 상속개시 전에 사망한 경우에는 그의 직계비속(A)과 배우자(Y)는 대습상속인이 된다(민법 제1001조). 따라서 X는 상속인이 될 직계비속이고, K의 사망 전에 먼저 사망하였으므로 그의 직계비속인 A와 X의 배우자인 Y가 대습상속인이 되어 상속을 받을 수 있다.

대습상속인의 상속분은 사망 또는 결격된 사람의 상속분에 따르므로(민법 제1010조 제1항) 대습상속인인 Y와 A는 피대습상속인 X가 상속받을 수 있었던 상속액에 대해 1.5:1의 비율로 대습상속을 하게 된다.

4. 공동상속인의 상속분

A는 가족으로 배우자 B와 자녀 X, Y 그리고 어머니 C가 있다. A가 사망한 경우 누가 상속인이 되며, 각각의 상속인의 상속분은 어떻게 되나?

공동상속이란 상속인이 수인인 경우 피상속인의 상속재산이 이들에게 함께 상속되는 것을 말하며, 이 경우 공동상속을 받는 같은 순위의 여러 명의 상속인을 공동상속인이라 한다. 상속인이 여러 명인 때에는 상속재산은 그 공유(共有)로 하며(민법 제1006조), 공동상속인은 각자의 상속분에 따라서 피상속인의 권리의무를 승계한다(민법 제1007조).

공동상속인은 자신의 상속 지분을 처분할 수 있고 상속재산 전부를 지분의 비율로 사용, 수익할 수 있지만, 다른 공유자의 동의 없이는 상속재산을 처분하거나 변경하지는 못한다. 그리고 공동상속 재산의 관리에 관한 사항은 공동상속인의 지분의 과반수로써 결정한다. 하지만 상속재산의 현상을 유지하기 위한 보존행위는 다른 공동상속인의 동의 없이도 각자가 할 수 있다. 더불어, 공동상속인은 그 지분의 비율로 공동상속 재산의 관리비용 그 밖의 의무를 부담한다.

같은 순위의 상속인이 여러 명인 때에는 그 상속분은 균등하게 동일한 것으로 한다(민법 제1009조 제1항). 사례의 경우 상속인은 피상속인 A의 1순위 상속인은 직계비속 X, Y와 배우자 B가 되며, 직계존속인 C는 상속권이 없다. 또한 직계비속과 피상속인의 배우자는 공동상속인이 되고, 상속분 계산에 있어서는 배우자가 다른 공동상속인보다 50%를 가산해서 상속받게 되므로 B:X:Y는 1.5:1:1의 비율로 상속받게 된다.

5. 특별수익자의 상속분

피상속인 A는 사망 당시 3억 원의 재산을 남겼는데, 생전에 이미 장남 C에게 주택구입자금으로 3억 원, 차남 D에게는 유학자금으로 2억 원, 그리고 막내 딸 E에게도 자동차 구입자금으로 1억 원을 증여하였다. A에게 배우자 B가 있는 경우 각 상속인들의 상속금액은 얼마인가?

특별수익자란 공동상속인 가운데에서 피상속인으로부터 미리 재산의 증여를 받았거나 또는 유증을 받은 자를 말한다. 이처럼 공동상속인 중에 피상속인으로부터 재산의 증여 또는 유증을 받은 경우에는 그 증여 또는 유증 받은 재산이 상속인의 상속분에 달하지 못한 경우에만 그 부족한 부분의 한도에서 상속분을 가지게 된다(민법 제1008조). 그리고 특별수익자가 재산의 증여 또는 유증을 통해 받은 재산을 특별수익이라 하는데, 예를 들어 상속인에게 생전에 증여한 사업자금, 혼인자금, 주택구입비, 고액의 유학자금 또는 유언으로 증여한 재산이나 생명보험금 등 기타 보험금 등이 이에 해당한다. 실제로 어떠한 생전 증여가 특별수익에 해당하는지는 피상속인의 생전의 자산, 수입, 생활수준, 가정상황 등을 참작하고 공동상속인들 사이의 형평을 고려하여 해당 생전 증여가 장차 상속인으로 될 사람에게 돌아갈 상속재산 중의 그의 몫의 일부를 미리 주는 것이라고 볼 수 있는지에 의하여 결정해야 한다.

피상속인의 사망으로 인해 상속인이 취득한 생명보험금이 상속재산에 해당하는지 여부와 만약 상속재산이 아니라면 이를 상속인에 대한 증여재산으로 보아 특별수익에 해당하는지 여부에 대해서는 보험계약상 보험수익자로 지정된 자가 피상속인인지 아니면 상속인인지에 따라 다르게 보아야 한다.

피상속인이 생명보험계약을 체결하면서 상속인을 보험수익자로 지정한 경우이거나 또는 보험수익자를 지정하지 않은 상태에서 사망한 경우에는 상법 제733조에 의해 피보험자의 상속인이 보험수익자가 되기 때문에 보험금지급청구권은 피상속인에게 귀속됨이 없이 바로 상속인에게 귀속되므로 이는 상속인의 고유한 권리로 보는 것이 우리 판례의 입장이다(대법원 2002. 2. 8. 선고 2000다64502 판결, 대법원 2004. 7. 9. 선고 2003다29463 판결).

따라서 피상속인이 자신을 보험계약상 보험수익자로 지정하지 않은 경우 상속인에게 귀속되는 보험금청구권은 상속재산이 아닌 상속인 고유재산으로 보아야 한다.
다만, 이때 상속인이 보험금청구권을 가지거나 또는 보험금을 수령한 경우에는 비록 상속인 고유의 권리에 의해 취득한 것이라 하더라도 상속제도에서는 공동상속인 사이의 형평을 도모하기 위한 취지에서 마련된 특별수익제도에 의해 이를 특별수익으로 보는 것이 판례의 입장으로 "보험금수익자가 상속인 또는 상속인 중 특정인으로 지정되어 있는 경우 그 보험금은 각 해당 상속인들의 고유재산이며 상속재산이 아니지만, 피상속인이 보험료를 부담하였다면 이는 곧 피상속인이 출연한 보험료 상당액을 각 상속인들이 특별수익한 것으로 봄이 상당하다"라고 판시하였다(서울가정법원 2010. 7. 13. 자 2009느합289 심판).
다만, 상속인에게 귀속되는 생명보험금을 판례에 따라 특별수익으로 보는 경우에도 실제 피상속인이 납부한 보험료를 특별수익으로 할 것인지 아니면 상속인이 취득한 보험금 총액을 특별수익으로 할지, 또는 납입된 보험료 총액 중 피상속인이 부담한 보험료가 차지하는 비율을 산정하여 이를 보험금 총액에 곱한 금액을 특별수익액으로 볼지 아니면 보험계약자가 사망 시에 만약 보험계약을 해지하였다면 환급받을 수 있었던 '해약반환금액'을 특별수익액으로 볼 지에 대해서는 견해의 대립이 있는 실정이다. 구체적인 특별수익액 산정에 대해 우리 판례는 위 첫 번째 견해인 "피상속인이 보험료를 부담하였다면 … 피상속인이 출연한 보험료 상당액을 각 해당자들이 특별수익한 것으로" 보아야 한다고 판단한 바 있다(서울가정법원 2010. 7. 13. 자 2009느합289 심판).

상속인 가운데 특별수익자가 있는 경우 특별수익자의 상속분 산정은 특별수익 한 재산이 자기의 법정 상속분에 미치지 못한 때에는 그 부족한 부분의 한도에서만 상속분이 인정되는데, 구체적으로 다음과 같은 산식에 따라 계산된 상속가액이 각 상속인의 실제 상속금액이 된다.

[(상속재산의 가액) + 각 상속인에게 지급된 특별수익 총액) × 각 상속인의 상속분율] − 특별수익을 받은 경우 그 특별수익액

여기서 피상속인이 상속개시 당시에 가지고 있던 재산의 가액은 상속재산 가운데 적극재산의 전액을 의미하며, 구체적 상속분을 산정할 때에는 상속개시시를 기준으로 상속재산과 특별수익재산을 평가하여 이를 기초로 해야 한다. 만약 특별수익자가 증여 또는 유증 받은 재산의 가액이 자신의 법정 상속분에 미달하게 될 때에는 다른 상속인에게 그 부족한 부분만큼의 상속분만을 청구할 수 있다(민법 제1008조).

사례와 같이 피상속인 사망 당시 남은 재산은 비록 3억 원이지만 사실상 생전에 상속재산에 해당하는 A의 재산을 상속인 중 자녀 세 명에게 증여를 한 것이므로 증여재산

은 특별수익에 해당한다. 따라서 구체적인 상속재산을 산정함에 있어서는 위 산식에 따라 다음과 같이 된다.

상속인	상속재산의 가액	상속인에게 지급된 특별 수익 총액	상속인의 상속분율	특별 수익액	계산식	실제 상속 금액
B	3억 원	6억 원	1/3	0 원	[(3+6)×1/3]−0	2.25억 원
C			2/9	3억 원	[(3+6)×2/9]−3	0 원
D			2/9	2억 원	[(3+6)×2/9]−2	0 원
E			2/9	1억 원	[(3+6)×2/9]−1	0.75억 원

여기서 한 가지 주의해야 할 부분은 특별수익의 가액이 상속분을 초과하는 경우에 특별수익자는 초과분을 공동상속인에게 반환해야 할 의무가 있는가 하는 점이다. 다시 말해, 위의 예에서처럼 상속인 C의 법정 상속분에 따른 상속액은 2억 원이지만 생전증여로 3억 원을 받았으므로 자신의 상속분을 초과한 경우처럼 자신의 법정상속액인 2억 원보다 1억 원을 더 받은 것이 되므로 C는 초과금액을 법정 상속분에 미치지 못하는 상속액을 받은 B와 E에게 반환할 의무가 있는가 하는 것이다. 특별수익제도의 인정취지에 비추어 볼 때 공동상속인들간의 형평성을 유지하기 위해서는 당연히 초과부분에 대해서는 반환이 인정되어야 할 것이지만, 우리 판례는 소극적으로 판단하고 있다. 즉 판례에 따르면 공동상속인 중 특별수익자가 받은 특별수익이 자기의 상속분을 초과하더라도 그 초과분에 대한 반환의무를 인정하고 있는 명문의 규정이 없을 뿐만 아니라 다수의 특별수익자가 있는 경우에는 유류분제도에 의해 다른 공동상속인들이 상속으로부터 배제되는 것을 보호하고 있으므로 특별수익자는 그 초과분을 반환해야 할 의무가 없다고 본다. 이러한 판례에 따르면 위 사례에서 실제 상속인 중 B와 E는 자신의 법정 상속액인 3억 원과 2억 원 가운데 부족한 금액인 4억 원(B는 3억 원, E는 1억 원)을 상속재산 가액인 3억 원을 기준으로 3:1 비율에 따라 상속이 이루어지게 된다. 생각건대, 법원의 입장은 유류분을 침해하지 않는 한 피상속인의 재산처분의 자유를 존중하려는 의도로 파악되지만, 특별수익자제도와 유류분제도는 인정취지와 근거가 엄연히 다르기 때문에 판례의 태도는 재고의 여지가 많다고 판단된다.

6. 기여자의 상속분

피상속인 X는 전처 A와의 사이에 자녀 B를 두고 있는데, 사망 당시에는 재혼한 Y와의 사이에 자녀 C를 두고 있었다. X와 Y는 20년간 혼인생활을 유지해 오던 중 지병이 악화되어 3년간 Y의 간호를 받던 중 사망하였는데, Y는 B를 상대로 기여분에 따른 상속재산분할을 청구하였는데, Y의 주장은 타당한가?

도시화로 인해 예전과 달리 형제자매들이 부모와 떨어져 생활하는 경우가 일반화되었고, 그로 인해 자녀들 중 한 명이 부모를 장기간 모시고 살면서 부모를 부양하고 다른 자녀들은 부양에 대한 부담 없이 독자적인 생활을 영위하는 경우가 많다. 심지어는, 부모가 돌아가시기 전까지 장기간 연락조차 하지 않던 자녀들이 부모의 재산을 상속받기 위해 사망 이후에 동등한 상속권을 주장하는 경우도 주변에서 많이 볼 수 있다. 하지만 이런 경우에도 공동상속인인 직계비속이 동일한 상속분에 따라 재산을 상속받게 된다면 부모를 부양하면서 생활했던 자녀에게는 부당한 결과가 될 것이다. 이러한 결과를 방지하기 위해 우리 민법은 공동상속인 중에 상당한 기간 동거·간호 그 밖의 방법으로 피상속인을 특별히 부양하거나 피상속인의 재산의 유지 또는 증가에 특별히 기여한 사람은 자신의 상속분 이외에 기여분을 별도로 인정함으로써 다른 공동상속인보다 많은 재산을 상속할 수 있도록 배려하고 있는데, 이를 기여분제도라 한다.

상속법상 기여분이란, 공동상속인 중 상당한 기간 동안 피상속인과 동거·간호 그 밖의 방법으로 특별히 부양하거나 피상속인의 재산유지 또는 증가에 특별히 기여한 사람에게 상속재산으로부터 별도로 보상해주기 위해 인정되는 상속분을 의미하며, 기여분이 인정되기 위해서는 특별한 기여이어야 하고, 기여행위로 인해 피상속인의 재산의 유지 또는 증가가 있어야 한다. 다만, 배우자의 가사노동은 부부의 동거·부양·협조의 의무의 내용으로 인정되기 때문에 특별한 기여로 보지 않는다. 사례와 유사한 사안에서 우리 대법원은 배우자의 기여분이 인정되기 위해서는 "배우자의 동거·간호가 부부 사이의 제1차 부양의무 이행을 넘어서 '특별한 부양'에 이르는지 여부 … 등을 종합적으로 고려"해야 한다면서 피상속인 X가 사망할 때까지 장기간 동거하면서 그를 간호한 사실은 인정할 수 있더라도 기여분을 인정할 정도로 통상의 부양을 넘어서는 수준의 간호가 아니라 통상 부부로서 부양의무를 이행한 정도에 불과하므로 Y가 처로서 통상 기대되는 정도를 넘어 법정상속분을 수정함으로써 공동상속인들 사이의 실질적 공평을 도모해야 할 정도로 X를 특별히 부양하였다거나 그의 재산의 유지·증가에 특별히 기여하였다고 인정하기 어려워 기여분에 따른 상속재산분할청구를 인정하지 않았다(대법원 2019. 11. 21. 자 2014스44, 454 전원합의체 결정).

우리 판례에서 인정하는 특별한 기여에 해당하는 예로는, 피상속인인 부가 경영하는 사업에 아들이 무상으로 노무를 제공하거나 자신의 재산을 제공하여 상속재산의 유지·형성에 기여하는 경우라든가 통상의 부양, 간호의 정도를 넘어 기여자의 요양이나 간호로 인해 요양비용이나 간호비용을 절감함으로써 상속재산의 손실이 없었던 경우가 이에 해당한다.

공동상속인 중 기여분을 인정받은 상속인의 구체적인 기여분 결정은 공동상속인 간의 협의로 정하며 만약 기여분 금액에 대한 협의가 되지 않거나 협의할 수 없는 경우에는 가정법원이 이를 결정하게 되는데, 이 때 가정법원은 기여시가와 방법, 정도 및 상속재산 규모 기타 사정을 고려해 구체적인 기여분 금액을 정한다(민법 제1008조의2).

기여분 금액을 정하는 경우에는 상속개시시의 피상속인의 재산가액에서 유증가액을 공제한 액은 초과할 수 없도록 상한액에 대한 제한을 두고 있는데(민법 제1008조의2 제3항), 이는 피상속인의 유언에 의한 재산처분의 자유도 존중해야 한다는 고려에서이다.

기여자가 있는 경우 구체적인 상속재산 분할과정은 상속개시시 피상속인의 재산가액에서 공동상속인의 협의 또는 법원에서 정한 기여분을 먼저 공제한 것을 상속재산으로 보고 법정 상속분에 따라 산정한 상속분을 각자의 상속분으로 하는데, 기여자에 대해서는 산정 상속분에 기여분을 가산해서 상속분을 계산한다. 사례를 통해 기여자의 기여분을 가산한 구체적인 상속금액을 살펴보기로 한다.

A는 배우자 B, 자녀 C, D를 두고 있는데, 사망하기 5년 전부터 암으로 투병을 했으며, 아들인 C가 A와 B의 생활비는 물론 병원비까지 부담하였다. A가 남긴 상속재산은 8억 원이며 상속인간 협의로 C의 기여분을 1억 원으로 정했다면, 각 상속인이 받는 상속금액은 얼마인가?

사례의 C는 피상속인에 대해 생활비와 병원비를 부담함으로써 다른 상속인과는 구별되는 특별한 기여를 한 것으로 보아야 하며, 이로 인해 A의 상속재산이 감소하지 않고 유지되었으므로 다른 상속인과 달리 기여분을 인정받을 수 있다. 다행히 상속인간 원만한 협의로 1억 원의 기여분이 정해졌으므로, 상속재산에서 먼저 C의 기여분을 공제한 나머지 재산인 7억 원에 대해 B:C:D는 1.5:1:1의 비율로 상속할 수 있으므로 상속인 B는 3억 원, C는 상속금액 2억 원에 기여분 1억 원을 합산한 3억 원, D는 2억 원을 상속할 수 있다.

과거 우리 법원은 기여분 인정범위에 대해 상속 적극재산의 20% 이하 수준에서 인정하는 것이 일반적이었으나, 최근에는 40여 년간 부모를 모시고 시골에서 농사를 짓고 살아오면서 부모가 모두 사망하기 전 10여 년간 치매증상을 겪는 부모를 부양함으로써 다른 형제자매의 도움을 받지 않고 홀로 간병을 한 자녀에 대해 이례적으로 기여분을 상속재산의 40% 이상까지 인정한 판례가 있다.

A에게는 자녀 B, C, D, E, F가 있는데 막내 딸 F와 1984. 6경부터 107세로 사망할 때까지 34년간 제주에서 동거하며 살았고 F가 그동안 A를 부양하였다. 한편 다른 자녀 B, C, D, E는 제주를 떠나 생활하면서 A와 사실상 교류를 단절하였고 따로 부양의무를 이행한 바도 없었다. F는 A를 부양하며 치료비만으로 약 1억 2,000만 원을 지출하였으며, 1963년 A의 배우자인 F의 부친이 생전에 약45만 원의 보증채무를 부담하게 되었고 그로 인해 A와 갈등이 심해지자 당시 교사로 재직중이던 F가 저축한 금전으로 위 보증채무 약45만 원을 대신 변제한 사실이 있다. 항상 F가 대신 부친의 채무를 변제한 것을 미안해 하던 A는 F에게 진 빚을 갚는 대신 A소유의 토지를 F에게 증여하고 소유권 이전등기를 마쳤다. A가 사망한 경우 B 등 다른 상속인들은 F가 생전증여 받은 위 토지를 특별수익으로 보아 자신들의 유류분반환청구 대상재산이라고 주장하고 있다.

위 사례에 대해 최근 대법원은 전원합의체 결정에서 피상속인으로부터 생전 증여를 받은 상속인이 피상속인을 특별히 부양하였거나 피상속인의 재산의 유지 또는 증가에 특별히 기여하였고, 피상속인의 생전 증여에 상속인의 이러한 특별한 부양 내지 기여에 대한 대가의 의미가 포함되어 있는 경우처럼 상속인이 생전에 증여받은 재산을 상속분의 선급인 특별수익으로 취급하는 경우에는 오히려 다른 공동상속인과의 사이에서 실질적인 형평을 해치는 결과가 초래되는 경우가 있으므로 그러한 한도에서 생전 증여를 특별수익에서 제외할 수 있다고 보았다(대법원 2022. 3. 17. 선고 2021다230083, 230090 판결).

Ⅵ. 상속결격

A와 처 B는 최근 결혼하였고 B는 3개월 전에 임신한 상태이다. 그리고 A에게는 같이 동거하는 어머니 C가 있는 경우 A가 교통사고로 사망하였고 남편 없이 혼자 아이를 키울 자신이 없다고 판단한 B는 낙태를 하였다. A 재산은 누가 상속할 수 있는가?

A는 부모 부양문제로 형인 B와 언쟁을 벌이던 중 B에게 상해를 입혀 사망케 함으로써 상해치사죄로 최근 감옥에서 형기를 마치고 출소하였다. 형제간의 불화에 충격을 받아 A가 감옥에 있는 동안 A의 아버지인 K가 사망하였는데 A에게는 직계비속 C와 처 D가 생존해 있는 경우 K의 재산에 대한 상속권자는 누구인가?

상속제도의 취지에 비추어 볼 때 피상속인에 대해 패륜적 행위를 하거나 상속재산

과 관련해서 부정한 행위를 한 자에게는 상속권을 인정해서는 안 된다. 따라서 우리 민법에서는 일정한 사유가 있는 경우에는 상속권을 박탈하는 상속결격제도를 두고 있는데, 민법 제1004조에서 정하는 상속결격사유는 다음과 같다.

① 고의로 직계존속, 피상속인, 그 배우자 또는 상속의 선순위나 동순위에 있는 사람을 살해하거나 살해하려고 한 사람

② 고의로 직계존속, 피상속인과 그 배우자에게 상해를 가하여 사망에 이르게 한 사람

③ 사기 또는 강박으로 피상속인의 상속에 관한 유언 또는 유언의 철회를 방해한 사람

④ 사기 또는 강박으로 피상속인의 상속에 관한 유언을 하게 한 사람

⑤ 피상속인의 상속에 관한 유언서를 위조·변조·파기 또는 은닉한 사람

이 중에서 첫 번째와 두 번째 사유는 도덕적으로 패륜행위에 해당하는 사유이고, 나머지 사유는 유언행위에 대한 부정행위를 한 경우에 해당한다.

첫 번째 사례에서처럼 고의로 상속의 같은 순위에 있는 사람을 살해하거나 살해하려고 한 사람은 상속결격자에 해당하여 상속을 받지 못하므로, 만약 태아가 출생하였다면 B와 같은 순위의 상속인이므로 고의로 낙태한 경우에도 고의로 상속의 동순위자를 살해한 경우에 해당하게 되어 B의 낙태행위는 상속 결격사유에 해당한다(대법원 1992. 5. 22. 선고 92다2127 판결 참조). 따라서 B는 상속인이 될 수 없다. 따라서 후순위 상속인이었던 어머니인 C가 단독 상속인이 된다. 하지만 두 번째 사례의 경우에는 상속순위에 있어 A와 B는 K의 직계비속으로서 상속 동순위자에 해당하지만, 상속동순위자에 대한 상해치사행위는 민법상 상속결격사유에 해당하지 않으므로 A는 여전히 상속권을 가진다.

Ⅶ. 상속의 효과

피상속인의 사망으로 인해 상속이 개시되면 상속인은 그때부터 피상속인의 재산에 관한 권리와 의무를 포괄적으로 승계하는데, 상속인은 피상속인에게 속했던 적극재산뿐 아니라 채무와 같은 소극재산까지 승계하게 된다. 상속인에게 이익이 되는 적극재산의 예로는 동산과 부동산과 같은 물건이나 물건에 대한 권리로서 소유권과 같은 물권은 물론 채권도 포함한다. 그리고 상속인은 상속재산에 대한 권리와 의무를 포괄적으로 승계하기 때문에 일부 재산에 대해서는 승계를 하지 않는 등의 특정승계행위는 허용되지 않는다.

상속재산 가운데 승계여부가 문제될 수 있는 상속채권으로는 피상속인에 대한 생명침해로 인한 손해배상청구권, 특히 위자료청구권과 이혼시 재산분할청구권의 상속여부 등을 들 수 있다. 또한 상속은 피상속인에게 속하였던 재산상 지위만을 승계대상으로 하기 때문에 피상속인의 일신전속적 권리에 속하는 근로계약상 지위 등은 상속대상에서 제외된다(민법 제1005조 단서). 따라서 피상속인이 사망하기 전에 근로관계에서 발생한 권리와 같이 해당 재산권이 그 성질상 타인에게 귀속될 수 없고, 피상속인 개인에게만 귀속될 수 있는 개인적인 권리는 상속대상이 아니다.

1. 생명보험금지급청구권의 상속

A는 자신이 사망할 경우 아들인 B가 생명보험금을 지급받도록 하는 내용의 보험계약을 체결하였고, A의 사망으로 인해 B가 약정한 보험금을 지급받았다. 하지만 B의 형제자매인 C와 D는 B에게 지급된 생명보험금은 상속재산이므로 분할대상이라고 주장하는 경우 B는 받은 보험금을 C, D에게 상속분에 따라 반환해야 하는가?

특별수익 부분에서 설명한 바와 같이 위 사례와 같이 피상속인이 생명보험계약을 체결하면서 상속인을 보험수익자로 지정한 경우이거나 또는 보험수익자를 지정하지 않은 상태에서 사망한 경우에는 상법 제733조에 의해 피보험자의 상속인이 보험수익자가 되기 때문에 보험금지급청구권은 피상속인에게 귀속됨이 없이 바로 상속인에게 귀속되므로 이는 상속인의 고유한 권리로 보는 것이 우리 판례의 입장이다(대법원 2002. 2. 8. 선고 2000다64502 판결, 대법원 2004. 7. 9. 선고 2003다29463 판결). 또한 피상속인이 자신을 보험계약상 보험수익자로 지정하지 않은 경우 상속인에게 귀속되는 보험금청구권은 상속재산이 아닌 상속인 고유재산으로 보아야 한다. 따라서 보험계약자인 피상속인 A가 보험수익자를 상속인 가운데 한 명(B)으로 지정한 경우 피상속인의 사망으로 인해 보험계약 내용에 따라 보험수익자로 정해진 상속인 B가 보험금지급청구권을 가지는 경우에는 그 보험금은 상속인 B의 고유재산으로 보아야 하며, 이를 상속재산으로 볼 수 없어 B는 C, D에게 보험금을 반환할 의무가 없다.

다만, 사례처럼 상속인이 보험금청구권을 가지거나 또는 보험금을 수령한 경우에는 비록 상속인 고유의 권리에 의해 취득한 것이라 하더라도 상속제도에서는 공동상속인 사이의 형평을 도모하기 위한 취지에서 마련된 특별수익제도에 의해 이를 특별수익으로 보는 것이 판례의 입장으로 "보험금수익자가 상속인 또는 상속인 중 특정인으로 지정되어 있는 경우 그 보험금은 각 해당 상속인들의 고유재산이며 상속재산이 아니지만, 피상속인이 보험료를 부담하였다면 이는 곧 피상속인이 출연한 보험료 상당액을 각 상속인들이 특별수익한 것으로 봄이 상당하다"라고 판시하였다(서울가정법원 2010. 7. 13. 자 2009느합289 심판). 따라서 위 사례에서 비록 B의 보험금지급청구권은 분할대상이 아니라 하더라도 상속인들의 구체적인 상속분을 산정함에 있어서는 A가 지급한 보험료 상당액은 B에 대한 특별수익으로 취급해야 할 것이다.

위 사례를 약간 변경해서 만약 A가 아들 B를 피보험자로 한 생명보험계약을 체결하고 보험료를 A가 납부하면서 보험수익자를 자신인 A로 지정한 경우라면 B의 사망으로 인해 A가 취득하게 되는 보험금지급청구권은 A의 고유재산이 되고, 나중에 A가 사망한 경우 이는 상속재산으로 보아야 할 것이다.

2. 불법행위로 인한 손해배상청구권의 상속

변호사인 X는 야간에 횡단보도를 건너던 중 무면허 음주운전을 하던 Y의 차량에 부딪혀 즉사하였는데, X에게는 처와 두 자녀가 있다. X의 처와 자녀들이 Y에 대해 행사할 수 있는 권리는 무엇인가?

타인의 고의 또는 과실로 인한 위법한 행위로 자신의 신체 또는 재산에 손해를 입은 경우에는 타인을 상대로 손해배상을 청구할 수 있는데, 이를 불법행위로 인한 손해배상청구권이라 한다. 예를 들면, 자동차 운전 중 다른 차량을 추돌한 경우 타인의 차량의 재산적 가치를 훼손한 데 대한 재산상 손해를 비롯해 다른 사람의 신체상 피해를 입힌 경우에는 치료비와 후유장애 등에 대한 신체상 손해를 배상할 책임이 인정되기 때문에 차량수리비와 치료비를 비롯해 타인이 입은 정신적 손해에 대해서도 배상책임이 인정된다. 이처럼 불법행위로 인한 손해배상책임은 재산상 손해뿐 아니라 정신적 손해에 대해서도 배상책임이 인정된다.

위 사례와 같이 피해자 X는 가해자인 Y의 과실로 인해 자신의 생명을 침해당했고, 그로 인해 고소득자로서 변호사 업무를 통한 장래의 소득활동을 할 수 없게 되어 재산상 손해를 입게 되었음은 물론 사망으로 인해 더 이상 가족들과 생활할 수 없게 됨에 따른 정신적 피해도 입게 되었다. 또한 피해자의 유족인 처와 두 자녀의 경우에도 가해자의 불법행위로 인해 가족을 잃게 됨으로써 상당한 정신적 피해를 입게 되었다고 볼 수 있다.

이처럼 피해자와 그 가족이 입은 재산상, 정신적 손해에 대해서는 불법행위자를 상대로 손해배상을 청구할 수 있지만 X와 같이 즉사한 경우에도 X의 손해배상청구권이 인정되는지가 문제될 수 있는데, 비록 즉사한 경우라 하더라도 사망하기 전 아주 짧은 순간이라도 생존하였을 것이므로 이 순간에 피해자의 손해배상청구권은 발생한 것으로 보아야 하며, 피해자의 사망과 동시에 이러한 청구권은 상속인들에게 상속되는 것으로 본다. 따라서, 사례의 경우 X의 재산상 손해, 즉 X의 변호사로서의 일실소득과 정신적 손해에 대한 배상청구권은 상속인인 처와 두 자녀에게 상속되고, 이와 별도로 처와 두 자녀의 고유한 정신적 손해배상청구권도 인정되는 것으로 본다.

결과적으로 교통사고로 사망한 사람은 자신의 생명침해로 인한 손해배상청구권을 갖게 되며, 사망 후에는 상속인에게 상속된다. 따라서 상속인은 가해자에게 피상속인의 생명침해를 원인으로 손해배상으로 일실소득 등의 재산상 손해배상청구권과 피상속인의 위자료청구권을 청구할 수 있음은 물론, 별도로 민법 제751조에 따라 상속인은 유족으로서 친족의 생명침해로 인한 정신적 손해배상인 위자료청구권도 행사할 수 있다.

3. 퇴직금, 유족연금, 부의금의 상속

그 외 상속재산 해당여부가 문제가 되는 경우로는 퇴직금이나 유족연금에 대한 것으로 피상속인의 사망으로 근로관계가 종료되면 퇴직금 또는 유족연금이 지급된다. 이때 사망한 근로자가 공무원이라면 공무원연금법 등 관련법에서 연금의 수급권자를 별도로 정하고 있으며, 사기업의 사원인 경우에는 사망퇴직금의 수령자의 범위나 순위를 단체협약, 취업규칙 등으로 정하고 있다. 따라서 이러한 퇴직금과 유족연금은 법률과 계약에 의해 정해진 수급권자에게 귀속되므로 상속재산에는 해당하지 않는다. 하지만, 사망한 사람이 사망 전에 이미 퇴직함으로써 받은 퇴직금은 상속재산에 포함된다.

피상속인의 사망으로 장례식장에서 조문객들이 위로의 뜻으로 유족들에게 지급한 부의금은 조문객이 상속인에게 하는 증여재산으로 보아야 하므로 상속재산에는 해당하지 않는다. 관련한 대법원 판례는 사람이 사망한 경우에 부조금 또는 조위금 등의 명목으로 보내는 부의금은 상호부조의 정신에서 유족의 정신적 고통을 위로하고 장례에 따르는 유족의 경제적 부담을 덜어줌과 아울러 유족의 생활안정에 기여함을 목적으로 증여되는 것이라고 하며, 부의금의 귀속에 관해서는 우선 장례비용에 충당하고 남는 것에 관하여는 특별한 다른 사정이 없는 한 피상속인의 공동상속인들이 각자의 상속분에 따라 권리를 취득한다고 판시하고 있다(대법원 1992. 8. 18. 선고 92다2998 판결).

Ⅷ. 상속회복청구권

상속회복청구권이란 진정한 상속권자의 상속권이 참칭(僭稱)상속권자로 인해 침해된 경우 상속권자 또는 그 법정대리인이 그 침해의 회복을 위해 행사할 수 있는 청구권을 말한다(민법 제999조 제1항). 여기서 참칭상속권자라 함은 정당한 상속권이 없으면서 재산상속인임을 신뢰케 하는 외관을 갖추거나 상속인인 것처럼 행세하면서 상속재산의 전부 또는 일부를 점유함으로써 진정한 상속인들의 재산상속권을 침해하고 있는 자를 말하는데, 상속결격자가 상속을 받은 경우도 여기에 해당한다(대법원 1998. 3. 27. 선고 96다37398 판결).

상속회복청구권을 행사할 수 있는 자는 상속인과 그 법정대리인이며 포괄적 유증을 받은 수증자도 상속회복청구를 할 수 있다. 본 청구권 행사의 상대방으로서 참칭상속인이 될 수 있는 사람은 공동상속인(대법원 1991. 12. 24. 선고 90다5740 전원합의체 판결), 후순위상속인, 상속결격자, 무효혼의 배우자, 무단으로 상속재산의 전부나 일부를 점유하고 있는 사람, 참칭상속인으로부터 법률행위 그 밖에 계약에 따라 상속재산을 취득한 사람이다.

상속회복청구권은 그 침해를 안 날부터 3년, 상속권의 침해행위가 있은 날부터 10년을 경과하면 더 이상 행사하지 못하는데(민법 제999조 제2항), 기산점은 단순히 상속개시의 사실을 알 뿐만 아니라 자기가 진정상속인임을 알고 또한 자기가 상속에서 제외된 사실을 안 때로부터 그 기간을 기산한다(대법원 1981. 2. 10. 선고 79다2052 판결).

Ⅸ. 상속의 승인과 포기

상속이 개시되면 피상속인의 모든 재산상 권리와 의무가 포괄적으로 상속인에게 승계가 되기 때문에 자칫 상속채무가 상속재산보다 더 많은 경우에는 상속인에게 큰 부담이 되지 않을 수 없다. 이러한 결과는 상속제도 인정 취지인 유족의 경제적 안정을 도모한다는 취지에도 어긋나므로 민법은 상속인에게 상속여부에 대한 결정을 할 수 있도록 허용하고 있다. 다시 말해서, 상속인은 상속을 받을지 포기할지 여부를 결정하기 전에 상속재산을 먼저 조사할 수 있도록 하고, 조사결과 상속으로 인하여 물려받을 재산보다 채무가 더 많을 때에는 상속인은 상속을 포기할 수 있으며, 상속채무의 정확한 액수를 모르는 경우에는 상속의 한정승인을 함으로써 자칫 상속으로 인해 상속인들이 재산상 불이익을 받지 않도록 배려하고 있다. 다만 상속포기나 승인결정은 상속개시 있음을 안 날부터 3개월 내에 해야 한다.

1. 상속재산 조사와 승인여부 결정

현실적으로 가족이 사망한 경우, 특히 피상속인이 다수의 채권·채무관계를 형성하고 있는 개인 사업가인 경우에는 피상속인이 받을 채권 규모나 갚아야 할 채무 범위를 정확히 파악하기가 쉽지 않다. 더구나, 피상속인의 채권자 입장에서는 자칫 상속인들이 상속포기를 할까 염려하여 고려기간인 3개월이 경과할 때까지 피상속인의 상속인들에게 채권을 변제하라는 독촉행위를 일체 하지 않고 있다가 상속을 승인한 것을 확인한 후에 상속인에 대해 피상속인의 채무에 대한 변제를 요구하는 경우가 많다. 따라서 상속인 입장에서는 상속여부를 결정하기 전에 피상속인의 채권·채무 현황을 정확하게 확인할 필요가 있는데, 상속재산의 확인을 위해 피상속인 명의의 예금, 대출, 보증, 증권계좌, 보험계약, 신용카드 관련 채무가 있는지 여부는 금융감독원에서 확인할 수 있다.

상속인이 상속재산을 조사한 뒤 상속으로 인하여 물려받을 상속재산과 상속채무를 비교하여 적극 재산이 많으면 단순승인, 채무가 많다면 상속포기를 하는 것이 좋고 어떤 것이 더 많은 지 확인이 되지 않는 경우라면 한정승인을 하는 것이 좋다. 이하에서 상속승인과 포기에 대해 살펴본다.

2. 단순승인

상속의 단순승인이란 상속의 효과를 거부하지 않고 그대로 받아들이겠다는 상속인의 제한 없는 상속의 의사표시이다. 상속인은 상속개시 있음을 안 날로부터 3개월 내에 단순승인을 할 수 있지만 그 기간은 이해관계인 또는 검사의 청구에 의하여 가정법원이 이를 연장할 수 있다(민법 제1019조 제1항). 여기서, 상속개시 있음을 안 날이란 상속개시의 원인이 되는 사실의 발생을 알고 이로써 상속인이 되었음을 안 날을 의미한다. 상속인이 상속의 단순승인을 한 때에는 피상속인의 모든 재산상 권리와 의무를 포괄적으로 승계한다(민법 제1025조). 이러한 단순승인은 상속개시 사실을 안 날로부터 3개월 내에 할 수 있는데, 실제 상속포기나 한정승인신고를 이 기간 내에 하지 않는 경우에는 법정단순승인 사유에 해당되어 3개월이 경과하면 단순승인을 한 것으로 본다.

여기서 상속개시가 있음을 안 날은 상속개시의 원인이 되는 사실(사망 또는 실종선고)이 발생한 것을 알고 자신이 상속인이 되었음을 안 날을 의미한다.

(1) 법정단순승인

상속의 승인과 포기는 상속인뿐만 아니라 피상속인의 채권자들의 재산권 행사에도 중대한 영향을 미치게 되므로 승인이나 포기대상이 되는 피상속인의 상속재산에 대해 다음과 같은 사정이나 부정한 행위가 존재하는 경우에는 법률규정에 의해 단순승인을 한 것으로 본다(민법 제1026조).

① 상속인이 상속재산에 대한 처분행위를 한 경우. 예를 들면, 상속인이 피상속인 명의의 예금의 일부를 인출해서 사용하거나 피상속인 소유의 부동산에 대한 담보권 설정 등의 행위를 한 경우가 여기에 해당한다.

② 상속인이 상속 승인 등의 고려기간 3개월 내에 한정승인 또는 포기를 하지 않은 경우

③ 상속인이 한정승인 또는 포기를 한 후에 상속재산을 은닉(隱匿)하거나 부정소비(不正消費)하거나 고의로 재산목록에 기입하지 않은 경우

하지만 법정단순승인의 예외로서, 상속인이 상속을 포기함으로써 다음 순위 상속인이 상속을 승인한 때에는 상속을 포기한 사람이 상속재산을 부정소비(不正消費)하여도 상속의 승인이 되지는 않는다(민법 제1027조). 그리고 상속인이 미성년자와 같은 제한능력자인 때에는 상속개시 있음을 안 날로부터 3개월 내의 기간은 그 친권자나 후견인이 상속개시 있음을 안 날로부터 기산한다(민법 제1020조). 또한 상속인이 승인하지 않고 상속개시 있음을 안 날로부터 3개월 내에 사망한 때에는 그의 상속인이 자기의 상속개시 있음을 안 날로부터 그 기간을 기산한다(민법 제1021조).

(2) 상속승인의 취소: 원칙적 금지

상속인이 승인을 한 후에는 고려기간인 3개월 내의 기간에도 이를 취소하지는 못한다(민법 제1024조 제1항). 하지만 상속인이 착오·사기·강박을 이유로 상속을 승인 한 경우에는 예외적으로 상속의 승인을 취소할 수 있는데, 예를 들면 상속재산이나 채무의 범위에 대해 중대한 착오를 일으킨 경우라던지, 동순위 상속권자에게 속아서 상속을 승인한 경우 등에 이에 해당한다. 하지만 그 취소권은 추인할 수 있는 날로부터 3개월, 승인한 날로부터 1년 내에 행사하지 않으면 시효로 인해 소멸된다(민법 제1024조 제2항).

3. 한정승인

상속인이 사망한 사람의 채무를 조사한 뒤 상속재산이 상속받을 채무와 비슷하지만, 채무가 좀 더 많을 가능성이 있는 경우에는 상속의 한정승인을 할 수 있다. 상속의

한정승인이란 상속인이 상속으로 취득하게 될 재산의 한도에서 피상속인의 채무와 유증을 변제할 것을 조건으로 상속을 승인하려는 의사표시를 말한다. 상속의 한정승인을 하려면 상속개시가 있음을 안 날로부터 3개월 이내에 상속재산의 목록을 첨부하여 법원에 한정승인의 신고를 해야 하며, 상속인이 여러 명인 때에는 각 상속인은 그 상속분에 따라 취득할 재산의 한도에서 그 상속분에 의한 피상속인의 채무와 유증을 변제할 것을 조건으로 상속을 승인할 수 있다(민법 제1029조). 상속인이 한정승인을 할 때에는 상속개시가 있음을 안 날로부터 3개월 이내에 상속재산의 목록을 첨부하여 상속개시지의 가정법원에 구비서류를 갖추어 서면으로 한정승인의 신고를 해야 한다. 한편, 상속인이 제한능력자인 때에는 상속개시 있음을 안 날로부터 3개월 내의 기간은 그 친권자 또는 후견인이 상속개시 있음을 안 날로부터 기산하며(민법 제1020조), 단순승인과 마찬가지로 상속인이 승인이나 포기를 하지 않고 상속개시 있음을 안 날로부터 3개월 내에 사망한 때에는 그의 상속인이 자기의 상속개시 있음을 안 날로부터 그 기간을 기산한다(민법 제1021조).

(1) 한정승인의 효과

한정승인신고가 가정법원에 의해 수리되더라도 피상속인의 채무가 완전히 소멸하는 것은 아니므로, 임의로 상속인이 채무를 변제하면 그 변제는 유효한 것이 된다. 다만, 상속의 한정승인으로 인해 상속인은 상속으로 인하여 물려받은 재산의 한도에서 피상속인의 채무와 유증을 변제할 수 있게 된다(민법 제1028조).

또한 상속인이 한정승인을 한 때에는 피상속인에 대한 상속인의 재산상 권리의무는 소멸하지 않는다(민법 제1031조). 이와 반대로 상속인이 단순승인을 하면, 피상속인이 상속인에게 포괄적으로 이전되므로, 피상속인과 상속인의 재산이 서로 혼동(混同)되어 상속인은 피상속인의 채무를 자신의 재산으로 갚아야 한다.

(2) 한정승인 후 상속재산의 청산

한정승인자는 한정승인을 한 날로부터 5일 내에 일반상속채권자와 유증받은 사람에 대하여 한정승인의 사실과 일정한 기간 내에 그 채권 또는 수증을 신고할 것을 공고해야 한다. 그 기간은 2개월 이상이어야 한다(민법 제1032조 제1항). 그리고 한정승인자는 개별적으로 알고 있는 채권자에게 대해서 각각 그 채권신고를 최고해야 한다. 따라서 알고 있는 채권자는 청산으로부터 제외하지 못한다(민법 제1032조 제2항 및 민법 제89조). 한정승인자는 한정승인을 한 날로부터 채권의 신고·공고기간(민법 제1032조 제1항)이 만료하기 전에는 상속채권의 변제를 거절할 수 있다(민법 제1033조).

한정승인자는 한정승인을 한 날로부터 위의 채권의 신고·공고기간의 만료 후 상속재산으로 그 기간 내에 신고한 채권자와 한정승인자가 알고 있는 채권자에 대하여 각 채권액의 비율로 변제해야 한다. 그러나 우선권 있는 채권자의 권리를 해하지 못한다(민법 제1034조 제1항). 여기서, 우선권 있는 채권자란 다른 채권보다 우선적으로 변제받을 수 있는 채권을 가진 사람을 말하며, 우선권 있는 채권에는 저당권부 채권, 질권부 채권 등이 이에 해당한다.

한정승인자는 변제기에 이르지 않은 채권에 대해서도 한정승인을 한 날부터 채권의 신고·공고기간(민법 제1032조 제1항)의 만료 후 상속재산으로서 그 기간 내에 신고한 채권자와 한정승인자가 알고 있는 채권자에 대하여 각 채권액의 비율로 변제해야 한다(민법 제1035조 제1항 및 민법 제1034조 제2항). 또한 조건 있는 채권이나 존속기간의 불확정한 채권은 법원의 선임한 감정인의 평가에 의하여 변제해야 한다(민법 제1035조 제2항). 한정승인자는 민법 제1034조 및 민법 제1035조에 따라 상속채권자에 대한 변제를 완료한 후가 아니면 유증 받은 사람에게 변제하지 못한다(민법 제1036조).

(3) 한정승인의 취소: 원칙적 금지

상속의 승인이나 포기는 상속개시 있음을 안 날로부터 3개월 내의 기간에도 이를 취소하지 못한다(민법 제1024조 제1항). 다만, 이러한 경우에도 상속인이 착오·사기·강박을 이유로 상속의 승인과 포기를 한 경우에는 이를 이유로 상속의 승인·포기를 취소할 수 있다. 그러나 그 취소권은 추인(追認)할 수 있는 날부터 3개월, 승인 또는 포기한 날부터 1년 내에 행사하지 않으면 시효로 인해 소멸된다(민법 제1024조 제2항). 이때 추인할 수 있는 날이란 취소권이 소멸된 시점을 말하며, 착오·사기·강박을 벗어난 시점을 말한다. 상속의 한정승인 또는 포기의 취소를 하려면 상속의 한정승인·포기심판을 한 가정법원에 신고인 또는 대리인이 기명날인 또는 서명한 서면으로 신고해야 한다(「가사소송규칙」 제76조 제1항).

(4) 특별한정승인

A는 2021년 1월 10일 사망한 아버지의 유일한 상속인으로서 2021년 2월 5일에 피상속인의 예금통장에서 1백만 원을 인출하여 유흥비로 사용한 바가 있다. 이후 2021년 3월 3일에 자신이 피상속인의 채권자라고 주장하는 B가 피상속인이 작성하여 서명날인 한 채무금액 1억 원의 차용증을 제시하며 이를 상속인 A가 변제하라고 요구하고 있다. A는 상속인으로서 채무변제 책임이 있는가?

피상속인 사망 후 상속인이 고려기간 중에 상속재산이 얼마인지 성실하게 조사하였다 하더라도 특히 개인간 채무의 경우에는 이를 확인하기가 쉽지 않다. 이처럼 상속을 승인한 이후 예상하지 못했던 채무가 존재한다는 사실을 뒤늦게 알게 된 경우를 대비해서 우리 민법은 특별한정승인제도를 마련하고 있다. 즉 상속인이 상속의 승인 또는 포기 전에 상속재산을 조사했음에도 불구하고 상속인이 상속채무가 상속재산을 초과하는 사실을 중대한 과실 없이 상속개시 있음을 안 날로부터 3개월 내에 알지 못하고 단순승인을 한 경우에는 그 사실을 안 날부터 3개월 내에 한정승인을 할 수 있는데(민법 제1019조 제3항), 이를 특별한정승인이라 한다.

다시 말해서, 특별한정승인이란 상속인이 상속채무가 상속재산을 초과하는 사실을 중대한 과실 없이 상속개시가 있음을 안 날로부터 3개월 이내에 알지 못한 상태에서 단순승인을 한 경우에는 채무초과 사실을 안 날로부터 다시 3개월 내에 한정승인을 할 수 있도록 허용하고 있다. 여기서 상속채무가 상속재산을 초과하는 사실을 중대한 과실로 알지 못한 경우라 함은 '상속인이 조금만 주의를 기울였다면 상속채무가 상속재산을 초과한다는 사실을 알 수 있었음에도 불구하고 이러한 주의를 게을리 함으로써 그러한 사실을 알지 못한 것'을 의미하며, 상속인이 상속채무가 상속재산을 초과하는 사실을 중대한 과실 없이 상속개시 있음을 안 날로부터 3개월 내에 알지 못하였다는 점에 대한 입증책임은 상속인이 부담한다(대법원 2010. 6. 10. 선고 2010다7904 판결).

사례와 같은 경우 상속인이 고려기간 내에 피상속인의 예금을 인출하는 것과 같은 상속재산에 대한 처분행위를 한 경우나, 상속인이 상속 승인의 고려기간 내에 한정승인 또는 포기를 하지 않은 경우 또는 상속인이 한정승인 또는 포기를 한 후에 상속재산을 은닉(隱匿)하거나 부정소비(不正消費)하거나 고의로 재산목록에 기입하지 않은 때에는 상속인이 단순승인을 한 것으로 보므로 A는 2021년 2월 5일에 상속재산을 처분함으로써 단순승인한 것으로 되었다. 따라서 이후에는 별도 채무가 있음을 알았더라도 상속포기를 할 수 없지만, 상속인이 착오 · 사기 · 강박을 원인으로 상속의 승인을 한 경우에는 이를 이유로 상속의 승인을 취소할 수는 있다. 그러나 그 취소권은 추인할 수 있는 날로부터 3개월, 승인 또는 포기한 날로부터 1년 내에 행사하지 않으면 시효로 인해 소멸되는데, 여기서 추인할 수 있는 날이란, 취소원인이 종료한 날로서 착오나 사기 사실을 안 날, 또는 강박으로부터 벗어난 날을 말한다. 위 사례의 경우 A가 착오나 사기, 강박으로 상속을 승인한 것으로 보기는 어렵다.

한편, 위 사례의 경우라면 특별한정승인은 가능한가? 상속인이 상속의 승인 전에 상속재산을 성실히 조사했음에도 불구하고 상속채무가 상속재산을 초과한다는 사실을 중대한 과실 없이 상속개시 있음을 안 날로부터 3개월 내에 알지 못하고 (법정)단순승인 한 경우에는 그 사실을 안 날부터 3개월 내에 한정승인을 할 수 있는데, 이때 '중대한 과실'이란 상속인의 나이, 직업, 피상속인과의 관계, 친밀도, 동거 여부, 상속개시 후 생활 양상, 생활의 근거지 등 개별 상속인의 개인적 사정에 비추어 상속재산에 대한 관리의무를 현저히 결여한 것을 의미한다(서울가법 2006. 3. 30. 자 2005브85 결정). A는 상속승인 고려기간 내에 피상속인의 예금을 찾아 소비하였으므로 법정단순승인한 것으로 보아야 하며, 이후에 뒤늦게 채무의 존재를 알았더라도 상속의 포기를 할 수는 없다. 다만, 상속인이 예금을 소비할 당시 상속채무가 상속재산을 초과한다는 사실을 중대한 과실 없이 모른 경우에는 그 사실을 안 날부터 3개월 내에 특별한정승인을 할 수 있다. 이때 중대한 과실이 없었다는 점은 상속인 A가 입증해야 할 것이다.

4. 상속포기

상속의 포기란 상속인이 상속의 효력을 소멸하게 할 목적으로 하는 의사표시를 말하며, 상속의 포기를 하려면 가정법원에 상속포기의 신고를 해야 한다(민법 제1041조). 상속의 포기는 상속인으로서의 자격을 포기하는 것으로 상속재산 전부의 포기만이 인정된다. 따라서 일부 또는 조건부 포기는 허용되지 않는다. 상속인이 상속을 포기할 때에는 상속개시 있음을 안 날로부터 3개월 이내에 상속개시지의 가정법원에 포기의 신고를 해야 한다(민법 제1041조 및 가사소송법 제44조 제6호). 포기기간은 상속인이 상속개시 있음을 안 날부터 3개월 내이다. 그러나 그 기간은 이해관계인 또는 검사의 청구에 의하여 가정법원이 이를 연장할 수 있다(민법 제1019조 제1항). 상속인이 제한능력자인 때에는 상속개시 있음을 안 날부터 3개월 내의 기간은 그 친권자나 후견인이 상속개시 있음을 안 날로부터 기산한다(민법 제1020조). 또한 상속인이 포기를 하지 않고 상속개시 있음을 안 날로부터 3개월 내에 사망한 때에는 그의 상속인이 그 자기의 상속개시 있음을 안 날로부터 그 기간을 기산한다(민법 제1021조).

(1) 상속포기의 효과

상속인은 상속을 받을 권리도 있지만 반대로 상속을 받지 않을 권리도 인정된다. 이를 상속포기라 하는데 일단 상속인에 해당하는 자가 상속이 개시된 이후에 자신의 상속권을 포기하게 되면 상속포기자는 처음부터 상속인이 아니었던 것으로 취급된다. 즉 상속의 포기는 상속이 개시된 때에 소급(遡及)하여 그 효력이 있으며(민법 제1042조), 상속인이 상속을 포기하게 되면 처음부터 상속인이 아니었던 것이 되어, 단독상속인인 경우에는 다음 순위의 사람이 상속인이 되고, 공동상속인 중 어느 상속인이 상속을 포기한 경우에는 그 상속분은 다른 상속인에게 상속분의 비율로 귀속된다.

그렇다면 상속인이 상속재산 가운데 적극재산인 채권만 상속하고, 소극재산인 채무는 상속받지 않을 수 있는가? 다시 말해서 상속재산 가운데 채권만 상속하고 채무는 포기하는 것이 가능한가인데, 상속재산은 크게 상속인에게 이익이 되는 적극재산과 상속인에게 부담이 되는 채무로 구분되며, 상속인 입장에서는 적극재산만을 상속받고 싶어 하지만, 채권자 등을 보호하기 위해서라도 상속인이 되면 상속재산은 적극재산·채무를 가리지 않고 모두 포괄적으로 상속인에게 승계가 되고, 상속인이 이들 재산의 일부분을 상속포기 할 수는 없다. 즉 상속채무만 포기하는 것은 인정되지 않는다.

상속재산을 점유하고 있는 자가 상속포기를 한 경우에는 포기한 상속재산에 대해서도 원칙적으로 상속인은 그 자기 재산에 대하는 것과 동일한 주의로 상속재산을 관리해야 한다. 즉 상속인은 포기한 상속재산에 대해 평균인에게 요구되는 선량한 관리자의 주의보다 경감된 자기 고유재산에 대하는 것과 동일한 주의만을 기울이면 된다.

(2) 상속포기의 취소: 원칙적 금지

K는 세 명의 자녀 a, b, c들이 자신의 사망 이후에 상속재산으로 가족간 분쟁이 발생하지 않도록 미리 a와 b에게는 일정한 부동산을 증여해 주고, 자신이 사망하게 되면 나머지 재산은 c가 모두 단독상속 받을 수 있도록 하기 위해 자녀들이 모두 모인 자리에서 a와 b로부터 상속을 포기한다는 상속포기각서를 작성하도록 하였다. 이후 K가 사망한 경우 K의 재산을 상속받는 자는 누구인가?

일단 상속을 포기한 경우에는 원칙적으로 상속개시 있음을 안 날로부터 3개월 내의 기간에도 이를 취소하지 못한다(민법 제1024조 제1항). 다만, 이러한 경우에도 상속인이 착오·사기·강박을 이유로 상속의 승인과 포기를 한 경우에는 이를 이유로 상속의 포기를 취소할 수 있다. 그러나 그 취소권은 추인할 수 있는 날로부터 3개월, 승인 또는 포기한 날로부터 1년 내에 행사하지 않으면 시효로 인해 소멸된다(민법 제1024조 제2항).

공동상속인이 상속받은 경우 상속의 승인이나 포기는 상속인의 자유로운 의사에 따라 결정되어야 하며, 공동상속인 중 일부는 한정승인을 일부는 상속을 포기하는 것도 가능하다. 다만, 상속의 포기는 상속이 개시된 후 일정기간 내에만 가능하고 가정법원에 신고하는 등 일정한 절차와 방식에 따라야만 그 효력이 있는 것이므로, 사례에서와 같이 피상속인이 사망하기 전인 상속이 개시되기 전에 공동상속인 간에 또는 피상속인과의 사이에 미리 상속포기약정을 하더라도 그 포기약정은 상속포기로서 효력이 없다.

피상속인 A에게는 처 B와 직계비속 자녀 C, D가 있고 C는 K와 혼인하여 E를 낳은 상태이다. A가 사망하자 부채가 훨씬 많다는 사실을 안 상속인 B, C, D는 가족회의에서 모두 상속을 포기하기로 결정하고 상속포기신고를 마쳤다. 이 경우 A의 채권자들은 누구에게 A의 채무를 변제 받을 수 있는가?

공동상속인 전원이 상속포기를 한 경우, 만약 사례에서처럼 후순위 상속인이 있다면 후순위 상속인이 상속인이 된다. 즉 사례와 같이 선순위 상속인으로서 피상속인의 처 B와 자녀 C, D가 모두 적법하게 상속을 포기한 경우에는 피상속인의 손자녀인 E와 같이 다음 상속순위에 있는 자가 상속인이 되므로 결과적으로 손자녀 E가 조부 A의 단독 상속인이 된다(대법원 2005. 7. 22. 선고 2003다43681 판결). 다만, 대법원은 손자녀가 자신이 상속인임을 명확하게 안 때로부터 3개월 내에 상속포기 신청을 할 수 있다고 판시하였는데, 손자녀 입장에서는 조부(피상속인)가 사망하여 자신들의 부모가 상속을 포기했다고 해서 바로 손자녀들이 상속인이 된다는 점을 알았다고 보기는 사실상 어렵다고 판시함으로써 상속포기기간의 기산점을 명확히 상속인이 되었음을 안 날로 정하였다.

(3) 상속인이 없는 경우의 상속재산귀속

상속이 개시되었는데도 상속인이 나타나지 않는 경우에는 이해관계인 또는 검사는 가정법원에 상속재산관리인의 선임을 청구할 수 있고, 상속재산관리인이 선임된 경우에는 상속인이 없는 경우의 재산귀속절차가 진행된다. 상속인이 없는 경우에는 피상속인과 생계를 같이 하고 있던 사람, 피상속인의 요양간호를 한 사람, 그밖에 피상속인과 특별한 연고가 있던 사람이 청구를 통해 상속재산의 전부 또는 일부를 받을 수 있는 특별연고자에 대한 분여제도가 인정되고 있다.

상속인의 존재가 분명하지 않은 때에는 피상속인의 친족, 그 밖의 이해관계인은 가정법원에 상속재산관리인의 선임을 청구할 수 있는데(민법 제1053조 제1항), 여기서 피상속인의 친족이란 8촌 이내의 혈족, 4촌 이내의 인척 및 배우자를 말하며, 그 밖의 이해관계인이란 상속재산을 관리·청산함에 있어서 법률상의 이해관계를 가지는 사람이나, 상속채권자, 유증 받은 사람 등을 말한다. 가정법원이 상속재산관리인을 선임한 경우에는 지체 없이 이를 공고해야 하며, 가정법원이 선임한 재산관리인은 관리할 재산목록을 작성해야 하며 법원은 선임한 재산관리인에 대하여 상속재산을 보존하기 위하여 필요한 처분을 명할 수 있다. 재산관리인이 상속재산관리를 위해 지출한 비용은 상속재산에서 지급하며, 재산관리인은 보존행위, 재산관리의 목적인 물건이나 권리의 성질을 변하지 않는 범위에서 그 이용 또는 개량하는 행위를 할 때 또는 상속인의 생사가 분명하지 않은 경우에 재산관리인이 권한을 넘는 행위를 할 때에는 가정법원의 허가를 얻어야 한다.

상속인 수색공고 기간 내에 상속권을 주장하는 사람이 없는 때에는 특별연고자는 상속재산분여를 청구할 수 있으며, 특별연고자의 심판청구가 타당하다고 인정되면 가정법원은 상속재산의 전부 또는 일부를 분여(分與)할 것을 심판으로 결정한다(민법 제1057조의2제1항). 여기서 특별연고자란 피상속인이 사망할 당시에 특별한 연고가 있는 사람으로서 피상속인과 생계를 같이 하고 있던 사람, 피상속인을 요양 및 간호를 한 사람, 피상속인이 의뢰하여 피상속인과 그 선조의 제사를 봉행할 사람, 유산을 관리하던 사람, 사실혼 관계에 있던 사람 등이 이에 해당되지만, 피상속인으로부터 생활비를 받아 오던 동거하지 않았던 사실상 배우자는 특별연고자에 해당하지 않는 것으로 보고 있다. 특별연고자는 상속인수색공고 기간의 만료 후 2개월 이내에 분여신청을 해야 한다.

Ⅹ. 유류분반환청구권

자산가인 K는 가족으로 법률혼 배우자 Y와 자녀 A, B가 있는데 갑작스러운 교통사고로 사망하였다. 유품을 정리하다 보니 K는 생전에 자신의 모든 재산을 제3자 X에게 증여한다는 내용의 유언증서가 발견된 경우, 배우자 Y와 자녀 A, B는 상속받을 수 있는가?

누구든지 자신이 평생 형성한 재산을 상속인이 아닌 다른 제3자에게 증여할 수 있는데, 생전증여뿐 아니라 유언으로 증여를 하는 것도 허용된다. 즉 우리 민법은 유언을 통한 재산처분의 자유를 인정하고 있으므로 피상속인이 유언으로 제3자인 다른 사람이나 상속인 가운데 일부에게만 유증을 하면 다른 상속인에게 상속재산이 전혀 이전되지 않을 수도 있다. 이처럼 피상속인의 상속재산처분의 자유를 무제한적으로 인정하게 되면 상속제도의 취지인 유족의 경제생활의 안정을 오히려 해치고, 피상속인 사망 후의 상속인의 생활보장이 침해될 수도 있다. 이러한 불합리를 막고 상속인의 경제적 생활을 보장하기 위해 인정되는 제도가 유류분 제도이다. 1977년 도입된 유류분제도는 당시 가부장제와 남아선호 사상이 매우 강했고, 장남이나 아들에게만 상속재산을 몰아주는 등의 차별로 인해 대가족이 공동으로 형성한 재산임에도 피상속인이 마음대로 재산을 처분함에 따라 상속에서 배제된 유족인 미성년자나 여성의 경제적 삶이 흔들릴 수 있다는 문제를 해결하기 위해 도입되었다.

유류분(遺留分)이란 상속재산 중에서 상속인 등의 일정한 사람에게 돌아가도록 되어있는 최소한의 몫을 말한다. 따라서, 피상속인의 유증 또는 증여로 인해 이 유증 또는 증여가 없었더라면 상속인에게 상속될 수 있는 상속재산이 부족한 경우에 상속인은 자신의 유류분만큼의 상속재산을 유증을 받은 자 또는 증여를 받은 자에게 반환을 청구할 수 있다.

이러한 유류분 제도는 피상속인의 생전증여나 유증을 통한 자기재산 처분의 자유를 상속제도의 취지를 고려해 일정 범위에서 제한하는 것이므로 모든 상속권자가 유류분권을 가지는 것은 아니고 비교적 가까운 친족 관계에 해당하는 피상속인의 직계비속, 피상속인의 직계존속, 피상속인의 형제자매 또는 배우자인 상속인에게만 인정되며, 태아와 대습상속인에게도 유류분권을 인정하고 있다. 따라서 상속권자 가운데 피상속인의 4촌 이내의 방계혈족인 상속인에게는 유류분이 인정되지 않으며, 상속을 포기한 사람도 더 이상 상속권이 없으므로 유류분 반환청구도 할 수 없다.

위 사례와 같은 경우 상속인 Y, A, B는 유류분조차 받지 못하였으므로 X를 상대로 유류분 반환청구가 가능하다. 다시 말해서 K는 제3자 X에게 모든 재산을 유증하였는데, 유증이 이행되면 법정상속인인 Y와 A, B는 한 푼도 상속 받을 수 없는 결과가 되므로 민법이 보장하고 있는 유류분권리자의 유류분이 침해 받은 것이므로 Y, A, B는 X에 대해 침해 받은 유류분을 반환할 것을 청구할 수 있다.

그렇다면 구체적으로 상속인이 반환받을 수 있는 유류분은 어떻게 정하는지에 대해 민법 제1112조에서는 아래와 같은 유류분율을 적용하고 있다.

[유류분 권리자의 유류분율]

<table>
<tr><td>1</td><td>피상속인의 직계비속</td><td>법정상속분 × 1/2</td></tr>
<tr><td>2</td><td>피상속인의 직계존속</td><td>법정상속분 × 1/3</td></tr>
<tr><td>3</td><td>피상속인의 형제자매</td><td>법정상속분 × 1/3</td></tr>
<tr><td colspan="3">피상속인의 배우자가 있는 경우에는 1순위 또는 2순위 유류분 권리자와 함께 유류분 권리를 갖게 되며, 배우자의 유류분율은 법정상속분의 1/2이다.</td></tr>
</table>

다만, 2024년 헌법재판소가 현행 민법상 유류분제도가 피상속인의 형제자매까지 유류분권리자로 인정하는 것은 헌법에 위반된다는 결정을 내림에 따라 제1112조 제4호가 삭제되어 2026년부터는 형제자매는 유류분권이 인정되지 않게 되었다. 더불어 자녀인 피상속인과 장기간 연락을 끊고 자녀를 미성년자 시기부터 부양하지 않고 방치한 부

모가 나중에 직계존속으로서 유류분을 주장하는 사례 등이 사회적 문제로 대두됨에 따라 헌법재판소 결정에 의해 민법에 상속권 상실선고 제도가 새롭게 신설되었다.

상속권상실제도는 피상속인의 직계존속으로서 상속인이 될 사람이 자녀에 대한 부양의무를 중대하게 게을리하는 등 일정한 요건에 해당되는 경우에는 피상속인의 유언에 의한 의사 또는 공동상속인의 청구에 의해 가정법원이 상속권 상실을 선고할 수 있는 제도인데, 민법 제1004조의2에서는 상속권 상실 사유로서 피상속인(미성년자에 한함)에 대한 부양의무를 중대하게 위반한 경우와 피상속인 또는 그 배우자나 피상속인의 지계비속에게 중대한 범죄행위를 하거나 그 밖에 심히 부당한 대우를 한 경우로 정하고 있다.

1977년 당시 시대적 배경을 감안해서 도입된 유류분제도는 오늘날 시대변화에 걸맞지 않은 부분이 있는데 특히 부모에게 패륜행위를 한 자녀임에도 유류분권을 주장해 상속을 받는 일명 불효자 상속의 문제라든지, 부모가 미성년 자녀를 버리고 장기간 연락을 취하지 않는 등 부양의무를 위반했음에도 나중에 피상속인 자녀의 직계존속으로서 상속권이나 유류분권을 주장하는 경우라든지, 또는 피상속인의 재산형성에 전혀 기여하지 않거나 생전에 고인을 부양하지도 않은 삼촌이나 고모(피상속인의 형제자매)들이 상속재산을 가져가는 행태에 대한 사회적 비판이 지속적으로 제기되어 현행 유류분제도에 대한 개정이 필요하다는 인식에서 2024년 헌법재판소의 결정에 따라 민법 관련 규정이 제정 및 개정된 바 있다.

1. 유류분의 산정

유류분 권리자가 받을 수 있는 구체적인 유류분 금액은 피상속인의 상속 개시시에 있어서 가진 재산의 가액에 이미 증여한 재산의 가액을 가산하고 피상속인의 채무액을 공제하여 이를 산정한다(민법 제1113조 제1항). 여기서 증여는 상속개시 전의 1년간에 행한 것에 한하여 유류분산정의 방식에 따라 그 가액을 산정하는데, 증여 당사자 쌍방이 유류분 권리자에게 손해를 가할 것을 알고 증여를 한 때에는 1년 전에 한 것이더라도 그 가액을 산정한다(민법 제1114조). 한편, 공동상속인 가운데 특별수익을 받은 사람이 있는 경우 특별수익자에 대한 증여는 상속개시 1년 전에 이루어진 것도 포함되는데, 이 경우에는 당사자 쌍방이 유류분권자에 대해 손해를 가할 것을 알고 한 것인지 관계없이 유류분 산정을 위한 기초재산에 산입된다. 유류분을 산정할 때 반환의무자가 증여받은 재산의 가액은 증여한 시점이 아닌 상속개시 당시를 기준으로 산정하는데 구체적인 유류분 금액의 계산방법은 다음과 같다.

[(적극상속재산액 + 증여액 − 상속채무액) × (각 상속인의 유류분율)]
− 특별수익액

2. 유류분반환청구권

X는 사망하기 전 아들 B와 딸 C에게 각각 3억 원씩 현금으로 증여를 하였으며, 이후 사망 후 유증으로 친구 A에게 1억 원을 증여함에 따라 상속재산이 남아 있지 않았다. 이에 배우자 Y는 자신의 유류분이 침해되었다고 주장하고 있는데, Y가 유류분에 해당하는 금액을 반환 청구하는 경우 그 상대방과 금액은 얼마인가?(X의 상속인은 Y, A, B로 가정함)

K는 사망 당시 상속재산으로 80억원을 남겨 놓았고, 사망 당시 채무는 50억원이 있었다. 그리고 사망하기 6개월 전에 친구 A에게 증여한 재산이 60억원이었는데, K의 상속인으로는 처 B와 자녀로 C, D, E가 있었다. 그런데, K의 유품을 정리하다 보니 K는 자신의 모든 재산을 H유아원에 모두 유증한다는 유언서가 발견되었다. 따라서 상속인 B, C, D, E는 유류분 반환청구권을 행사하였는데 그들은 누구로부터 얼마씩 반환 받을 수 있는가?

유류분 권리자의 유류분이 인정되는 경우에는 피상속인의 상속재산에서 유류분에 해당하는 금액만큼 유류분권자에게 지급되어야 하는데, 만약 상속재산이 유류분액에 부족한 경우에는 생전 증여를 받은 자와 유증을 받은 자를 상대로 유류분액에 상당하는 금액의 반환을 받을 권리가 인정된다. 즉 우리 민법 제1115조에서는 유류분 권리자가 피상속인의 증여 및 유증으로 인하여 자신의 유류분 금액을 전액 상속받기 어려운 상황이 생긴 경우에는 부족한 한도에서 그 재산의 반환을 청구할 수 있다고 규정하고 있다. 이때 반환청구의 대상이 되는 피상속인이 한 생전 증여는 상속개시 전 1년 이내의 것이어야 하는 것이 원칙이지만, 상속인에 대한 증여인 특별수익이나 유류분이 침해되는 것을 알고 증여를 한 경우에는 기간의 제한 없이 반환대상에 해당된다(민법 제1114조, 대법원 1996. 9. 25. 선고 95다17885 판결). 이 경우 유류분 반환청구의 상대방은 상속인의 유류분액을 침해하여 유증 또는 증여를 받은 사람이다.

그렇다면 생전증여재산과 유증재산이 있는 경우 유류분권자에 대한 반환 순서는 어떻게 정하는가? 이에 대해 민법은 유증을 반환 받은 후가 아니면 수증자가 증여받은 것을 청구할 수 없다고 정하고 있으며(민법 제1116조), 그리고 유류분을 반환청구하는 경우에 유증을 받은 사람이 여러 명인 때에는 각자가 받은 유증가액의 비례로 반환해야 하고, 증여를 받은 사람이 여러 명인 때에는 각자가 얻은 증여가액의 비례로 반환해야 한다.

유류분 반환청구권은 유류분권리자가 상속의 개시와 반환해야 할 증여 또는 유증을 한 사실을 안 때부터 1년 이내에 하지 않으면 시효에 의하여 소멸하며, 상속이 개시된 때부터 10년이 경과된 때에도 시효에 의해 소멸한다(민법 제1117조).

첫 번째 사례에서와 같이 피상속인의 생전증여와 유증으로 인해 상속인 Y가 전혀 상속을 받지 못한 경우 Y의 유류분은 특별수익자 B와 C에 대한 생전증여금액 6억 원과 A에 대한 유증액 1억 원을 기준으로 해서 Y의 상속분에 해당하는 금액에 배우자의 유류분율(1/2)을 곱한 금액이 된다. 이를 수식으로 하면 (6억 원 + 1억 원) × (1.5/3.5) × (1/2) = 1억 5천만 원이 된다. 따라서, Y의 유류분금액은 1억 5천만 원이며, 유류분반환청구권은 먼저 유증을 받은 A를 상대로 행사하고 부족한 부분이 있는 경우에 한해서 생전증여를 받은 수증자에 대해 행사하면 된다. 따라서 Y는 먼저 유증을 받은 A를 상대로 1억 원의 반환을 청구하고, 부족한 5천만 원은 B와 C를 상대로 각각 증여받은 금액에 비례해서 반환청구를 하면 되는데, B와 C의 수증액이 동일하므로 각각 2천 5백만 원씩 Y에게 반환해야 한다.

상속인의 유류분이 침해된 경우 유류분권리자는 먼저 유증을 받은 사람을 상대로 유류분 침해액의 반환을 청구하여야 하고, 그 이후에도 여전히 유류분 침해액이 남아 있는 경우에 한하여 증여를 받은 사람에 대하여 그 부족분을 청구할 수 있다. 두 번째 사례에서 상속재산은 채무를 제외한 30억 원이지만 유류분 산정시에는 1년 이내에 증여한 재산도 포함시켜야 하므로 유류분 계산기준이 되는 상속재산은 90억 원이 된다. 여기서 상속인인 배우자와 직계비속은 자신의 법정 상속분의 1/2을 유류분으로 주장할 수 있으므로 각자의 반환청구금액은 B는 15억 원, 나머지 직계비속들은 각각 10억 원씩이 되며, 총 반환될 유류분금액은 45억 원이다. 이때 반환대상은 우선 유증재산이 되므로 H유아원에 대한 유증재산 30억 원이 우선 반환대상이 되므로 H유아원은 결과적으로 유증 받을 수 있는 재산이 없고, 나머지 15억 원은 친구 A에게 생전증여한 재산으로부터 반환받게 된다.

3. 대습상속인과 특별수익자의 유류분반환청구권

유류분 반환청구권은 대습상속인에게도 인정된다. 즉 상속인이 될 직계비속 또는 형제자매가 상속개시 전에 사망하거나 결격자가 된 경우에 그 직계비속이 있는 때에는 그 직계비속이 사망하거나 결격된 사람의 순위에 갈음하여 상속인이 되며, 이러한 대습상속인도 유류분반환청구를 할 수 있다(민법 제1118조 및 민법 제1001조). 또한 배우자가 대습상속인인 경우에도 동일하다. 이 경우 대습상속인의 유류분은 사망 또는 결격된 사람인 피대습상속인의 상속분에 따르게 되며, 사망 또는 결격된 사람의 직계비속이 여러 명인 경우에는 그 유류분은 사망 또는 결격된 사람의 상속분의 한도에서 유류분에 따라 이를 정하게 된다.

또한 공동상속인 중에 피상속인으로부터 미리 재산의 증여나 유증을 받은 사람이 있는 경우에 그 수증재산이 자기의 상속분에 달하지 못한 때에는 그 부족한 부분의 한도에서 상속분이 있고, 유류분청구권이 인정된다.

제4절 금전거래 관련 법제

금전거래란 양 당사자가 금전을 빌리고 빌려주기로 하는 계약을 말하며, 우리 민법에서는 이를 금전소비대차라 한다. 금전소비대차는 당사자 일방이 금전의 소유권을 상대방에게 이전할 것을 약정하고 상대방은 동일한 금액으로 반환할 것을 약정함으로써 그 효력이 생긴다(민법 제598조). 금전거래는 보통 은행이나 대부업자를 통한 대출로 이루어질 수도 있고, 개인 간에 이루어질 수도 있는데 사회생활을 영위하다 보면 이와 같은 금전소비대차의 필요성을 절실하게 느끼는 경우가 많다. 사소하게는 물품대금지급 등과 같은 자금융통을 위해 영세상인이 소액을 빌리는 경우에서부터 대기업이 거액의 투자자금을 대형금융기관으로부터 차입하는 경우까지 다양하다. 물론 자금이 충분해서 타인으로부터 돈을 빌릴 필요가 없다면 문제가 없지만, 대다수의 사람들은 많든 적든 타인과 금전거래를 하게 되는 것이 오히려 일반적인 현상이다. 금전거래는 법적인 의미에서는 채권계약의 형태를 띠고 있는데, 채권의 특성상 채무자에 대해서만 채권의 효력을 주장할 수 있으므로 채권자 입장에서는 나중에 채무자가 자력이 부족해서 빌린 돈을 갚지 못할 경우에는 달리 빌려 준 돈을 회수할 방법이 없다는 문제점이 있다. 이런 이유에서 오늘날 금액이 큰 금전거래에서는 채권담보의 일종으로 보증인을 요구한다든지 채무자 소유의 부동산에 저당권을 설정하는 등의 담보제도가 결합되는 것이 일반적이다. 이 절에서는 금전소비대차와 관련되어 발생할 수 있는 여러 법률상 쟁점에 대해 상세히 살펴보기로 한다.

Ⅰ. 금전소비대차계약

1. 금전소비대차와 이자

금전소비대차 계약은 대주(貸主: 돈을 빌려주는 사람, 즉 채권자)와 차주(借主: 돈을 빌리는 사람, 즉 채무자)가 돈을 빌리고 빌려주기로 서로 합의하면 성립한다. 따라서 반드시 금전소비대차 계약서를 작성해야만 계약이 이루어지는 것은 아니며, 계약은 서면이 아니더라도 구두합의만으로도 성립한다. 그러나 계약서를 작성하지 않으면 채무자가 돈을 갚지 않거나 채권자가 기한보다 일찍 돈을 요구하는 경우 등의 법률분쟁이 발생했을 때 이를 해결하기 어려울 수 있다. 따라서 금전소비대차계약을 체결할 때에는 흔히 차용증이라 말하는 금전소비대차계약서를 작성하는 것이 일반적이다. 이렇듯, 금전소비대차계약은 당사자 사이의 합의만으로 성립하는 낙성계약(諾成契約)이므로 채권자가 채무자에게 금전을 교부하지 않아도 계약이 성립한다. 따라서 금전소비대차계약이 체결되면 채권자는 계약내용에 따라 채무자에게 돈을 빌려주어야 하고, 채무자는 변제기에 이를 갚아야 한다(민법 제598조).

금전소비대차의 종류에는 무이자 소비대차와 이자부 소비대차가 있다. 민법상 금전소비대차는 무이자인 것이 원칙이고, 이자를 받으려면 반드시 이자약정을 해야 한다. 금전소비대차계약을 체결할 때 이자에 대한 약정이 있는 경우를 이자부 소비대차라 하며, 당사자 사이에 이자지급에 대해서는 약정하였으나 구체적인 이율에 대한 약정은 없는 경우에는 연 5%의 민사 법정이율이 적용된다(민법 제397조 및 민법 제379조).

이와 달리 금전소비대차 계약이 상행위로 인한 경우에는 당사자 사이에 이자지급에 관한 아무런 약정이 없는 경우라도 채권자는 상사 법정이율 연 6%의 법정이자를 청구할 수 있다(상법 제55조 제1항 및 제54조). 이는 상거래를 주로 하는 상인은 자금수요가 많고 금전을 이용하여 높은 수익을 얻을 수 있다는 것을 고려한 민법의 특칙 규정이다.

2. 금전소비대차의 효력

채권자는 돈을 빌려주기로 계약한 경우 채무자에게 약정한 금전을 지급해야 할 의무가 있으며, 반대로 채무자는 변제기에 그가 빌려 쓴 금전을 반환해야 할 법적 의무를 부담한다. 이때 반환시기(변제기)의 약정이 있으면 그 약정시기에, 약정이 없으면 채권자가 상당한 기간을 정하여 반환을 최고(催告)하면 그 기간 내에 반환해야 한다(민법 제603조 제2항 본문). 하지만, 반환시기의 약정이 없으면 채무자는 언제라도 반환할 수 있다(민법 제603조 제2항 단서). 그리고 이자에 대한 약정이 있으면 채무자는 원금과 함께 이자를 지급할 의무를 부담하는데, 이율은 연 25%를 초과하지 않는 범위에서 당사자가 자유롭게 정할 수 있고, 약정이율이 없으면 법정이율(연 5%)에 따른 이자를 지급해야 한다(민법 제397조, 제379조 및 이자제한법 제2조 제1항). 이자부 소비대차는 채무자가 목적물인 금전을 인도받은 때부터 이자를 계산해야 하며, 채무자가 그 책임 있는 사유로 금전 수령을 지체할 때에는 채권자가 이행을 제공한 때부터 이자를 계산해야 한다(민법 제600조). 채권자가 원금과 이자를 확보하기 위해 채무자에게 담보제공을 요구하는 경우에는 채무자는 적절한 담보를 제공해야 한다.

구체적으로 채권자가 은행이든지 대부업의 등록을 한 등록대부업자이든지 아니면 미등록 대부업자(사채업자)인 경우이든지 채무자와의 사이에서 금전의 대차에 관해 체결되는 계약은 원칙적으로 일반적인 금전소비대차계약에 기초한다. 은행과의 금전소비대차계약은 은행여신거래기본약관과 대출거래약정서를 바탕으로 이루어지며 대부업자와의 금전소비대차계약은 대부거래 표준약관을 바탕으로 한 대부거래 표준계약서를 통해 이루어진다. 반면, 미등록 대부업자는 채무자와 개별적인 양식의 금전소비대차계약서를 체결하는 경우가 많다. 특히 대부업자 또는 미등록 대부업자 등과 같이 대부를 업으로 하는 기관과의 금전소비대차계약에서 개인인 채무자는 피해를 받을 가능성이 크기 때문에 이를 막기 위해 「대부업 등의 등록 및 금융이용자 보호에 관한 법률」의 규율을 받는다.

3. 금전거래 관련 법률

개인 간의 금전거래는 금전소비대차계약을 기초로 하는데, 민법에서는 금전소비대차계약의 성립과 효력에 관한 기본적인 사항을 규정하고 있으며, 일반적으로 체결되는 이자부 금전소비대차계약의 경우에는 이자제한법에 따라 최고이율이 제한된다. 금전거래와 관련된 법률 규정들을 살펴보면 다음과 같다.

금전거래는 민법상 금전소비대차계약을 기초로 하므로 금전소비대차계약의 성립, 효과, 변제 등에 관한 사항은 민법의 규정에 따른다(민법 제527조-제553조). 보통 금전소비대차는 기한을 정해서 이루어지는데, 약정한 기한인 변제기가 되면 채무자는 채권자에게 채무를 변제해야 한다. 하지만, 채무자가 변제기에 채무를 변제하지 않으면 채무불이행책임을 부담하게 되는데, 채무불이행책임이란 채무자에게 책임 있는 사유로 채무의 내용에 따른 이행이 이루어지지 않은데 대한 손해배상책임을 의미한다. 이와 반대로, 채권자가 변제기가 도래했음에도 불구하고 채권을 수령하지 않으면 채권자지체책임을 지게 되는데, 채권자지체책임이란 채무를 이행하기 위해 채권자의 협력이 필요한 경우에 채무자가 채무의 내용에 좇은 이행을 제공하였음에도 불구하고 채권자가 그것의 수령 그 밖의 협력을 하지 않거나 또는 협력할 수 없기 때문에 이행이 지연되는 경우 채권자가 부담하는 책임을 말한다.

금전소비대차계약을 체결할 때 대부분의 경우 이자 지급에 관한 약정이 수반된다. 당사자가 이자를 약정한 경우 그 이율은 당사자의 합의로 정할 수 있으나 이자제한법에 따라 연 25%를 넘을 수 없으며(이자제한법 제2조 제1항), 이자제한법 제2조 제1항의 최고이자율에 관한 규정에 의하면 2021년 7월 7일부터 최고이자율은 연 20%로 제한하고 있다. 반면, 등록대부업자의 경우에는 「대부업 등의 등록 및 금융이용자 보호에 관한 법률」 제8조 1항에 의해 "대부업자가 개인이나 소기업에 해당하는 법인에 대부를 하는 경우 그 이자율은 연 100분의 27.9 이하의 범위에서 대통령령으로 정하는 율을 초과할 수 없다"고 규정하고, 동법 시행령 제5조 2항에서는 최고 이자율을 2021년 7월 7일부터 연 20%로 제한하고 있다. 과거에는 등록대부업자에 대해서는 일반인들간의 최고이자율보다 높은 이율을 허용하였으나, 2021년 이후에는 동일하게 연 20%의 최고이자율이 적용되고 있다.

4. 이자와 이율의 약정

금전소비대차의 원금이 10만 원 이상인 계약에서는 그 이율은 연 20%의 이자율의 한도에서 당사자의 합의로 자유롭게 정할 수 있다(이자제한법 제2조 제1항·제5항 및 이자제한법 제2조 제1항의 최고이자율에 관한 규정). 그리고 금전소비대차계약의 이자율을 약정할 때에 당사자는 선이자를 미리 공제하기로 할 수 있는데, 예를 들어 1,000만 원을 빌려주기로 하는 금전소비대차 계약을 체결하면서 변제기한을 1년으로 하고 이자율을 연 20%로 약정한 경우 1년 후에 받을 이자 200만 원을 미리 공제한 800만 원만 채무자에게 지급하는 방식이다. 이렇게 선이자를 사전 공제한 경우에는 그 공제액이 채무자가 실제 수령한 금액을 원본으로 하여 연 20%(이자제한법 제2조 제1항에서 정한 최고이자율)에 따라 계산한 금액을 초과하는 때에는 그 초과부분은 원본에 충당한 것으로 본다(이자제한법 제3조). 따라서, 위의 예에서 실제 수령원금인 800만 원을 기준으로 할 때 연이자는 연이율 20%에 해당하는 1,600,000원으로 산정되므로 초과지급부분인 400,000원은 원금에 충당한 것으로 보아 변제기에 960만 원만 상환하면 된다.

그리고, 계약상의 이자로서 연 20%의 최고이자율을 초과하는 부분은 무효로 하며 (이자제한법 제2조 제3항), 또한 이자에 대해 다시 이자를 지급하기로 하는 복리약정도 연

20%를 초과하는 부분에 해당하는 금액에 대해서는 무효로 한다(이자제한법 제5조).

5. 기한

기한이란 법률행위의 당사자가 그 효력의 발생·소멸 또는 채무의 이행을 장래에 발생하는 것이 확실한 사실에 의존하게 하는 부관(附款)을 말하는데, 여기서 부관이란 법률행위의 효력의 발생 또는 소멸을 제한하기 위하여 부가되는 약관(約款)을 말한다. 예를 들어, 내년 12월 31일까지 돈을 빌려준다는 것은 기한부 금전소비대차이다. 금전소비대차에서 기한은 채무자의 이익을 위한 것으로 추정되는데(민법 제153조 제1항), 이처럼 기한의 이익을 채무자에게 주는 것은 채무자를 신용하여 그에게 기한 만큼의 이행을 늦춰주기 위한 것이다. 따라서 채무자에게 채무자가 담보를 손상하거나, 감소 또는 멸실하게 한 때(민법 제388조 제1호), 채무자가 담보제공의 의무를 이행하지 않은 때(민법 제388조제2호) 또는 채무자가 파산한 때(채무자 회생 및 파산에 관한 법률 제425조)와 같이 채무자의 경제적 신용을 상실하게 하는 사유가 발생한 때에는 채무자의 기한의 이익은 상실된다.

6. 손해배상액의 예정

A는 급전이 필요해 평소 자력(資力)이 있는 B에게 1,000만원을 빌려달라고 부탁했고, B는 A의 급한 사정을 이용해 고리(高利)의 이익을 취하기로 마음먹고 35%의 이율로 이자약정을 하자고 요구하였다. 돈이 급한 A는 이를 수락하고 1년 뒤에 원금 1,000만원과 이자 350만원을 합한 1,350만원을 갚기로 하는 차용증을 작성했다. 과연 A와 B의 이러한 내용의 계약은 유효인가?

금전소비대차계약의 당사자는 계약을 체결할 때 채무자가 변제기에 변제를 하지 못하는 경우를 대비해서 특약으로 채무불이행에 관한 손해배상액을 미리 정할 수 있다. 다만, 손해배상의 예정액이 부당하게 과다한 경우에는 법원이 이를 감액할 수 있으며, 손해배상액의 예정은 이행의 청구나 계약의 해제에 영향을 미치지 않는다. 특히 위약금을 약정하는 것은 손해배상액의 예정으로 추정한다(민법 제398조). 사례와 같은 경우 금전소비대차계약의 채권자가 등록된 대부업체이거나 미등록 대부업자 또는 보통의 개인인 채권자인 경우에는 이자의 약정을 하더라도 그 이율은 연 20%를 초과할 수 없으며, 초과부분은 무효가 된다. 따라서 A와 B가 약정한 이율에서 법이 정한 최고이율인 20%를 초과한 부분만큼은 무효가 되며, 다만 A와 B의 금전소비대차계약이나 이자의 약정 그 자체가 무효가 되는 것은 아니고, 연 20%까지의 이자지급의 약정은 유효하다. 참고로 「대부업 등의 등록 및 금융이용자 보호에 관한 법률」에 따른 등록 대부업자와 금전거래를 하는 경우에도 2021년 법개정에 의해 약정이율의 최대한도는 연 20%를 초과하지 않는 범위까지이다.

A는 급전이 필요해 평소 자력(資力)이 있는 B에게 1,000만 원을 빌려달라고 부탁했고, B는 A의 급한 사정을 이용해 고리(高利)의 이익을 취하기로 마음먹고 연 30%의 이율로 이자를 약정하되 이자를 미리 공제한 남은 액수를 받을 것을 요구한다. 돈이 급한 A는 이를 수락하고 원금 1,000만 원에서 300만 원을 공제하고 남은 700만 원을 받으면서 변제기 1년에 원금 1,000만원, 이자 300만원의 차용증을 작성했다. 1년 뒤에 A는 얼마를 갚아야 하는가?

사례와 같이 법정 제한이율을 회피하기 위한 방법으로 이자를 선이자로 지급하기로 약정한 경우에는 이자제한법상 선이자의 경우 채무자가 실제 받은 금액을 원금으로 보도록 정하고 있다(이자제한법 제3조). 따라서 A는 1년 후 원금을 700만 원으로 하고, 이자는 700만 원의 20%인 140만 원만 갚으면 된다.

7. 채권담보제도

변제기에 채무자가 채무를 이행하지 않은 때 채권자가 채권의 만족을 얻기 위해서는 원칙적으로 채무자의 재산을 현금화(現金化)해서 강제집행해야 하므로 채무자 재산의 실질적 가치가 얼마인지는 채권자에게 중요한 사항이 된다. 채권은 그 성질에 따라 채권의 만족을 위해 채무자의 재산을 장악할 수 있는 법적 힘을 가지는데, 이의 대상이 되는 채무자의 재산을 책임재산(責任財産)이라고 한다. 채권자는 채무자의 변제자력을 고려하여 자신의 채권회수 가능성을 강화하기 위해 일정한 담보를 요구할 수 있는데, 현행법상 허용되는 담보로는 인적담보와 물적담보가 있다. 이러한 채권담보계약은 금전소비대차와 결합해서 체결되는 경우가 일반적이지만 별개의 독립한 계약으로 본다. 현행법상 인정되는 채권담보계약에는 인적담보계약과 물적담보계약이 있으며, 인적담보계약이란 채무자의 책임재산에 제3자의 재산을 추가하는 방법으로 채권을 담보하는 계약으로 보증계약 또는 연대보증약정이 있다(민법 제428조 및 민법 제413조). 그리고 물적담보계약이란 채무자 또는 제3자의 부동산·동산 등에 담보물권을 설정하거나 양도하는 방법으로 채무자의 채무를 담보하는 계약을 말하며 유치권, 질권, 저당권 설정 등의 담보계약이 있다. 채권담보제도에 대해서는 이하에서 상세히 살펴보자.

(1) 인적담보계약

인적담보계약에는 보증계약과 보증계약의 특수한 형태인 연대보증계약, 그리고 연대약정이 있다. 연대보증계약은 채권자가 주채무자에게 먼저 이행을 청구하거나 집행절차에 들어가지 않고도 연대보증인에게 이행할 것을 청구할 수 있다는 점에서 보증계약에 비해 유리하다.

1) 보증계약

보증계약이란 타인의 채무를 보증하기로 채권자와 보증인이 체결하는 채권담보계약을 말하며, 보증채무란 채권자와 보증인 사이의 보증계약에 따라 성립하는 채무로서 주채무자가 그 채무를 이행하지 않는 경우 보증인이 이를 대신 이행해야 하는 채무를 말한다(민법 제428조 제1항). 보증채무의 담보범위는 채권자와 보증인 사이의 보증계약의 내용에 따라 결정되지만, 특별한 의사표시가 없는 한 주채무의 원금은 물론 주채무의 이자, 위약금, 손해배상 그 밖에 주채무에 종속한 채무를 모두 포함한다(민법 제429조 제1항). 보증채무의 이행을 확실하게 하기 위해 보증인과 채권자는 그 보증채무에 관한 위약금 그 밖의 손해배상액을 예정할 수 있다.

채무자가 보증인을 세울 의무가 있는 경우에는 그 보증인은 행위능력 및 변제자력이 있는 자로 해야 하며 보증인이 변제자력이 없게 된 때에는 채권자는 보증인의 변경을 청구할 수도 있다. 다만, 채권자가 보증인을 지명한 경우에는 보증인의 행위능력 및 변제자력 있음을 요구하지 않지만, 채무자는 다른 상당한 담보를 제공함으로써 보증인을 세울 의무를 면할 수 있다.

보증채무는 그 원인 여하를 불문하고 주채무가 소멸되면 소멸하는 것이 원칙인데, 예를 들어 주채무가 소멸시효 완성으로 소멸되면 보증채무도 부종성에 따라 당연히 소멸하게 된다. 그리고 주채무자에 대한 채권이 양도되면 채권자(양도인)가 갖는 보증인에 대한 채권도 당연히 양수인에게 이전된다. 이 경우 채권양도로써 보증인에게 대항하기 위해서는 주채무자에 대한 대항요건을 구비하는 것으로 충분하며 따로 보증인에게 그 채권양도를 통지하거나 또는 보증인의 승낙을 받을 필요는 없다. 그리고 주채무자에 대한 소멸시효 중단은 보증인에 대하여도 효력이 있지만 반대로 보증채무에 대한 소멸시효가 중단되었더라도 주채무에 대한 소멸시효가 중단되는 것은 아니다.

2) 보증인의 구상권

보증채무를 이행한 보증인은 금전소비대차계약상의 주채무자에 대하여 구상권(求償

權, 채무를 변제해준 사람이 채무당사자에게 반환을 청구할 수 있는 권리)을 행사할 수 있다. 주채무자의 부탁을 받고 보증인이 된 자(수탁보증인)는 과실없이 변제 그 밖에 자기의 출재(出財)로 주채무를 소멸하게 한 때에는 주채무자에 대하여 구상권을 갖는다. 이때 주채무의 전부가 소멸되었을 필요는 없으므로 수탁보증인은 주채무의 일부만 소멸된 경우에도 그 한도에서 구상권을 가진다.

3) 연대보증

연대보증이란 보증인이 채권자에 대해 주채무자와 연대하여 채무를 부담하는 형태의 보증채무를 말한다. 연대보증은 주채무에 종속한 보증채무를 부담한다는 측면에서는 일반보증채무와 같으나 보증인이 주채무자와 연대(連帶)함으로써 채권자가 주채무자에게 먼저 이행을 청구하지 않고 보증인에게 이행을 청구하더라도 보증인에게 최고·검색의 항변권이 인정되지 않는다는 면에서는 일반 보증채무보다 채권담보력이 훨씬 강하다. 따라서 보증인이 주채무자와 연대하여 채무를 부담한 때에는 채권자가 보증인에게 채무의 이행을 청구한 때에도 보증인은 주채무자의 변제자력이 있는 사실 및 그 집행이 용이하다는 것을 증명하여 먼저 주채무자에게 청구할 것과 그 재산에 대하여 집행할 것을 항변할 수 없다. 하지만, 보증행위가 상행위인 경우의 보증 또는 상행위로 인하여 생긴 채무의 보증은 상법 규정에 따라 항상 연대보증이 된다(상법 제57조 제2항).

선보증인의 최고·검색의 항변권

법채권자가 주채무자에게 이행을 청구하지 않고 곧바로 보증인에게 채무이행을 청구한 때에 보증인이 주채무자에게 변제능력이 있다는 사실과 그 집행이 용이하다는 사실을 증명하여 먼저 주채무자에게 청구할 것(최고의 항변권)과 주채무자의 재산에 대하여 집행할 것(검색의 항변권)을 항변할 수 있는 권리

그렇다면 채권자 입장에서는 일반보증과 연대보증 중 어떤 것이 더 채권담보에 유리할까? 일반보증은 채권자가 주채무자로부터 변제를 받지 못할 때 보증인이 그 채무를 보증채무로서 부담하는 계약으로서 일반보증인에게는 최고·검색의 항변권이 있는데, 이는 채권자가 주채무자에게 채무변제를 청구하지 않고 곧바로 보증인에게 채무변제를 요구할 때에, 보증인은 주채무자에게 변제능력이 있고 그 집행이 용이하다는 사실을 증명하여 먼저 주채무자에게 청구할 것과 주채무자의 재산에 대해 집행할 것을 항변할 수

있는 권리이다. 그러나, 연대보증은 보증인과 주채무자가 주채무를 연대하는 방식의 보증이기 때문에 연대보증인에게는 보증인에게 인정되는 위와 같은 최고·검색의 항변권이 인정되지 않기 때문에 채권자의 입장에서는 먼저 주채무자에게 채무변제를 청구하거나 주채무자 재산을 집행하지 않고도 곧바로 보증인에게 보증채무를 청구할 수 있다는 점에서 채무자로 하여금 일반보증보다 연대보증을 세우도록 하는 것이 채권담보력 측면에서 훨씬 유리하다.

(2) 물적담보계약

앞서 살펴 본 인적담보제도는 보증인에게 주채무자의 채무를 변제할 자력이 있을 경우에 한하여 담보효력이 인정되므로, 만일 보증인이 어떤 사유로 인해 무자력이 된 경우라든가 잠적해 버린 경우에는 채권자는 채권을 회수하기가 어려운 상황이 발생할 수 있다. 이런 이유로 인적담보는 오늘날 그 비중이 점점 감소하고 있는 반면, 채권계약 체결 당시에 일정한 경제적 가치를 가지는 물건을 담보로써 제공하는 물적담보제도는 채권담보력이 훨씬 강할 뿐 아니라 인적담보제도에 비해 채권실행절차가 상대적으로 간단하다는 장점이 있어 많이 이용되고 있는 담보제도이다. 이러한 물적담보제도로 현재 민법이 인정하고 있는 물권은 동산을 담보로 하는 질권과 부동산을 담보로 하는 저당권이 중요하다.

1) 저당권

자력이 별로 없는 A는 B로부터 5천만원을 사업자금으로 빌리면서 싯가 1억원 상당의 A의 아버지 C의 빌딩에 저당권을 설정하였다. 그런데 C소유의 빌딩에는 이미 D가 C에 대한 채권 8천만원에 대해 저당권을 설정해 둔 상태였다. A가 사업에 실패하여 B에게 빌린 사업자금을 갚지 못한다면 B는 어떻게 변제받을 수 있는가?

저당권은 저당권 설정을 목적으로 하는 당사자사이의 저당권설정계약과 등기에 의하여 성립한다. 저당권설정계약의 당사자는 저당권을 취득하는 저당권자와 자신의 부동산 위에 저당권을 설정하는 저당권설정자이다. 여기서 저당권자는 원칙적으로 금전소비대차계약의 채권자이며 저당권설정자는 통상 금전소비대차계약의 채무자이지만 제3자(물상보증인)라도 무방하다. 민법상 저당권은 부동산과 지상권·전세권에 설정될 수 있다. 저당권으로 담보가 가능한 채권으로는 원본, 이자, 위약금, 채무불이행으로 인한 손해배상 및 저당권의 실행비용 등이다. 하지만 지연배상에 대하여는 원본의 이행기일을 경과

한 후의 1년분에 한하여 저당권을 행사할 수 있다.

만일 채무자가 변제기에 채무를 변제하지 않으면 저당권자는 저당목적물을 일정한 절차에 따라 매각·환가하여 그 대금으로부터 다른 채권자에 우선하여 변제를 받을 수 있다(민법 제356조). 이와 같은 저당권 설정등기시기의 선후에 따른 우선변제권이 인정된다는 점이 저당권의 가장 큰 장점이다. 저당권자는 일반채권자에 우선하여 채권의 변제를 받을 수 있지만 다음과 같은 예외가 있다.

「주택임대차보호법」 또는 「상가건물 임대차보호법」상 일정한 요건(대항력과 확정일자, 임차소액보증금의 경우 담보권자의 경매신청등기 이전의 대항요건)을 갖춘 주택 또는 상가 임차인은 우선변제순위에서 저당권자에 우선한다(주택임대차보호법 제3조 및 제8조, 상가건물 임대차보호법 제3조 및 제14조 참조). 또한 저당물에 부과된 국세와 가산금은 그 법정기일 이전에 설정된 저당권에 대해서도 언제나 우선한다(국세기본법 제35조 제1항 제3호).

그리고 최종 3년간의 퇴직금은 사용자의 총재산에 대하여 질권 또는 저당권에 따라 담보된 채권, 조세·공과금 및 다른 채권에 우선하여 변제된다(근로자퇴직급여 보장법 제11조 제2항). 최종 3개월분의 임금과 재해보상금은 사용자의 총재산에 대하여 질권 또는 저당권에 따라 담보된 채권, 조세·공과금 및 다른 채권에 우선하여 변제된다(근로기준법 제38조 제2항). 그리고 동일한 부동산 위에 여러 개의 저당권이 설정되어 있는 경우에는 각 저당권설정등기의 선후에 따라 우선변제의 순위가 결정된다.

위 사례와 같이 채무자를 위해서 자신의 부동산에 저당권을 설정해 주는 자를 물상보증인이라 하는데, 저당권설정자가 담보로 제공한 부동산에는 이미 1순위 저당권자가 8천만 원을 채권최고액으로 설정한 저당권을 설정하였고 이후 B가 5천만 원을 채권액으로 한 2순위 저당권을 설정한 경우 해당 부동산이 경매에 붙여진 경우 만약 1억 원에 낙찰이 되었다면 이 경매대금에서 1순위 저당권자가 자신의 채권액 전액을 우선변제 받고 나머지 남은 금액에 대해 다음 순위인 B가 받아갈 수 있다. 이처럼 저당권의 가장 큰 장점은 선순위 저당권자의 우선변제권에 있다.

채권자가 변제기에 금전소비대차계약상의 채무를 변제받지 못한 경우 저당권자 스스로가 저당물을 환가하고 그 대가로부터 피담보채권의 변제를 받는 것을 저당권의 실행이라 하는데, 이러한 저당권의 실행은 보통 민사집행법상 경매규정에 따라 이루어지며 저당권자가 경매를 신청하면 경매절차가 진행되고 최종 낙찰대금을 우선순위에 따라 채권자들이 배당받는 형태로 실행된다.

2) 질권과 유치권

채권을 담보하기 위해 채권자는 채무자 또는 제3자의 동산(動産)에 질권(質權)을 설정할 수도 있다. 질권이란 채권자가 채권의 담보로서 채무자 또는 제3자로부터 받은 동산을 채무의 변제가 있을 때까지 유치함으로써 채무의 변제를 간접적으로 강제하는 동시에 변제가 없는 때에는 그 목적물로부터 우선적으로 변제를 받는 권리를 말한다(민법 제329조). 예를 들어, 채무자가 채권자에게 100만 원을 빌리면서 채권담보를 위해 자신의 시가 300만 원 상당의 명품시계를 채권자에게 담보로 제공하면 질권설정 계약이 체결된 것이다. 질권은 원본, 이자, 위약금, 질권실행의 비용, 질물보존의 비용 및 채무불이행 또는 질물의 하자로 인한 손해배상의 채권을 담보하게 되는데 당사자간에 다른 약정이 있는 때에는 그 약정에 따른다. 채권자가 질권을 설정하면 대여금 전부를 변제받을 때까지 질물을 유치(留置)할 수 있고, 채무자의 채무불이행시 질물로부터 자신의 채권을 우선 변제받을 수 있다. 다만, 질권설정 계약을 체결하면서 만약 변제기에 완제를 하지 못하는 경우에는 질물의 소유권을 채권자에게 자동적으로 이전시키겠다는 약정인 유질약정을 체결하는 경우 민법에서는 이러한 유질계약은 채무자에 대한 폭리가능성이 높아 비윤리적이라는 점에서 무효로 보고 있다. 하지만, 상인의 상거래 과정에서는 이러한 유질약정의 효력도 유효한 것으로 본다.

질권과 구별해야 할 물권으로는 유치권(留置權)이 있는데, 유치권도 채권담보를 위해 설정되는 제한물권이라는 점에서는 공통점을 가지지만 담보로 제공하는 물건과 채권사이에 일정한 견련성이 필요하다는 점에서 질권과 다르다. 다시 말해, 유치권은 당사자간의 별도의 유치권 설정계약이 없어도 법률규정에 의해 당연히 발생되는 담보물권으로서 반드시 담보하려는 채권이 유치하려는 목적물로부터 발생된 것이어야 한다. 예를 들면, 시계수리점에 시계수리를 의뢰한 사람이 수리대금을 지급하지 못하는 경우 수리점 주인은 수리대금을 받을 때까지 시계를 돌려주지 않고 시계를 유치할 수 있는 법적 권리가 있다. 이 경우 시계수리점 주인이 채권자가 되고 시계주인이 채무자, 수리대금이 피담보채권이 되는데, 피담보채권이 시계수리로부터 발생되었기 때문에 견련성이 인정되어 별도의 약정이 없어도 유치권이 법률규정에 의해 성립되는 것이다. 반면, 위에서 살펴 본 질권의 경우에는 100만 원의 채권과 담보물인 시계사이에 견련성이 없더라도 질권이 성립됨을 알 수 있다.

Ⅱ. 금전채무의 변제

변제란 채무자가 채무의 내용을 실행하는 행위를 말하며, 금전소비대차계약에서의 채무의 변제는 채무자가 채권자에게 빌린 돈을 갚는 것을 말한다. 변제는 채무내용에 좇은 현실제공으로 이행하여야 한다(민법 제460조 전단). 채무의 내용에 좇은 현실제공이란 채무를 갚기 위해 채권자에게 금전을 준비하여 제공하는 것을 말한다. 그러나 채권자가 미리 변제 받기를 거절하거나 채무의 이행에 채권자의 행위를 요하는 경우에는 변제준비의 완료를 통지하고 그 수령을 최고하면 되며, 변제를 제공하면 그때부터 채무불이행의 책임을 면한다.

변제비용은 다른 의사표시가 없으면 채무자의 부담으로 한다. 그러나 채권자의 주소이전 그 밖의 행위로 인하여 변제비용이 증가된 때에는 그 증가액은 채권자의 부담으로 한다(민법 제473조). 예를 들어, 부산에 거주하는 채무자가 인천에 사는 채권자의 집에 찾아와서 돈을 갚기 위해 든 차비나, 은행의 계좌이체로 채권자에게 변제한 경우에 드는 계좌이체 수수료 등이 변제비용이다.

채무자는 빌린 돈을 직접 갚을 수도 있지만, 변제에 갈음한 여러 방법을 사용하여 채무를 소멸시킬 수도 있다. 이와 같이 변제에 갈음하는 방법에는 대물변제, 상계, 경개, 면제, 혼동이 있는데, 특히 상계의 경우에는 채무자가 채권자에게 다른 금전채권을 가지고 있는 경우 대등액을 소멸시킬 수 있어 채권자의 담보력 확보에 유리하다.

1. 대물변제

대물변제란 금전으로 채무를 이행하지 않고 대신 다른 물건으로 변제하는 것을 말한다. 채무자가 채권자의 승낙을 얻어 본래의 채무이행에 갈음하여 다른 급여를 한 때에는 변제와 같은 효력이 있다(민법 제466조). 예를 들어, 100만원을 빌린 채무자가 채권자의 승낙을 얻어 그가 원래 지급해야 할 100만원의 금전채무에 갈음하여 자신의 예물시계를 주는 것이 여기에 해당한다.

대물변제의 요건으로는 당사자 사이에 대물변제의 합의가 있어야 하며, 채권이 존재해야 하고 본래의 급부와 다른 급부를 제공할 것을 약정해야 한다. 그리고 다른 급부는 본래의 급부와 같은 가치일 필요는 없다. 따라서 100만원의 대여금채무자는 80만원짜리 시계를 주는 것을 채권자와 약속할 수도 있다. 마지막으로 실제로 본래의 채무이행에 갈음한 다른 급부가 행해져야 한다. 대물변제가 이루어지면 변제와 같은 효력이 인정되므로 기존 채무는 소멸하게 된다.

2. 상계

상계란 채권자와 채무자가 서로 같은 종류의 채권·채무를 가지고 있는 경우 그 채권과 채무를 대등액에서 소멸시키는 일방적 의사표시를 말한다. 예를 들어, 채권자와 채무자가 100만원의 금전소비대차를 하였으나, 채무자에게는 이미 채권자에게 다른 받을 돈 50만원이 있는 경우 50만원의 액수에 관해서는 채무자가 채권자에게 상계한다는 의사를 표시하는 동시에 50만원에 해당하는 채무는 소멸한다.

당사자 쌍방이 서로 같은 종류를 목적으로 한 채무를 부담한 경우에 그 쌍방의 채무의 이행기가 도래한 때에는 각 채무자는 대등액에 관하여 상계할 수 있으나, 채무의 성질이 상계를 허용하지 않을 때에는 상계할 수 없다(민법 제492조 제1항). 또한 당사자가 다른 의사를 표시한 경우에는 상계할 수 없다.

채무이행의 방법으로 상계가 인정되지만 해당 채무가 고의의 불법행위로 인한 경우와 채권이 압류하지 못할 것인 때에는 그 채무자는 상계로 채권자에게 대항하지 못한다. 유효한 상계의 의사표시를 한 경우에는 각 채무가 상계할 수 있는 시기에 대등액에 관하여 소멸한 것으로 취급한다.

3. 면제

채권자가 채무자에게 채무를 면제하는 의사를 표시한 때에는 채권은 소멸한다. 그러나 면제로써 정당한 이익을 가진 제3자에게 대항하지 못한다(민법 제506조). 예를 들어, 채권자와 채무자가 100만원의 금전소비대차를 하였으나 채무자의 어려운 사정을 알고 이를 받지 않기로 하는 의사를 표시한 경우에는 100만원의 채권은 소멸하게 된다.

4. 혼동

채권과 채무가 동일한 주체에 귀속한 때에는 채권은 소멸한다. 그러나 그 채권이 제3자의 권리의 목적인 때에는 소멸하지 않는다(민법 제507조). 예를 들어, 남편이 부인에게 1,000만원을 빌려주었으나 남편이 사망하고 부인이 단독으로 상속인이 된 경우에는 상속으로 부인이 남편에게 줄 1,000만원의 채무는 소멸하게 된다.

5. 채권의 소멸시효

일반적인 금전채권은 10년간 행사하지 않으면 소멸시효가 완성된다. 따라서 금전소비대차계약의 채권자는 변제기가 있으면 변제기 이후 10년 이내에, 변제기가 없으면 변제를 할 수 있을 때부터 10년 내에 채권을 청구해야 한다.

소멸시효란 권리자가 그의 권리를 행사할 수 있었음에도 불구하고 일정한 기간 동안 그 권리를 행사하지 않는 상태, 즉 권리불행사의 상태가 계속된 경우에 그 자의 권리를 소멸시키는 제도를 말한다. 소멸시효제도는 일정한 기간 계속된 사회질서를 유지하고, 시간의 경과로 인해 곤란하게 되는 증거보전으로부터의 구제 또는 자기의 권리를 행사하지 않고 권리 위에 잠자는 자를 법의 보호에서 제외하기 위한 것이다. 소멸시효기간의 만료로 소멸시효가 완성되면 채권은 당연히 소멸하며, 원본채권이 시효로 소멸하면 이자채권도 함께 시효로 소멸한다.

민사채권의 소멸시효는 10년이지만, 금전거래의 원인이 상행위로 인한 경우에는 「상법」에 다른 규정이 없는 때에는 5년간 행사하지 않으면 소멸시효가 완성된다. 그러나 다른 법령에 이보다 단기의 시효의 규정이 있는 때에는 그 규정에 따른다. 소멸시효는 권리를 행사할 수 있는 때로부터 진행한다.

소멸시효가 완성되면 더 이상 채권자는 채권을 돌려 받을 수 없게 되므로 채권자는 채권의 시효가 완성되기 전에 소멸시효의 진행을 중단시켜야 한다. 채권자가 소멸시효를 중단시키는 방법으로는 재판상청구, 파산절차참가, 지급명령의 신청, 화해를 위한 소환, 임의출석, 압류·가압류·가처분이 있고, 채무자가 채무를 승인하는 경우에도 소멸시효는 중단된다.

제5절 주택임대차

Ⅰ. 주택임대차보호법 개관

의식주는 인간 생활에 있어 가장 중요한 요소에 해당하는데, 우리나라는 70년대 급진적인 산업화 과정에서 많은 지방인구가 수도권, 특히 서울지역에 집중되면서 단기간에 극심한 주거부족 사태에 직면하게 되었다. 그로 인해 서울을 위시한 수도권 지역에서는 주택에 대한 수요가 급증하게 되었고, 한정된 수의 공급 주택의 가격이 상승하게 되었다. 이러한 주택에 대한 수요초과현상은 자연스럽게 주거비용의 상승을 초래하였고, 많은 국민들이 자신의 전 재산을 주거를 위한 자금으로 사용하게 되었다. 주택을 소유한 임대인은 매년 전세금을 인상하였고 임차인들은 인상된 전세금을 마련하지 못해 다른 주택으로 이사해야 하는 등의 불편을 겪을 수밖에 없는 상황이었다. 이에 더하여 주택 소유자가 임차인 몰래 주택을 다른 사람에게 매도하고 잠적하는 경우에는 임차인은 전 재산에 해당하는 전세 보증금을 돌려받지 못하고 쫓겨나는 일도 빈번하게 발생함에 따라 심각한 사회문제로 부각되기에 이르렀다. 이러한 주택부족에 따른 임차인들의 주거 불안정 문제를 다소나마 해결하기 위해 민법상 전제제도와 별도로 주택임대차보호법이 제정되었다.

우리 헌법에서는 "모든 국민은 인간다운 생활을 할 권리를 가진다."고 천명하여, 모든 국민으로 하여금 주거생활의 안정을 통해 인간다운 생활을 누릴 권리를 보장하고 있다. 그리고 민법에서도 주거생활의 안정을 통한 인간다운 생활을 할 권리를 구체적으로 실현하기 위해 전세권과 임대차에 관한 규정을 마련하고 있다.

민법상 전세권은, 오래전부터 주로 건물의 임대차제도로 이용되어 오던 전세제도를 이용권 강화라는 요청에 따라 물권으로 성문화한 것이다. 이러한 전세권은, 전세금을 지급하고 타인의 주택을 점유하여 그 주택의 용도에 좇아 사용·수익하는 용익물권이며, 전세권자는 전세권이 소멸하면 그 주택에 대해 후순위권리자 그 밖의 채권자보다 우선하여 전세금을 돌려받을 수 있는 등 강한 보호를 받고 있다. 따라서, 타인의 주택에 전세로 살려고 하는 경우에는 원래 임대차와는 달리 전세권을 설정해야 자기의 전 재산이라고 할 수 있는 전세금을 강하게 보호받을 수 있다. 그러나 주택의 소유자 입장에서는 전세권 등기를 기피하여 등기를 하지 아니한 전세인 미등기 전세를 선호하였고, 그 결과 계약기간 만료시 전세금반환에 대한 보장이 약해서 전세권자들의 피해가 심각한 사회문제가 되기도 했다. 다시 말해, 민법상 전세권이나 임차권은, 그 어느 경우에도 등기를 하지 않는 한, 물권이 아닌 단순한 일반 채권으로 인정되므로 주택의 임차인은 임차주택이 경매되는 경우 그 주택의 매수인에게 대항하지 못해 길거리로 쫓겨나거나 전세금을 돌려받지 못하는 등의 피해를 입게 되는 것이다. 이러한 사회적 문제를 해결하기 위해 주택의 임대차에 관해서는 민법에 대한 특례를 규정하는 주택임대차보호법을 제정하여 국민의 주거생활의 안정을 꾀하고 있다.

주택임대차보호법에서는 주택 임대차와 관련해서는 민법의 특별법에 해당하며, 주택임차인 보호를 위한 다수의 특별규정들을 마련하고 있는데, 임차인의 대항력의 강화, 임차권 존속기간의 보장, 소액임차인의 최우선변제권, 우선변제권, 임차권등기명령제도, 갱신요구권 등의 특례를 마련하는 등 주택임차인 보호를 주된 목적으로 운영되고 있다. 특히 과거 판례가 미등기 전세를 임대차의 일종으로 보고 있던 것을 입법적으로 해결하여, 미등기 전세에 대해 동법을 준용함으로써 미등기 전세권자의 법률상 지위를 강화시키고 있다. 주택임대차보호법의 주요 내용을 간단히 요약해 보면 다음과 같다.

주택임대차보호법은, 민법상 전세권이나 임대차계약의 규정만으로는 경제적 약자인 임차인의 권리를 보호하기 어려운 면을 보완하기 위해 제정된 특별법으로서, 그 내용은 임차인의 보호를 위한 규정이 대부분이다. 또한 주택임대차보호법상 규정은 강행규정이므로, 당사자 간의 약정 중 주택임대차보호법의 규정에 위반되는 것은 효력이 없게 된다. 다만, 당사자 간의 약정 중 임차인에게 유리한 것은 효력을 인정하고 있다.

주택임대차보호법상 주택의 임차인을 보호하고 있는 주된 내용으로 대항력의 부여, 존속기간의 보장, 우선변제권의 인정, 갱신요구권, 소액임차인의 최우선변제권 등을 들 수 있다. 우선, 주택의 임대차는 그 등기가 없는 경우에도 임차인이 주택의 인도와 주민등록을 마친 때에는 그 다음날부터 제3자에 대해서도 대항할 수 있는 효력을 인정하고 있으므로, 주택의 인도와 주민등록을 마친 임차인은 임차주택의 양도, 경매 등으로 임대인의 지위가 변경되는 경우에도 임차권의 존속을 주장하여 임대차 기간이 만료될 때까지 계속 거주할 수 있으며, 임차보증금을 반환받을 때까지 집을 비워주지 않을 수 있다.

더불어, 동법은 주택의 임대차 존속기간을 최저 2년으로 제한함으로써, 임대차 기간을 정하지 않았거나 2년 미만으로 정한 때에도 최소한 2년의 임대차 기간을 보장하고 있다. 그리고 동법은 임차인이 주택의 인도와 주민등록을 마치고 임대차계약증서상의 확정일자를 갖춘 경우에는 일반채권자 보다 우선하여 보증금을 변제 받을 수 있는 우선변제권을 인정하고 있는데 이 제도는 사실상 고액의 전세등기를 대체하는 수단으로 매우 실효성 있는 제도로 활용되고 있다.

특히, 임차보증금이 지역별로 정하고 있는 소액인 경우에는 임차인이 경매신청 등기 전까지 주택의 인도와 주민등록을 마치면, 확정일자를 받지 않은 경우에도 보증금 중 일정액을 저당권자와 같은 다른 담보물권자보다 우선하여 변제받을 수 있는 소액보증금 일부에 대한 최우선변제권도 인정하고 있다. 마지막으로, 임차인이 임대차기간이 종료된 이후에도 보증금을 돌려받지 못한 경우에는 임대인 동의가 없어도 단독으로 임차권등기명령을 신청할 수 있도록 허용함으로써, 임차인이 임차권등기를 마친 후 이사를 하거나 주민등록을 옮기더라도 기존 주택에서 보유하고 있던 대항력과 우선변제권은 계속 유지된다.

코로나 팬더믹 이후 세계 경제상황의 악화로 인한 금리인상 및 부동산가격 하락 등의 이유로 최근 사회적 문제가 되고 있는 대규모 전세사기로 인한 임차인들의 보증금 피해에 대한 대책의 일환으로 현행 주택임대차보호법을 개정해 우선변제권을 보유한 주택임차인에 대해서는 다른 선순위 담보권자의 채권액이나 미납국세액보다 최우선해서 경락대금에서 반환받을 수 있도록 하는 법개정 논의가 진행 중에 있는데, 법 시행으로 인한 부작용 및 법리적 문제점들에 대한 세부검토 작업을 거쳐야 개정이 가능할 것으로 본다.

Ⅱ. 전세권과 임차권

타인의 주택을 이용하는 방법에는 민법상 전세권을 이용하거나 임대차계약을 체결하는 방법이 있는데, 전세권과 임차권은 권리의 성질, 공시방법, 효력 등에서 큰 차이가 있다. 지금까지 우리나라에서 다른 사람의 주택을 거주목적으로 이용하는 방법으로는 크게 다섯 가지 형태로 구분할 수 있는데, 전세금을 지급하고 전세권 등기를 하는 민법상 전세권제도가 있지만 주택임대차보호법 제정 이후에는 크게 이용되지 않고 있다. 다음은 전세금 또는 비교적 큰 금액의 보증금을 임대인에게 지급하고 추가적인 차임은 지급하지 않고 등기설정 없이 주택을 이용하는 방식으로 흔히 미등기 전세 또는 채권적 전세라고 일컫는 제도가 있다. 다음은 상당액의 보증금과 매월 소액의 차임을 월세 형태로 지급하고 주택을 이용하는 방식으로 흔히 반전세라고 한다. 반면, 소액의 보증금을 지급하고 매월 상당액의 월세 차임을 지급하는 형태를 월세라고 하는데 현재 가장 많이 활용되고 있는 주택임차 형태이다. 마지막으로 보증금 없이 임차기간 동안의 차임을 일시불로 전액 지급하고 주택을 이용하는 사글세 형태가 있다.

1. 전세권과 임차권의 차이

현행법상 타인의 주택을 사용·수익하는 방법은 민법상 전세권을 설정하여 이용하는 경우와 주택임대차보호법상 임대차계약을 체결하여 이용하는 경우가 있는데, 전세권과 임차권은 권리의 성질, 공시방법, 효력 등에서 큰 차이가 있다. 우선 전세권은 물권인 반면 임차권은 채권적 권리에 해당한다. 전세권은 물권으로서 등기를 통해 권리를 공시할 수 있지만 채권인 임차권은 등기여부가 선택사항이다. 전세권을 양도함에 있어서는 임대인 동의없이도 가능한 반면 임차권은 임대인 동의가 필요하다. 이하에서는 전세권과 임차권에 대해 자세히 설명한다.

2. 전세권

전세권이란, 전세권자가 전세금을 지급하고 계약기간 동안 다른 사람의 부동산을 점유하여 그 부동산의 용도에 맞게 사용·수익하는 용익물권인데, 전세권자는 전세권이 소멸하는 경우 그 부동산 전부의 매각대금으로부터 후순위권리자, 그 밖의 채권자보다 우선하여 전세금을 돌려받을 수 있는 권리가 있다.

전세금의 지급은 전세권의 성립요소이다. 전세금은 전세권자가 전세권을 설정할 때 전세권설정자에게 교부하고, 전세권이 소멸하는 때에 반환받게 된다. 전세권자는 목적 부동산의 사용대가로서 전세금을 지급함으로써 족하고, 전세권설정자는 전세금의 이자로 차임을 충당하게 된다. 전세금은 전세권을 설정하려는 당사자들이 자유롭게 정할 수 있으나, 등기된 금액의 범위 내에서만 제3자에게 대항할 수 있다. 전세금이 목적 부동산에 관한 조세·공과금 그 밖의 부담의 증감이나 경제사정의 변동으로 상당하지 아니하게 된 때에는 당사자는 장래에 대하여 전세금의 증감을 청구할 수 있다. 다만, 전세금의 증액청구는 약정한 전세금의 20분의 1을 초과하지 못하고, 전세권설정계약이 있은 날 또는 약정한 전세금의 증액이 있은 날로부터 1년 이내에는 할 수 없도록 제한하고 있다.

전세권은, 부동산 소유자와 전세권을 취득하려는 사람 사이의 전세권 설정을 목적으로 하는 물권적 합의와 등기에 의해 취득되는 것이 원칙이며, 그 밖에 전세권의 양도, 상속을 통해서도 취득할 수 있다. 여기서 전세권 설정합의란, 전세권자가 전세금을 지급하고 그 주택에 대해 사용·수익하는 권리로서 전세권을 취득하는 합의를 말한다.

전세권 계약의 당사자는 설정계약에서 전세권의 존속기간을 임의로 정할 수 있지만, 그 기간은 10년을 넘지 못하고, 10년을 넘는 기간으로 정하였더라도 그 기간은 10년으로 단축된다. 특히 건물에 대한 전세권의 존속기간을 1년 미만으로 정한 때에는 이를 1년으로 하며, 설정계약에서 전세권의 존속기간을 정하지 아니한 때에는 전세권설정의 각 당사자는 언제든지 상대방에 대한 의사표시로 전세권의 소멸을 통고할 수 있다. 이 경우 상대방이 이 통고를 받은 날로부터 6개월이 지나면 전세권은 소멸한다. 하지만, 건물에 대한 전세권의 존속기간은 그 기간을 약정하지 않은 경우라도 최소한 1년은 보장된다.

전세권은 존속기간을 정한 경우는 물론, 존속기간을 정하지 않는 경우에도 당사자의 합의로 계약을 갱신할 수 있다. 어떠한 내용으로 갱신할 지는 자유이지만, 존속기간은 갱신한 날로부터 10년을 넘을 수 없다. 전세권의 갱신은 권리의 변경으로서 그 등기를 해야 효력이 생긴다. 건물의 전세권설정자가 전세권의 존속기간 만료 전 6개월부터 1개월까지 사이에 전세권자에 대해 갱신거절의 통지 또는 조건을 변경하지 아니하면 갱신하지 아니한다는 뜻의 통지를 하지 아니한 경우에는 그 기간이 만료된 때에 종전의 전세권과 동일한 조건으로 다시 전세권을 설정한 것으로 본다. 이 경우 전세권의 존속기간은 그 정함이 없는 것으로 본다.

유효한 전세권이 성립된 경우에는 계약의 효력으로서 전세권자는 목적 부동산을 점유하여, 그 부동산의 용도에 따라 사용·수익할 수 있는 권리를 가지게 된다. 하지만 전세권자가 부동산의 용도에 맞지 않는 사용·수익을 하는 경우에는, 전세권설정자는 전세권의 소멸을 청구할 수 있으며, 이 경우 전세권자에게 원상회복 또는 손해배상을 청구할 수 있다. 그리고 전세권자는 목적물의 현상을 유지하고 그 통상의 관리에 필요한 수선을 할 의무를 부담하므로 목적물의 통상적 유지 및 관리를 위해 필요비를 지출한 경우에도 그 비용의 상환을 청구할 수 없다. 그 외, 전세권자는 점유권을 방해하는 사람에 대해 방해제거를 청구할 수 있고, 방해할 염려 있는 행위를 하는 사람에 대하여 그 예방이나 손해배상의 담보를 청구할 수 있는 법적 권리가 있다.

3. 주택의 임대차

물권으로서의 전세제도는 오늘날 등기요건이나 그 비용 등의 이유로 활용도가 예전에 비해 많이 떨어진 것이 사실이며 대신 주택임대차보호법상 주택임대차 제도가 많이 이용되고 있다. 동법상 주택의 임대차는 임대인과 임차인 사이에 합의만 있으면 성립되는 채권계약이며. 주택의 임대차에 관해서는 주택임대차보호법이 민법 기타 법률에 우선적으로 적용된다. 임대차는 임대인이 임차인에게 주택을 사용·수익하게 하고, 임차인이 주택의 사용·수익에 대해 차임을 지급한다는 점에 대한 합의가 있으면 성립된다. 주택의 임대차는 전세권과 달리 등기 없이 성립하는 계약인데, 주택의 임차인에게 불리한 것을 계약의 내용으로 할 수 없으며, 보통 전세, 월세, 사글세 등으로 호칭되는 계약은 모두 임대차에 해당한다.

(1) 주택임대차보호법의 적용범위

주택임대차보호법은 주택에 대한 임대차와 미등기 전세에 적용된다. 하지만, 일시사용을 위한 임대차인 경우에는 그 적용이 없다. 주택임대차보호법의 보호대상이 되는 임차인은 자연인이고, 법인은 보호되지 않는다. 동법은 주택, 즉 주거용 건물의 전부 또는 일부에 대해 임대차하는 경우에 적용되고, 그 임차주택의 일부를 주거 외의 목적으로 사용하는 경우에도 적용된다(주택임대차보호법 제2조). 주거용 건물에 해당되는지 여부는, 임대차 목적물의 공부상의 표시만을 기준으로 하는 것은 아니고, 그 실지 용도에 따라서 합목적적으로 판단하게 되는데 우리 판례는 다음과 같은 경우에 주택임대차보호법의 적용대상으로 보고 있다.

① 임차인의 점유부분 중 영업용 휴게실 설비로 예정된 홀 1칸이 있지만, 그 절반

가량이 주거용으로 쓰이는 방 2칸, 부엌 1칸, 화장실 1칸, 살림용 창고 1칸, 복도로 되어 있고, 그 홀마저 각방의 생활공간으로 쓰이고 있는 경우(대법원 1987. 8. 25. 선고 87다카793 판결)

② 주거용 건물의 일부로 '단독주택의 지하실이나 지하주차장' 또는 '옥탑방'을 임대차하는 경우

③ 임대차 계약하는 때에 주거용으로 오피스텔을 임대차하여 일상생활에 필요한 가재도구를 갖추고 그곳에서 거주하여 생활하는 경우(서울지방법원 1995. 11. 21. 선고 95가단112467 판결)

하지만, 반대로 비주거용 건물을 주거의 목적으로 일부 사용하는 다음과 같은 경우에는 주택임대차보호법의 보호대상에서 제외되는 것으로 보고 있다.

① 여관의 방 하나를 내실로 사용하는 경우(대법원 1987. 4. 28. 선고 86다카2407 판결)

② 방 2개가 딸린 다방에서 그 방을 주거용으로 사용하는 경우(대법원 1996. 3. 12. 선고 95다51953 판결)

③ 점포의 일부가 주거용으로 사용되고 있는 경우(대법원 1988. 12. 13. 선고 87다카3097 판결)

주거용 건물인지 여부의 판단 시기는, 임대차 계약을 체결하는 때를 기준으로 한다. 따라서 임대차 목적물이 공부상 비주거용 건물로 등재되어 있으나, 임대인과 임대차 계약을 체결하는 때에 건물을 주거용으로 개조 또는 증축하여 사용하기로 합의하여 개조 또는 증축하여 사용하는 경우에는 동법의 적용대상이 된다. 그러나 임대차계약 체결 당시에는 주거용 건물부분이 존재하지 아니하였는데 임차인이 그 후 임의로 주거용으로 개조한 경우에는 적용대상이 되지 않는다(대법원 1986. 1. 21. 선고 85다카1367 판결). 그리고 주거용 건물이면, 무허가 건물이나 미등기 건물을 주거를 목적으로 임대차 하는 경우에도 동법이 적용된다(대법원 1987. 3. 18. 선고 86다카164 판결).

전통적 전세계약의 전세권자를 보호하기 위해 주택임대차보호법은, 주택에 대해 임대차의 형식을 빌리지 않은 등기하지 아니한 전세계약, 즉 미등기전세계약에도 적용된다(주택임대차보호법 제12조). 다만, 일시 사용을 위한 임대차임이 명백한 경우, 예를 들면 숙박업을 경영하는 자가 투숙객과 체결하는 숙박계약과 같은 경우에는 동법이 적용되지 않는다.

(2) 임차인의 대항력

대항력이란, 임차인이 제3자, 즉 임차주택의 양수인, 임대할 권리를 승계한 사람 그

밖에 임차주택에 관해 이해관계를 가지고 있는 사람에게 임대차의 내용을 주장할 수 있는 법률상의 힘을 말한다. 임대차는 그 등기가 없더라도, 임차인이 주택의 인도와 주민등록을 마친 때에는 그 다음날부터 대항력이 생긴다(주택임대차보호법 제3조 제1항).

대항력 요건으로서 주택의 인도란, 점유의 이전을 말하는데, 주택에 대한 사실상의 지배가 임대인으로부터 임차인에게로 이전하는 것을 말하는데 이는 임차인이 입주해서 살고 있는 것을 뜻한다. 따라서 만약 실제로 이사를 해서 거주하지 않고 있다면, 주택임대차보호법의 보호를 받을 수 없게 된다.

주민등록은, 30일 이상 거주할 목적으로 그 관할 구역에 거주지를 가진 자가 거주지를 관할하는 시장·군수 또는 구청장에게 성명, 주소 등을 신고하고, 시장·군수 또는 구청장이 그 신고사항을 주민등록표에 등록하는 것을 말한다(주민등록법 제6조, 제7조 및 제10조). 주민등록은 거래의 안전을 위해 임차권의 존재를 제3자에게 명백하게 인식할 수 있게 하는 공시방법이다(대법원 2002. 6. 14. 선고 2002다15467 판결). 주택임대차보호법은, 전입신고를 한 때에 주민등록이 된 것으로 본다(주택임대차보호법 제3조 제1항 후단).

전입신고를 하기 전에 반드시 부동산등기부 등본을 발급받아서 번지, 동, 호수 등을 확인한 후에 전입신고를 해야 기재오류로 인한 손해를 막을 수 있다. 전입신고의 유효성 판단은 임차인이 전입신고를 한 당시의 번지를 기준으로 하여 판단하기 때문에 부동산등기부를 확인하여 정확하게 전입신고를 하는 것이 안전하다(대법원 1999. 12. 7. 선고 99다44762, 44779 판결). 따라서 전입신고의 번지와 임차주택 등기부의 번지가 다른 경우, 그 임차인은 주택임대차보호법의 대항요건을 갖추고 있지 않기 때문에 보호를 받을 수 없게 된다(대법원 2000. 6. 9. 선고 2000다8069 판결).

판례상 전입신고요건을 갖추지 못한 경우를 살펴보면 다음과 같다.

① 단독주택의 번지가 틀린 상태로 전입신고를 한 경우(대법원 2000. 6. 9. 선고 2000다8069 판결).

② 공동주택(아파트, 연립)의 번지 또는 동·호수를 누락한 상태로 전입신고를 한 경우(대법원 1995. 4. 28. 선고 94다27427 판결)

③ 대문 앞의 호수와 등기부의 호수 확인 없이 대문의 호수로 전입신고를 한 경우(대법원 1996. 4. 12. 선고 95다55474 판결)

하지만, 담당공무원의 착오에 의한 기재 잘못은 대항력 발생에 영향력이 없다. 즉 전입신고의 당사자는 부동산 등기부를 확인한 후 제대로 전입신고를 하였으나, 담당공무원의 착오로 새로운 거주지의 번지를 틀리게 기재한 경우라면 그 임대차의 대항력은 생긴다(대법원 1991. 8. 13. 선고 91다18118 판결).

또한 우리 판례는 다가구주택의 경우에는 그냥 지번만 기재하고 호수 기재를 누락한 채 전입신고를 한 사례에서, 다가구주택은 원래 단독주택으로 건축허가를 받아 관리대장상 구분소유가 불가능한 건물이므로 건물 일부를 임차하여 전입신고를 하는 경우 지번만 기재하는 것으로 충분하고 전유부분(예, 호수)까지 기재할 의무는 없다고 보아서 대항력을 취득하는 것으로 보고 있다(대법원 2002. 3. 15. 선고 2001다80204 판결). 하지만 연립주택의 경우에는 건축대장상 구분소유가 가능하므로 동과 호수를 기재하지 않은 경우에는 대항력을 취득할 수 없다는 입장이다.

신축 중인 주택에 대한 전입신고가 문제 되는 경우가 많다. 즉 신축 중인 주택을 임차하여 준공검사 전에 입주하는 경우, 건물등기부가 마련되어 있지 않아 대문에 적힌 호수로 전입신고를 하는 경우가 있다. 이 경우에는 준공검사 후 건물등기부가 작성되면, 그 등기부등본을 발급받아 동·호수를 다시 확인해야 한다. 만약, 신축 중인 연립주택 중 1층 소재 주택의 임차인이 전입신고를 하는 때에, 잘못된 현관문의 표시대로 '1층 201호'라고 전입신고를 마쳤는데, 준공 후 그 주택이 공부상 '1층 101호'로 등재되었다면 주택임대차보호법의 대항요건을 갖추고 있지 않기 때문에 보호를 받을 수 없게 된다(대법원 1995. 8. 11. 선고 95다177 판결).

대항력은 임차인이 주택의 인도와 주민등록을 마친 때에 그 다음 날부터 제3자에 대하여 효력이 생기고, 전입신고를 한 때에 주민등록을 마친 것으로 본다(주택임대차보호법 제3조 제1항). 여기에서 "그 다음날부터 제3자에 대하여 효력이 생긴다."고 함은, 다음날 오전 0시부터 대항력이 생긴다는 의미이다(대법원 1999. 5. 25. 선고 99다9981 판결). 예를 들어, A가 2016. 3. 1. 임차주택을 임차보증금 3억원에 임차하여 2016. 3. 10. 전입신고를 마쳤다면, 그 다음날인 2016. 3. 11. 00:00시부터 대항력이 생기게 된다.

대항력을 취득했던 임차인이 그 가족과 함께 주택에서 거주하던 중 일정한 사정으로 가족들의 주민등록은 임차주택에 그대로 남겨두고 임차인 자신만 주민등록을 일시적으로 다른 장소로 이전한 경우라도, 주민등록을 이탈한 것으로 볼 수 없어 대항력을 상실하지 않는다는 것이 우리 판례의 태도이다(대법원 1996. 1. 26, 선고 95다30338 판결).

(3) 우선변제권

우선변제권이란, 주택임대차보호법상 임차인이 보증금을 우선 변제받을 수 있는 권리를 말한다. 우선변제권은, 임차인이 대항요건과 임대차계약증서상의 확정일자를 갖춘 경우에 취득된다. 이 경우 임차인은 임차주택이 경매 또는 공매에 붙여졌을 때 그 경락대금에서 다른 후순위권리자보다 우선하여 보증금을 변제받을 수 있다(주택임대차보호법

제3조의2 제2항). 우선변제권은 임차주택이 경매나 공매에 붙여져 넘어갈 때에 적용되고, 일반매매, 상속, 증여 등의 경우에는 적용되지 않는다.

확정일자란, 증서가 작성된 날짜에 주택임대차계약서가 존재하고 있음을 증명하기 위해 법률상 인정되는 일자를 말한다. 확정일자는 임대인과 임차인 사이의 담합으로 임차보증금의 액수를 사후에 변경하는 것을 방지하고, 허위로 날짜를 소급하여 주택 임대차계약을 체결하여 우선변제권을 행사하는 것을 방지하기 위해 마련된 제도이다. 임차인이 주택의 인도와 전입신고를 마친 당일 또는 그 이전에 주택임대차계약서에 확정일자를 갖춘 경우에는 주택의 인도와 전입신고를 마친 다음날 오전 0시부터 우선변제권이 생긴다(대법원 1999. 3. 23. 선고 98다46938 판결). 다만, 우선변제권을 행사하기 위해서는 우선변제권의 요건이 경매절차에 따르는 배당요구의 종기인 경락기일까지 유지되고 있어야 한다.

(4) 주택임대차 등기

주택임대차의 등기란, 임대인이 주택을 사용·수익하게 하고, 임차인이 이에 대해 차임을 지급할 것을 약정하는 임대차계약을 체결한 경우, 임대인의 협력을 얻어 하는 임차권설정 등기를 말하는데, 임차인이 임대인의 협력을 얻어 주택임대차등기를 마치면, 대항력과 우선변제권을 취득하게 된다. 하지만, 임차인과 임대인이 공동으로 협력해서 일정한 등기서류를 구비해서 등기비용을 들여야 하는 임대차 등기제도는 과거 임대인측의 거절로 인해 실제 이루어지는 경우가 없었기에 주택임대차보호법에서는 임차인 단독으로 할 수 있는 확정일자를 통해 사실상 등기와 같은 효력을 인정하게 되었다.

(5) 차임 또는 보증금의 증감청구

임대인은, 임대차계약이 존속 중에 약정한 차임이나 보증금이 임대주택에 대한 조세, 공과금, 그 밖의 부담의 증가나 경제사정의 변동으로 적절하지 아니하게 된 때에는 장래에 대하여 그 증액을 청구할 수 있다(주택임대차보호법 제7조 본문). 임대차계약이 갱신되는 경우에도 임대차가 존속하고 있는 것으로 보아야 하므로 증액청구를 할 수 있다. 다만, 임대차계약이 종료된 후 재계약을 하는 경우 또는 임대차계약 종료 전이라도 당사자가 합의하는 경우에는 차임이나 보증금을 증액할 수 있다(대법원 2002. 6. 28. 선고 2002다23482 판결). 임대인의 차임증액청구는, 당사자 사이에 차임증액을 금지하는 특약이 있는 경우에는 할 수 없다. 그러나 임대인은 차임불증액의 특약이 있더라도 그 약정 후 그 특약을 그대로 유지시키는 것이 신의칙에 반한다고 인정될 정도의 사정변경이 있는 경우 차임증액청구를 할 수 있다(대법원 1996. 11. 12. 선고 96다34061 판결).

차임이나 보증금의 증액청구가 인정되는 경우에도 청구 기간과 금액에 일정한 제한이 있는데, 임대차계약 또는 차임이나 보증금의 증액이 있은 후 1년 이내에는 증액청구를 할 수 없으며(주택임대차보호법 제7조 단서, 주택임대차보호법 시행령 제2조 제2항), 약정한 차임이나 임차보증금의 20분의 1의 금액을 초과하여 증액청구를 할 수 없다(주택임대차보호법 제7조 단서, 주택임대차보호법 시행령 제2조 제1항).

반대로 임차인은, 임대차계약의 존속 중에 약정한 차임이나 보증금이 임대주택에 대한 조세, 공과금, 그 밖의 부담의 증가나 경제사정의 변동으로 적절하지 아니하게 된 때에는 장래에 대하여 보증금의 감액을 청구할 수 있다(주택임대차보호법 제7조 본문). 임대차계약이 갱신되는 경우에도 임대차가 존속하고 있는 것으로 보아야 하므로 감액청구가 인정된다. 하지만 증액금지의 특약과는 달리, 감액금지의 특약은 임차인에게 불리하기 때문에 효력이 없다(주택임대차보호법 제10조, 민법 제652조에 따른 제628조의 준용). 따라서, 임차인은 차임감액금지특약을 하였더라도 경제사정의 변경 등을 원인으로 차임감액청구를 할 수 있다.

대항력을 갖춘 임차인이 저당권설정등기 이후에 임대인과의 합의에 의하여 보증금을 증액한 경우, 보증금 중 증액부분에 관해서는 저당권에 기하여 건물을 경락받은 소유자에게 대항할 수 없게 된다(대법원 1990. 8. 14. 선고 90다카11377 판결). 따라서 증액청구에 따라 차임이나 보증금을 올려주었거나 재계약을 통해서 올려준 경우에는, 그 증액된 부분을 위한 임대차계약서를 작성하여, 그 증액부분의 임대차계약서에 확정일자를 받아두어야만 그 날부터 후순위권리자보다 증액부분에 대해서 우선하여 변제받을 수 있다. 그리고 차임이나 보증금을 증액하는 경우에는 부동산등기부을 확인하여 임차주택에 저당권 등 담보물권이 새롭게 설정되어 있지 않는지를 확인한 후 증액여부를 결정하는 것이 안전하다.

(6) 임대인의 권리와 의무

임대인은, 차임지급청구권, 차임증액청구권, 임대물반환청구권, 그 밖에 임대물의 보존에 필요한 행위를 할 권리를 가진다. 더불어 임대인은 임대차계약으로부터 발생하는 여러 의무를 부담하게 되는데 이를 살펴보면 다음과 같다.

① 주택을 사용·수익하게 할 의무

임대인은 임차인이 목적물인 주택을 사용·수익할 수 있도록 해야 할 의무를 부담한다. 이를 위해 임대인은 주택을 임차인에게 인도하여야 하며, 임차인이 임대차기간 중 그 주택을 사용·수익하는데 필요한 상태를 유지하게 할 수선의무를 진다. 하지만 임대인은 주택의 파손·장해의 정도가 임차인이 별 비용을 들이지 않고 손쉽게 고칠 수 있을 정도의 사소한 것이어서 임차인의 사용·수익을 방해할 정도의 것이 아니라면 그 수선의무를 부담하지 않는다. 다만, 그것을 수선하지 아니하여 임차인이 정해진 목적에 따라 사용·수익할 수 없는 상태로 될 정도의 것이라면 임대인은 그 수선의무를 부담하게 된다(대법원 2004. 6. 10. 선고 2004다2151, 2168 판결). 이러한 임대인의 수선의무는 특약에 의하여 이를 면제하거나 임차인의 부담으로 돌릴 수 있다. 그러나 특별한 사정이 없는 한 건물의 주요 구성부분에 대한 대수선, 기본적 설비부분의 교체 등과 같은 대규모의 수선에 대해서는 임대인이 그 수선의무를 부담한다(대법원 1994. 12. 9. 선고 94다34692, 94다34708 판결). 예를 들어, 주택의 벽이 갈라져 있거나 비가 새는 경우, 낙뢰로 인한 주택의 화재 발생 등 천재지변 또는 불가항력적인 사유로 주택이 파손된 경우 등에는 임대인이 수리를 해야 한다. 임차인은 임대인이 주택을 수선해주지 않는 경우 손해배상을 청구할 수 있고, 주택임대차계약을 해지하거나 파손된 건물의 수리가 끝날 때 까지 차임의 전부 또는 일부의 지급을 거절할 수 있다(대법원 1997. 4. 25. 선고 96다44778, 44785 판결). 임대인은 임차인이 실수로 주택을 파손한 경우에도 주택을 수리해 주어야 한다. 이 경우 임대인은 주택을 수리해주고, 임차인에게 손해배상을 청구하거나 주택파손을 이유로 계약을 해지할 수는 있다.

② 방해제거의무

주택임대차 계약체결 후 임대인이 주택을 임차인에게 인도하였으나, 여전히 종전의 임차인 등 제3자가 주택을 계속 사용·수익하는 등 새로운 임차인의 주택의 사용·수익을 방해하는 경우 임대인은 그 방해의 제거에 노력해야 한다.

③ 주택의 하자 등에 대한 담보책임

임대인은, 권리의 하자로 임차인이 주택을 사용·수익할 수 없게 되거나, 주택 자체에 하자가 있어 계약에 따른 사용·수익을 할 수 없게 된 경우에는 임차인에게 담보책임을 부담해야 한다. 임대차는 유상계약이므로 매도인의 담보책임에 관한 규정이 준용되기 때문이다. 임차인은, 임차주택에 하자가 있어 주택을 사용·수익할 수 없게 된 경우에는 임대인에게 하자수선을 청구하고, 주택을 사용·수익할 수 없게 된 부분만큼의 차임 또는 임차보증금의 감액을 청구하며, 남은 부분의 주택으로는 주택임대차의 목적을 달성할 수 없을 때에는 주택임대차 계약을 해제할 수 있다.

④ 임차보증금의 반환의무

임대인의 의무 가운데 가중 중요한 것으로서, 임대인은 임대차기간의 만료 등으로 임대차가 종료된 때에는 임차인에게 보증금을 반환할 의무가 있다(대법원 1988. 1. 19. 선고 87다카1315 판결). 이러한 임대인의 임차보증금의 반환의무는 임차인의 임차주택의 반환의무와 동시이행의 관계에 있다(대법원 1977. 9. 28. 선고 77다1241, 1242 판결).

(7) 임차인의 권리와 의무

임대인과 마찬가지로 임차인 역시 임대차계약으로부터 발생하는 권리행사와 의무부담을 하게 된다. 임차인의 권리로서 중요한 것을 살펴보자.

① 주택의 사용·수익권

임차인은 임차주택을 사용·수익할 수 있는 임차권을 가진다. 이를 위해 임대인에게 임차주택의 인도를 청구할 수 있고, 그 임차기간 중 사용·수익에 필요한 상태를 유지해 줄 것을 청구할 수 있다. 임차인이 제3자에게 이러한 임차권을 주장하려면, 대항력을 취득하거나 임대차등기를 해야 한다.

② 임대차등기 협력청구권

임대인과 임차인은 당사자 간의 반대약정이 없으면, 임차인은 임대인에게 주택임대차 등기에 협력할 것을 청구할 수 있다(민법 제621조 제1항, 주택임대차보호법 제3조의4). 다만, 임차인은 임대인에게 임대차등기 절차에 협력해 줄 것을 청구할 수 있을 뿐이고, 등기청구권까지 주어져 있는 것은 아니므로 임대인이 협력하지 않으면 임대차등기를 할 수는 없다.

③ 차임감액청구권

임차인은 임차주택의 일부가 임차인의 과실 없이 멸실 그 밖의 사유로 사용, 수익할 수 없는 때에는 그 부분의 비율에 의한 차임의 감액을 청구할 수 있다. 이 경우 그 잔존부분으로 임차의 목적을 달성할 수 없는 때에는 임차인은 계약을 해지할 수 있다(민법 제627조). 또한 임차인은 임차주택에 대한 공과부담의 증감 그 밖에 경제사정의 변동으로 약정한 차임이 상당하지 아니하게 된 때에는 임대인에게 장래에 대한 차임의 감액을 청구할 수 있다(민법 제628조).

④ 부속물매수청구권 또는 철거권

이 모 씨는 서울 강서구 소재 아파트를 전세로 임차하여 2년간 거주하였다. 입주 당시 주택 내부에 옷장이 부족하다는 점을 이유로, 이 씨는 임대인의 동의를 받아 거실 벽면에 맞춤형 붙박이장을 설치하였다. 시공비용은 약 250만 원이었다. 2년 후 임대차 계약이 종료되었고, 이 씨는 임대인에게 붙박이장을 매수해 줄 것을 요청하였다. 그러나 임대인은 "내가 새 세입자를 들일 계획이므로, 그 사람이 원치 않으면 곤란하다"며 매수를 거절하였다. 이에 이 씨는 붙박이장을 철거하여 가져가겠다고 통보했다.

① 임차인이 임대인의 동의를 받아 설치한 부속물(붙박이장)에 대해 매수청구권을 행사할 수 있는가?

② 임대인이 매수를 거부할 경우 임차인은 철거할 수 있는가?

임차인은 임차주택의 사용편익을 위해 임대인의 동의를 얻어 이에 부속한 물건이 있는 때에는 임대차의 종료 시에 임대인에게 그 부속물의 매수를 청구할 수 있으며, 임대인으로부터 매수한 부속물에 대해서도 그 매수를 청구할 수 있다(민법 제646조). 임차인은 부속물에 대해 임대인이 매수를 원하지 않는 경우 임차주택을 반환하는 때에 부속물을 철거할 수 있다(민법 제654조에 따른 제615조의 준용). 사례의 경우 임차인이 임대인의 동의를 받아 임차주택에 설치한 붙박이장은 『민법』 제646조에 따라 부속물매수청구권의 대상이 되는 부속물에 해당한다. 따라서 이 씨는 임대차 종료 시 임대인에게 해당 붙박이장의 매수를 청구할 수 있으나, 이는 임대인의 동의가 전제된 권리이며, 임대인이 거절할 경우 강제할 수 없다.

임대인이 매수에 응하지 않는 경우, 이 씨는 『민법』 제654조 및 제615조의 준용에 따라 임차주택 반환 시 철거할 수 있는 권리(철거권)를 가진다. 단, 철거 과정에서 발생한 손해(예: 벽체 훼손)는 임차인이 원상회복의무를 부담할 수 있다.

⑤ 비용상환청구권

정 모 씨는 서울 시내의 반지하 주택을 전세로 임차해 거주 중이었다. 어느 날 하수구에서 역류 현상이 발생하여 화장실 바닥이 물로 잠기는 사고가 발생했고, 관리업체의 진단 결과 건물 배관이 오래되어 균열이 생긴 것으로 확인되었다. 정 씨는 긴급 상황이라 판단하고, 임대인의 사전 동의 없이 배관 수리 업체를 불러 120만 원의 수리 비용을 지불하였다. 정 씨는 이후 임대인에게 수리비를 청구하였으나, 임대인은 "내가 동의하지 않았으므로 줄 수 없다"고 거절하였다.

박 모 씨는 서울 강북의 전세 아파트에 2년 계약으로 거주하던 중, 거실의 분위기를 개선하고 싶어 임대인의 동의 하에 약 300만 원을 들여 디자이너 조명등을 설치하였다. 계약 기간 만료 시점에서 박 씨는 "조명 설치로 집의 인테리어 가치가 올라갔으니, 비용을 일부 돌려달라"고 요청하였다. 그러나 임대인은 "당신이 개인적으로 한 일이며, 새 세입자도 별로 원치 않아 한다"고 하며 상환을 거절하였다.

임차인은 임차주택의 보존에 관해 필요비를 지출한 때에는 비용이 발생한 즉시 임대인에게 그 비용을 청구할 수 있다(민법 제626조 제1항). 필요비란, 임대차계약의 목적에 따라 임차주택을 사용·수익하는데 적당한 상태를 보존, 유지하기 위해 필요한 모든 비용을 말한다. 여기에는 임대인의 동의 없이 지출한 비용도 포함된다.

또한 임차인이 유익비를 지출한 경우에는 임대인은 임대차 종료시에 그 가액의 증가가 현존한 때에 한하여 임차인의 지출한 금액이나 그 증가액을 상환해야 한다(민법 제626조 제2항). 유익비란, 임차인이 임차물의 객관적 가치를 증가시키기 위하여 투입한 비용을 말한다.

첫 번째 사례와 같이 하수도 배관수리 비용은 필요비에 해당하는 사례로서 정 씨가 지출한 수리비는 임차주택의 기본적 사용·거주 가능 상태를 유지하기 위한 것으로, 민법 제626조 제1항의 필요비에 해당한다. 필요비는 임대인의 동의 여부와 관계없이, 지출 즉시 임대인에게 상환을 청구할 수 있는 법정 채권이이므로 임대인은 정 씨에게 120만 원을 상환해야 하며, 정 씨는 필요 시 민사소송도 제기할 수 있다. 두 번째 고급 조명등 설치 사례에서 박 씨가 지출한 조명 설치비는 주택의 미관 및 가치 향상을 위한 비용으로, 민법 제626조 제2항의 유익비에 해당한다. 유익비는 임차인이 임대차 종료 시에만 청구 가능하고, 그 가액의 증가가 현존할 경우에만 인정된다. 여기서 "가액의 증가가 현존"하지 않는다는 평가가 가능하므로, 박 씨는 상환을 강제할 수 없다. 즉 유익비 상환은 임대인의 자발적 선택에 따르며, 법정 청구권은 제한적이다.

⑥ 임차인의 의무

임차인은 위의 권리를 행사할 수 있음과 동시에 계약상 의무를 부담하게 되는데, 임차주택에 대한 사용·수익의 대가로서 차임을 지급해야 할 의무, 주택을 계약이나 임차주택의 성질에 따라 정해진 용법으로 이를 사용·수익해야 할 의무 및 임대차계약기간 동안 임차주택을 선량한 관리자의 주의로 이를 보존해야 할 의무를 비롯하여 주택임대차가 종료한 때에는 임대인에게 그 주택을 원상을 회복해서 반환해야 할 의무를 부담한다.

(8) 임대인의 지위 승계

A는 소형 아파트의 소유자이며, B에게 보증금 5천만 원, 월세 없는 전세 조건으로 2년간 임대하였다. B는 전입신고와 확정일자를 갖추었고, 계약 후 2개월이 지나 소유자 A가 이 아파트에 대한 은행 대출을 연체하면서 아파트는 경매에 넘어갔다. 경매 결과 C가 낙찰받아 소유권을 취득하였고, B는 이를 알게 된 후, 남은 계약기간이 6개월 남아 있음에도 C에게 임대차계약을 해지하고 보증금 반환을 요구하며, 우선변제권 행사를 통지하였다. 하지만 C는 "나는 새로운 임대인이 된 것이지, 이전 임대인의 채무까지 부담하지 않는다"며 보증금 반환을 거절하고 있다.

주택임대차보호법은 임대인이 주택을 제3자에게 양도하는 경우와 같이 임차주택의 양수인이나 그 밖에 상속, 경매 등으로 임차주택의 소유권을 취득한 사람은 임대인의 지위를 승계하도록 하고 있다. 이러한 승계는 법률의 규정에 따른 승계이므로 그 지위의 승계에 임차인의 동의를 받을 필요는 없고, 임차인에게 통지할 필요도 없다(대법원 1996. 2. 27. 선고 95다35616 판결). 임차주택의 양도에 따라 양도인인 임대인의 지위가 양수인에게 포괄적으로 이전되므로 임대인의 지위는 면책적으로 소멸되고, 차임지급청구권을 비롯한 일체의 채권과 보증금반환채무를 포함한 일체의 채무가 양수인에게 이전된다(대법원 1995. 5. 23. 선고 93다47318 판결, 대법원 1996. 2. 27. 선고 95다35616 판결).

그리고 양도인인 임대인과 임차인 사이에 당연승계를 배제하는 내용의 특약은 임차인에게 불리한 약정으로 그 효력이 없다(주택임대차보호법 제10조).

같은 취지에서, 대항력 있는 주택임대차에 있어 기간만료나 당사자의 합의 등으로 임대차가 종료된 상태에서 임차주택이 양도되는 경우에도, 임차인이 보증금을 반환받을 때까지 양수인에게 임대차가 종료된 상태에서의 임대인으로서의 지위가 당연히 승계된다. 이 경우에는 임차보증금반환채무도 임차주택의 소유권과 결합하여 당연히 양수인에게 이전한다(주택임대차보호 제4조 제2항, 대법원 2002. 9. 4. 선고 2001다64615 판결).

임대인 지위가 승계되는 결과, 임차주택의 양수인에게 대항할 수 있는 임차인은, 임차주택이 양도되는 경우에도 임차주택을 계속하여 사용·수익할 수 있다. 그런데, 임차주택의 양수인에게 대항할 수 있는 임차인이 스스로 임대인의 지위가 승계되는 것을 원하지 않는 경우에는, 임차인이 승계되는 임대차관계의 구속으로부터 벗어날 수 있다고 보아야 하므로, 임차주택이 임대차기간의 만료 전에 경매되는 경우 임대차계약을 해지하고, 우선변제를 청구할 수 있다(대법원 1998. 9. 2. 자 98마100 결정, 대법원 2002. 9. 4.

선고 2001다64615 판결).

위 사례에서 B는 경매로 인해 소유권이 이전된 경우에도 계약 해지 및 보증금 반환 청구가 가능한지, 임대인의 지위는 경매로 인한 소유권 이전 시 법률상 승계되는지, 그리고 B는 C에 대해 우선변제를 청구할 수 있는지에 대해 살펴보면, 주택임대차보호법 제3조 제1항 및 대법원 1996. 2. 27. 선고 95다35616 판결에 따르면, 임차주택의 양도 또는 경매로 소유권을 취득한 양수인은 법률상 임대인의 지위를 당연히 승계하며, 임차인의 동의나 통지는 필요하지 않다. 또한 대법원 1998. 9. 2. 자 98마100 결정 및 2002. 9. 4. 선고 2001다64615 판결에 따라, 임차인은 경매를 이유로 임대인의 지위가 원치 않는 자에게 이전되는 경우, 남은 기간이 남아 있더라도 계약을 해지할 수 있으며, 이에 따라 보증금 반환을 청구할 수 있다. 그리고 B는 전입신고 및 확정일자를 갖춘 상태로서, 경매 절차 내에서 임차보증금에 대한 우선변제권을 행사할 수 있다. 해지를 한 시점이 계약 기간 중이라도 법적 해지권을 인정받을 경우 우선변제를 받을 수 있다는 것이 우리 판례의 입장이다.

(9) 임차권의 승계

박 모 씨는 서울의 다세대 주택에 전세 계약을 체결하고 배우자 없이 사실혼 관계에 있던 김 모 씨와 함께 거주해왔다. 박 씨는 사망 당시 상속인이 없었고, 김 씨는 혼인신고를 하지 않은 상태였다. 박 씨의 임대차계약은 만료 3개월 전이었고, 임대인은 박 씨의 사망 사실을 통지받고 보증금 반환 문제에 대해 김 씨와 연락을 시도했다.

① 혼인신고를 하지 않은 사실혼 배우자도 임차권을 승계할 수 있는가?

② 김 씨는 박 씨의 상속인이 아닌데도 임차권을 단독으로 승계할 수 있는가?

이 모 씨는 자녀 없이 사망했고, 배우자와 이혼 후 7년간 사실혼 관계에 있는 정 모 씨와 함께 살고 있었다. 사망 당시 이 씨는 자신의 동생(2촌 이내의 상속인)과는 떨어져 살고 있었고, 정 씨와는 임차주택에서 5년 넘게 거주 중이었다. 이 씨의 사망 이후 동생은 "내가 상속인이니 보증금을 돌려달라"고 임대인에게 요청했고, 정 씨는 "내가 임차권을 승계한다"고 주장했다.

① 상속인이 존재하나 공동생활을 하지 않은 경우, 사실혼 배우자가 임차권을 승계할 수 있는가?

② 공동생활 여부가 임차권 승계의 판단 기준이 되는가?

임차권도 재산권이므로 특별한 사정이 없는 한 임차인의 사망에 따라 상속인에게 포괄적으로 상속되어 상속인과 임대인 사이의 임대차관계로 상속하게 된다. 그런데, 주택의 임차권은 단순한 재산으로서의 의미를 넘어 임차인과 그와 공동생활을 하던 가족

들이 주거생활을 영위할 현실적인 권리이므로, 공동생활을 하던 가족들이 상속인이 아니거나(예를 들어, 사실상의 혼인관계에 있는 자) 후순위 상속인인 경우(예를 들어, 부모나 형제)에는 이들의 주거안정을 보호하기 위해 주택임대차보호법은 민법의 상속제도에 대한 특례를 규정하고 있다. 즉 임차인이 사망한 경우 상속인이 없거나, 상속인이 있다고 하더라도 재산상속권이 없는 사실상의 혼인관계에 있는 자를 포함하여 생존배우자에게 임차권의 승계를 인정하고 있다(주택임대차보호법 제9조).

즉 임차인이 상속인 없이 사망한 경우에는 그 임차주택에서 가정공동생활을 하던 사실상의 혼인관계에 있는 사람이 단독으로 임차인의 권리와 의무를 승계한다(주택임대차보호법 제9조 제1항). 여기서 가정공동생활이란 동거를 하면서 생계를 함께하는 것을 의미한다. 그러나 임차인이 사망하고 임차주택에서 가정공동생활을 하던 사실상의 혼인관계에 있는 사람도 없는 경우에는 임차권을 포함한 임차인의 상속재산은 국가에 귀속하게 된다(민법 제1058조 제1항).

반면, 임차인이 사망하고 상속인이 있는 경우에는 상속인과의 동거여부에 따라 승계권자가 달라진다. 우선, 상속인이 임차주택에서 가정공동생활을 하고 있었던 경우, 즉 임차인이 사망 당시, 상속인이 임차인과 함께 임차주택에서 가정공동생활을 하고 있는 경우에는 민법의 규정에 따라 상속권자가 상속하게 되고, 사실상의 혼인관계에 있는 사람은 임차권을 승계할 수 없다. 하지만, 상속인이 임차주택에서 가정공동생활을 하고 있지 않았던 경우, 다시 말해 임차인 사망 당시, 상속인이 임차인과 함께 임차주택에서 가정공동생활을 하고 있지 않았던 경우에는, 임차주택에서 가정공동생활을 하던 사실상의 혼인관계에 있는 사람과 2촌 이내의 친족이 공동으로 임차인의 권리와 의무를 승계한다. 만일, 2촌 이내의 친족이 없는 경우에는 임차주택에서 가정공동생활을 하던 사실상의 혼인관계에 있는 사람이 단독으로 임차권을 승계하게 된다.

하지만, 사망한 임차인의 채무가 보증금반환채권을 초과하는 경우 임차권을 승계하는 것이 승계권자에게 불리할 경우가 있을 수 있다. 이런 경우에도 임차권의 승계를 인정하게 되면, 승계권자의 주거생활의 안정을 보호하려는 임차권 승계제도의 입법취지에 반하기 때문에 임차권의 승계를 포기할 수 있도록 하고 있다. 즉 주택임대차보호법은 임차권의 승계권자가 임차인이 사망한 후 1개월 이내에 임대인에게 반대의사, 즉 임차권을 승계하지 않겠다는 뜻을 표시하고 임차권의 승계를 포기할 수 있도록 허용하고 있다.

임차인의 권리의무를 승계한 사람은 임대차 관계에서 생긴 채권과 채무를 승계한다(주택임대차보호법 제9조 제4항). 임차권의 승계는 법률의 규정에 따른 승계이므로 임대인에게 승계의 의사표시를 할 필요는 없다. 따라서 임차권의 승계권자는 임대차 관계에서 생긴 채권(예를 들어, 임차주택인도청구권, 임차주택수선청구권, 차임감액청구권, 보증금반환청구권 등)과 임대차 관계에서 생긴 채무(예를 들어, 차임지급의무, 원상회복의무 등)를 승계한다. 하지만, 임대인과 사망한 임차인 사이에서 발생한 채권이라도 임대차와 관련이 없이 발생한 채권, 예를 들어 대여금청구권, 손해배상청구권 등은 승계되지 않고, 민법의 상속규정에 따라 상속인이 상속하게 된다.

위 첫 번째 사례의 경우 『주택임대차보호법』 제9조 제1항에 따라, 임차인 사망 당시 사실혼 관계에 있으면서 공동생활을 하던 자는 상속인이 없어도 임차권을 단독으로 승계할 수 있다. 따라서 김 씨는 임대인에 대한 임차보증금 반환청구권 및 원상회복의무 등을 포함한 임차인의 권리와 의무를 승계하게 된다. 두 번째 사례처럼 『주택임대차보호법』 제9조 제3항에 따라, 상속인이 임차주택에서 공동생활을 하지 않았다면, 공동생활을 하던 사실혼 배우자와 2촌 이내 친족이 공동으로 임차권을 승계한다. 이 사례에서 이 씨의 동생은 상속인이지만 공동생활을 하지 않았으므로, 정 씨(사실혼 배우자)와 공동으로 임차권을 승계한다. 만일 동생이 승계를 원하지 않는다면 정 씨가 단독 승계할 수 있다.

Ⅲ. 묵시의 갱신(默示의 更新)

임차인 A는 임대인 B와 2014년 5월 1일 계약기간을 2년으로 하는 주택임대차계약을 체결하였는데, 2016년 5월 현재 임대인 B는 계약 갱신에 대해 별다른 말이 없다. 이때 임차인 A와 임대인 B의 주택임대차계약은 어떻게 되는가?

묵시의 갱신이란, 임대차기간이 만료된 경우 임차인의 보호를 위해 법률의 규정에 따라 임대차관계를 존속시키는 것을 말한다. 주택임대차보호법은 임대차기간이 만료되기 전에 계약을 갱신하지 않겠다는 의사표시를 하지 않는 경우 임대차가 갱신되도록 하는 규정을 두고 있다. 즉 임대인이 임대차기간이 끝나기 6개월 전부터 2개월 전까지의 기간에 임차인에게 갱신거절의 통지를 하지 않거나 계약조건을 변경하지 않으면 갱신하지 않는다는 뜻의 통지를 하지 않거나, 또는 임차인이 임대차기간이 끝나기 2개월 전까지 그러한 통지를 하지 않는 경우에는 그 기간이 끝난 때에는 전 임대차와 동일한 조건으로 다시 임대차한 것으로 간주한다(주택임대차보호법 제6조 제1항).

묵시의 갱신이 인정되기 위해서는 첫째, 임대차기간이 종료되었어야 한다. 묵시의 갱신은, 임대차기간의 정함이 있는 경우(2년 또는 2년 미만으로 정한 경우)나 그 기간의 정함이 없는 경우이거나를 불문하고 2년이 끝났을 때 갱신된다. 다만, 2년 이상으로 정한 경우에는 2년 이상의 기간이 끝났을 때 갱신이 된다. 그리고 임대차기간을 2년 미만으로 정한 임대차의 경우, 임차인은 선택적으로 2년 미만의 약정기간을 주장할 수도, 2년의 임대차기간을 주장할 수도 있다(주택임대차보호법 제4조 제1항). 둘째, 갱신거절 또는 계약조건 변경의 통지를 하지 않았어야 한다. 다시 말해, 임대인이 임대차기간이 끝나기 6개월 전부터 2개월 전까지의 기간에 임차인에게 갱신거절의 통지나 계약조건을 변경하지 않으면 갱신하지 않는다는 뜻의 통지를 하지 않고, 임차인도 그 기간이 끝나기 2개월 전까지 그러한 통지하지 않는 경우에 갱신된다(주택임대차보호법 제6조). 따라서 임대인이나 임차인 중 한쪽이라도 갱신거절이나 계약조건 변경의 통지를 한 경우에는 그 임대차계약은 묵시적으로 갱신되지 않는다. 여기서 갱신거절의 통지는 임대차기간이 끝나면 더 이상 임대차관계를 존속시키지 않겠다는 통지를 말하고, 이러한 통지는 명시적이든 묵시적이든 상관없다.

하지만 임차인이 2기의 차임액에 달하도록 연체하거나 그 밖에 임차인으로서의 의무를 현저히 위반한 경우에는 묵시의 갱신이 인정되지 않는다(주택임대차보호법 제6조 제3항). 따라서 임대인이 이러한 사유로 임대차계약을 해지하지 않더라도, 임차인에게 이러한 사유가 있으면 묵시의 갱신이 인정되지 않기 때문에 임대차는 그 기간의 만료로 종료된다.

최근 주택임대차 시장에서의 보증금액 및 임차료 급등현상으로 인해 2020년 6월 동법 개정을 통해 임차인의 계약갱신요구권(제6조의3)을 신설하였는데, 이 규정에 따르면 임차인은 임대차기간이 끝나기 6개월 전부터 2개월(동법 시행일인 2020년 12월 10일 이후 최초로 체결되거나 갱신된 임대차부터 적용됨) 전까지의 기간에 임대인에게 계약갱신을 요구할 수 있으며, 임대인은 정당한 사유 없이 이를 거절하지 못하도록 함으로써 임차인을 보호하고 있다. 사례의 경우 임대인 B가 주택임대차계약 종료시점인 2016년 4월 30일을 기준으로 6개월 전부터 2개월 전까지의 기간에 갱신거절의 통지를 한 바 없거나 계약조건을 변경하지 않았다면, 위 계약은 동일한 조건으로 갱신된 것으로 본다. 이때 임차인 역시 계약종료 2개월 전까지 갱신 거절 및 계약조건 변경의 통지를 하지 않아야 한다.

Ⅳ. 주택임대차 종료

임대차는, 임대차 기간의 정함이 있는 경우에는 그 기간의 만료로 종료된다. 물론, 임대차 기간의 정함이 있는 경우에도 해지권 유보의 특약을 한 경우, 임차인이 파산선고를 받은 경우 등 해지사유가 있는 경우에는 계약해지의 통고로써 임대차계약을 중도에 해지할 수 있다(민법 제636조 및 제637조).

임차인은, 임대차계약이 묵시적으로 갱신된 경우에는 언제든지 그 계약을 해지할 수도 있고, 2년의 임대차 기간을 주장할 수도 있다(주택임대차보호법 제4조 제1항 및 제6조의2 제1항). 임차인이 계약해지를 통지하는 경우에는 임대인이 그 통지를 받은 날부터 3개월이 지나면 임대차는 종료된다(주택임대차보호법 제6조의2 제2항).

임차인 또는 임대인은, 임대차계약을 체결하면서 그 계약서에 예를 들어 “전근, 취학 등 부득이한 사유가 생기면 임차인이 통보한 날부터 1개월 후에 계약이 해지된 것으로 본다.” 라는 해지권 유보의 특약을 약정한 경우에는, 임대차 기간의 약정이 있는 경우에도 그 부득이한 사유를 증명하고 중도에 임대차계약을 해지할 수 있다(민법 제636조). 이 경우 임대인이 해지통고를 받은 날부터 1개월이 지나면 임대차는 해지된다(민법 제636조에 따른 제635조의 준용).

임대차 기간의 약정이 있더라도 다음과 같은 해지 사유가 있는 경우에는 임대차계약을 중도에 해지할 수 있다. 이 경우에는 해지의 의사표시가 상대방에게 도달한 때에 임대차는 종료된다.

[임차인이 해지할 수 있는 경우]

① 임대인이 임차인의 의사에 반하여 보존행위를 하는 경우 임차인이 이로 인해 임차의 목적을 달성할 수 없는 때

② 임차주택의 일부가 임차인의 과실 없이 멸실 그 밖의 사유로 사용·수익할 수 없는 경우 그 잔존부분으로 임차의 목적을 달성할 수 없는 때

③ 임대인의 지위가 양도된 경우

[임대인이 해지할 수 있는 경우]

① 임차인이 임대인의 동의 없이 임차권을 양도하거나 임차주택을 전대한 경우

② 임차인의 차임연체액이 2기의 차임액에 달하는 경우

③ 임차인이 임차주택을 계약 또는 그 주택의 성질에 따라 정하여진 용법으로 이를 사용, 수익하지 않은 경우

④ 그 밖에 임차인으로서의 의무를 현저히 위반한 경우

임대차가 종료되면, 임대차계약의 내용에 따라 임차인은 임차주택을 반환할 의무

등을 지게 되고, 임대인은 임차보증금을 반환할 의무를 지게 된다. 그런데, 임차인이 임대차계약을 중도에 해지하는 경우 임차보증금을 돌려받기가 쉽지 않다. 이와 같이 임대차가 종료되었는데도 임대인이 보증금을 돌려주지 않는 경우에는 보증금을 반환해줄 때까지 이사를 가지 않는 것이 좋다. 이사를 가면 대항력과 우선변제권이 없어지기 때문이다. 그러나 임대차가 종료되더라도 임차인이 보증금을 돌려받을 때까지는 임대차관계가 존속하는 것으로 간주되므로, 임대인과 임차인은 임대차계약상의 권리의무를 그대로 가지게 된다(주택임대차보호법 제4조 제2항). 따라서 임차인은 차임지급의무를 지는 한편 보증금을 반환받을 때까지 임차주택의 인도를 거절하는 동시이행항변권을 가지게 되고, 임대인은 차임지급청구권을 가지는 한편 임차주택을 인도받을 때까지 보증금의 지급을 거절하는 동시이행항변권을 가지게 된다.

임차인은 임대차가 종료된 후 보증금을 반환받지 못한 경우 임차권등기명령을 신청할 수 있는 권한을 얻게 되고, 임대차등기명령에 따라 임차권등기를 마치면 대항력과 우선변제권을 취득하거나 유지할 수 있게 된다. 따라서 임차인은 임대차등기를 마친 후 임차주택을 인도하고 이사를 가더라도 대항력과 우선변제권을 유지할 수 있으며, 그 경우에는 차임지급의무를 면하는 한편 보증금반환채권의 지체에 따른 지연손해금채권을 가지게 된다.

Ⅴ. 임차권등기명령제도

B는 서울 동대문구의 다세대 주택에 보증금 1억 원으로 전세 계약을 체결하였고, 계약서를 작성했지만 전입신고는 하지 않았다. 확정일자도 받지 않은 상태였다. 계약 만료일이 다가오자 임대인은 "곧 새로운 세입자가 들어오면 보증금을 돌려주겠다"고 하였고, B는 이를 믿고 주민등록을 다른 지역으로 옮긴 후 이사하였다. 그러나 보증금 반환은 지연되었고, 이후 해당 주택에는 이미 은행 근저당이 설정되어 있던 사실을 뒤늦게 알게 되었다. B는 그제야 임차권등기명령을 신청하여 등기를 마쳤다.

A는 서울 강서구의 아파트에 전입신고와 확정일자를 갖춘 채 2억 5,000만 원의 전세로 거주하던 중, 임대차 계약 종료 1개월 전 임대인에게 계약갱신 거절 의사를 통지했다. 계약 만료일까지 임대인은 보증금을 돌려주지 않았고, A는 새로운 직장과 가까운 성동구 아파트로 이사할 필요가 있었다. A는 전입신고를 이전하기 전, 임차권등기명령을 신청하여 등기를 마쳤고, 이후 이사를 진행하였다. 계약 종료 이후 4개월 뒤 임차주택이 경매에 넘어갔고, A는 경매 절차에서 우선변제권자로 배당요구서를 제출하였다.

주택임대차보호법에서는 주택의 인도와 주민등록을 대항력의 취득 및 존속 요건으로 하고 있기 때문에, 임차인이 임대차가 종료되었음에도 보증금을 돌려받지 못하고 이사를 가게 되면, 종전에 취득하였던 대항력 및 우선변제권이 상실되므로 보증금을 돌려받기 어려워지게 된다. 이런 예를 가정해 보자. 서울 성북구에서 아파트를 3억 원에 임차해서 살고 있던 A가 임대차계약기간 만료 3개월 전에 임대인에 대해 계약기간 종료 후 다른 곳으로 이사할 것이라고 통보하였고, 며칠 뒤 송파구에 소재하는 보증금 5억 원의 아파트를 계약하고, 성북구 아파트의 계약만료일에 보증금을 반환받아 잔금을 지급하고 입주할 계획이었다. 그런데 성북구 소재 아파트가 계약이 종료되는 날까지 새로운 임차인을 구하지 못함에 따라 금융기관으로부터 대출을 받아 송파구 아파트의 잔금을 가까스로 지급함과 동시에 보증금 보장을 위한 대항력 및 우선변제권 요건을 구비하기 위해 주민등록을 이전하게 되는 경우에는 성북구 아파트의 대항력과 우선변제권이 소멸하게 되는 상황이 발생하게 된다.

임차권등기명령제도는, 이러한 문제를 해결하기 위해 임차인에게 대항력 및 우선변제권을 유지하게 하면서 임차주택에서 자유롭게 이사할 수 있게 하는 제도이다. 임차인은 임차권등기명령의 집행에 따른 임차권등기를 마치면 대항력과 우선변제권을 취득하게 된다(주택임대차보호법 제3조의3 제5항 본문). 다만, 임차인이 임차권등기 이전에 이미 대항력이나 우선변제권을 취득한 경우에는 그 대항력이나 우선변제권은 그대로 유지되며, 임차권등기 이후에는 대항요건을 상실하더라도 이미 취득한 대항력이나 우선변제권을 상실하지 않는다(주택임대차보호법 제3조의3 제5항 단서).

임차권등기명령의 신청 요건을 살펴보면, 임대차등기명령은, ① 임대차가 끝난 후 ② 보증금을 반환받지 못한 임차인만이 이를 신청할 수 있다(주택임대차보호법 제3조의3 제1항). 우선, 임차인은 임대차가 종료되어야 임차권등기명령을 신청할 수 있다. 즉 계약기간의 만료로 임대차가 종료된 경우는 물론, 해지통고에 따라 임대차가 종료되거나 합의 해지된 경우에도 임차권등기명령을 신청할 수 있다. 그리고 임차보증금을 돌려 받지 못한 경우이어야 한다. 임차보증금을 돌려받지 못한 경우란, 임차보증금의 전액을 돌려받지 못한 경우는 물론, 일부라도 돌려받지 못한 경우도 포함된다. 임차주택이 원칙적으로 등기된 경우에만 임차권등기명령을 신청할 수 있다. 따라서 임차주택이 무허가 건물인 경우에는 임차권등기명령을 신청할 수 없다. 주택의 일부분, 예를 들어, 다가구주택의 일부분을 임차하는 경우에도 임차권등기명령을 신청할 수 있다. 그리고 임차목적물에 대한 등기부상의 용도가 주거시설이 아닌 경우, 예를 들어 지하실, 공장, 사무실 등으로 되어 있는 경우에도 주거용으로 임차하여 사용하고 있다면, 주거용 건물이기 때문에 임차권등기명령을 신청할 수 있다.

위 요건을 구비한 경우에는 임차인이 임차권등기명령 이전에 이미 대항력이나 우선변제권을 취득한 경우에, 그 대항력이나 우선변제권은 그대로 유지되며, 임차권등기 이후에 대항요건을 상실하더라도 이미 취득한 대항력이나 우선변제권을 상실하지 않는다(주택임대차보호법 제3조의3 제5항 단서). 따라서 임차인이 임차권등기 이후에 이사를 가더라도 여전히 종전의 임차주택에 대한 대항력과 우선변제권은 유지되므로 보증금을 우선하여 변제받을 수 있다.

임차인이 임차권등기명령 이전에 대항력이나 우선변제권을 취득하지 못한 경우에, 임차권등기가 마쳐지면 대항력과 우선변제권을 취득하게 된다(주택임대차보호법 제3조의3 제5항 본문). 다만, 임차권등기를 마치면, 그 등기 시점을 기준으로 대항력과 우선변제권의 취득여부를 판단하기 때문에 임차권등기 이전에 임차주택에 대한 저당권 등의 담보권이 설정된 경우에는 담보권실행을 위한 경매절차에서 매각허가를 받은 매수인에게 대항하거나 그 담보권보다 우선하여 배당을 받을 수는 없게 된다.

이와 더불어 임차권등기가 끝난 주택을 그 이후에 임차한 임차인은, 소액보증금의 우선변제를 받을 수 없게 된다(주택임대차보호법 제3조의3 제6항). 이는 임차권등기 후의 소액임차인에 의한 최우선변제권의 행사로 임차권등기를 한 임차인이 입을지 모르는 예상하지 못한 손해를 방지하기 위한 취지이다.

첫 번째 사례에서는 A가 임차권등기를 통해 대항력과 우선변제권을 법적으로 유지한 상태에서 이사하였으므로, 보증금 반환 순위에서 우선변제를 받을 권리가 있다. 이사로 인해 전입신고가 말소되었더라도, 등기를 통해 그 법적 효력이 보존된다. 따라서 A는 경매 절차에서도 자신의 권리를 행사할 수 있다. 하지만, 두 번째 사례와 같이 B는 전입신고와 확정일자 없이, 대항력이나 우선변제권을 확보하지 못한 상태에서 이사를 하였고, 임차권등기는 등기를 기준으로만 우선변제권과 대항력을 발생시키므로, 등기 전에 설정된 기존 근저당권자에게 대항할 수 없다. 따라서 B는 해당 경매절차에서 일반 채권자로서만 참여 가능하며, 우선변제권은 인정되지 않는다.

Ⅵ. 소액보증금의 우선변제

대항력을 갖춘 소액임차인은 임차주택이 경매되더라도 보증금 중 일정액을 다른 권리자보다 우선하여 돌려받을 수 있는 최우선변제권이 인정된다. 소액임차인의 경우에는 그 보증금이 비록 소액이라고 하더라도 임차인에게는 큰 재산이므로 다른 담보권자의 지위를 해하여도 그 보증금의 회수를 보장하는 것이 타당하다는 사회보장적 고려에서 인정되고 있는 것이다. 주택임대차보호법은 소액임차인이 임차주택에 대한 경매신청의 등기 전에 대항요건을 갖춘 경우에는 보증금 중 일정액을 다른 담보물권자보다 우선하여 변제받을 권리를 보장하고 있다. 이러한 소액임차인의 우선변제를 받을 수 있는 채권은 압류가 금지되어 있다.

1. 소액임차인의 우선변제 요건

최우선변제 받을 수 있는 임차인은 보증금이 다음 어느 하나의 금액에 해당되는 임차인이어야 한다. 이 경우 하나의 주택에 임차인이 2인 이상이고 이들이 그 주택에서 가정공동생활을 하는 경우에는 이들을 1인의 임차인으로 보아 이들의 각 보증금을 합산해서 계산한다. 최우선변제권이 인정되는 소액보증금액은 지역에 따라 다르며, 상한액은 다음과 같다(시행령 제11조).

① 서울특별시 : 1억 6천 500만 원

②「수도권정비계획법」에 따른 과밀억제권역(서울특별시는 제외), 세종특별자치시, 용인시, 화성시 및 김포시 : 1억 4천 500만 원

③ 광역시(「수도권정비계획법」에 따른 과밀억제권역에 포함된 지역과 군지역은 제외), 안산시, 광주시, 파주시, 이천시 및 평택시 : 8천 500만 원

④ 그 밖의 지역 : 7천 500만 원

이 경우 소액임차인은 대항요건을 갖추어야 한다. 즉 임차인은 임차주택에 대한 경매신청의 등기 전에 대항요건인 주택의 인도와 주민등록을 갖추어야 한다. 따라서 경매신청 등기가 된 이후에 주민등록을 마친 임차인은 소액보증금이라도 우선변제를 받을 수 없다. 그리고 이러한 대항요건은 집행법원이 정한 배당요구의 종기인 경락기일까지 계속 존속되어야 한다(대법원 1997. 10. 10. 선고 95다44597 판결). 이와 더불어, 소액임차인이 우선변제권을 행사하기 위해서는 임차주택이 경매 또는 체납처분에 따라 매각되는 경우이어야 한다. 이는 경매나 체납처분에 의하지 않고 단순히 매매, 교환 등의 법률행위에 따라 임차주택이 양도되는 경우에는 대항력의 여부만이 문제될 뿐이고, 우선변제권이 인정될 여지가 없기 때문이다. 마지막으로 소액임차인은 임차주택이 경매 또는 체납처분에 따라 매각되는 경우에 집행법원에 배당요구를 하거나 체납처분청에 우선권행사의 신고를 해야한다(대법원 2002. 1. 22. 선고 2001다70702 판결).

2. 우선변제권의 효과

소액임차인이 임차주택에 대한 경매신청의 등기 전에 대항요건을 갖춘 경우에는 보증금 중 일정액을 다른 담보물권자보다 우선하여 변제받을 권리를 가진다. 소액임차인이 우선변제를 받을 수 있는 금액은, 그 보증금 중 다음의 어느 하나에 해당하는 금액 이하이다(시행령 제10조 제1항).

① 서울특별시 : 5천 500만 원

②「수도권정비계획법」에 따른 과밀억제권역(서울특별시는 제외), 세종특별자치시, 용인시, 화성시 및 김포시 : 4천 800만 원

③ 광역시(「수도권정비계획법」에 따른 과밀억제권역에 포함된 지역과 군지역은 제외), 안산시, 광주시, 파주시, 이천시 및 평택시 : 2천 800만 원

④ 그 밖의 지역 : 2천 500만 원

이 경우 우선변제 금액이 주택가액의 2분의 1을 초과하는 경우에는 주택가액의 2분의 1에 해당하는 금액으로 제한되며(시행령 제10조 제2항), 하나의 주택에 임차인이 2인 이상이고, 그 각 보증금 중 일정액의 합산액이 주택의 가액의 2분의 1을 초과하는 경우에는 그 각 보증금 중 일정액을 모두 합산한 금액에 대한 각 임차인의 보증금 중 일정액의 비율로 그 주택의 가액의 2분의1에 해당하는 금액을 분할한 금액을 각 임차인의 최우선변제 금액으로 본다(시행령 제10조 제3항).

주의할 점은, 임차주택이 임차권등기명령의 집행에 따라 임차권등기가 경료 된 주택을 그 이후에 임차한 임차인은 소액임차인에 해당되어도 우선변제권을 행사할 수 없다는 것과 처음 주택임대차계약을 체결할 때에는 소액임차인에 해당되었지만, 그 후 계약을 갱신하는 과정에서 보증금이 증액되어 소액임차인에 해당하지 않는 경우에는 우선변제권을 행사할 수 없다는 점이다(대구지법 2004. 3. 31. 선고 2003가단134010 판결).

서울시 서대문구에 소재하는 단독주택에 A가 1천만 원, B가 500만 원, C가 500만 원의 임대보증금을 내고 각각 세들어 사는 경우, 나중에 이 주택의 저당권자 D의 경매신청에 의해 경매가 실행되어 3천만 원에 낙찰된 경우 임차인들은 각각 얼마씩을 우선변제 받을 수 있겠는가?

K는 2023년 서울 대림동에 소재하는 자신의 2층짜리 주택에 저당권을 설정해주고 A은행으로부터 1억 원을 대출받았다. 이후 K는 B와 이 주택 2층 전부에 대한 임대차계약을 체결하였고 B가 즉시 입주하여 전입신고를 마쳤다. 수 개월 뒤 K는 C은행으로부터 1억 원을 추가로 대출받으며 저

당권을 설정해 주었다. 일 년 뒤 C은행이 이 주택에 대한 경매신청을 함으로써 D가 2억 원에 낙찰받았다. B는 얼마를 경락대금에서 회수할 수 있는가?

1. 만일 B의 보증금이 2억 원이라면?
2. 만일 B의 보증금이 1억 원이라면?
3. 만일 경락대금이 4천만 원이라면?

첫 번째 사례의 경우 세 임차인은 모두 서울시 기준(1억 6,500만 원 이하)에 해당하는 보증금으로 소액임차인이다. 전입신고와 점유 요건을 경매신청 전에 갖추었으므로 우선변제 요건을 충족하고 있어, 전체 낙찰가 3천만 원의 1/2인 1,500만 원이 최우선변제 총한도이다. 따라서 A는 750만 원, B와 C는 375만 원을 각각 최우선변제 받을 수 있으며, 각 임차인은 잔여보증금(A: 250, B · C: 각 125만 원)에 대해 일반채권자로서 배당 요구 가능하나, 선순위 근저당권자에게 밀릴 수 있다.

두 번째 사례에서는 B가 임대차계약 체결 후 전입신고는 마쳤으나 확정일자는 받지 않은 것으로 가정하게 되면, 보증금에 대한 우선변제요건은 충족하지 못해 A은행은 물론 C은행보다도 후순위 채권자에 해당한다. 다만, 확정일자는 받지 않은 경우라도 대항력 요건만 구비하면 소액보증금인 경우에는 일정금액에 대한 최우선변제권은 인정되므로 서울시 기준 보증금액이 1억 6천 5백만 원 이하라면 5,500만 원까지는 모든 저당권자보다 우선해서 받을 수 있다.

제6절 상가건물 임대차

Ⅰ. 상가건물 임대차보호법의 적용 범위

주거용 건물이 아닌 영업용 상가건물의 임대차의 경우에는 민법의 임대차 규정의 특별법인 「상가건물 임대차보호법」이 제정되어 운영되고 있는데, 이 법은 사업자등록 대상이 되는 상가건물의 임대차에 적용된다. 따라서 상가건물 임대차에 대해서는 상가건물 임대차보호법이 「민법」보다 우선적으로 적용되고, 그 밖의 일반사항에 관해서는 「민법」 채권편의 임대차에 관한 규정이 적용된다.

이 법에 포함된 규정들은 대부분 강행규정으로, 임대차계약 당사자의 의사와 상관없이 이 법의 규정에 위반한 약정으로 임차인에게 불리한 것은 그 효력이 없다. 그리고 동법의 적용대상 범위는 '사업자등록 대상 상가건물'로서, 임대차 목적물의 주된 부분을 영업용으로 사용하는 경우에도 적용이 되며, 미등기 상가건물에 대한 전세계약에 대해서도 적용된다. 따라서 비영업목적으로 사업자등록을 할 수 없는 동창회 사무실, 종교단체 사무실, 자선단체 사무실 등과 같은 비영리단체의 건물임대차에 대해서는 이 법이 적용되지 않게 된다. 이 법의 적용여부를 판단하는 기준에 해당하는 상가건물 해당 여부는 건물의 위치, 구조, 객관적 용도, 실제이용관계 등을 고려하여 합목적적으로 판단해야 한다는 것이 판례의 입장이다.

또한 이 법은 모든 상가건물의 임대차에 적용되는 것은 아니며, 법령에 따라 지역별로 정해진 일정 보증금 이하의 상가건물 임대차에 대해서만 적용되는데, 법령에 따른 지역별 보증금의 범위는 다음과 같다(상가건물 임대차보호법 제2조 제1항 및 상가건물 임대차보호법 시행령 제2조 제1항).

① 서울특별시 : 9억 원

② 「수도권정비계획법에 따른 과밀억제권역(서울특별시는 제외) 및 부산광역시: 6억 9천만 원

③ 광역시(「수도권정비계획법」에 따른 과밀억제권역에 포함된 지역과 군지역, 부산광역시는은 제외), 세종특별자치시, 파주시, 화성시, 안산시, 용인시, 김포시 및 광주시 : 5억 4천만 원

④ 그 밖의 지역 : 3억 7천만 원

보증금을 계산할 때에는 보증금 이외에 차임을 지급하고 있는 경우에는 월 단위의 차임액에 100을 곱하여 보증금과 합산한 금액을 총 임차보증금으로 계산하는데, 예를 들어, 어떤 상가건물에 대해 보증금 3,000만 원, 차임 70만 원을 매월 지급하는 경우의 보증금액은 1억{(70만원 × 100) + 3,000만원 = 1억원}이 된다.

주택임대차와 마찬가지로 등기가 되어있지 않은 상가건물이라 하더라도 임차인이 상가건물의 인도와 사업자등록을 신청한 경우 그 다음 날부터 제3자에 대해 대항력을 주장할 수 있으며, 임대차계약서상의 확정일자를 관할 세무서장으로부터 부여받은 경우에는 임차건물의 경매 또는 공매 시 그 건물의 환가대금에서 후순위권리자 그 밖의 채권자에 우선하여 보증금을 변제받을 수 있다. 하지만 법령이 정하는 보증금을 초과하는 경우와 일시사용 목적의 임대차의 경우에는 상가건물 임대차보호법이 적용되지 않는다. 먼저 상가건물 임대차보호법은 지역별로 정해진 일정 보증금 이하의 상가건물 임대차에

대해서만 적용되므로 시행령에서 정하는 보증금을 초과하는 상가건물을 임차한 경우에는 보호를 받을 수 없다. 예를 들어 인천광역시 연수구 송도동에 소재하는 상가건물을 3억 원을 초과하는 보증금으로 임차하는 경우에는 상가건물 임대차보호법이 적용되지 않는다.(상가건물 임대차보호법 제2조 제1항 및 상가건물 임대차보호법 시행령 제2조 제1항). 그리고 일시사용을 위한 상가건물 임대차임이 명백한 경우에도 상가건물 임대차보호법은 적용되지 않는다(상가건물 임대차보호법 제16조).

Ⅱ. 상가건물 임대차보호법의 주요 내용

이 법은 상가건물 임차인 중 일정 보증금 이하의 임차인만을 보호하기 위해 제정되었으며, 주택임대차보호법과 거의 유사하게 일정한 요건을 갖춘 경우에는 대항력, 우선변제권, 존속기간 보장 등의 임차인 보호 장치를 마련해 두고 있다.

1. 대항력

이 법이 적용되는 상가건물의 임대차는 등기를 하지 않더라도 임차인이 상가건물을 인도받고, 사업자등록을 신청했다면 그 다음 날부터 제3자에 대한 대항력이 인정된다(상가건물 임대차보호법 제3조 제1항). 상가임대차의 경우에는 주택임대차와 같은 주민등록이전 요건 대신 사업자등록이 요구된다는 점이 다르다.

위 요건을 구비해 대항력을 갖춘 임차인은 상가건물이 매매, 경매 등의 원인으로 건물 소유자가 변경된 경우에도 새로운 소유자에 대해 여전히 임차인으로서의 지위를 주장할 수 있다, 이러한 대항력이 인정되므로 계약기간 중 건물이 경매, 매매 등으로 타인에게 소유권이 이전되더라도, 임차인은 임대차 기간이 만료될 때까지 계속 임차 건물을 사용·수익할 수 있음은 물론, 보증금을 전액 반환받을 때까지는 상가건물을 반환하지 않아도 된다(상가건물 임대차보호법 제9조 제2항).

2. 임대차 존속기간의 보장

이 법에서는 상가임대차의 최소 존속기간을 1년으로 정함으로써 임차인을 보호하고 있는데, 임차 기간을 정하지 않았거나 기간이 1년 미만인 상가건물의 임대차는 그 기간을 1년으로 취급하지만 임차인측에서 1년 미만으로 정한 기간이 유효함을 주장하는 것은 상관없다(상가건물 임대차보호법 제9조 제1항).

3. 임차인의 계약갱신 요구

김 사장은 서울 강서구에 위치한 건물 1층에서 2019년 5월 1일부터 2년 단위로 커피숍을 운영하고 있다. 보증금은 5,000만 원, 월세는 200만 원으로, 사업자등록도 정상적으로 이루어져 있었고 상가 인도도 적법하게 이루어졌다. 2023년 3월, 김 사장은 임대차계약이 2023년 4월 30일 종료되는 것을 앞두고, 2023년 3월 15일경 임대인에게 계약 갱신을 요구했다. 그러나 임대인은 "건물을 리모델링할 예정"이라는 사유로 계약 갱신을 거절하였다.
그런데 김 사장이 확인해 본 결과, 해당 건물은 리모델링 허가를 받지도 않았고, 실제 계획도 없는 것으로 확인되었다.

전체 임대차기간이 10년을 초과하지 않는 한 임차인이 임대차기간이 만료되기 6개월 전부터 1개월 전까지 사이에 계약의 갱신을 요구할 수 있는데, 이때 임대인은 정당한 사유가 없는 한 이를 거절할 수 없다(상가건물 임대차보호법 제10조 제1항). 사례에서 김사장의 계약갱신요구권은 유효한지, 임대인이 주장한 리모델링 사유는 정당한 갱신 거절 사유에 해당되는지가 쟁점이 된다. 먼저 김 사장은 계약 시작일부터 갱신 요구일까지 총 4년이 경과되었으며, 이는 2024년 개정법 기준 10년의 계약갱신요구권 행사 가능 기간 내에 있으므로 계약갱신요구권 행사가 가능하다. 또한 계약종료일 전 6개월부터 1개월 사이(3월 15일)에 갱신요구권을 행사했으므로 행사요건은 충족되었다. 임차인의 갱신요구권 행사에 대해 상가건물임대차보호법 제10조 제1항에 따라, 임대인은 정당한 사유 없이는 계약갱신을 거절할 수 없는데, 건물의 철거·재건축 또는 리모델링이 이유가 되기 위해서는, 계획이 구체적으로 수립되고, 인·허가를 받은 상태이어야 한다(대법원 2016. 3. 24. 선고 2014다233777 판결). 본 사안은 임대인이 실제로 리모델링 계획이 없고 허가도 받지 않은 상황이므로, 정당한 거절 사유가 아니므로 결론적으로 김 사장은 계약갱신요구권을 정당하게 행사할 수 있으며, 임대인의 갱신거절은 무효로서 계약은 갱신된 것으로 간주된다.

4. 보증금의 증감청구권 및 증액 제한

임차건물에 관한 조세, 공과금 그 밖의 부담의 증감이나 경제사정의 변동 등으로 차임 또는 보증금이 적정하지 않다고 생각되는 경우에는 임차인 및 임대인은 보증금의 증액이나 감액을 청구할 수 있다. 다만, 임대인이 증액을 요구하는 경우에는 청구 당시의 차임 또는 보증금의 연 5%의 범위 내에서만 증액을 할 수 있도록 제한하고 있다(상가건물 임대차보호법 제11조 제1항 및 상가건물 임대차보호법 시행령 제4조).

5. 우선변제권

주택임대차와 마찬가지로 상가건물 임차인에 대해서도 임대차 보증금에 대한 우선변제권을 인정하고 있는데, 우선변제권이 인정되기 위해서는 임차인이 상가건물을 인도받고, 사업자등록 신청을 마쳤으며, 관할 세무서장으로부터 임대차계약서에 확정일자를 받아야 한다. 요건이 구비된 경우에는 임차한 상가건물이 경매 또는 공매되는 경우 임대인 소유의 대지를 포함한 상가건물의 환가대금에서 후순위권리자 그 밖의 채권자보다 우선하여 보증금을 변제받을 수 있다(상가건물 임대차보호법 제5조 제2항).

6. 소액임차인의 최우선변제권

주택임대차와 마찬가지로 상가건물 임대차에 있어서도 일정 금액 이하의 소액보증금을 지급한 소액임차인에 대해서는 요건 충족시 소액보증금에 대한 최우선변제권이 인정된다. 상가건물임대차에 있어 소액임차인 기준은 아래의 임차보증금에 해당되는 상가건물을 임차한 임차인을 의미한다(상가건물 임대차보호법 시행령 제6조).

① 서울특별시 : 6천 500만 원

② 「수도권정비계획법」에 따른 과밀억제권역(서울특별시 제외) : 5천 500만 원

③ 광역시(「수도권정비계획법」에 따른 과밀억제권역에 포함된 지역과 군지역은 제외), 안산시, 용인시, 김포시 및 광주시 : 3천 800만 원

④ 그 밖의 지역 : 3천만 원

소액보증금에 해당하는 상가임차인이 최우선변제를 받을 수 있는 보증금중 일정액의 범위는 다음과 같다.

① 서울특별시 : 2천 200만 원

② 「수도권정비계획법」에 따른 과밀억제권역(서울특별시 제외) : 1천 900만 원

③ 광역시(「수도권정비계획법」에 따른 과밀억제권역에 포함된 지역과 군지역은 제외), 안산시, 용인시, 김포시 및 광주시 : 1천 300만 원

④ 그 밖의 지역 : 1천만 원

지역에 따른 위 보증금액 이하의 소액 임차인은 임차건물이 경매 또는 공매로 소유

권이 타인에게 이전되는 경우에도, 집행절차에 참가하여 보증금 중 일정액을 다른 담보물권자보다 최우선하여 배당받을 수 있다(상가건물 임대차보호법 제14조 제1항 전단).

7. 임차권등기명령제도

주택임대차에서와 마찬가지로 상가건물 임대차의 경우에도 상가건물 임대차계약이 종료되었음에도 보증금을 반환 받지 못한 임차인은 임차건물의 소재지를 관할하는 지방법원에 임차권등기명령을 신청할 수 있다(상가건물 임대차보호법 제6조 제1항). 임차권등기를 경료하게 되면 임차인은 임대인 및 제3자에 대해 대항력과 우선변제권을 가진다. 다만, 임차인이 임차권등기 이전에 이미 대항력 또는 우선변제권을 취득한 경우에는 그 대항력 또는 우선변제권이 그대로 유지되며, 임차권등기 이후에는 대항요건을 상실하더라도 이미 취득한 대항력 또는 우선변제권을 상실하지 않게 된다(상가건물 임대차보호법 제6조 제5항).

Ⅲ. 상가임차인의 대항력과 우선변제권

1. 대항력

주택임대차에서와 마찬가지로 일정한 요건을 충족한 상가임차인에 대해서도 대항력을 인정해 보호하고 있는데, 여기서 대항력이란 임차인이 제3자, 즉 임차상가건물의 양수인, 임대할 권리를 승계한 사람, 그 밖에 임차상가건물에 관해 이해관계를 가지고 있는 자에게 이전 임대차의 내용을 주장할 수 있는 법률상의 힘을 말한다(상가건물 임대차보호법 제3조 제1항). 본 규정은 지역별로 정해진 보증금의 일정 기준금액을 초과하는 임대차에 대해서도 적용된다. 대항력 인정 요건으로는 임대차 등기가 없더라도 임차인이 건물을 인도받고, 사업자등록을 신청하면 그 다음날부터 대항력이 발생한다.

여기서 상가건물의 인도는 점유의 이전을 의미하는데, 건물의 정상적인 사용이 가능하도록 임대인으로부터 임차인에게로 지배권이 이전하는 것을 말한다. 사업자등록의 구체적 요건은, 임차인인 사업자는 사업장마다 사업 개시일부터 20일 이내에 사업장 관할 세무서장에게 사업자등록을 신청해야 하는 것이며, 처음 사업을 시작하려는 임차인이라면 사업 개시일 이전이라도 사업자등록을 신청할 수 있다(부가가치세법 제8조 제1항). 그리고 사업장이 둘 이상인 사업자는 사업자 단위로 해당 사업자의 본점 또는 주사무소 관할 세무서장에게 등록을 신청하면 된다. 이 경우 대항력 및 우선변제권 확보를 위해서 사업 개시일부터 20일 내에 사업자등록을 신청하는 것도 가능하지만, 사업 개시 전 사업자등록을 마쳐 대항력과 우선변제권 발생 시기를 앞당길 수도 있다.

이처럼 대항력을 갖춘 상가건물 임차인은 임차상가건물이 타인에게 양도되더라도 새로운 상가건물소유자에게 계속해서 임차권의 존속을 주장할 수 있다. 또한 임차상가건물에 경매가 실시된 경우 임차상가건물이 매각되면 임차권은 소멸하지만, 임차인이 보증금을 전액 반환받지 못한 경우에는 대항력이 그대로 남아 있으므로 임차권은 소멸되지 않는다.

2. 우선변제권

박 대표는 서울 마포구 소재 3층짜리 상가건물 2층에서 옷가게를 운영하기 위해 2022년 6월 1일자로 보증금 7,000만 원, 월세 250만 원에 임대차계약을 체결했다. 박 대표는 상가를 인도받은 후 즉시 사업자등록을 마쳤고, 임대차계약서에 대해 2022년 6월 5일 확정일자를 받았다. 2023년 12월, 임대인의 채무불이행으로 인해 해당 건물에 대해 금융기관이 경매를 신청했고, 박 대표는 2024년 1월 10일 배당요구를 신청하였다. 경매 절차가 끝난 후, 낙찰금액은 3억 원이었으며, 박 대표보다 앞선 근저당권 채권자가 존재하고 있었다.

상가건물 임대차보호법에서는 일정한 요건을 구비한 임차인에 대해서는 임차보증금을 우선 변제받을 수 있는 권리인 우선변제권을 인정하고 있다. 우선변제권이 인정되기 위해서는, 임차인이 대항요건과 임대차계약증서상의 확정일자를 구비해야 한다. 이처럼 우선변제권이 인정되는 임차인은 임차상가건물이 경매 또는 경매에 붙여졌을 때 그 경락대금에서 다른 후순위권리자보다 우선하여 보증금을 변제받을 수 있어 보증금에 대한 두터운 보호가 인정된다(상가건물 임대차보호법 제5조 제2항, 대법원 2006. 1. 13. 선고 2005다64002 판결).

상가임대차에서의 확정일자란 증서가 작성된 날짜에 상가건물임대차계약서가 존재하고 있음을 증명하기 위해 법률상 인정되는 일자로, 상가건물의 소재지 관할 세무서장이 임대차계약서가 존재하였음을 인정한 날짜를 말하는데, 임차인이 사업자등록신청시 또는 사업자등록신청 전후에 임대차계약서에 별도의 수수료 없이 확정일자를 받을 수 있다. 만약 사업자등록을 신청하기 전에 확정일자를 먼저 신청하는 경우에는 우선변제권의 효력은 사업자등록의 신청, 상가건물의 인도, 확정일자에서 가장 늦은 날을 기준으로 순위가 결정된다.

임차인이 상가건물을 인도 받고, 사업자등록을 신청한 후 상가건물임대차계약서에 확정일자까지 갖추었다면 상가건물을 인도받고 사업자등록을 신청한 다음날 오전 0시부터 우선변제권이 인정되며 우선변제권 행사를 위해서는 경매절차에 따르는 배당요구의 말일인 경락기일까지 우선변제권의 요건을 갖추고 있어야 한다(대법원 2006. 1. 13. 선고 2005다64002 판결). 사례의 경우 박대표의 우선변제권 행사요건 구비여부 및 근저당권자 존재시 우선변제 가능여부가 쟁점인데, 우선 대항요건은 상가 인도 및 사업자등록 신청 완료했으므로 충족되었고, 임대차계약서상 확정일자 존재가 2022.6.5.로 확인되므로 우선변제권 요건도 충족하고 있다. 또한 경매절차 중 2024. 1. 10에 경락 전 배당 요구했으므로 배당요구 시기도 적절한 것으로 판단된다. 따라서 박대표는 대항력+확정일자+배당요구를 모두 갖춘 상태이므로 우선변제권 행사가 가능하다. 다만, 박 대표가 주장하는 보증금 7,000만 원은 우선변제 한도(예: 서울 기준 상한선 약 6억 1천만 원)를 초과하지 않으므로 전액 보호받은 가능성이 있지만, 확정일자 이전 설정된 근저당권자가 있다면 그보다 후순위로 배당받게 된다.

Ⅳ. 상가임대차 당사자의 권리와 의무

주택임대차와 유사한 내용의 당사자의 권리와 의무가 인정되는데 우선 임대인의 주요 권리로는 차임지급청구권, 차임증액청구권, 임대물반환청구권 등이 인정된다. 특히 차임증액청구권 행사에 있어 차임이나 보증금의 증액청구가 인정되는 경우에도 청구 기간과 금액에는 일정한 제한이 있는데, 임대차계약 또는 약정한 차임 등의 증액이 있은 후 1년 이내에는 증액청구를 할 수 없으며, 증액청구 당시 차임이나 임차보증금의 5%를 초과하여 증액청구를 할 수 없다. 임대물반환청구권 행사에 있어서도 임차인은 원칙적으로 임대물을 반환할 때 이를 원상회복해서 반환할 의무가 있으며, 부속시킨 물건은 철거할 수 있다. 또한 계약 또는 목적물의 성질에 위반한 사용, 수익으로 인해 생긴 손해나 임대인이 지출한 비용이 있는 경우에는 임대인이 임차인으로부터 임차물을 반환받은 날로부터 6개월 이내에 손해배상청구 또는 비용상환청구를 할 수 있다.

반대로 임대인의 임차인으로 하여금 상가건물을 사용·수익하게 할 의무, 방해제거의무, 상가건물의 하자 등에 대한 담보책임, 임대차보증금의 반환의무 등을 부담하게 된다. 여기서 임대인의 수선의무는 특약에 의해 면제하거나 임차인의 부담으로 할 수 있으나, 특별한 사정이 없는 한 건물의 주요 구성부분에 대한 대수선, 기본적 설비부분의 교체 등과 같은 대규모의 수선에 대해서는 임대인이 수선의무를 부담한다(대법원 1994. 12. 9. 선고 94다34692, 94다34708 판결). 임대인이 상가건물을 수선해주지 않는 경우에는 임차인이 손해배상을 청구할 수 있고, 상가건물임대차계약을 해지하거나 파손된 건물의 수리가 끝날 때까지 차임의 전부 또는 일부의 지급을 거절할 수 있다(대법원 1997. 4. 25. 선고 96다44778, 44785 판결). 그리고 임차인의 과실로 상가건물을 파손한 경우라 하더라도 임대인은 상가건물을 수리해 줄 의무를 부담하는데, 이 경우 임대인은 상가건물을 수리한 후에, 임차인에게 손해배상을 청구하거나 상가건물파손을 이유로 계약을 해지할 수 있다. 그리고 목적물에 대한 권리의 하자로 임차인이 상가건물을 사용·수익할 수 없게 되거나, 상가건물 자체에 하자가 있어 계약에 따른 사용·수익을 할 수 없게 된 경우에는 임대인은 일정한 담보책임을 부담하며, 임대차기간의 만료 등으로 임대차계약이 종료되면 임차인에게 보증금을 반환해야 할 의무가 있다.

상가건물임차인의 주요한 권리로는 상가건물의 사용·수익권, 임대차등기협력청구권, 차임감액청구권, 부속물매수청구권 또는 철거권, 필요비상환 청구권, 유익비상환청구권 등이 인정된다. 더불어 임차인은 차임지급의무, 임차상가건물의 사용·수익에 따른 의무(용법에 따른 사용수익의무, 선관주의의무 등), 임차상가건물의 반환의무 및 원상회복의무 등을 부담하게 되는데, 구체적인 권리와 의무내용은 주택임대차에서 설명한 것과 같다.

Ⅴ. 상가임차권의 양도

정 대표는 서울 동작구에서 의류매장을 운영하던 상가를 2020년 6월, 보증금 1억 원, 월세 300만 원에 임차했다. 사업은 점점 부진해졌고, 2023년 3월경 지인 박 씨에게 "남은 임대차 기간 1년과 시설, 영업권을 포함해 가게를 넘기겠다"고 하여 양도 계약을 체결했다.
박 씨는 정 대표로부터 상가를 인도받아 점유하고 사업자등록도 완료하였다. 하지만 이 사실을 알게 된 임대인 강 씨는, 자신에게 사전 동의 없이 상가를 넘긴 것을 문제 삼아, 정 대표에게 임대차 계약 해지를 통보하고, 박 씨에게 건물 퇴거 및 점유이전금지 가처분 신청을 제기하였다.

임차권의 양도란 임차인이 임차권을 제3자(양수인)에게 이전하는 것을 말하는데, 원칙적으로 재산권의 일종인 임차권도 임차인(양도인)과 양수인 사이의 계약만으로 유효하게 양도가 가능하지만, 민법 제629조에서 임차인은 임대인의 동의 없이 임차권을 양도하지 못하도록 제한하고 있기 때문에, 임대인은 자신의 동의 없이 임차권을 양도한 경우에는 임대차계약을 해지할 수 있다. 이에 따라 임대인의 동의가 없는 경우에는 임차권의 양도가 사실상 제한된다.

임대인의 동의를 얻어 임차권이 유효하게 양도되는 경우에는 임차인이 가지는 임대차계약상 모든 권리와 의무는 포괄적으로 양수인에게 이전된다. 다시 말해 양도 이후에는 양수인이 새로운 임차인으로서 임대인과의 임대차관계를 유지하게 되는 것이다. 하지만, 임차권 양도에 대한 임대인의 동의가 있기 이전에 임차인이 차임을 연체함으로써 발생한 차임지급채무나 그 밖의 손해배상채무 등은 다른 특약이 없는 한 양수인에게 이전되지 않는다.

반대로 임차권 양도에 대해 임대인의 동의가 없는 경우라 하더라도 임차권의 양도계약 자체는 계약 당사자 사이에서는 유효하게 성립하고, 다만 양도인은 양수인을 위해 임대인의 동의를 받아 줄 의무를 부담하게 되고(대법원 1996. 6. 14. 선고 94다41003 판결), 최종적으로 임대인의 동의를 받지 못하는 경우에는 계약상 채무불이행에 해당하여 양수인은 계약해지 및 손해배상청구권을 행사할 수 있다. 더불어 임대인은 무단 양도를 이유로 하여 임차인과의 임대차계약을 해지할 수 있다(민법 제629조 제2항).

나아가 임대인의 동의 없이 임차권을 양도한 경우에는 임대인에 대해서는 계약의 효력을 주장할 수 없으므로, 양수인이 상가건물을 인도 받아 점유하는 경우라도 임대인과의 관계에서는 불법점유에 해당하므로 임대인은 소유권에 기한 반환청구권을 행사할 수 있다.

위 사례의 쟁점은 임대인의 동의 없이 체결된 임차권 양도 계약의 효력은 어떻게 되는지, 박 씨는 임대인에게 임차인의 지위를 주장할 수 있는지, 그리고 정 대표와 박 씨 사이의 계약상 책임 관계는 어떻게 되는지에 관한 것이다. 우선 임차권의 양도 자체는 유효하다. 즉 정 대표(양도인)와 박 씨(양수인) 사이의 양도 계약은 사적 자치에 따라 유효하게 성립되었지만 임대인의 동의가 없는 이상 임대인에게는 효력이 없다. 민법 제629조 제1항에서는 임차인은 임대인의 동의 없이 임차권을 양도할 수 없으므로 임대인은 무단양도를 이유로 계약을 해지할 수도 있다. 다음으로 박 씨는 임대인에 대해 임차인으로서 권리를 주장할 수 없다. 즉 점유와 사업자등록을 마쳤더라도, 임대인의 승낙 없이는 정당한 임차인의 지위를 인정받기 어려우며, 법적으로는 불법점유자로 간주되어 건물 반환 청구의 대상이 될 수 있다. 마지막으로 정 대표는 박 씨에게 임대인의 동의를 받아 줄 의무를 부담하는데 동의를 받지 못해 계약 이행이 불가능해지면, 채무불이행으로 박 씨는 계약 해제 및 손해배상을 청구할 수 있다.

Ⅵ. 상가건물 양도에 따른 효과

유효하게 상가건물의 양도가 이루어진 경우에는 상가건물의 양수인, 그 밖에 상속,

경매 등으로 상가건물의 소유권을 취득한 사람은 임대인의 지위를 승계하며(상가건물 임대차보호법 제3조 제2항), 이러한 승계는 법률의 규정에 따른 승계이므로 그 지위의 승계에 임차인의 동의를 받을 필요는 없고, 임차인에게 통지할 필요도 없다(대법원 1996. 2. 27. 선고 95다35616 판결).

또한 상가건물의 양도에 따라 양도인인 임대인의 지위가 양수인에게 포괄적으로 이전되는 결과 임대인의 지위는 면책적으로 소멸되고, 차임지급청구권을 비롯한 일체의 채권과 보증금반환채무를 포함한 일체의 채무가 양수인에게 이전된다(대법원 1996. 2. 27. 선고 95다35616 판결). 그리고 양도인인 임대인과 임차인 사이에 당연승계를 배제하기로 하는 내용의 특약이 있더라도 이는 임차인에게 불리한 약정으로서 효력이 없다(상가건물 임대차보호법 제15조).

대항력요건을 구비한 상가건물임대차계약이 기간만료 등으로 임대차가 종료된 이후 건물이 타인에게 양도되는 경우라 하더라도, 임차인이 보증금을 반환받을 때까지는 건물의 양수인에게 임대인으로서의 지위가 당연히 승계되므로 임대차보증금 반환의무도 상가건물의 소유권과 더불어 당연히 양수인에게 이전된다(상가건물 임대차보호법 제9조 제2항, 대법원 2002. 9. 4. 선고 2001다64615 판결).

상가건물의 양수인에게 대항할 수 있는 임차인은 상가건물이 양도된 후에도 임차상가건물을 계속 사용·수익할 수 있는데, 반대로 상가건물의 양수인에게 대항할 수 있는 임차인이 스스로 임대차계약을 지속하는 것을 원하지 않는 경우에는 임대차관계의 지속을 강요하는 것은 부당하므로, 아직 임대차기간이 만료되기 전에 상가건물이 경매되는 경우에는 임대차계약을 해지하고, 우선변제를 청구할 수 있도록(대법원 2002. 9. 4. 선고 2001다64615 판결) 함으로써 임차인을 보호하고 있다.

제 3 장

형사법률관계

제3장 형사법률관계

제1절 형법의 기초

우리가 사회생활을 하는데 있어서는 앞에서 살펴 본 민사법률 관계뿐 아니라 부득이하게 형사법률 관계에 연루되는 경우도 많이 있다. 사소하게는 교통사고로 인한 의도하지 않은 교통사범에서부터 살인, 강도와 같은 중범죄행위가 발생하는 경우까지 고대로부터 인간이 집단사회를 구성해서 생활하게 되면 어떤 형태로든지 범죄행위가 발생하게 된다. 이런 의미에서 많은 법률들 중에서도 형법을 가장 역사가 오래된 법률로 평가하기도 한다.

법적인 의미에서 형법이란, 형사제재를 법 효과로 삼는 법률을 통칭하는 의미로 사용되기도 하고, 좁은 의미에서는 '형법'(criminal law)이라 명명된 법전만을 의미하기도 한다. 넓은 의미의 형법으로서 형벌뿐 아니라 보안처분을 그 법 효과로 정하고 있는 법률로는 폭력행위등처벌에 관한 법률, 국가보안법, 특정범죄가중처벌 등에 관한 법률, 교통사고처리특례법 등을 들 수 있다. 이 장에서는 이러한 형법의 기본 이념과 주요 범죄행위의 내용에 대해 살펴보기로 한다.

Ⅰ. 형법전의 구성과 법조문의 구성부분

우리 형법은 1953년에 제정되어 최근까지 여러 차례 개정과정을 거쳤는데, 형법전은 총칙과 각칙의 두 부분으로 구성되어 있다. 형법 총칙에서는 형법의 적용범위, 범죄의 성립과 형사처벌의 일반원칙, 미수범, 공범, 형벌의 종류와 그 집행방법 등 형법 전반에 걸쳐 적용되는 일반원칙에 대해서 규정하고 있다. 그리고 형법 각칙에서는 개별 범죄의 행위유형과 그에 대한 형벌을 정하고 있으며 어떤 행위가 범죄적 결과를 발생시킨 경우에 각칙의 어느 범죄행위에 해당되는지를 결정하기 위해 개별범죄에 관한 규정에 대한 구체적인 해석이 필요하다. 다시 말해, 형법조문은 범죄로 될 행위유형이 무엇이고 이에 대해 어떤 형사제재가 가해지는지 규정해 놓고 있는데, 이러한 형법조문은 크게 두 부분으로 구성되어 있다. 즉 범죄가 되는 행위유형을 설명해 놓은 부분과 그에 대한 법 효과(형벌 또는 보안처분)를 정해 놓은 부분이다. 이해를 쉽게 하기 위해 형법 제329조의 절도죄를 예로 살펴보자.

제329조(절도)
타인의 재물을 절취한 자는 6년 이하의 징역 또는 1천만원 이하의 벌금에 처한다.
범죄 구성요건 법 효과(형사제재)

이처럼 절도죄로 처벌될 수 있는 행위유형은 '타인의 재물을 절취'하는 행위이며, 그에 대한 법 효과는 '6년 이하의 징역 또는 1천만 원 이하의 벌금'이다. 여기서 앞부분을 범죄 구성요건, 뒷부분을 형사제재라 부른다. 이와 같이, 형법 각칙에 규정되어 있는 개별 범죄들은 예외 없이 구성요건부분과 그에 대한 형사제재를 규정하는 부분으로 구분되어 있다. 하지만, 이러한 범죄 구성요건을 구체적인 사안에 적용함에 있어서는 다소 추상적으로 규정되어 있는 법문상 용어의 의미와 해석이 중요한데, 위 절도죄의 예에서 '타인'이나 '재물', '절취'라는 용어의 의미를 어떻게 해석하는가에 따라 범죄가 성립할 수도 있고 그렇지 않을 수도 있는 것이다. 또한 동일한 용어를 사용하는 경우에도 범죄에 따라 그 해석이나 적용범위가 달라지는 경우가 있다. 예를 들어, 폭행죄와 강간죄의 구성요건에서는 동일한 '폭행' 개념을 사용하고 있지만 그 개념은 각각 다르게 보고 있다. 그리고 구성요건의 해석도 중요한 부분이지만 형사제재에 해당하는 형벌과 보안처분의 내용 역시 중요한 부분이다. 상세한 내용은 관련되는 부분에서 다시 설명하기로 한다.

Ⅱ. 형벌

형벌은 과거의 범죄행위에 대한 국가형벌권의 반작용을 의미하는데, 이러한 형벌의 본질이 무엇인가에 대해서는 예전부터 논란이 있어 왔다. 다시 말해, 형벌을 과거의 범죄행위에 대한 대가 또는 응보로 보는 응보형론과 범죄를 예방하기 위한 목적에 형벌의 본질이 있다고 보는 목적형론으로 대립되며, 응보적 성격과 예방 목적적 성격을 모두 가지고 있다고 보는 절충설이 현재 지배적인 견해이다. 절충설에 의하면 형벌은 다음과 같은 기능을 한다.

우선, 형벌은 사회구성원들로 하여금 범죄행위를 하지 못하도록 교육하고 범죄자는 가혹한 형벌을 받게 된다는 것을 알려서 겁을 줌으로써 범죄를 사전에 예방하는 일반예방적 기능을 가진다. 또한 범죄자에 대해서는 자신의 범죄행위에 상응하는 불이익을 부과하는 응보적 기능도 가지고 있다. 더불어, 이미 범죄를 저지른 자에 대해서는 단순히 형벌만을 부과하는데 그치는 것이 아니라 형벌집행을 통해서 다시는 범죄를 저지르지 않도록 교화하고 재사회화 교육을 통해 형벌집행을 마친 뒤에는 정상적인 사회인으로서 복귀할 수 있도록 하는 특별예방적 기능도 수행하고 있다.

1. 형벌의 종류

형벌의 종류는 나라마다 조금씩 다른데 우리 형법이 정하고 있는 형벌의 종류와 내용은 다음과 같다. 이처럼 미리 형법전에 형벌에 관해 규정을 마련해 놓는 이유는 국가권력기관에 의한 자의적인 형벌창설이나 집행을 예방하기 위한 것인데, 이를 위해 형법에서는 형법전에 정해진 형벌 이외에는 새로운 형벌을 창설할 수 없으며, 기존의 형벌내용을 달리 변경할 수도 없다는 죄형법정주의 원칙을 중요한 기본원리로 정하고 있다.

(1) 사형

사형은 일정한 범죄행위를 한 자의 생명을 박탈하는 형벌로서 형벌 가운데 가장 무거운 형에 해당하므로 극형 또는 최고형이라고도 한다. 우리나라에서 사형의 집행방식은 민간인의 경우에는 교수형으로써, 군인의 경우에는 총살형으로 한다. 국가별로 사형제도를 존치시킬 것인지 아니면 폐지해야 하는지에 대해 아직까지 논란이 많지만, 아직 우리 형법에서는 사형을 형벌의 하나로 인정하고 있다. 사형제도의 폐지를 주장하는 입장에서는, 사형은 야만적이고 잔혹한 형벌로서 인간의 존엄과 가치의 근원인 생명을 박탈하므로 헌법정신에 위배될 뿐 아니라 기대하는 것보다 위하력이 약하며, 자칫 오판으로 무고한 사람에 대해 사형을 집행한 경우에는 무고하게 형장의 이슬로 사라진 사형수에 대해 피해를 회복시켜 줄 수 있는 어떠한 회복수단도 없을 뿐 아니라, 형벌의 목적을 범죄자의 개선과 교화를 통해 정상적으로 사회에 복귀할 수 있도록 하는데 있다고 볼 때, 이러한 목적을 달성하기 어려운 무의미한 형벌이라는 점이 폐지론의 주된 근거이다. 반대로, 사형존치론의 입장에서는 모든 인간은 자신의 생명에 애착을 가지므로 사형제도가 일반인에 대해 여전히 위하력을 가진다는 점은 부정할 수 없으며, 형벌의 본질이 응보에 있는 이상 극악범죄에 대해서는 사형이 적절하고 필요하며, 일반국민의 응보관념과 정의 관념에 부합하므로 폐지는 아직 시기상조라는 점을 들어 교화가능성이 전혀 없는 흉악범 등에 대해서는 사형을 허용해야 한다고 주장한다.

우리나라에서는 1948년 정부 수립 이후 지금까지 총920명에 대한 사형이 집행되었으며, 1997년 12월 30일 23명의 사형수에 대한 사형집행이 이루어진 뒤 현재까지 사형이 집행되지 않고 있다. 외국의 경우 실제 사형제를 실시하고 있는 국가는 대부분 중동과 아시아에 집중되어 있으며, OECD국가 중에는 미국과 일본만이 사형제를 유지하고 있다.
2021년 국내 여론조사 결과 응답자의 77.3%가 여전히 사형제 존치를 지지하고 있다는 사실을 볼 때 아직 우리나라에서는 흉악범죄에 대해서는 극형인 사형을 집행해야 한다는 국민감정이 강한 것으로 생각된다.

(2) 자유형: 징역, 금고, 구류

범죄자에 대해 신체의 자유를 박탈하는 형벌로는 징역형, 금고형, 구류형이 있다. 자유형의 본질은 범죄인의 신체활동의 자유를 제한함으로써 신체적·정신적 고통을 가하는데 있는 것이 아니라, 자유박탈을 수단으로 하여 재교육을 통해 범죄자를 교화시키자는데 있다. 이런 의미에서 현대적 형벌기능인 특별예방목적을 달성하는데 가장 유용한 형벌수단으로 평가되는데, 자유형 가운데 징역형은 수형자를 교도소와 같은 수감시설에 가두어 두고 일정한 노역에 복무하게 하는 형벌이며, 기간을 정하지 않는 종신형을 무기징역이라 하고 형기를 1개월 이상 30년 미만으로 정한 것을 유기징역이라 한다. 또한 일정한 가중사유가 있는 경우에는 유기징역형은 50년까지 상한선이 연장될 수 있다. 단, 징역형의 경우에도 20년이 경과하면 가석방이 가능하다. 징역형과 종류 및 기간은 동일하지만 의무적인 노역을 부과하지 않는 형벌이 금고형인데, 수형자가 원할 때에는 노역에 복무하도록 할 수 있다. 금고형은 수형자의 명예를 존중하려는 취지에서 마련된 형벌제도이며, 주로 정치범이나 과실범에 대해 부과된다. 구류형 역시 교도소 내에 수감하는 형벌이지만 그 기간이 1일 이상 30일 미만 사이에서 정해진다는 점이 징역 및 금고형과 다르며, 의무적으로 노역에 복무하게 하지도 않는다. 이러한 구류형은 주로 경범죄처벌법 위반죄와 같이 경미한 범죄행위에 부과되고 있다.

(3) 재산형: 벌금, 과료, 몰수

재산형은 범죄자로부터 일정한 재산을 박탈하는 형벌로서 벌금형, 과료형, 몰수형 세 가지가 인정되고 있다. 벌금형은 5만 원 이상이며 상한선이 없고, 벌금형 선고판결이 확정된 날로부터 30일 이내에 완납하지 않은 경우에는 미납액에 따라 1일 이상 3년 이하의 범위에서 노역장에 유치되어 강제노역을 해야 한다. 벌금형은 신체의 자유를 제한하지 않고 범죄자라도 사회생활을 계속 할 수 있으며, 재소비용이 절감될 뿐 아니라 오판의 경우 금전배상으로 회복이 용이하다는 점에서 우수한 형벌수단으로 평가되고 있다. 하지만, 벌금형은 재력이 풍부한 사람의 경우에는 형벌로서 제재효과가 거의 없을 뿐 아니라 빈부격차에 따라 형벌의 고통이 달라져 형평에 어긋난다는 등의 문제점이 있다. 이런 문제점으로 인해 최근에는 독일과 같이 벌금형을 일수(日數)로 정하고 범죄자의 경제여건을 고려하여 일수별 벌금액을 달리 정해서 부과하는 일수벌금제를 도입하자는 의견이 대두되고 있다. 과료는 2천 원 이상 5만 원 미만으로 정해지며 미납시에는 노역장에 유치된다. 과료는 형벌이라는 점에서 행정제재인 과태료와는 구분해야 할 개념이다. 몰수는 범죄자로부터 범죄행위와 관련된 재산을 빼앗아 버림으로써 범죄의 재발을 막거나 범죄로 취득한 이익을 환수해 버리는 형벌이다. 형법상 몰수할 수 있는 재산은 범죄행위에 제공하였거나 제공하려고 한 물건, 범죄행위로 인하여 생성되었거나 이로 인하여 취득한 물건, 그리고 위 물건들의 대가로 취득한 물건이다. 다만, 범인이 아닌 제3자 소유에 속하는 물건은 이를 몰수할 수 없다. 몰수대상인 재산인지 여부에 관한 판례의 내용을 정리해 보면 아래 표와 같다.

몰수대상이 되는 재산	범인을 은닉한 사례로 받은 돈 도박죄에 있어서의 도금 수뢰죄의 뇌물 통화위조로 생긴 위조통화 살인도구로 사용한 주인 없는 칼(무주물도 범인소유물로 취급) 절취한 자전거를 장물범에게 팔아서 받은 현금. 단, 절취자전거를 선의의 제3자에게 팔아서 받은 현금이라면 사기죄로 인하여 취득한 물건이므로 피해자인 제3자에게 반환해야 함. 살인행위에 사용한 권총의 가죽케이스(종물)
몰수대상이 아닌 재산	살인 도구로 사용한 피해자 소유의 칼은 범인의 소유가 아니므로 몰수 대상이 아님. 피해자를 발로 찰 때 신었던 구두는 우연히 범죄에 도움을 준 것에 불과하므로 몰수 대상이 아님.

(4) 자격형: 자격상실, 자격정지

자격형이란 사회생활상의 일정한 권리 또는 자격을 박탈하거나 제한하는 형벌로서 자격상실과 자격정지가 있다. 자격상실은 범죄자에게 일정한 형벌의 선고가 있는 경우에 그 형의 효력으로서 당연히 일정한 자격을 상실시키는 형벌이다. 사형, 무기징역, 무기금고의 판결이 선고된 경우에는 공무원이 되는 자격, 공무원의 선거권과 피선거권, 법인의 이사·감사·지배인이나 재산관리인이 되는 자격 등을 상실하게 된다. 반면, 자격정지는 일정기간 동안 일정한 자격의 전부 또는 일부를 정지시키는 형벌이다.

Ⅲ. 범죄론 체계

일상생활에서 발생할 수 있는 모든 범죄행위 유형을 한 권의 형법전에 모두 망라하는 것은 사실상 불가능할 뿐 아니라, 현대과학기술의 발달로 인해서 새로운 유형의 범죄행위들이 등장하고 있기 때문에 형법전의 형태는 어쩔 수 없이 추상적인 형태로 구성될 수밖에 없는 것이 현실이다. 이러한 추상적인 법조문을 구체적인 범죄행위에 적용하기 위해서 그 매개역할을 하는 이론이 범죄론이다. 다시 말해, 범죄론에서는 형법전에서 정하고 있는 범죄구성요건에 해당하고 위법하며 책임성 있는 행위를 범죄라 정의하고, 적용되어야 할 형벌규정의 요소들을 체계화하는 역할을 함으로써, 최종적으로 범죄가 성립되어 형벌이 적용될 지 여부를 판단할 수 있게 된다.

이러한 범죄론 체계에 의하면, 범죄의 성립요소는 구성요건해당성, 위법성, 책임성으로 구성되지만, 그 전 단계로서 범죄는 인간의 행위를 전제로 한다는 점을 간과해서는 안 된다. 또한 형법은 범죄행위를 예외 없이 모두 동일하게 처벌하는 것은 아니다. 예를 들어, 아들이 아버지 지갑에서 몰래 만 원짜리 한 장을 가져간 경우 절도죄로 처벌하지는 않는 것과 같다. 더불어 형사 처벌을 위해서는 특별한 가벌성 요건을 두는 경우도 있다. 결론적으로 범죄론 체계 및 처벌을 위한 전제조건은 인간의 행위, 구성요건해당성, 위법성, 책임성, 특별한 가벌성 요건의 다섯 단계로 이루어지는 것이다. 어떤 행위가 범죄가 되고 처벌이 가능할 것인지를 판단하기 위해서는 이러한 다섯 단계의 심사를 거쳐서 최종 확정되는 것이다.

1. 행위

A는 창문을 내리고 도로를 운전하던 중 파리 한마리가 눈에 날아 들었고, 이 파리를 쫓으려 손을

움직이다 자동차 핸들을 왼쪽으로 돌리는 바람에 중앙선을 넘었고 마침 반대방향에서 마주오던 자동차와 충돌하여 상대방 운전자가 큰 부상을 입었다. 업무상 과실치상죄로 기소된 A는 자신의 행위는 반사동작이었으므로 형법상 행위로 볼 수 없다며 무죄를 주장하고 있는데 정당한가?

범죄성립 및 처벌을 위한 최소한의 전제조건으로 인간의 행위만이 형법적 평가의 대상이 될 수 있다. 형법적 평가가 가능한 인간의 행위라고 할 수 있으려면 인간의 의사에 의해서 지배된 외부적 행태가 존재해야 하는데, 그렇지 않은 경우에는 애당초 범죄가 성립될 여지가 없게 된다. 따라서, 수면 중의 무의식적인 동작이나 신체 신경계의 반응에 따른 반사적 행동, 최면상태 하에서의 동작, 절대적 물리력에 의해 강제된 동작 등은 형법적 평가대상인 행위에서 제외된다. 예를 들면, 북한산 백운대 정상에 올랐다가 밀집한 군중에 떠밀려 어떤 사람이 아래로 추락해 사망한 경우에는 그 사람을 밀친 군중들의 의사에 터 잡은 행위로 보기 어렵고 저항할 수 없는 물리적 강제력에 의한 경우이므로 범죄행위로 볼 수 없는 것과 같다.

위 사례에서 형법적 평가의 전제조건인 인간의 행위라는 개념은 인간의 의사에 의해 지배된 외부적 행태를 의미하는데, 눈에 날아든 파리를 운전 중에 쫓기 위한 행위에 대해 독일판례는 행위의사가 없는 단순한 반사동작으로 볼 수 없다고 판단했다. 이유는 이런 동작은 급박한 사고위험이 초래될 수 있는 상황에서는 하지 않을 수도 있기 때문이다. 따라서, A의 항변은 이유가 없다.

2. 구성요건해당성

구성요건이란 형법 조문에서 처벌의 대상이 되는 것으로 표시되어 있는 행위유형을 의미한다. 즉 절도죄의 예에서 '타인의 재물을 절취'하는 행위가 절도죄의 구성요건이다. 어떤 행위가 이러한 구성요건에 해당하는 것을 구성요건해당성이라 하는데, 범죄가 성립하기 위해서는 우선 어떤 행위가 특정 범죄의 구성요건해당성이 인정되어야 하며, 그 이후 단계에서 비로소 위법성 심사가 가능하게 된다. 따라서, 구성요건에 해당하지 않는 행위는 더 이상 심사할 필요 없이 범죄성립이 부정된다.

3. 위법성

어떤 행위가 구성요건에 해당한다는 것은 구체적인 상황들을 고려하지 않고 객관적으로 내리는 판단에 불과하다. 다시 말해, 특정 구성요건에 해당하는 행위가 처벌을 해야 할 정도로 위법한지에 대해서는 다시 심사가 필요한 것이며, 이러한 심사가 위법성

단계에서 이루어진다. 이러한 위법성 심사는 적극적으로 어떤 행위가 위법한 지에 대해 검토하는 것이 아니라, 일단 구성요건에 해당하는 행위는 위법한 것으로 취급하고, 다만 예외적으로 위법성이 없는 것으로 인정되는 사유, 즉 위법성조각사유에 해당하는 경우에는 위법하지 않은 것으로 심사가 이루어진다. 예를 들어, 평화롭게 주택가를 산책하던 중 10미터 앞에서 자신을 물려고 달려오는 맹견을 발견하고 생명이나 신체의 위험을 피하기 위해 옆에 있는 담을 뛰어 넘어 다른 집으로 들어 간 경우 과연 형법상 주거침입죄로 처벌할 수 있을까? 또는, 밤에 자기 집에 강도짓을 하러 들어와 자신의 생명을 칼로써 위협하는 강도를 폭행해서 제압한 경우 과연 폭행죄로 처벌해야 할 것인지가 문제될 수 있다. 처음 사례의 경우에는 비록 주거침입죄의 구성요건에는 해당하지만 긴급피난행위에 해당하여 위법하지 않아 범죄가 성립하지 않으며, 두번째 사례의 경우는 폭행죄의 구성요건에는 해당되지만 정당방위로서 위법성이 조각되어 범죄가 성립하지 않는다. 이와 같이 형법상 위법성이 조각되는 것으로 인정되는 사유로는 정당방위, 긴급피난, 정당행위, 자구행위, 그리고 피해자의 승낙이 있는데, 자세한 내용은 뒤에서 설명하기로 한다.

4. 책임성

구성요건에 해당하고 위법한 행위라고 해서 모두 범죄행위가 되지는 않는다. 만약 8세 초등학생이 문방구에서 공책 한 권을 몰래 훔친 경우 그 아이를 형법상 절도죄로 처벌하지는 않을 것이다. 이와 같이, 범죄가 성립하기 위해서는 행위자에게 그러한 행위를 한 것에 대한 책임을 지울 수 있는지까지 확인할 필요가 있는 것이다. 이러한 책임부여 가능성, 또는 비난가능성에 대한 심사가 책임성 단계에서 이루어지는데, 만약 위 사례와 같은 어린아이의 행위와 같이 행위자를 비난할 수 없거나 비난 정도가 약한 경우에는 책임성이 없거나 약화되는 것으로 보는데, 이러한 사유를 책임배제사유와 책임조각사유(면책사유)라 한다.

책임배제사유란 일정한 기준에 따라 행위자의 행위를 책임비난의 대상에서 완전히 제외하거나 부분적으로만 책임비난을 인정하는 사유로서, 책임무능력자와 정당한 이유있는 금지착오가 있는데, 전자에 해당하는 사유로는 형사미성년자와 심신상실자가 있다. 금지착오란, 착오로 인해 자신의 행위의 위법성을 인식하지 못한 경우를 말하는데, 예를 들어 법이 개정되어서 이전에는 범죄가 아닌 행위가 범죄행위로 된 것을 착오로 적법한 행위로 인식하고 행위를 한 경우에 착오에 정당한 이유가 있는 경우가 이에 해당한다.

형사미성년자

우리 형법은 만14세가 되지 않은 자의 행위는 벌하지 않는다는 규정을 두고 있어, 형사미성년자는 책임무능력자로 취급해 어떤 범죄를 저지른 경우에도 책임이 조각되어 형사처벌을 받지 않게 된다. 형사미성년자인지 여부는 생물학적 기준인 연령만으로 판단하고, 정신적·육체적 성숙도는 고려하지 않는다.

형법과 별도로 소년법상 소년은 만10세 이상 만19세 미만의 자로서, 소년법에 의하여 보호처분 부과대상으로 되어 있는데, 만14세 이상 만19세 미만인 소년이 범죄를 저지른 경우, 형사사건으로 분류되면 형사법원에서 형벌이 부과되고, 보호사건으로 분류되면 가정법원에서 보호처분이 부과된다. 그리고 만10세 이상 만14세 미만인 소년(일명 촉법소년)은 형사미성년자에 해당하여 형벌은 부과될 수 없고 소년법상 보호처분은 부과될 수 있다.

만10세 미만인 자(일면 범법소년)에 대해서는 형벌은 물론 소년법상 보호처분도 부과할 수 없다.

심신상실자

형법 제10조는 '심신장애'로 인하여 '사물을 변별할 능력이 없거나 의사를 결정할 능력이 없는 자의 행위는 벌하지 아니한다'라고 정하고 있어 심신상실자는 책임능력이 없어 형벌을 부과할 수 없도록 하고 있다. 변별력 또는 의사결정력 두 가지 가운데 어느 하나의 능력만 없어도 심신상실자에 해당하는데, 그 예로는 정신분열증, 조울증, 간질, 중증의 충동조절장애, 음주에 따른 명정상태, 백치 등이 이에 해당한다. 여기서 변별력이라 함은 자신의 행위가 범죄에 해당하는지 여부를 구별할 수 있는 지적능력을 의미하며 기억력과는 다른 개념이다. 심신장애의 존재여부는 범행당시를 기준으로 판단하며, 평소에 정신병이 있었더라도 범행당시에는 정상적인 정신상태였다면 책임능력자로 처벌된다.

반면, 면책사유란 원칙적으로 책임비난이 가능하지만 비정상적인 상황으로 말미암아 책임비난이 감소되는 경우로서, 그 정도가 형벌을 요구하지 않는 정도로 감소된 경우에는 처벌을 하지 않고(형면제), 형벌이 필요하지만 형을 감경할 필요가 있는 경우에는 형을 감경한다(형감경). 이런 사유로는 과잉방위나 과잉피난, 과잉자구행위, 강요된 행위 등이 있다. 그 외 이론상 인정되는 면책사유로 적법행위에의 기대불가능성이라는 사유도 있다.

5. 특별한 가벌성 요건

위에서 살펴 본 4단계의 심사를 거쳐 성립한 범죄임에도 일정한 조건을 붙여서 처벌하거나 아예 처벌하지 않는 경우가 있다. 이를 가벌성 요건이라 하는데, 그 예로 사전

수뢰죄를 들 수 있다. 형법상 사전수뢰죄는 공무원 또는 중재인이 될 자가 그 담당할 직무에 관하여 청탁을 받고 뇌물을 받거나 요구, 약속함으로써 성립하는 범죄이며, 이 죄가 성립하기 위해서는 나중에 실제로 공무원이나 중재인이 될 것을 처벌조건으로 한다. 따라서, 뇌물을 받았지만 어떤 사정으로 공무원이나 중재인이 되지 못한 경우에는 동죄로 처벌할 수 없는 것이다.

Ⅳ. 고의와 과실

A는 B와 식당에서 식사 도중에 언쟁을 하다 B가 먼저 A의 얼굴을 한 대 주먹으로 가격하자 A가 갑자기 식당부엌으로 뛰어가 길이 50cm의 회칼을 들고 나오며 "나는 오늘 너 죽이고 나도 죽으련다"고 소리를 지르며 도망가는 B의 뒤를 쫓아가서 B의 왼쪽 옆구리를 찌른 뒤, 계속해서 B의 배를 힘껏 1회 찔러 현장에서 과다출혈로 사망케 했다. 살인죄로 기소된 A는 B를 죽일 생각은 전혀 없었고, 흥분상태에서 자기도 모르게 저지른 일이라고 주장하고 있는데, 과연 A에게 살인의 고의를 인정할 수 있겠는가?

행위자의 행위에는 일정한 형태의 심리적 요소가 반영되어 있는데, 자기행위가 형법의 특정구성요건에 해당하는 것을 행위 당시에 인식하고 있는 것을 고의라 하며, 이러한 인식이 없는 경우에는 과실범 처벌에 관한 규정이 없는 경우에는 원칙적으로 처벌할 수 없다. 예를 들어, 살인죄에 있어서는 행위자가 사람을 죽일 당시에 자기의 행위가 형법상 '사람을 살해하는 것'이라는 구성요건에 해당된다는 것을 인식한 경우에는 고의에 의한 살인죄가 성립하는 것이지만, 그러한 인식이 없었다면 고의범이 아닌 과실치사죄로 처벌할 수 있을 뿐이다. 하지만, 고의라는 심리적 요소는 존재 여부에 대한 입증이 쉽지 않기 때문에 모든 범죄자의 경우 예외 없이 자신의 행위가 고의성이 없었다고 주장할 것이기 때문에 행위 당시의 주변 정황인 정황증거를 통해 고의를 추론할 수밖에 없다. 물론, 정황증거만으로 고의를 인정하는 경우라도 합리적 견지에서 의심의 여지가 없을 정도로 법관의 확신을 얻은 때에 비로소 고의의 존재가 입증될 수 있다. 위 사례는 실제 대법원에서 다루었던 것으로, 예리한 식칼로 찌른 부위가 신체에 치명적 손상을 줄 수 있는 중요부분이므로 혹시 죽을 수도 있다고 A는 충분히 인식할 수 있었다 볼 수 있으므로 살인의 미필적 고의가 있다고 보아 살인죄가 인정된다고 판단하였다. 이 사건에서 행위자의 고의를 인정할 수 있는 정황적 증거로는 A의 발언내용과 사용한 흉기, 그리고 신체 중요부위를 힘껏 찔렀다는 점 등이다.

이 사례를 통해 실제 사건에서 고의가 어떻게 입증되는가를 알 수 있는데, 우리 판례에 따르면 다음과 같은 정황이 있다면 살인죄의 고의가 인정될 수 있다고 보고 있다.

① 칼과 같은 예리한 흉기로 목, 가슴, 배와 같은 신체 중요부위를 힘껏 찌른 경우

② 쇠파이프, 망치, 야구배트 등과 같은 둔기로 머리부위를 강타하는 경우

③ 총기로 사람을 향해서 지향사격을 한 경우

④ 손, 노끈, 넥타이, 브레지어끈 등으로 목을 힘껏 조른 경우

ⓟ 고속으로 주행하는 차량이나 고층빌딩, 절벽 등에서 아래로 추락시킨 경우

고의라는 의식상태와 구별되는 개념이 미필적 고의이다. 형법상 범죄는 고의범 아니면 과실범으로 구성되어 있는데 과실범은 처벌규정이 있는 경우에 예외적으로만 처벌되며, 그 형량도 고의범에 비해 상대적으로 가볍게 정해져 있다. 따라서, 어떤 행위가 고의로 인한 것인지 과실에 불과한지 여부가 상당히 중요한 요소가 될 수 있는데 이를 명확하게 구분하기는 쉬운 일이 아니다. 특히, 확정적인 고의 의사를 인정하기 어려운 경우에 그렇다고 과실범으로 다루기도 애매한 상황이 많이 있다. 예를 들어, 시위현장에서 버스를 탈취한 시위대가 진압을 위해 출동한 경찰들을 향해 이 버스를 운전하여 질주하다가 경찰을 치어 사망케 한 경우 아무 고의성 없이 단순 과실범으로 보기에는 문제가 있다는 것이다. 이와 같은 경우에 행위자에게 경찰을 죽이겠다는 확정적 고의는 인정하기 어렵지만, 경찰이 버스에 치어 죽을 수도 있다는 인식 정도는 했을 것이고 그러한 인식을 하면서도 계속 버스를 경찰들이 있는 방향으로 진행했다면 이는 고의와 같은 수준의 범죄 의식을 가지고 있었던 것으로 취급하는데, 이러한 의식상태를 미필적 고의라 부른다. 미필적 고의를 인정하기 위한 의식상태수준에 대해서는 과거부터 많은 논란이 있었는데, 크게 세 가지 견해로 나누어 볼 수 있다. 첫 번째 견해는 결과발생가능성에 대한 인식만 있다면 미필적 고의로 보아야 한다는 인식설로 위의 예에서 경찰이 차에 치어 사망할 수도 있겠다라는 인식만 있었다면 미필적 고의가 인정된다는 견해이다. 두 번째 견해는 결과발생가능성에 대한 인식만으로는 부족하고 사망이라는 결과발생을 의욕하거나 희망한 경우라야 미필적 고의를 인정할 수 있다는 의사설로 위의 예에서 경찰을 죽이겠다는 의욕이 필요하다는 입장이다. 세 번째는 위 두 학설의 중간단계로서 인식만으로는 부족하지만 그렇다고 결과발생을 의욕할 필요까지는 없이 결과발생을 감수하거나 인용하겠다는 의사만 있다면 미필적 고의가 인정된다는 인용설, 또는 감수설이 있다. 우리 판례는 최근 살인죄 적용에 있어 인용설을 취하고 있는 것으로 보여진다.

이러한 미필적 고의는 고의와 과실의 한계선상에 위치한 의식상태인데, 이와 구분

해야 할 개념이 인식 있는 과실이다. 다음 예로써 이 두 개념의 차이를 이해해 보자. A는 삶을 비관하고 자살을 하기 위해 자기 소유의 단독주택에 방화를 하기로 결심하고 불을 질렀는데 바로 인접한 옆집에 불이 옮겨 붙어 옆집에서 자고 있던 사람들이 죽을 수도 있다는 사실을 알면서도 그래도 어쩔 수 없다는 생각으로 방화를 함으로써 자신은 살고 옆집 사람들이 불에 타 사망하였다면 이는 미필적 고의에 의한 살인으로 보지만, 옆집 사람들이 젊은 사람들이라 분명히 미리 대피할 수 있을 것이라는 확신을 가지고 방화를 해서 동일한 결과가 발생한 경우에는 고의가 아닌 인식 있는 과실로 보아 과실치사죄로 처벌될 것이다. 하지만, 미필적 고의와 인식 있는 과실의 구분은 실제 사건에서는 명확하게 이루어질 수 없는 것이 현실이다.

Ⅴ. 구성요건적 착오

구성요건에 대해 착오가 있었다면 해당 구성요건에 관한 고의는 인정하기 어렵다. 고의는 객관적 구성요건요소에 해당하는 사실들을 모두 정확히 인식하고 있어야만 인정될 수 있기 때문에, 가령 A가 길에서 시비가 붙은 B를 살해했는데 알고 보니 B는 오래 전 헤어졌던 자기 친 아버지였던 경우 A는 살인행위 당시 직계존속을 살해한다는 인식이 없었기 때문에 존속살인죄가 아닌 보통살인죄로 처벌되는 것과 같이 존속살인죄의 구성요건에 대해 정확하게 인식하지 못했다면 존속살인죄 성립이 부정된다. 또 다른 예를 들면, A는 옆집개가 하도 짖어 대어 이를 죽여 없앨 계획으로, 햄에 독약을 발라 옆집 마당에 던져 놓았는데, 예상 밖으로 옆집의 5세 아이가 이 햄을 먹고 사망한 경우 A는 재물손괴죄를 범할 고의만을 가졌을 뿐 살인죄의 객관적 구성요건에 해당하는 사실에 대한 인식이 없으므로 살인의 고의는 인정할 수 없어 살인죄로 처벌되지 않게 된다.

Ⅵ. 미수범

A는 인터넷채팅을 통해 알게 된 19세 B여성을 만나 저녁식사를 하고 함께 음주를 한 뒤 B가 정신을 잃은 틈을 타서 근거 모텔로 데려가 옷을 벗기려는 순간 B가 의식을 찾아 소리를 지르는 바람에 모텔을 빠져나와 도망하였다. A는 강간죄로 처벌되는가?

범죄 실행단계를 분석해 보면, 고의범의 경우 일반적으로 범행계획을 세우고 구성요건에 해당하는 행위를 실행해서 구성요건이 예정하고 있는 결과를 발생시키게 된다.

그런데, 해당 범죄 구성요건에 해당하는 행위실행에 착수는 했지만 구성요건의 결과가 발생하지 않았다면 그 범죄행위로 처벌하기가 곤란하다. 예를 들어, 살인의 고의로써 칼로 사람을 찔렀지만 피해자가 죽지는 않고 상해만 입은 경우 살인죄로 처벌 할 수는 없는 것이다. 이런 경우와 같이, 어떤 행위가 해당 범죄 실행에는 착수했으나 결과가 발생하지 않은 경우에 미수범으로 처벌하게 되는데, 미수범이란 행위자가 고의범죄의 실행에 착수하였지만 구성요건에 해당하는 결과가 발생하지 않은 경우를 말한다. 따라서, 위 사례의 경우에는 상해죄가 아닌 살인미수죄가 성립하게 되는 것이다. 여기서 미수범 인정을 위한 전제요건에 해당하는 실행의 착수시기가 문제되는데, 일반적으로 개별 범죄마다 보호하고자 하는 법익, 즉 보호법익이 다르므로 실행의 착수시기를 일괄적으로 정하기는 어렵다. 따라서, 형법학계에서는 실행의 착수시기를 보호법익에 대한 공격이 직접적으로 개시되는 시점이라고 본다.

위 사례에서 강간죄의 보호법익은 '사람의 성적 자기결정의 자유'이며 이를 침해할 때 강간죄가 되고 보호법익에 대한 직접적 위험이 있을 때 실행의 착수가 있었던 것으로 인정된다. 강간죄의 구성요건을 보면 '폭행이나 협박'이 있어야 하므로, 강간죄의 수단인 폭행, 협박이 시작되면 실행의 착수가 있는 것으로 볼 수 있다. 하지만, 이 사례에서는 강간죄에서의 상대방의 반항을 현저하게 곤란하게 할 정도의 폭행이나 협박이 있었다고는 인정하기 어려우므로 실행에 착수조차 하지 않았다고 보아 강간미수죄로도 처벌할 수 없다.

Ⅶ. 위법성조각사유

형법상 특정 구성요건은 위법한 행위들에 대해 선형식으로 규정하고 있으므로 일단 구성요건에 해당하는 행위는 예외적으로 위법성조각사유에 해당하지 않는 이상 위법한 것으로 본다. 우리 형법상 주요한 위법성조각사유는 다음과 같다.

1. 정당방위(형법 제21조)

A는 기말시험을 마치고 학과 친구들과 회식을 하고 근처 클럽에 놀러갔는데, 술값이 많이 나왔다는 이유를 들어 클럽 종업원과 시비를 벌이다가 종업원의 뺨을 때렸고 이를 기화로 자신의 친구들과 클럽 종업원들 간에 집단패싸움이 발생하였다. 결국, 종업원 중 1명이 중상해를 입었고 A와 그 친구들을 상해죄로 고소하였으나, A등은 정당방위라고 항변하고 있다. 과연 정당방위가 인정되는가?

정당방위란 자기 또는 타인의 법익에 대한 현재의 부당한 침해를 방위하기 위해 행해진 상당한 행위를 말한다. 가령, 자신을 살해하려는 자를 방위하기 위해 살해하는 경우이다. 정당방위 요건을 충족시키는 행위는 위법성이 없는 적법한 행위로서 범죄가 성립되지 않으며, 정당방위행위가 상당성을 초과한 때에는 과잉방위로서 위법성은 인정되지만 정황에 따라 형이 감경되거나 면제될 수 있다. 이 사례와 같은 집단 싸움에 있어서 우리 판례는 순수한 방어목적이 아닌 서로 공격의 의사로 다투는 싸움의 경우에는 가해행위가 방어행위임과 동시에 공격행위의 성격을 가지므로 정당방위 또는 과잉방위가 성립되지 않는다고 본다. 다만, 싸움의 경우라 하더라도 통상적인 싸움의 수단이나 방법을 넘어 어느 한쪽이 권총, 생선회칼 등 생명이나 신체에 극히 위험한 흉기를 사용하기 시작한 경우에는 상대방의 정당방위를 인정할 수 있다고 본다.

관련 판례

피고인과 A는 일용근로를 함께하는 관계로서, 피고인이 밤에 인력사무소 숙소에서 잠을 자던 중 A가 술에 취한 상태로 찾아와 주먹과 발로 피고인을 때리고, 부엌에서 칼을 찾으려고 시도하다가 헤어스프레이 통으로 A 자신의 머리를 여러 번 내리쳐 자해를 하는 등 위협적인 행동을 하자, 유도의 조르기 기술과 유사한 방법을 사용하여 왼팔로 A의 목을 감아 바닥에 넘어뜨리고, 계속하여 오른손으로 A의 목을 감은 왼팔을 잡아 A의 목을 약 10분 동안 조르듯이 압박하였는데, A는 일시적으로 심정지를 일으켰다가 병원으로 후송되어 치료를 받다가 5일 뒤에 사망한 사안에서, 피고인의 행위는 사회통념상 허용될 만한 정도의 상당성이 없어 정당방위나 긴급피난에 해당하지 않고, 정황(情況)에 따라 그 형을 감경하거나 면제할 수 있는 과잉방위 또는 과잉피난에 해당한다고 한 사례
[광주지법 2021. 10. 8. 선고 2021고합247, 322 판결 : 확정]

회사원 A는 퇴근 후 귀가 중에 골목길에서 낯선 남성 B에게 폭행을 당했다. B는 다짜고짜 멱살을 잡고 욕설과 함께 밀쳤고, 주먹을 휘두르며 위협하였다. 이에 A는 가까이 있던 우산으로 B의 머리를 한 차례 가격하여 쓰러뜨렸는데, 이로 인해 B는 전치 2주의 두피열상을 입었다. B는 A가 과잉대응을 했다며 폭행죄로 고소하였다. 이 사건에서 A의 행위는 우발적으로 발생한 급박한 폭행 상황에서 피고인이 자신의 신체를 보호하기 위해 우산으로 상대방을 1회 가격한 것은 사회통념상 용인될 수 있는 방어행위로서 정당방위에 해당해 위법성이 조각된다고 판단하였음.

K는 야간에 자신의 집 마당에서 술에 취한 남성 세입자 Y와 자신의 딸이 말다툼을 하는 모습을 보고 화가 나 위험한 물건인 죽도를 들고 Y의 머리를 수회 폭행하여 바닥에 넘어지게 해 전치 6주의 상해를 입혔고, 이를 말리던 Y의 모친 X의 팔을 죽도로 내리쳐 전치 3주의 상해를 입혀 특수폭행치상 및 특수상해로 기소된 사건에서 K의 행위는 자신의 딸의 생명 또는 신체에 대한 현재의 부당한 침해를 방위하기 위한 행위로서 사회적으로 상당한 행위라고 평가해 정당방위에 해당해 무죄를 선고한 사례(서울남부지원 2019. 9. 23. 선고 2019고합127 판결)

2. 긴급피난(형법 제22조)

농촌 마을에 거주하는 C는 산불이 인근 야산에서 발생해 바람을 타고 자신의 밭과 창고 쪽으로 급속히 번지는 것을 목격했다. 인근에는 남의 소유인 농기계 창고가 있었고, 그쪽으로 불길이 번지면 자신 소유의 비닐하우스와 축사도 큰 피해를 입을 수 있는 상황이었다. 이에 C는 주변 논에 있던 물탱크를 무단으로 트랙터에 연결하여 끌어다가 산불 진화에 사용했고, 이 과정에서 트랙터 일부가 파손되었다. 트랙터 소유자는 무단사용과 손괴를 이유로 C를 고소하였다.

맹견의 공격을 피하기 위해 다른 사람의 집으로 침입한 경우와 같이 자기 또는 타인의 법익에 대한 현재의 위난을 피하기 위한 상당한 행위는 긴급피난으로서 위법성이 조각된다. 여기서도 상당성을 초과한 경우에는 과잉피난행위로서 위법성이 인정되며 다만 형감경이나 면제사유가 될 수는 있다.

위 사례처럼 자연재해 등으로 인해 자신의 법익에 급박한 위험이 초래된 경우, 타인의 법익을 침해하면서 이를 피하려는 행위가 사회상규상 상당하면 긴급피난이 성립되는 것으로 보아 위법성은 조각될 수 있다.

3. 자구행위(형법 제23조)

빌려 준 돈을 갚지 않고 해외로 이민을 가기 위해 공항에서 비행기에 탑승하려는 채무자를 체포해서 돈을 갚기 전에는 비행기에 탑승하지 못하도록 억류한 경우와 같이 법정절차에 의해 청구권을 보존하기 불가능한 경우 청구권의 실행불능 또는 현저한 실행곤란을 피하기 위해 행해진 상당한 행위를 자구행위라 한다. 자구행위에 해당하게 되면 위법성이 조각되므로 위 사례의 경우 폭행죄나 체포감금죄의 구성요건에 해당하지만 위법하지 않아 범죄가 성립되지 않게 된다. 상당성을 초과한 과잉자구행위 역시 형감경이나 면제사유가 된다.

4. 피해자의 승낙(형법 제24조)

친구의 부탁으로 뺨을 한대 때려준 경우와 같이 피해자의 승낙에 의하여 그 법익을 침해한 행위로서 상당성이 인정되는 경우에도 위법성이 조각되어 범죄가 되지 않는다. 하지만, 모든 범죄가 피해자 승낙으로 위법성이 조각될 수 있는 것은 아니며, 특히 피해자에게 처분권한이 없는 국가나 사회질서에 관한 법익은 승낙대상에서 제외된다. 또한 피해자의 처분권이 인정되는 법익이라 할지라도 법익침해의 정도와 방법이 사회상규에 비추어 상당성 범위를 초과하게 되면 위법성이 조각되지 않는다. 예컨대, 피해자 승낙을 얻어 평생 동안 지하실에 감금시켜주는 경우에는 체포감금죄로 처벌될 수 있다.

5. 정당행위(형법 제20조)

다른 사람의 집에 허락을 받지 않고 침입하는 경우라도 수색영장을 발부받은 수사기관의 행위라면 위법하지 않아 주거침입죄로 처벌 할 수 없는 경우와 같이 법령에 근거 있는 행위 또는 업무로 인한 행위 기타 사회상규에 위배되지 않는 행위를 정당행위라 한다. 구속영장의 집행은 법령에 근거가 있는 행위로서 체포감금죄의 구성요건에 해당하지만 위법성이 조각되는 것과 같다.

제2절 중요 범죄 행위

이 절에서는 형법각칙의 주요 범죄행위에 대해 살펴보기로 한다.

Ⅰ. 폭행죄

A는 자신의 아들과 며느리 B가 부부싸움을 하는 것을 보고 이를 중재하고자 아들부부가 살고 있는 아파트에 가서 아들과 B를 훈계하던 중, 술에 취해 있던 B가 시어머니인 자신에게 욕설을 하며 항의하자 A도 언성이 높아졌고, 이에 B가 경찰에 신고하려고 하자 이를 제지하고자 A가 B의 팔과 옷깃을 잡았지만 B는 집 밖에 나가 경찰에 A로부터 폭행을 당했다며 신고를 하였다. A에 대해 폭행죄가 성립되는가?

제260조(폭행)
① 사람의 신체에 대하여 폭행을 가한 자는 2년 이하의 징역, 500만원 이하의 벌금, 구류 또는 과료에 처한다.
③ 제1항의 죄는 피해자의 명시한 의사에 반하여 공소를 제기할 수 없다(반의사불벌죄)

우리 형법전에는 폭행이라는 용어가 많이 등장하는데, 범죄 구성요건마다 폭행의 개념이 조금씩 다르다. 가장 넓은 의미의 폭행 개념은 사람이나 물건 등 그 대상을 불문하고 행사하는 일체의 유형력으로서 한 지방의 평온을 해할 정도여야 하는 내란죄나 소요죄에서의 폭행이다. 다음으로 광의의 폭행개념은 사람에 대한 직·간접의 유형력 행사로서 공무집행방해죄, 특수도주죄, 강요죄의 폭행개념이 여기에 해당한다. 이때 간접폭행이란, 사람의 신체가 아닌 물건에 대한 유형력 행사가 간접적으로 사람 신체에 대해 작용하는 경우로서 예를 들어, 파출소 바닥에 인분이 들어있는 통을 집어 던진 경우 경찰관에 대한 폭행으로 공무집행방해죄가 성립된다. 다음으로 좁은 의미의 폭행 개념은 사람 신체에 대한 직접적인 유형력의 행사로서 직접폭행만을 의미하는 폭행죄에서의 폭행이다. 따라서 폭행죄에서의 폭행은 사람 신체에 직접적인 유형력 행사가 필요하므로 단순히 다른 사람의 집 마당에 인분을 던진 경우에는 신체에 대한 공격이 아니므로 폭행죄가 성립될 수 없다. 마지막으로 가장 좁은 의미의 폭행 개념은 강도죄나 강간죄에서의 폭행개념으로서 상대방의 반항을 불가능하게 하거나 현저히 곤란하게 할 정도의 유형력 행사를 의미한다. 따라서, 부녀의 뺨을 한대 때린 정도로는 강간죄에서의 폭행으로 보기 어렵다.

폭행죄는 사람의 신체를 폭행하는 범죄인데, 여기서 폭행은 사람의 신체에 대하여 육체적·정신적으로 고통을 주는 유형력을 행사함을 뜻하며 반드시 피해자의 신체에 접촉할 필요는 없고, 그 불법성은 행위의 목적과 의도, 행위 당시의 정황, 행위의 태양과 종류, 피해자에게 주는 고통의 유무와 정도 등을 종합하여 판단한다(대법원 2016. 10. 27. 선고 2016도9302 판결). 따라서 사람 신체를 향해 돌을 던졌으나 상대방이 가까스로 피해서 몸에 맞지 않은 경우에도 폭행죄의 폭행이 있었던 것으로 본다.

폭행죄에서 사람의 신체에 대한 유형력 행사로 볼 수 있으려면 사람에게 육체적, 정신적으로 고통을 줄 수 있는 정도의 물리력의 행사가 필요한데, 판례에서는 구타나 밀지는 행위, 손이나 옷을 세차게 잡아당기는 행위, 얼굴에 침을 뱉는 행위, 사람을 향해 돌을 던지는 행위, 수염이나 모발을 잡아당기는 행위, 일시적 자유의 구속, 심한 소음, 야간에 계속 전화를 걸어 전화벨을 울리게 하는 행위, 수차례 폭언을 반복하거나 고함을 질러 놀라게 하는 행위, 최면술을 거는 행위, 마취약을 사용한 경우 등에서 폭행죄 성립을 인정하고 있다. 하지만, 단순히 눈을 부릅뜨고 "이 XX놈아, 가면 될 것 아니냐'라고 욕설을 한 것만으로는 피해자에게 불쾌감을 주는 데 그칠 뿐 신체에 대한 유형력 행사라고 보기 어려워 폭행죄로 보지 않았다.

위 사례를 다룬 2019년 판례에 따르면 A는 자신의 며느리인 B와 자신의 아들이 부부싸움을 하는 것을 보고 B를 훈계하던 중 A를 피하여 도망가는 B의 양쪽 팔을 수회 잡아당겨 폭행하였다는 내용으로 기소된 사안에서, A의 위 행위가 폭행죄에서 말하는 불법적인 폭행의 범의를 가진 폭행에 해당한다고 단정하기 어렵고, 나아가 위 행위는 형법 제20조(정당행위)에서 규정한 '사회상규에 위배되지 아니하는 행위'의 범위 내에 있어 위법성이 조각된다고 보아 폭행죄 성립을 부인하였다.

관련 판례

A는 자신의 차를 가로막고 서 있는 B를 향해 차를 조금씩 전진시키고, B가 뒤로 물러나면 다시 차를 전진시키는 방식으로 운행을 반복하였는데, 이는 그 자체로 피해자에 대한 유형력의 행사에 해당한다고 본 사례

[대법원 2016. 10. 27. 선고 2016도9302 판결]

Ⅱ. 강간죄

A는 주점에서 술을 마시던 중 화장실로 가는 B여성을 따라가 B를 주점 여자화장실로 끌고 가 화장실 문을 잠근 후 강제로 입맞춤을 하고, B가 강력하게 저항하자 B를 여자화장실 용변칸에 밀어 넣고 B의 성기를 만지려고 시도하였으나 주점 종업원이 화장실 문을 열고 들어오자 도망하였다. A는 어떤 범죄로 처벌되는가?

남학생 K는 여학생 Y를 간음할 생각으로 Y 몰래 맥주잔에 수면제를 타 먹여 잠들게 한 다음 근처 여관으로 업고 가서 간음하였다. K에게 강간죄가 성립하는가?

제297조(강간)

폭행 또는 협박으로 사람을 강간한 자는 3년 이상의 유기징역에 처한다.

제297조의2(유사강간)

폭행 또는 협박으로 사람에 대하여 구강, 항문 등 신체(성기는 제외한다)의 내부에 성기를 넣거나 성기, 항문에 손가락 등 신체(성기는 제외한다)의 일부 또는 도구를 넣는 행위를 한 사람은 2년 이상의 유기징역에 처한다.

제299조(준강간, 준강제추행)

사람의 심신상실 또는 항거불능의 상태를 이용하여 간음 또는 추행을 한 자는 제297조, 제297조의2 및 제298조의 예에 의한다. <개정 2012. 12. 18.>

제300조(미수범)

미수범은 처벌한다.

제305조의3(예비, 음모)

제297조, 제297조의2, 제299조(준강간죄에 한정한다), 제301조(강간 등 상해죄에 한정한다) 및

제305조의 죄를 범할 목적으로 예비 또는 음모한 사람은 3년 이하의 징역에 처한다.[본조신설 2020. 5. 19.]

제305조(미성년자에 대한 간음, 추행)

① 13세 미만의 사람에 대하여 간음 또는 추행을 한 자는 제297조, 제297조의2, 제298조, 제301조 또는 제301조의2의 예에 의한다. ＜개정 1995. 12. 29., 2012. 12. 18., 2020. 5. 19.＞

② 13세 이상 16세 미만의 사람에 대하여 간음 또는 추행을 한 19세 이상의 자는 제297조, 제297조의2, 제298조, 제301조 또는 제301조의2의 예에 의한다. ＜신설 2020. 5. 19.＞

제306조(삭제)

~~고소가 있어야 공소를 제기할 수 있다(친고죄)~~

폭행이나 협박으로 사람을 강간하는 범죄가 강간죄이다. 강간죄의 주체에는 제한이 없으므로 여자라도 남자를 수단으로 이용해서 부녀를 강간하도록 하는 경우에는 간접정범이나 공동정범이 된다. 2013년 개정 전 형법에서는 강간죄의 객체를 부녀에 한정하였으므로 남자는 강간죄의 객체가 될 수 없었으며, 본 죄를 친고죄로 하여 피해자의 고소가 있어야 수사 및 처벌이 가능하였다. 하지만, 개정법에서는 제306조의 친고죄 조항을 삭제하고 피해자를 부녀에 한정하지 않고 남성까지 포함하는 '사람'으로 확대함으로써 성인 남성을 상대로 한 강간죄가 신설되었다.

개정 전에는 남성에 대한 강간죄가 「아동청소년의 성보호에 관한 법률」에서만 규정돼 아동과 청소년에 대한 강간죄만 인정되었으며 성인 남성에 대한 강간의 경우에는 강제추행죄로만 처벌되었으나, 개정 이후에는 과거 논란이 되어 오던 성전환자, 즉 트랜스젠더도 강간죄의 객체가 될 수 있다. 다만, 강간죄의 행위 태양을 성기간의 결합으로 보고 있어 여전히 동성간의 성행위는 강간죄로 처벌되지 않는다. 대신 이 경우에는 유사강간죄를 신설해 처벌이 가능하게 되었다. 그리고 법 개정으로 인해 남성뿐 아니라 여성의 남성에 대한 강간행위도 처벌이 가능하게 되었는데, 개정 형법에서 도입한 유사강간죄에서는 남성의 성기를 제외한 신체나 도구까지도 포용하고 있어 여성과 여성간에도 손가락이나 도구를 삽입시키는 순간 유사강간죄의 기수범으로 처벌된다.

강간죄의 보호법익이 사람의 성적 자기결정의 자유에 있으므로 아무리 매춘부라 하더라도 그 객체가 될 수 있으며, 심지어는 이전부터 성관계를 가져 오던 관계라 하더라도 폭행, 협박으로 간음을 한 경우에는 강간죄가 성립한다. 그렇다면, 법률상 처는 강간죄의 객체가 되는가? 과거에는 이를 인정해야 한다는 견해와 인정하기 어렵다는 견해가 대립되었고 판례는 부정설의 입장을 취하고 있었으나, 2010년 대법원 판결에서는 당사자간 혼인관계의 파탄, 이혼의사 합치로 실질적 부부관계가 인정될 수 없는 상태에서는 법률상 처도 강간죄 객체가 된다고 판단하고 있다.

강간죄에서 강간의 의미는 폭행이나 협박에 의해 상대방의 반항을 현저하게 곤란하게 하고 사람을 간음하는 것이다. 그리고 강간죄가 성립하기 위해서는 폭행이나 협박과 간음행위 사이에 인과관계가 있어야 하므로, 폭행이나 협박 후에 상대방이 간음에 동의한 경우에는 강간미수가 된다. 강간죄는 폭행이나 협박을 개시한 때 실행의 착수가 인정된다. 그리고 직접 항거불능상태를 야기하지 않았더라도 항거불능상태를 이용해 피해자를 그 의사에 반하여 간음한 경우에는 준강간죄가 성립하며 강간죄와 형량이 동일하다. 하지만 일반적으로 상대방의 동의를 얻어서 한 성교행위는 형사처벌 대상이 아니지만, 상대방이 만13세 미만의 어린이라면 동의를 얻어서 간음했다 하더라도 강간죄로 의제된다(미성년자 의제강간죄).

위 첫 번째 사례는 2021년 대법원에서 다룬 사건으로, A가 B를 화장실로 끌고 들어갈 때 이미 B에게 유사강간 등의 성범죄를 의욕하였다고 보여지며, A가 B의 반항을 억압한 채 피해자를 억지로 끌고 여자화장실로 들어가게 한 이상, 그와 같은 A의 강제적인 물리력의 행사는 유사강간을 위하여 피해자의 항거를 불능하게 하거나 현저히 곤란하게 할 정도의 폭행 또는 협박을 개시한 경우에 해당하므로, 유사강간죄의 미수범으로 처벌된다. 두 번째 사례의 경우 강간죄에서의 폭행이나 협박은 피해자의 반항을 완전히 제압하거나 현저하게 곤란할 정도여야 하는데, K와 같이 수면제를 몰래 먹여 정신을 잃게 만든 행위는 강간죄에서의 폭행에 해당한다고 볼 수 있으므로 강간죄가 성립된다.

Ⅲ. 명예훼손죄와 모욕죄

인터넷포털사이트인 K 주식회사의 임직원인 A, B는, '전자상거래 쇼핑몰 업체인 Y 주식회사는 배송 근로자들을 착취하는 비도덕적인 기업'이라는 취지로 제3자가 인터넷에 게시한 허위 내용의 글을 옮겨와서 다른 인터넷 사이트 게시판에 원게시글과 동일한 내용으로 게시하였다. Y 주식회사가 A와 B를 사이버명예훼손죄로 고소한 경우 범죄가 성립되는가?

제307조(명예훼손)

① 공연히 사실을 적시하여 사람의 명예를 훼손한 자는 2년 이하의 징역이나 금고 또는 500만원 이하의 벌금에 처한다.

② 공연히 허위의 사실을 적시하여 사람의 명예를 훼손한 자는 5년 이하의 징역, 10년 이하의 자격정지 또는 1천만원 이하의 벌금에 처한다.

제311조(모욕)
공연히 사람을 모욕한 자는 1년 이하의 징역이나 금고 또는 200만원 이하의 벌금에 처한다.
제312조(고소와 피해자의 의사)
① 제311조의 죄는 고소가 있어야 공소를 제기할 수 있다(친고죄)
② 제307조의 죄는 피해자의 명시한 의사에 반하여 공소를 제기할 수 없다(반의사불벌죄)

명예훼손죄는 불특정 또는 다수인이 인식할 수 있는 상태에서 사람의 사회적 평가를 저하시킬 만한 사실을 적시한 경우 성립하는 범죄이다. 명예훼손죄가 성립하기 위한 중요한 요건의 하나가 '공연히'라는 공연성 요건인데, 공공도로상의 통행인이나 공개 광장의 청중과 같은 불특정인이나 다수인이 인식할 수 있는 상태면 공연성이 인정된다. 우리 판례에서는, A가 동네 골목에서 동네사람 B 및 C녀의 시어머니 D가 있는 자리에서 C녀에 대해 "시커멓게 생긴 놈하고 매일같이 붙어 다니면서, 점방 마치면 여관에 가서 누워 자고 아침에 들어 온다"고 말한 경우, B 및 D라는 소수 특정인에게 C녀의 명예를 훼손할 수 있는 사실을 적시하였지만 전파가능성이 있으므로 공연성이 인정되어 명예훼손죄가 성립한다고 보았다.

그리고, 사실의 적시요건에서 사실이란 사람의 사회적 평가를 저하시킬 만한 것이면 그 내용을 불문하고 추측, 소문에 의한 사실도 포함하며, 이러한 사실은 피해자에 관한 사실이어야 하므로 처의 간통사실을 적시하더라도 남편에 대한 명예훼손은 성립되지 않는다. 그리고 적시는 특정인의 명예가 훼손될 수 있을 정도로 구체적이어야 하며, 피해자가 특정되어 있어야 한다. 명예훼손죄에서의 사실의 진실성 여부는 범죄 성립에 영향을 주지 않지만, 만일 허위의 사실을 적시한 경우라면 형이 가중된다. 본 죄에서 훼손은 반드시 현실적으로 명예를 침해할 필요까지는 없고, 사회직 평가를 저하시킬 위험상태를 발생시키면 충분하다.

본죄는 불특정 또는 다수인이 직접 인식할 수 있는 상태에 이르면 기수가 되고, 현실적으로 상대방이 인지할 것은 요하지 않으므로 어떤 사람이 대중목욕탕에서 "어제 방화한 자는 A이다"라고 말했으나, 목욕탕내 사람들은 TV를 보느라 귀담아 듣지 않은 경우라도 명예훼손죄는 성립한다.

명예훼손죄와 구별해야 할 범죄구성요건으로 모욕죄가 있다. 모욕죄는 외적 명예가 보호법익이라는 점에서 명예훼손죄와 동일하지만, 사실의 적시가 없다는 점에서 구별된다. 모욕죄에서의 행위는 불특정 또는 다수인이 인식할 수 있는 상태에서 다른 사람을 모욕하는 것이며, 여기서 모욕이란, 구체적 사실을 적시하지 않고 사람 인격을 경멸하는 추상적 가치판단을 표시하는 것을 말한다. 가령, 빨갱이 계집년, 만신(무당), 첩년이라고 말한 경우와 같이 사실 적시 없이 단지 모멸적 언사를 사용하여 타인의 사회적 평가를 경멸하는 자기의 추상적 판단을 표시한 경우라도 모욕죄가 성립된다. 최근 우리 대법원은 타인에 대한 심한 욕설 및 경찰관에 대한 욕설행위 등에 대해 폭행죄 성립은 인정하기 어려우나 모욕죄로써 처벌가능하다고 보아 무의식적으로 별 죄의식 없이 내뱉는 타인에 대한 욕설행위에 대해 엄격히 다스리고 있다.

형법상 명예훼손죄를 인터넷을 이용해 범한 경우에는 전파가능성이 훨씬 높아 피해정도가 더 커다는 점에서 2001년 「정보통신망 이용촉진 및 정보보호 등에 관한 법률」을 개정해 형법상 명예훼손죄의 특칙 규정을 신설(제70조)하고 일반 명예훼손죄에 비해 그 형을 가중하였는데, 그 내용은 사람을 비방할 목적으로 정보통신망을 이용해 공공연하게 사실을 드러내어 타인의 명예를 훼손한 자는 3년 이하의 징역이나 3,000만원 이하의 벌금에 처하고, 만일 거짓사실인 경우에는 7년 이하의 징역이나 10년 이하의 자격정지 또는 5,000만원 이하의 벌금형에 처하도록 함으로써 일명 사이버명예훼손죄에 대해 강도 높은 처벌규정을 마련해 두고 있다.

오늘날 인터넷, 스마트폰과 같은 모바일 기술의 발달과 보편화로 SNS, 이메일, 포털사이트 등 정보통신망을 이용해 대부분의 의사표현이나 전달이 이루어지고 있어, 그에 따라 정보통신망을 이용한 명예훼손도 급격히 증가하고 있는 실정이다. 이러한 정보통신망과 정보유통과정은 비대면성, 접근편의성, 익명성 및 연결성 등을 본질적 속성으로 하고 있어 정보의 무한저장, 재생산 및 전달이 용이하여 정보통신망을 이용한 명예훼손은 소수에게만 내용을 보냈다 하더라도 그 행위 자체로 불특정 다수인이 인식할 수 있는 상태를 창출하는 경우가 대부분이며, 그로 인해 피해자의 명예훼손의 침해 정도와 범위가 광범위하게 되어 엄중한 처벌이 필요하다.

국가나 지방자치단체는 명예훼손죄나 모욕죄의 피해자가 될 수 없으나, 형법 및 「정보통신망 이용촉진 및 정보보호 등에 관한 법률」상 명예훼손죄는 자연인뿐 아니라 법인의 명예도 보호대상에 포함되므로 위 사례와 같이 Y 주식회사도 피해대상이 될 수 있다. 이 사건에 대해 우리 법원은 피고인들은 원 게시글의 출처를 정확히 밝히지 아니한 채 글을 작성하였고, 원 게시글에 관한 인터넷 주소를 링크하거나 소개하는 방식이 아니라 원 게시물의 내용을 새로운 게시물의 형태로 작성하였으므로 비록 원 게시글을 그대로 옮겨서 다시 게재한 것에 불과하더라도 피고인들의 행위는 원 게시글을 인용하거나 소개하는 것을 넘어서서 글을 직접 적시한 것과 다름없으며, 피고인들은 국내 최대 커뮤니티 인터넷 웹사이트의 하나인 K 회사의 임직원으로 업무상 인터넷에 허위 게시물이 적지 않게 있는 사실을 충분히 인식하고 있었음에도 별도의 사실 확인 없이 원 게시글의 출처도 생략한 채 글을 작성하였고, 피고인들이 글을 작성한 시점에는 그 내용에 관하여 K 회사에 대한 구체적인 의혹이 있거나 공식적인 언론보도도 있지 아니한 점 등을 종합하면, 피고인들에게 적어도 허위의 사실을 게재한다는 점에 대한 미필적인 고의가 있었고, K 회사를 비방할 목적도 있었다는 이유로 「정보통신망 이용촉진 및 정보보호 등에 관한 법률」제70조 제2항의 정보통신망을 이용한 허위사실 명예훼손죄를 인정해 A와 B에 대해 각각 벌금 300만원과 200만원을 선고하였다(서울중앙지방법원 2017. 4. 14. 선고 2016고정3950 판결).

Ⅳ. 횡령죄

A는 평소 알고 지내던 B가 저녁에 소주방에 가서 술을 마시자는 제의를 받고 같이 술을 마시던 중 말다툼이 발생하여 서로 몸싸움을 벌이다가, A가 먼저 소주방을 나오면서 자신의 휴대폰을 떨어뜨렸고, 소주방 업주가 이 휴대전화를 발견해 A에게 전달해 달라고 부탁하면서 B에게 건네주어 이를 B가 며칠 간 보관하던 중 임의로 휴대폰을 사용하였다. 이 사실을 안 A가 B를 횡령죄로 고소하였는데 B에 대해 횡령죄가 성립하는가?

제355조(횡령)
① 타인의 재물을 보관하는 자가 그 재물을 횡령하거나 그 반환을 거부한 때에는 5년 이하의 징역 또는 1천500만원 이하의 벌금에 처한다.

위탁관계에 의해 타인의 재물을 보관하는 사람이 그 재물을 횡령하거나 반환을 거부함으로써 성립하는 범죄가 횡령죄이다. 그러므로 횡령죄가 성립하기 위해서는 횡령의 객체가 반드시 타인의 재산적 가치 있는 물건이어야 하므로 행위자 소유의 물건에 대해서는 횡령죄가 성립할 여지가 없다. 횡령죄가 성립하기 위해서는 불법영득의 의사가 존재해야 하는데, 이는 자기 또는 제3자의 이익을 꾀할 목적으로 임무에 위배해 보관하는 타인의 재물을 자기의 소유인 것과 같이 처분하는 의사를 말한다(대법원 2005. 8. 19. 선고 2005도3045 판결). 위 사례의 법리적 쟁점은 먼저 횡령죄는 위탁관계에 의해 타인의 재물을 보관하는 자가 행위주체가 되는데, 과연 A와 B사이에 위탁관계가 인정되는지 여부가 문제되었는데, 위탁관계는 반드시 위임, 임대차 등 계약에 의해 설정될 필요는 없고 사무관리나 조리, 신의칙 등에 의해서도 인정될 수 있으므로 반드시 소유자 A가 직접 위탁해야 인정되는 것은 아니기 때문에 주점주인이 B에게 A에게 전해 달라며 맡긴 경우에도 조리상 B는 A를 위해 휴대전화를 보관하는 지위에 있다고 판단하였다. 다음 쟁점은 위 사례에서 B의 임의사용이 불법영득의 의사로 인정되는지 여부인데 보관하던 휴대전화를 임의로 몇 번 사용한 것만으로는 횡령죄의 불법영득의 의사로 인정하기 어렵다고 보아 결국 횡령죄 성립을 부인하였다(대법원 2014. 3. 13. 선고 2012도5346 판결).

횡령죄 성립이 문제되는 경우 중 하나가 할부로 구입한 물건을 할부대금 완납 이전에 제3자에게 처분할 경우 횡령죄가 성립될 수 있는가 하는 점이다. 이런 경우 횡령죄 성립여부를 판단하기 위해서는 먼저 할부로 구입한 물건의 소유권이 누구에게 귀속되는가 하는 부분인데, 만약 할부매매계약서인 거래약관에서 할부대금 완납시까지 물건의 소유권이 매도인에게 유보되어 있고 완납 이후에 소유권이 매수인에게 이전되는 것으로 정하고 있는 경우에는, 할부대금이 아직 완납되지 않은 상태라면 횡령죄 구성요건상의 타인의 재물에 해당하는 것으로 봐야 하므로 횡령죄가 성립하게 된다. 이는 매도인 입장에서는 할부거래시 거래대상인 재물에 대한 대금지급을 담보하기 위해 부득이하게 소유권을 유보하는 것이므로 그 타당성이 인정되며, 매수인 입장에서는 다른 담보제공 없이도 할부로 재물을 구입할 수 있으므로 경제적 효용성이 인정된다. 한 가지 주의할 점은, 할부대금을 완납하지 않은 상태에서 매도해 버린 이상 이미 횡령죄는 성립되는 것이므로 이후에 미납할부금을 완납한다고 하더라도 횡령죄로 처벌될 수 있다는 점이다.

Ⅴ. 배임죄

A는 자기 소유의 빌딩을 B에게 10억 원에 팔기로 하는 매매계약을 체결하면서 계약금으로 1억 원을 받고 1개월 뒤에 중도금으로 5억원, 그리고 2개월 뒤 최종 잔금으로 4억 원을 받기로 하였다. 계약에 따라 A는 B로부터 중도금까지 수령한 시점에 갑자기 부동산시세가 급등하기 시작하였고 C로부터 빌딩을 15억 원에 팔지 않겠는냐는 제의를 받았다. A는 B와의 계약은 계약금과 위약금으로 2억 원, 그리고 중도금 5억 원을 반환하더라도 C와 계약하는 편이 이득이라 생각하고 C와 매매계약을 체결한 뒤 소유권을 이전해 주었다. 이후 B는 A의 이중매매 사실을 알게 되자 A를 배임죄로 고소하였는데 과연 A의 행위는 배임죄에 해당하는가?

A는 자신의 목장용지 중 1/2에 해당하는 지분을 B에게 증여하기로 하는 증여계약을 서면으로 체결한 후, 은행에서 4천만 원을 대출받으면서 목장용지를 담보로 제공하면서 근저당권설정등기를 마쳤다. 이에 B는 A를 배임죄로 고소한 경우 A의 죄책은?

제355조(배임)
② 타인의 사무를 처리하는 자가 그 임무에 위배되는 행위로써 재산상의 이득을 취득하거나 제3자로 하여금 이를 취득하게 하여 본인에게 손해를 가한 때에도 전항의 형과 같다.

회사의 이사와 같이 타인의 사무를 처리하는 사람이 그 임무에 위배되는 행위를 함으로써 재산상의 이익을 취득하는 경우 배임죄가 성립한다. 기업의 이사의 경우 자기 개인의 이익이 아닌 회사의 이익을 위해 모든 업무를 수행해야 할 법적 의무를 부담하고 있는데, 이러한 의무를 위반하고 자신의 경제적 이익을 위해 행위한 경우에는 본인인 회사에게 경제적 손실을 가하게 되므로 이를 범죄행위로써 규율하는 것이다. 이러한 자들뿐만 아니라 일반 사인들도 일정한 법률관계를 맺어 타인의 업무를 처리하게 될 경우에는 배임죄가 성립될 수 있다.

위 첫 번째 사례에서 우리 대법원은 다음과 같이 판시하였다. "부동산 매매계약에서 중도금이 지급되는 등 계약이 본격적으로 이행되는 단계에 이른 때에는 계약이 취소되거나 해제되지 않는 한 매도인은 매수인에게 부동산의 소유권을 이전할 의무에서 벗어날 수 없다. 이러한 단계에 이른 때에 매도인은 매수인에게 매수인의 재산보전에 협력하여 재산적 이익을 보호·관리할 신임관계에 있게 되고, 그때부터 배임죄에서 말하는 '타인의 사무를 처리하는 자'에 해당한다고 보아야 한다. 그러한 지위에 있는 매도인이 매수인에게 계약 내용에 따라 부동산의 소유권을 이전해 주기 전에 부동산을 제3자에게 처분하여 등기를 하는 행위는 매수인의 부동산 취득이나 보전에 지장을 초래하는 행위로서 배임죄가 성립한다"(대법원 2018. 12. 13. 선고 2016도19380 판결).

두 번째 사례에서도 우리 대법원은 "부동산 매매계약에 있어 중도금 수령이후에 이중매매의 경우 배임죄가 성립된다는 법리는, 부동산 증여계약에 있어서도 동일하게 적용된다. 따라서, 서면으로 부동산 증여의 의사를 표시한 A는 계약이 취소되거나 해제되지 않는 한 수증자 B에게 목적 부동산을 이전할 의무를 부담하기 때문에, 증여자 A는 배임죄에 있어 '타인의 사무를 처리하는 자'에 해당한다. 따라서 만약 A가 B에게 증여계약에 따라 부동산 소유권을 이전하지 않고 제3자에게 양도하거나 담보로 제공하는 등 처분하는 행위는 수증자 B와의 신임관계를 저버리는 행위로서 배임죄가 성립된다"고 판단하였다(대법원 2018. 12. 13. 선고 2016도19380 판결).

Ⅵ. 사기죄

A는 2021년 11월 자신이 운영하는 휴대폰 중고판매점을 방문한 B로부터 B가 지인으로부터 일시적으로 빌린 '삼성 갤럭시 폴드3'를 마치 B 자신의 휴대폰인 것처럼 속여 '휴대전화를 새로 선물받아서 기존에 사용하던 기기를 판매하겠다'고 A를 기망하여 A로부터 120만원을 자신의 계좌로 이체받아 그 판매대금을 편취하였다. B는 사기죄로 기소되었으나 A에게 120만원에 상당하는 휴대폰을 지급했으므로 A에게는 아무런 재산상 손해가 발생하지 않았으므로 사기죄에 해당하지 않는다고 항변하고 있다. 사기죄가 성립되는가?

제347조(사기)
① 사람을 기망하여 재물의 교부를 받거나 재산상의 이익을 취득한 자는 10년 이하의 징역 또는 2천만원 이하의 벌금에 처한다.
② 전항의 방법으로 제삼자로 하여금 재물의 교부를 받게 하거나 재산상의 이익을 취득하게 한 때에도 전항의 형과 같다.

대표적인 재산범죄인 사기죄는 타인을 기망하여 착오를 유발하고, 그로 하여금 재물이나 재산상 이익을 처분하게 함으로써 재산상 손해를 입히는 범죄이다. 사기죄가 성립하기 위해서는 기망행위로 인해 상대방이 착오를 일으키고 그에 기초한 재산상 처분행위가 존재하며 결과적으로 손해발생과의 인과관계가 인정되어야 한다. 사기죄의 구성요건을 하나씩 살펴본다.

① 기망행위(欺罔行爲)는 허위의 사실을 고지하거나, 진실을 고의로 은폐하는 행위로서 광고표현에서와 같은 단순한 과장이나 허풍은 기망행위에 해당하지 않는다. 기망행위에는 적극적 언행뿐 아니라 행위자의 외형, 침묵도 포함될 수 있다. 판례는 미등기 아파트를 '등기 가능한 것'으로 속여 분양한 행위에 대해 기망행위가 존재해 사기죄 성립을 인정하였다.

② 행위자의 기망에 의해 피해자가 사실을 잘못 인식하고 이를 바탕으로 재산상 처분을 하게 되는 심리적 동기가 형성되어 착오가 유발되어야 한다.

③ 피해자 본인이나 제3자가 자발적으로 재산을 이전하거나 계약을 체결하는 등 법률적 처분행위가 수반되어야 하는데, 단순히 손해를 입은 것이 아니라 처분행위로 인해 손해가 발생하여야 한다.

④ 재산상 손해가 발생하여야 하는데, 여기서 손해란 피해자측의 재산이 감소하거나, 법률상 불이익이 발생한 경우로서 물리적 손해뿐 아니라 권리의 제한이나 새로운 의

무의 부담도 포함된다.

⑤ 마지막 요건으로 기망행위로 착오에 빠뜨리고 그 결과 재산을 처분하게 되어 손해가 발생하였다는 논리적 흐름이 직접적으로 이어져야 하는데 이를 인과관계라 한다.

착오에 따른 처분행위의 존재와 관련해서 피해자 스스로 정보 확인이 가능했음에도 단순히 기망을 당했다고 주장한 사례에서 우리 법원은 기망의 존재를 인정하지 않은 예가 있으며, 손해 발생과 관련해서는 당장 금전적 손해는 없었다 하더라도 불이익한 조건의 계약이라면 손해로 본 예가 있다. 위 사례에서도 피해자에게 120만 원 상당의 휴대폰을 댓가로 지급하였더라도 이 휴대폰을 되팔아서 수익을 남길 목적이었던 피해자는 휴대폰을 처분할 권리가 부여되지 않았으므로 손해의 발생을 인정하였다.

우리 판례는 사기죄의 요건으로서의 '기망'은 널리 재산상의 거래관계에 있어 서로 지켜야 할 신의와 성실의 의무를 저버리는 모든 적극적 또는 소극적 행위를 말하는 것으로서, 반드시 법률행위의 중요부분에 관한 것임을 요하지 않고, 상대방을 착오에 빠지게 하여 행위자가 희망하는 재산적 처분행위를 하도록 하기 위한 판단의 기초 사실에 관한 것이면 충분하며, 어떤 행위가 다른 사람을 착오에 빠지게 한 기망행위에 해당하는가의 여부는 거래의 상황, 상대방의 지식, 경험, 직업 등 행위 당시의 구체적 사정을 고려하여 일반적 · 객관적으로 판단하여야 한다(대법원 2004. 4. 9. 선고 2003도7828 판결, 대법원 2007. 10. 25. 선고 2005도1991 판결 등 참조)고 본다. 한편 재물편취를 내용으로 하는 사기죄에 있어서는 기망으로 인한 재물교부가 있으면 그 자체로써 피해자의 재산침해가 되어 이로써 곧 사기죄가 성립하는 것이고, 상당한 대가가 지급되었다거나 피해자의 전체 재산상에 손해가 없다 하여도 사기죄의 성립에는 아무런 영향이 없다고 보아 위 사례의 경우 사기죄의 성립을 인정하였다(대법원 2007. 1. 25. 선고 2006도7470 판결 등 참조).

제3절 자동차운전 관련 법률

자동차 운전행위는 사람이나 다른 사람의 재산에 피해를 야기할 수 있는 매우 위험성이 높은 활동에 해당하지만, 현대사회에서는 또한 필수적인 활동에 해당된다. 자동차를 이용한 빠른 공간이동 행위는 현대인의 생활범위를 넓혀주고 있으며, 이를 위해 마련된 교통체계는 시민들의 안전과 행복을 위해 많은 법규들로 질서를 유지하고 있다. 이 장에서는 자동차 운행자의 각종 준수의무를 비롯하여 사고발생에 따른 책임문제에 관해 현행법과 판례들을 중심으로 살펴보기로 한다.

자동차 등을 운전하려면 안전운전을 하는 데에 필요한 교통법규지식, 운전능력 등을 가지고 있는지에 대해 공인된 시험을 거쳐 운전면허증을 취득해야 하고, 자동차를 자동차등록원부에 등록하지 않으면 운행할 수 없고, 자동차 소유권의 변동도 등록을 해야만 효력이 있다. 또한 자동차는 안전성과 내구성을 높이기 위해 자동차의 운행 적합성 여부를 점검, 정비하는 검사를 받아야 한다. 이와 더불어, 도로교통의 원활한 운행을 도모하고 교통사고를 예방하여 운전자와 보행자 등을 안전하게 보호하기 위해 운전자는 일정한 방법과 기준에 따라 자동차 등을 운행해야 한다. 이러한 법규를 위반하거나 교통사고를 일으킨 경우에는 일정한 기준에 따라 운전면허를 취소하거나 일정기간 동안 효력을 정지시켜 자동차 등을 운행하지 못하게 한다. 특히 최신 과학기술의 발전에 힘입어 인공지능을 이용한 자율주행자동차가 등장함에 따라 기존의 교통사고 법리에 대한 대대적인 수정작업이 뒤따를 것으로 예상된다. 이하에서는 도로교통법 등을 중심으로 자동차 운행과 관련된 법적 문제점을 해결할 수 있는 현행 제도의 내용들을 살펴보기로 한다.

Ⅰ. 자동차운전자의 의무와 책임

1. 운전면허 소지 및 적성검사 의무

자동차를 운전하려는 자는 반드시 유효한 운전면허를 소지하고 있어야 하며, 면허취득 후 일정기간마다 적성검사(신체검사 포함)를 받아야 한다. 제1종 운전면허는 10년마다 적성검사를 받아야 하는데 65세 이상인 운전자는 5년마다 받아야 한다. 제2종 보통운전면허는 갱신만으로 충분하지만 만70세 이상인 자는 적성검사를 받아야 한다. 무면허 운전을 한 경우에는 1년 이하의 징역이나 300만 원 이하의 벌금형에 처해진다. 예를 들어, 운전면허 취득 후 12년이 지났지만 적성검사를 받지 않은 상태에서 계속 운전을 한 사람은 적성검사 미필오 면허 효력이 정지된 상태이므로 무면허운전으로 취급되어 처벌 대상이 된다. 구체적으로 운전면허를 취득하지 않고 운전하는 무면허운전행위의 경우를 예시하면 다음과 같다.

① 운전면허를 받지 않고 운전하는 행위

② 군운전면허만을 가지고 군용차량이 아닌 차량을 운전하는 행위

③ 운전면허증의 종별에 따른 자동차 이외의 자동차를 운전한 경우

④ 면허가 취소된 자가 운전한 경우

⑤ 면허취소처분을 받은 자가 운전하는 경우

⑥ 운전면허 효력 정지기간 중에 운전하는 경우

⑦ 운전면허시험에 합격한 후 면허증을 교부받기 전에 운전하는 경우

⑧ 연습면허를 받지 않고 운전연습을 하는 경우

⑨ 국제면허 유효기간 1년이 경과된 운전면허를 가지고 운전하는 경우

⑩ 국제면허를 인정하지 않는 국가에서 발급받은 국제면허를 가지고 운전하는 경우

이러한 무면허운전을 한 경우에는 도로교통법에 따라 일정한 형사처벌을 받게 된다.

2. 음주, 약물 운전 금지

2024년 5월, 서울 강남구에서 30대 남성 A씨는 혈중알코올농도 0.152% 상태로 벤츠 차량을 운전하던 중, 보행자 신호에 따라 횡단보도를 건너던 20대 여성 B씨를 들이받아 사망에 이르게 하고, 사고 후 A씨는 구호조치 없이 현장을 이탈하였다.

음주운전이란 운전면허를 취득여부에 관계없이 도로에서 술에 취한 상태로 자동차와 원동기장치자전거를 운전하는 행위를 말하는데, 술에 취한 상태에서 운전하는 것은 운전자 본인뿐 아니라 무고한 다른 사람들의 생명이나 신체에 큰 위험을 야기할 수 있는 위험성을 높이기 때문에 법에서 엄격히 금지하고 있다. 음주운전 여부를 조사하기 위해 경찰공무원은 운전자가 술에 취했는지를 호흡조사에 의해 측정할 수 있는 권한이 있으며, 이 경우 운전자는 경찰공무원의 측정에 응해야 한다. 다만, 측정결과에 불복하는 운전자에 대해서는 운전자의 동의를 얻어 혈액채취 등의 방법으로 다시 측정할 수 있게 된다. 그렇다면 어느 정도 술을 마신 경우에 도로교통법상 음주운전에 해당하는가? 동법상 음주운전에 해당하는 술에 취한 상태란 혈중알콜농도 0.03퍼센트 이상을 의미하며 혈중알콜농도 수치에 따라 처벌내용이 달라진다. 그 외 대마, 마약, 향정신성의약품 복용 상태에서 운전한 경우에도 동일하게 취급되며, 음주측정을 거부하게 되면 음주수치(측정기로 인한 수치 및 채혈로 인한 측정까지 포함)에 관계없이 중대 위반행위로 간주해 운전면허가 취소된다. 특히, 음주상태에서 사망사고를 야기한 경우에는 '특정범죄 가중처벌 등에 관한 법률'이 적용되어 무기징역 또는 3년 이상의 징역형에 처해질 수 있으며, 2회 이상 음주운전을 한 경우에는 가중처벌이 된다.

음주운전으로 인한 사고 발생의 경우 혈중알콜농도 수치에 따라 부과되는 행정처분의 내용은 다음과 같다.

혈중알콜농도	벌 칙
0.2% 이상	2년 이상 5년 이하의 징역이나 1천만원 이상 2천만원 이하의 벌금
0.08% 이상 0.2% 미만	1년 이상 2년 이하의 징역이나 500만원 이상 1천만원 이하의 벌금
0.03% 이상 0.08% 미만	1년 이하의 징역이나 500만원 이하의 벌금

위 사례는 실제 발생했던 음주운전 사고로 법원은 A씨의 행위가 도로교통법 위반(음주운전), 특정범죄가중처벌 등에 관한 법률 위반(위험운전치사), 도로교통법 위반(사고 후 미조치)에 해당한다고 판단하였고, 특히 혈중알코올농도 0.1% 이상인 상태에서의 운전은 '위험운전치사상죄'로 간주되어 무거운 처벌이 적용되어, 법원은 A씨에게 징역 7년의 실형을 선고하였다.

3. 과속, 신호위반, 중앙선 침범 금지

운전자는 규정속도를 초과해서 운전해서는 아니되고, 적색 신호 위반 및 중앙성 침범행위 등은 모두 중대한 교통법류 위반행위에 해당한다. 이 경우 사고발생 여부에 무관하게 벌점 및 과태료가 부과되고 반복 위반시에는 면허정지나 취소까지 부과될 수 있다.

4. 안전운전 및 전방주시의무

운전자는 도로 및 교통상황에 따라 안전하게 조향 및 제동 조작을 해야 하며, 항상 전방주시를 해야한다. 운전중에 휴대폰 조작, DMB시청, 조수석 대화에 집중 등의 행위를 하는 경우에는 주시태만에 해당해 단순 접촉사고의 경우에도 형사책임이나 과실 인정비율이 증가할 수 있다.

5. 어린이통학버스의 특별보호

운전자들이 흔히 모르고 지나칠 수 있는 의무규정이 어린이통학버스 특별보호에 관한 의무규정이다. 특히 최근 들어 어린이통학버스와 관련된 사고가 빈발하게 발생하고 있다는 점에서 운전자의 주의가 필요한 부분이다.

우선, 어린이통학버스가 도로에 정차해서 점멸등 등 어린이 또는 유아가 타고 내리는 중임을 표시하는 장치를 가동 중일 때에는 어린이 통학버스가 정차한 차로와 그 바로 옆차로를 통행하는 차의 운전자는 일시정지해서 안전을 확인한 후 서행해야 하며, 중앙선이 설치되지 않은 도로와 편도 1차로 도로에서는 반대방향에서 진행하는 차의 운전자도 어린이통학버스에 이르기 전에 일시정지해서 안전을 확인한 후 서행해야 할 의무가 있다. 또한 어린이통학버스가 어린이 또는 유아를 태우고 있다는 표시를 하고 도로를 통행하는 때에는 모든 차는 어린이통학버스의 앞지르기(추월)행위가 금지되어 있으며(도로교통법 제51조 제3항), 의무를 위반한 경우에는 범칙금의 제재를 받게 된다. 동법상 어린이통학버스란 13세 미만의 어린이를 대상으로 하는 교육시설에서 어린이 통학 등에 이용되는 자동차로서 유치원버스, 초등학교나 특수학교의 스쿨버스, 학원이나 체육시설버스 등이 여기에 해당된다.

6. 보험가입의무

자동차보유자는 자동차의 운행으로 다른 사람이 사망하거나 부상한 경우에 피해자에게 일정한 한도금액(사망의 경우 1억원 등)의 범위에서 발생한 손해액을 지급할 책임을 지는 책임보험 또는 책임공제에 가입해야 할 의무가 있다(자동차손해배상보장법 제5조 제1항). 특히 여객자동차 운송사업자, 자동차 대여사업자, 화물자동차 운송사업자, 건설기계대여업자의 경우에는 책임보험 또는 책임공제 외에도 그 배상책임한도를 초과하여 피해자 1인당 1억 원 이상의 금액 또는 피해자에게 발생한 모든 손해액을 지급할 책임을 지는 보험이나 공제에 가입해야 한다(자동차손해배상 보장법 제5조 제3항).

더불어 자동차보유자는 책임보험 또는 책임공제에 가입하는 외에 자동차의 운행으로 다른 사람의 재물이 멸실 또는 훼손된 경우에 피해자에게 사고 1건당 1천만 원의 범위에서 사고로 인해 발생한 손해액을 지급할 책임을 지는 보험이나 공제에 가입해야 한다(자동차손해배상 보장법 제5조 제2항).

이러한 보험 가입의무를 위반한 경우에는 시장·군수 또는 구청장은 의무보험에 가입되지 않은 자동차의 등록번호판을 영치할 수 있으며, 등록번호판을 부착하지 않고 자동차를 운행하는 경우에는 30만원의 과태료가 부과된다. 또한 의무보험에 가입되어 있지 않은 자동차를 도로에서 운행한 경우에는 1년 이하의 징역 또는 500만 원 이하의 벌금에 처해지게 된다(자동차손해배상 보장법 제8조, 제46조).

Ⅱ. 교통사고 발생시 조치

회사원 박 모 씨(35세)는 2024년 9월 12일 오후 10시경, 술자리를 마친 뒤 자신의 차량을 운전하여 귀가하던 중, 서울 동작구의 편도 2차로 도로에서 횡단보도를 무단횡단하던 보행자 A씨를 충격하였다. A씨는 사고로 인해 갈비뼈 2대가 부러지고 뇌진탕 증세를 보였다. 당시 박 씨는 차량을 멈추어 피해자가 쓰러져 있는 것을 확인했음에도 불구하고, "경상 같아 보였다"며 119나 경찰에 신고하지 않고 그대로 현장을 이탈하였다. 3시간 후 피해자 A씨는 다른 행인의 신고로 병원에 이송되었고, 이후 수사기관은 인근 CCTV를 통해 박 씨를 검거하였다.

자동차를 운전하다보면 자신이나 상대방의 과실로 교통사고가 발생할 수 있다. 교통사고는 인적 물적 피해를 수반하기 때문에 발생 직후 적절한 조치가 이루어져야 추가 손해를 막을 수 있다. 도로교통법에서는 교통사고가 발생한 경우, 운전자는 차량을 정차한 뒤 피해자를 구호하고 추가 교통사고를 방지하기 위한 조치를 한 후 경찰관의 사고조사에 대비해서 사고현장을 보존할 의무를 부과하고 있다.

우선, 교통사고란 '차'의 교통으로 인해 '사람을 사상하거나 물건을 손괴하는 것'을 말한다. 판례는 교통사고를 도로교통법에서 정하는 도로에서의 교통사고로 제한해야 할 근거가 없다고 판시하고 있어 '차의 교통'에 의한 사고는 그 장소를 불문하고 교통사고처리 특례법의 적용을 받는다(대법원 1987. 11. 10 선고 87도1727 판결).

도로교통법은 차의 교통으로 인하여 사람을 사상하거나 물건을 손괴한 때에는 그 차의 운전자나 그 밖의 승무원은 곧 정차하여 사상자를 구호하는 등 필요한 조치를 하도록 규정하고 있다. 구체적인 구호조치의 내용으로는 우선 사고 즉시 정차한 뒤 피해자의 부상여부를 확인해야 한다. 이때, 피해자가 부상한 경우라면 병원으로 후송하여 진료를 받아 이상 유무를 확인해야 하고, 피해자가 병원에 가기를 거부하는 경우에는 일단 보험회사에 사고를 접수해야 한다. 만약 피해자가 괜찮다거나 병원에 가지 않겠다고 하는 경우라도 연락처와 이름 등을 반드시 확보해 두어야 하며 피해자인 상대방에게도 운전자의 연락처, 차량번호, 이름 등을 알려주어야 한다. 만약, 이러한 피해자 구호조치를 하지 않고 도주한 경우 피해자가 사망하게 되면 최고 무기징역에 해당하는 처벌을 받을 수 있으며, 피해자를 사고장소로부터 옮겨 유기하고 도주한 경우에는 최고 사형까지 선고될 수 있다.

또한 사고운전자는 사고 직후 후속차량에 의해 추가 교통사고가 발생하지 않도록 조치를 해야 하는데, 특히 고속도로나 자동차전용도로 등 추가사고가 대형사고로 이어질 위험성이 있는 곳에서는 후속조치가 매우 중요하다. 도로교통법 시행규칙에서 정하고 있는 방지조치는 차량에 비상등을 켜고 차량내에 비치된 삼각대를 차량후방 100m지점에 설치하도록 하고 있다.

그리고 사고가 발생한 경우에는 장래의 분쟁을 예방하기 위해 스프레이 표시, 현장사진 촬영, 목격자(증인) 및 증거물의 확보 등을 통해 현장을 보존해야 하는 조치를 취해야 한다. 특히 신호위반, 횡단보도 사고 등은 목격자의 진술에 의해 사고내용이 뒤바뀌는 경우가 많아 목격자의 확보가 가장 중요하며, 사고당시에는 자신의 과실을 인정하는 가해자라도 나중에는 진술을 번복하거나 자신에게 유리하게 진술하는 경우가 많으므로 가해자가 주장을 번복하지 못하도록 확인서를 받아두는 것이 좋다. 음주운전 가해자의 경우 현장에서 합의하기로 약속한 후 시간이 지나면 음주사실을 부인하는 경우도 많이 있다. 따라서 음주사고의 경우 운전자의 음주수치를 측정하거나 혈액을 채취해 놓지 않으면 그 입증이 어려우므로 경찰서에 신고하는 것이 좋다.

교통사고가 발생하면 차의 운전자 등은 경찰공무원이 현장에 있을 경우에는 그 경찰공무원에게, 경찰공무원이 현장에 없을 때에는 가장 가까운 경찰서에 지체 없이 신고해야 한다. 다만, 운행 중인 자동차만이 손괴된 것이 분명하고 도로에서의 위험방지와 원활한 교통소통을 위해 필요한 조치를 한 경우에는 신고하지 않아도 된다.

사례의 경우 박 씨의 행위는 교통사고 후 구호조치의무 및 신고의무 위반으로, 「도로교통법」 위반에 해당할 뿐 아니라, 나아가 피해자가 상해를 입었음에도 불구하고 현장을 이탈했으므로, 「특정범죄 가중처벌 등에 관한 법률」 제5조의3 제1항에 따른 도주차량죄(일명 뺑소니)에 해당된다. 도주차량죄는 피해자가 사망 시 무기 또는 5년 이상 징역, 상해 시에는 1년 이상 15년 이하 징역에 처해지는데 박 씨의 경우 피해자가 중상해를 입었으므로, 1년 이상 15년 이하 징역형에 저해질 수 있다.

Ⅲ. 사고운전자의 책임

1. 사고 운전자의 형사처벌

A는 왕복 8차선에 설치된 횡단보도를 녹색 보행신호에 따라 건너고 있던 중 보행신호가 적색 보행정지신호로 바뀌었다. 뒤이어 자동차들이 차량진행신호에 따라 진행하기 시작하였으므로 A는 도로 중앙선 부분에서 진행을 중지하고 다시 녹색횡단보도 신호등이 점등되기를 기다리고 있었는데, A를 미처 발견하지 못하고 운행하던 B의 차량에 치어 전치 2개월의 치료를 요하는 상해를 입었다. B의 차량은 자동차종합보험에 가입이 되어 있었지만 A는 횡단보도상 사고이므로 B를 업무상과실

치상죄로 처벌해야 한다고 주장하고 있다. 과연 B는 형사처벌대상인가?(대법원 1983. 12. 13. 선고 83도2676 판결 참조)

자동차 운전자의 운행 중 발생한 사고는 고의에 의한 사고가 아닌 경우 대부분 형법상 업무상과실행위에 해당하므로, 형법 제268조에 따라 업무상 과실 또는 중대한 과실로 인해 사람을 죽거나 다치게 한 경우에는 5년 이하의 금고 또는 2천만 원 이하의 벌금형과 도로교통법 제151조에 따라 차의 운전자가 업무상 필요한 주의를 게을리하거나 중대한 과실로 다른 사람의 건조물이나 그 밖의 재물을 부서지게 한 경우로서 2년 이하의 금고나 500만 원 이하의 벌금에 처해지게 된다. 특히, 어린이보호구역에서의 사고에 대해서는 가중처벌 규정을 두고 있는데, 운전자가 어린이 보호구역에서 도로교통법을 위반하여 13세 미만 어린이에게 사망 또는 상해를 입힌 경우에는 전자의 경우 무기 또는 3년 이하의 징역, 후자의 경우에는 1년 이상 15년 이하의 징역이나 500만원 이상 3천만 원 이하의 벌금형에 처해진다(특정범죄 가중처벌 등에 관한 법률 제5조의13).

하지만, 생활에 필수행위에 해당하는 자동차 운전행위에 대해 이와 같은 엄격한 형벌 규정을 적용하게 되면 오늘날 많은 운전자들이 형사처벌을 받고 전과자가 되는 결과가 초래될 수 있어, 교통사고처리특례법에서는 교통사고로 인한 피해의 신속한 회복을 촉진하고 국민생활의 편익을 증진하기 위하여 교통사고를 일으킨 운전자에 관한 형사처벌 등에 대한 특례규정을 마련해 두고 있다.

따라서 운전자가 자동차종합보험(피해를 전액 보상하는 보험·공제)에 가입하였거나 피해자와 합의한 경우에는 사망사고, 사고 후 도주(뺑소니사고) 또는 11대 중과실 사고가 아닌 경우에는 형사처벌을 면제해 주고 있다.

여기서는 교통사고처리특례법상 사고 운전자의 형사책임에 관해서 알아보기로 한다.

현행법상 자동차 운전자가 교통사고를 일으켜 업무상 과실 또는 중대한 과실로 사람을 다치게 하거나 다른 사람의 건조물이나 그 밖의 재물을 손괴한 경우에는 운전자에 대해 피해자의 명시한 의사에 반(反)해서는 공소를 제기할 수 없도록 제한함으로써 가해자와 피해자간 합의가 이루어진 경우에는 형사처벌이 면제되도록 하고 있다. 따라서, 치료비와 손해를 전액 보상하는 보험이나 공제에 가입하지 않은 자동차의 운전자는 사고 발생시 형사처벌을 면하기 위해서는 우선 피해자와 합의를 해야 한다. 하지만, 앞서 설명한 바와 같이 사망사고, 사고 후 도주(뺑소니 사고) 또는 11대 중과실 사고에 대해서는 합의가 이루어지거나 자동차종합보험에 가입이 되어 있다 하더라도 공소가 제기되어 형사처벌을 받게 된다. 여기서 11대 중과실 사고에 해당되는 위반행위란 교통사고처리특례법에서 규정하고 있는 중대한 교통법규 위반행위 11가지로서, 이 중과실 행위가 있는 경우에는 비록 자동차종합보험에 가입되어 있어도 형사처벌 대상이 되며, 피해자와 합의를 하더라도 검찰이 기소할 수 있는 사유이다.

[교통사고처리특례법상 11대 중과실 사고]

11대 항목	사례
신호 및 지시위반	적색 신호 무시하고 진행
중앙선 침범	명확히 표시된 중앙선을 넘는 경우
제한속도보다 20km/h 초과한 과속	제한속도 60km 도로에서 80km 초과 주행
앞지르기 방법, 금지장소 위반	커브길이나 교차로에서 앞지르기 시도
철길 건널목 통과방법 위반	신호기 무시, 정지선 무시 등
횡단보도에서의 보행자 보호의무 위반	보행자 통행 중에도 멈추지 않고 진행
무면허 운전	면허취소/정지 상태 포함
음주 운전	혈중알코올농도 0,03% 이상
보도 침범	인도 침범하여 보행자를 다치게 한 경우
승객 추락 방지조치 위반	버스나 트럭에서 승객이 떨어지지 않도록 하지 않은 경우
어린이보호구역 내 안전운전 의무 위반	스쿨존에서 시속 30km 초과 주행, 보행자 보호 미이행 등

개정 전 교통사고처리특례법에서는 업무상 과실 또는 중대한 과실로 인한 교통사고로 말미암아 피해자가 중상해(신체의 상해로 인해 생명에 대한 위험이 발생하거나 불구 또는 불치나 난치의 질병에 이르게 한 경우)를 입은 경우라도 사망사고, 사고 후 도주사고 또는 11대 중과실사고에 해당하지 않는 경우 자동차종합보험에 가입이 되어 있다면 피해자와 합의를 하지 않더라도 공소제기를 할 수 없어 중상해를 입은 피해자가 보험금 외에는 보상을 받지 못하는 억울한 상황이 발생하기도 했는데, 2009년 위 규정 중 공소를 제기할 수 없도록 규정한 부분이 헌법에 위반된다는 헌법재판소의 결정에 따라 2010년 1월25일 공포·시행된 개정 교통사고처리특례법에서는 보험·공제에 가입하였더라도 피해자가 중상해를 입은 경우에는 원칙적으로 공소제기가 가능하도록 하였고, 또한 피해자와 합의까지 하게 되면 형사처벌을 면제시킴으로써 교통사고 피해자를 좀 더 두텁게 보호할 수 있도록 변경되었다. 구체적으로 어느 정도의 상해를 중상해로 취급할 것인지에 대해 대검찰청에서 제시하고 있는 기준에 의하면, 뇌 및 주요 장기의 중대손상의 경우, 사지 및 주요 신체부분의 절단 또는 변형의 경우, 눈·귀·입·생식기의 영구상실의

경우, 또는 중증의 정신장애나 하반신 마비 등과 같이 완치가능성이 없는 질병과 같은 정도의 상해를 중상해로 취급하고 있다.

사례와 같이 운전자가 자동차종합보험에 가입되어 있다 하더라도 사망사고, 뺑소니, 11대 중과실 사고의 경우에는 형사처벌대상이 된다. 횡단보도상 보행자보호의무위반은 11대 사유에 해당되므로 B는 처벌대상이 되지만, 우리 판례에서는 횡단보도는 녹색 보행신호를 표시하고 있는 동안만 보행자를 위한 횡단보도로 기능하는 것이지, 적색 보행정지신호를 표시하고 있는 동안에는 횡단보도가 아니라는 입장이다. 즉 보행자 A가 B차량에 충격한 시점에서는 위 도로는 횡단보도로 볼 수 없으므로 B는 11대 사유에 위반한 것이 아니므로 종합보험에 가입이 되어 있었으므로 형사처벌은 면제된다.

2. 사고 후 도주사고(뺑소니)

사고 후 도주, 일명 뺑소니사고란 차의 교통으로 인해 사람을 치사 또는 치상케한 운전자가 피해자구호 등 도로교통법 소정의 조치를 취하지 아니하고 도주하는 것을 말한다. 도로교통법에서 정한 구호조치를 취하지 않고 도주한 경우란 사고 운전자가 사고로 인해 피해자가 사상을 당한 사실을 인식하였음에도 불구하고 피해자를 구조하지 않고 사고현장을 이탈하여 사고를 낸 자가 누구인지 확정할 수 없는 상태를 초래하는 경우를 말한다(대법원 2004. 3. 12. 선고 2004도250 판결). 우리 판례에서 뺑소니 사고의 경우 도주한 것으로 인정한 사례로는 피해자에 대하여 자신의 신원을 확인할 수 있는 자료를 제공하여 주었다고 하더라도 피해자 구호의무를 이행하기 이전에 사고현장을 이탈하면 도주로 인정하였고(대법원 2011. 3. 10. 선고 2010도16027 판결), 사고발생시 피해자와 직접 대화함으로써 피해자에게 통증 진술의 기회를 부여하든지 아니면 적어도 피고인이 정차하여 피해자의 상태를 눈으로 확인하지 않고 구호여부를 판단하여 도주를 인정한 사례(대법원 2007. 5. 10. 선고 2007도2085 판결, 대법원 2010. 10. 14. 선고 2010도1330 판결 참조)와 도로변에 자동차를 주차한 후 운전석 문을 열다가 후방에서 진행하여 오던 자전거의 핸들 부분을 충격하여 운전자에게 상해를 입히고도 아무런 구호조치 없이 현장에서 이탈한 경우 '도주차량 운전자'에 해당한다고 판단한 사례(대법원 2010. 4. 29. 선고 2010도1920 판결)가 있다. 반대로 도주를 인정하지 않은 사례로는 사고 후 전화통화를 위해 10여분 동안 사고현장을 떠났다 돌아온 경우 도주의사를 부정한 사례(대법원 2012. 7. 12. 선고 2012도1474 판결)가 있고, 교통사고 운전자를 동승자로 허위 신고한 경우라도 사고장소를 이탈하지 않고 사고접수를 하고, 이틀 후 자수한 점등에 비추어 도주에 해당하지 않는다고 한 사례(대법원 2007. 10. 11. 선고 2007도1738 판결, 대법원 2009. 6. 11. 선고 2008도8627

판결)와 피해자의 상해가 경미한 경우 도주죄를 부정한 사례(대법원 2000. 2. 25. 선고 99도3910 판결, 대법원 2008. 10. 9. 선고 2008도3078 판결 등 참조)도 있다. 그리고 사고후 피해변상액을 합의하다가 합의에 이르지 못해 사고현장을 이탈하여도 피해자들에 대한 치료내용과 경과 등을 보아 구호하는 등의 조치가 필요 없는 경우에는 도주죄를 부정한 사례(대법원 2007. 3. 29. 선고 2006도7656 판결)가 있다.

현행법은 일반 교통사고와는 달리 사고 후 피해자를 방치하고 도주한 뺑소니범에 대해서는 자동차종합보험에 가입하고 있거나 피해자와 합의를 한 경우라도 무거운 형벌로 다스리고 있는데, 구체적인 경우에 뺑소니에 해당하는지 여부가 분명하지 않은 사례들이 많다. 대법원 판례에 나타난 뺑소니 성립여부에 대한 구체적 사례를 정리해 보면 다음과 같다.

운전자 차량에 치어 횡단보도상에 넘어진 피해자가 스스로 벌떡 일어난 경우라 하더라도 사고차량 운전자는 피해자가 상해를 입었는지 여부를 확인하고 병원으로 데려가 진료를 받게 하는 등의 조치를 취해야 함에도 불구하고 서로 사소한 말다툼을 하다가 그냥 가버렸다면 뺑소니에 해당한다(대법원 1993. 8. 24. 선고 93도1384 판결).

운전자가 어린아이를 친 경우 피해자 부모에게 알려 사후조치를 하려고 사고현장을 떠났어도 구호조치를 하지 않은 이상 뺑소니에 해당된다(대법원 1984. 7. 24. 선고 84도1144 판결).

운전자가 교통사고 피해자 일행으로부터 구타나 폭행위협을 피하기 위해서 사고현장을 부득이 이탈하게 된 경우는 뺑소니에 해당하지 않는다(대법원 1985. 9. 24. 선고 85도1616 판결).

눈길에 미끄러져 사고가 발생한 경우 사고 당시 노면이 미끄러워 즉시 정차하기가 어려웠고, 또한 도로공사 중이어서 사고현장에 정차할 마땅한 장소가 없어 사고지점에서 150미터 전진하다가 정차한 후, 사고현장 쪽으로 50미터 정도 되돌아오다 뒤쫓아 온 사람들과 마주쳐 같이 사고현장으로 가서 피해자를 싣고 병원으로 가 응급조치를 취했다면 이는 뺑소니로 볼 수 없다(대법원 1981. 10. 13. 선고 81도2175 판결).

이러한 뺑소니 사고를 유발한 운전자는 특정범죄가중처벌등에 관한 법률에 따라 가중 처벌되며, 사고 피해자가 사망한 경우에는 고의에 의한 살인죄와 유사할 정도의 형벌로써 무겁게 처벌하고 있다.

3. 교통사고로 인한 손해배상

자동차 운행 중 타인의 신체나 재물을 손상시켰을 때에는 자동차손해배상 보장법 제3조, 민법 제750조 등에 따라 피해자가 입은 손해를 배상해야 한다.

(1) 자동차손해배상 보장법에 따른 손해배상

자동차손해배상 보장법은 자동차의 운행으로 사람이 사망 또는 부상하거나 재물이 멸실 또는 훼손된 경우에 있어서의 손해배상을 보장하는 제도를 확립함으로써 피해자를 보호하고 자동차운행의 건전한 발전을 촉진하려고 제정된 법으로 민법의 특별법이다. 동법에 따르면, 자기를 위해 자동차를 운행하는 자(자동차 보유자)는 자동차 운행으로 인해 다른 사람을 사망하게 하거나 부상하게 한 경우 손해를 배상할 책임을 지게 된다. 다만, 사망 또는 부상이 승객의 고의나 자살행위로 인한 경우라던가 피해자나 제3자의 고의나 과실로 인한 경우에는 손해배상책임이 없다.

(2) 피해자의 자동차보험금 직접청구

교통사고가 발생하는 경우 피해자는 보험사업자 등에 대해 보험금 등을 자기에게 직접 지급할 것을 청구할 수 있고, 자동차보험 진료수가에 해당하는 금액을 진료를 한 의료기관에 직접 지급할 것을 청구할 수 있다. 자동차손해배상보장법에 따라 피해자가 보험금을 청구하기 위해서는 자동차 보유자가 자동차보험에 반드시 가입해야 한다. 그러므로 자동차 보유자는 책임보험과 대물배상에 대한 보험에 가입해야 하며, 보험에 가입하지 않은 상태에서 사고가 발생하는 경우 형사상 처벌을 받게 된다. 한편, 자동차 보유자를 알 수 없거나 자동차가 보험에 가입되지 않은 경우 피해자 보호를 위해서 정부에서는 피해자의 청구에 따라 책임보험 보험금의 한도에서 피해를 보상한다.

(3) 민법에 따른 손해배상

자기를 위해 자동차를 운행하는 자의 손해배상책임에 관해서는 자동차손해배상 보장법에 따르는 경우 외에는 민법을 따르는데 주로 민법의 불법행위(민법 제750조부터 제766조까지)의 규정에 의한다. 따라서, 손해배상의 성립 요건, 손해배상의 범위, 손해배상의 방법, 과실상계, 손해배상자의 대위, 손해배상청구권자의 범위, 손해배상청구권의 상속, 법정대리, 손해배상청구권의 소멸, 손익상계, 감액청구, 공동불법행위, 사용자책임 등에 관하여도 민법의 규정이 적용된다.

4. 자전거 운전사고

자동차에 의한 사고 못지않게 오늘날 자전거운전에 의한 인적 물적 피해발생 사고가 빈번하게 발생하고 있다. 자전거 관련 교통사고의 유형에는 자전거 차로 변경 사고, 자전거 횡단보도 충돌 사고, 자동차의 자전거 앞지르기 사고, 자전거 운전자의 중앙선 침범, 자전거 운전자의 도로 횡단 사고 및 자동차 전용도로에서의 사고 등 다양한데, 자전거 운전자도 자동차 운전자와 마찬가지로 도로교통법에 따른 교통법규를 준수하여 안전하게 자전거를 이용해야 한다. 따라서 자전거 운전자가 자전거의 교통으로 인해 사람을 사상하거나 물건을 손괴하는 때에는 즉시 정차하여 사상자를 구호하는 등 필요한 조치를 해야 한다.

우리 판례에 나타난 자전거사고의 유형별 사례들을 살펴보면, 아래와 같다.

자전거 차로 변경사고 유형으로 자전거가 주위를 제대로 살피지 않고 갓길에서 차로로 급진입하다가 운행중인 자동차의 조수석 옆부분에 부딪친 사고에 대해, 우리 판례는 차량은 차로 중앙으로 진행하고 자전거는 갓길을 따라 동일방향으로 진행하다가 차량 오른쪽으로 주행하던 자전거가 진로를 변경하여 차로로 진입하다가 접촉(충격)하였다면 자전거의 진로변경사고로 보아 자전거 운전자에게 80%의 과실책임을 인정하고 있다.
편도 일방통행 2차로에서 만 9세 어린이가 횡단보도에서 자전거를 타고 1차선을 넘어 2차선으로 횡단하던 중 자동차와 충돌한 사고에 대해서는, 신호등이 설치되어 있는 횡단보도라면 신호등 지시에 따라 통행해야 하므로 보행자신호등을 무시하고 자전거를 타고 횡단하다가 충격한 사고라면 자전거를 타고 횡단보도를 횡단한 자전거 운전자의 과실이 크다고 보고 있다.
A가 오토바이를 운전하고 자기차선을 진행하다가 근접한 거리에서 맞은 편 차선에서 자전거를 타고 비탈길을 내려오는 B를 발견하였는데(B의 진행방향 앞에서 버스 1대가먼저 통과한 때문에 근접한 거리에서 발견된 것임) B가 방향조작을 잘못하여 A의 차선으로 침범하여 들어왔다면 그러한 상황에서는 A에게 자전거가 A의 운행차선 전방으로 진입해 들어올 것까지를 예견해서 감속하는 등 충돌을 방지할 주의의무를 위반하였다고 볼 수 없다는 판례도 있다.
서울시 소재 잠수교 노상은 자전거의 출입이 금지된 곳이므로 자동차의 운전자로서는 거기에 자전거를 탄 사람이 갑자기 차도에 나타나리라고는 예견할 수 없다고 보아 자동차 운전자의 과실을 인정하지 않은 판례도 있다.

제 4 장

보험법률관계

제1절 보험의 기초

제2절 보험계약의 효과

제3절 생명보험과 화재보험

제4장 보험법률관계

제1절 보험의 기초

사람들은 생활하면서 많은 위험에 노출되어 살고 있는데, 가장 일반적인 위험으로는 자동차 운전을 하다가 사고가 발생한 경우 상대방 피해자에 대해 부담하게 되는 손해배상책임이 그 예가 될 수 있다. 그 외에도 각종 범죄행위로 인한 신체상, 재산상 손해라든가 질병에 걸릴 위험, 실질자가 될 위험 등 일상생활 중에 발생할 수 있는 위험의 종류는 매우 많다.

그런데 실제 이러한 위험이 발생한 경우 그로부터 부담하게 되는 피해는 매우 클 것이며, 일반 개인이 감당하기에 역부족인 경우가 대부분일 것이다. 예를 들어, 운전을 하다가 교통사고를 일으켜 여러 명이 사망하고 신체상해를 입은 경우, 운전자는 민법상 불법행위에 따른 손해배상책임을 피해자에게 부담하게 되는데, 그 배상액은 운전자 개인이 감당하기 어려운 엄청난 금액이 될 것이다. 그래서 보다 안정된 생활을 유지하기 위해서는 이러한 예측불가능한 위험을 대비할 수 있는 제도가 필요한데 보험제도가 바로 그 대표적인 수단으로 기능하고 있다. 다시 말해, 위험으로 인한 피해가 개인이 감당하기에는 너무 크기 때문에 동일한 위험에 처해 있는 다수의 사람들이 일정한 기금을 모아서 위험에 빠진 사람이 생긴 경우 그 기금을 활용해서 위험에 대처하고자 고안된 제도가 보험이다.

Ⅰ. 보험의 의의

보험은 동질적인 위험에 놓여 있는 사람들이 하나의 위험단체를 구성하여, 통계적 기초에 의해 산출된 금액(보험료)을 모아 공동기금을 마련하고, 우연한 사고를 당한 사람에게 재산적 급여(보험금)를 함으로써 경제생활의 불안을 없애거나 완화하고자 하는 제도이다. 오늘날 다양한 형태의 보험이 존재하는데 이러한 보험은 언제 발생할지 모르는 특정위험에 대한 경제적 보장기능을 담당하고 있다. 보험에서 예정하고 있는 위험은 개별적으로는 발생이 불확정적이지만, 이를 장기에 걸쳐 대량적으로 관찰하면 어느 정도 발생확률을 예측할 수 있는데 이를 대수의 법칙(law of large number)이라 하며 보험을 운영하는 위험단체는 확률계산을 통해 위험극복을 위해 필요한 비용을 계산하고 그 비용을 각 구성원에게 분산시킴으로써 운영된다. 여기서 위험단체 구성원이 부담하는 비용을 보험료라 하고, 사고를 당한 구성원에게 지급하는 경제적 보상을 보험금이라 하는데, 보험제도의 정상적 운영을 위해서는 보험료수입과 지급된 보험금 총액이 균형을 이루어야 한다.

1. 보험관련 용어

보험계약에 있어 자기명의로 보험자와 보험계약을 체결하는 자를 보험계약자라 하고, 피보험이익의 주체로서 보험사고 발생시 보험금을 수령하는 자(손해보험의 경우) 및 보험사고 발생의 객체(인보험의 경우)를 피보험자라 한다. 이와 같이 피보험자 개념은 손해보험과 인보험에서 각각 다르게 되는데 손해보험의 예로는 채권자를 위해 채무자가 보증보험회사와 보증보험계약을 체결한 경우에 채무불이행이라는 보험사고가 발생할 경우 보험금을 수령하기로 되어 있는 채권자가 피보험자가 되지만, 생명보험과 같은 인보험에서는 예를 들어 남편이 생명보험회사와 보험계약을 체결하면서 자신이 사망하게 되면 보험금을 부인에게 지급하도록 한 경우 남편이 피보험자가 되고 부인은 보험수익자가 된다. 여기서 인보험에서 보험금 수령자로 지정된 자를 보험수익자라 한다.

2. 불이익변경 금지의 원칙(상법 제663조)

피보험자 A는 B보험사와 생명보험계약을 체결하고 매월 보험료를 자동이체 방식으로 납부해왔다. 그러나 어느 달 은행 계좌에 잔고 부족으로 인해 보험료가 미납되었고, 이후 2개월 동안도 납입이 이루어지지 않았다. B보험사는 A에게 아무런 최고나 해지통보 없이 "보험계약은 실효되었고, 따라서 사망보험금 지급 책임이 없다"고 주장하였다. A는 그 후 교통사고로 사망했고, 유족은 B보험사를 상대로 사망보험금 지급을 청구하였다.

보험법에서 가장 중요한 원칙 중 하나로서 불이익변경 금지의 원칙이 있다. 우리 상법 보험편 제663조에서는 "이 편의 규정은 당사자간의 특약으로 보험계약자 또는 피보험자나 보험수익자의 불이익으로 변경하지 못한다. 그러나 재보험 및 해상보험 기타 이와 유사한 보험의 경우에는 그러하지 아니하다"라고 규정하고 있는데, 이는 상법 보험

편이 정한 내용보다 불리한 내용으로 작성된 보험약관은 무효로 취급함으로써, 보험에 전문지식이 없는 일반가입자를 보호하기 위해 마련된 규정이다. 이 원칙은 가입자 등에게 불리하게 보험계약법의 내용을 약관으로써 변경하는 경우에 적용되는데 예를 들어, 상법 제662조에 의하면 보험금청구권의 소멸시효는 3년인데 보험약관에서 이를 1년으로 단축한 경우, 또는 제649조에서 보험계약자는 보험사고발생 전에는 언제든지 계약을 해지할 수 있는데 약관으로 보험계약자의 해지권을 제한하는 경우에는 불이익변경금지원칙에 위배되어 효력이 없게 된다. 하지만, 이 원칙은 취지가 일반 보험가입자를 보호하기 위한 규정이므로 보험에 있어 전문가인 기업보험(재보험, 해상보험 등)에는 그 적용이 없다.

사례와 같은 경우 우리 상법은 보험자가 보험료 미납을 이유로 계약 해지를 주장하려면, 보험계약자에게 최고를 하고, 상당한 기간을 부여한 뒤, 계약 해지 통지를 해야 하며, 이러한 절차를 생략하더라도 계약의 효력이 소멸된다는 내용의 실효약관은 무효로 본다. 상법 제663조에서는 보험자는 약관이나 특약을 통해 보험계약자에게 상법보다 불리한 내용의 불이익한 변경을 할 수 없다고 정하고 있으며, 특히 법률이 정한 절차(최고 및 해지 통지) 없이 보험계약이 실효된다고 주장하는 것은 계약자 보호의 원칙에 반한다고 보아야 한다. 따라서 B보험사의 해지 주장은 상법 제663조 위반으로 해당 실효약관은 무효이며 A의 보험계약은 여전히 유효하므로 보험사는 보험금을 지급해야 한다.

Ⅱ. 보험계약의 성립

보험계약은 이론적으로는 낙성, 불요식계약이므로 계약의 성립에 일정한 서식의 작성이나 대가지급이 요구되지 않는다. 하지만, 현실적으로는 보험청약서에 의한 청약과 제1회 보험료의 납부 및 보험료가수증의 교부, 신체검사, 보험증권교부와 같은 형식적 절차를 거쳐 보험계약이 성립된다.

1. 청약과 승낙

A는 2020.7.15.에 Y보험사에 대해 생명보험금액 5,000만원의 보험계약 청약을 하고 제1회 보험료를 납부한 후 Y로부터 보험료가수증을 교부받았다. A는 7월 20일 Y회사가 지정한 의사로부터 신체검사를 받았는데 동년 7월 30일에 갑자기 심장마비로 사망하였다. 이에 따라 A의 상속인인 X가 Y에게 보험금지급을 청구하였으나 Y는 아직 보험계약이 성립하지 않았다는 이유로 그 지급을 거절하였다. X는 보험금을 받을 수 있는가?

보험계약은 청약과 승낙의 합치에 의해 성립한다. 청약은 보험계약자가 보험자에 대해 일정한 보험계약을 체결할 것을 목적으로 하는 일방적 의사표시로서 보통 보험청약서의 일부로서 질문표를 정확하게 작성하여 고지의무를 이행함으로써 청약이 있게 된다. 이러한 보험계약자측의 특정 청약에 대해 보험계약 성립을 목적으로 하는 보험자의 의사표시가 승낙이다. 보험자는 청약서를 접수한 후에 고지사항을 검토하고 필요한 경우 실사를 하며, 생명보험의 경우에는 신체검사를 마친 후 위험인수여부를 결정하게 된다. 이러한 보험계약은 보험자가 승낙통지를 발송한 때 성립하게 된다. 보험자의 승낙의 의사표시는 구두로 해도 상관없으나, 일반적으로 보험증권을 작성하여 교부함으로써 이루어진다. 사례의 경우, 청약자가 제1회 보험료를 납부한 후 가수증을 받고 신체검사까지 받았다고 하더라도 보험자의 승낙이 없으므로 보험계약은 성립하지 않은 것으로 보아야 한다. 다만, 승낙 전 보상요건이 충족된다면 보험금을 지급받을 수도 있다.

2. 낙부통지의무, 승낙의제

위 사례와 같이 보험자가 청약을 받은 후 승낙통지를 발송하기까지 보험자측의 위험측정을 위해 상당한 기간이 소요되는데, 그 기간의 부당한 장기화로 인해 청약자의 지위는 불안정해지므로 보험자의 승낙해태로 인해 보험계약자가 불이익을 받지 않도록 보험법에서는 보험자의 낙부통지의무와 승낙의제 규정을 마련하고 있다. 즉 보험자가 보험계약청약과 함께 보험료 상당액의 전부 또는 일부를 지급 받은 때에는 30일 내에 그 상대방에 대하여 낙부의 통지를 발송해야 하며, 보험자가 이 기간 내에 낙부의 통지를 하지 않은 때에는 승낙한 것으로 본다(제683조의2 제1항, 제2항).

3. 승낙 전 보상

위 사례에서는 청약 후 15일 만에 사고가 발생하였으므로 승낙의제가 적용되지 않으므로 가입자는 승낙의제규정에 의한 보호를 받지 못하게 된다. 하지만, 가입자는 이미 최초보험료도 납부하였고 신체검사 결과 적격자로 판정받았기에 보험에 가입된 것으로 기대하게 된다. 그런데, 보험자의 승낙이 없었다는 이유로 보상이 이루어지지 않게 되면 보험계약자의 기대에 부응하지 못하게 되므로, 보험자의 승낙통지 이전이라 하더라도 보험계약의 내용에 따른 보험자의 책임을 인정할 필요가 있어 승낙 전 보상에 관한 규정을 마련하고 있다. 승낙 전 보상요건으로는 우선 보험가입자가 적격자로서 보험자가 청약을 거절할 사유가 없어야 한다. 또한 보험가입자는 보험료 상당액의 일부 또는 전부를 납부해야 한다. 따라서, 현실납부가 아닌 외상보험이나 즉시 결제가 이루어지지 않는 어음, 수표에 의한 납부는 여기에 포함되지 않는다. 그리고, 기업보험의 경우에는 특약으로 승낙 전 보상규정의 배제가 가능하다(제683조의2 제3항).

Ⅲ. 보험자의 약관교부·설명의무

A는 실손의료보험에 가입하며, 약관을 전자우편으로 받았다. 약관에는 고지의무 위반 시 면책된다는 조항이 있었으나, 보험설계사는 해당 내용을 별도로 설명하지 않았다. 이후 A는 가입 당시 고지하지 않았던 질병과 관련된 질환으로 입원했고 보험금을 청구하였다. 보험회사는 면책조항을 근거로 지급을 거부했다. 보험회사의 면책 주장은 정당한가?

보험자는 보험계약 체결시 보험계약자에게 보험약관을 교부하고 그 약관의 중요한 내용을 알려 주어야 하며, 보험자가 이에 위반한 경우에는 보험계약자는 보험계약이 성립한 날로부터 3월 이내에 그 계약을 취소할 수 있다(제683조의3). 이를 보험자의 약관교부 및 설명의무라 하는데, 보험계약자가 알지 못하는 계약의 중요한 내용이 약관에 포함된 경우 그 내용이 계약내용으로 됨으로 인해 보험계약자가 예측하지 못한 불이익을 받게 되는 것을 피하고자 하는데 그 취지가 있다. 이 의무규정에 따른 설명방법으로 보험자는 보험계약자 본인 또는 대리인에 대해서 그 보험계약의 중요한 내용을 알 수 있도록 구체적이고 상세하게 설명해야 한다. 사례와 같은 경우 보험자는 약관의 중요 내용에 대해 설명의무를 부담하며, 단순히 전자우편으로 발송한 것만으로는 의무를 다했다고 보기 어렵다. 설명이 없었다면 그 조항은 계약 내용으로 인정되지 않는다. 보험자가 보험약관을 우편 발송하면서 '주운전자를 허위로 기재하면 보험금을 받지 못하는 경우가 있으므로 기존의 계약내용 중 잘못된 부분이 있으면 이를 즉시 수정 신고해야 한다'는 취지의 안내문을 동봉하여 우송한 사례에서 우리 판례는 설명의무의 이행은 계약자가 그 내용을 잘 알 수 있도록 구체적이고 상세하게 해야 하는데 약관내용을 소개한 안내문을 우송한 것만으로는 설명의무를 이행한 것으로 볼 수 없다고 보아 우송한 안내문의 내용은 계약의 내용으로 되지 못한다는 입장이다.

그리고, 설명의 범위는 약관내용 전부를 설명할 필요는 없고 '중요한 내용'만 설명하면 의무를 이행한 것으로 되는데, 여기서 중요한 내용이란, 가입자의 이해관계에 중대한 영향을 미치는 사항으로서, 그 사항을 알고 모르고의 여부가 계약체결여부에 영향을 줄 수 있는 사항을 의미한다.

A는 B보험사와 상해보험 계약을 체결했다. 보험설계사는 계약 전 보험약관을 보여주며 "간단히 읽어보시라"고 했을 뿐, 약관에 명시된 '계약 후 1년 이내 자살 시 보험금 면책' 조항에 대해서는 별도로 설명하지 않았다. 이후 A가 계약 체결 6개월 만에 자살했고, 유족은 보험금을 청구했으나 보험사는 해당 면책조항을 이유로 지급을 거절하였다.
유족은 약관의 중요한 내용을 설명하지 않았으므로 보험사는 면책을 주장할 수 없다고 주장하고 있다. 이 경우 보험사의 약관설명의무 위반이 인정되는가?

사례는 약관규제법상 설명의무 범위와 관련해 보험약관상 면책조항, 즉 자살시 보험금 미지급 조항이 '중요한 내용'에 해당하는지가 법률적 쟁점이다. 설명의무의 대상이 되는 '중요한 내용'이란, 고객의 계약 체결 여부 또는 조건 결정에 중대한 영향을 줄 수 있는 사항을 말하며, 보험금 지급의 전제나 예외, 면책사유 등은 명백히 중요한 내용에 해당한다. 따라서 '자살 시 보험금 지급 여부'는 보험금 지급책임에 중대한 영향을 미치는 약관 내용이므로 반드시 설명해야 할 중요한 사항에 해당함에도, 보험설계사는 단순히 약관을 건네주고 '읽어보라'고 한 것은 설명의무를 다한 것으로 볼 수 없으므로 면책조항은 보험약관의 내용으로 효력이 인정되지 않는다.

다만, 가입자가 이미 잘 알고 있는 약관내용이나 거래상 널리 알려진 사항 및 법령이 정한 사항 등은 설명을 하지 않아도 무방하다. 보험자가 약관의 설명의무를 위반하여 보험계약을 체결한 때에는 그 약관의 내용을 보험계약의 내용으로 주장하지 못하며(약관규제법 제3조 제4항), 보험계약자는 보험계약이 성립한 날로부터 3월 내에 그 계약을 취소할 수 있다(제638의3 제2항).

Y는 X보험사에 자동차종합보험(26세 한정)을 가입하면서 피보험차량의 주운전자가 실제는 자신의 아들인 A임에도 불구하고 이를 처인 B로 허위 고지하였다. 이 보험약관에는 주운전자에 대한 부실고지의 경우에는 보험계약을 해지할 수 있다는 조항이 포함되어 있었는데 X는 이를 Y에게 설명하지 않았으며, Y도 X의 설명의무위반 사실을 알고도 계약일로부터 3월이 경과하도록 계약을 취소하지 않았다. 보험사고가 발생한 경우 X는 고지의무위반을 이유로 이 계약을 해지하고 Y를 상대로 보험금지급채무 부존재확인을 구할 수 있는가?

이 사례에서 보듯이, 보험계약자(Y)가 3월 이내에 계약을 취소하지 않은 경우 설명의무에 위반된 약관의 내용의 효력을 어떻게 볼 것인가에 관해 학설과 판례가 다른 입장을 취하고 있다. 우선 통설은 Y가 설명의무 위반을 근거로 취소권을 행사하지 않았으므로 약관규제법 제3조 제4항의 적용이 배제되므로 보험계약은 약관내용대로 유지된다고 보는 반면, 판례는 보험자의 설명의무 위반시 행사할 수 있는 계약자의 취소권은 권리이지 의무가 아니므로, 취소권을 행사하지 않았다고 하여 설명의무 위반시 약관내용의 효력을 인정하지 않는 약관규제법 제3조 제4항 규정이 적용되지 않는다고 볼 수 없으므로, 여전히 위 법규정은 효력을 유지하므로 보험자는 설명하지 않는 약관내용의 효력을 주장하지 못한다고 보고 있다. 판례에 따를 때 보험자는 약관내용을 계약내용으로 주장하지 못하므로 여전히 보험금지급채무를 부담한다고 보아야 한다. 그 외에도, 보험자나 보험대리점 기타 모집인이 설명의무를 위반하여 계약자에게 손해를 가한 경우에는 보험업법에 의한 손해배상책임도 부담하게 된다.

Ⅳ. 고지의무

K는 건강보험에 가입하면서 과거 당뇨병 치료 이력을 고지하지 않았다. 이후 그는 교통사고로 사망했고, 유족은 보험금을 청구했다. 보험사는 "고지의무를 위반했다"는 이유로 보험금 지급을 거절했다. 보험회사의 주장은 타당한가?

고지의무란, 보험계약자 또는 피보험자가 보험계약을 체결함에 있어 중요한 사항에 대해서 고지하거나, 부실한 사실을 고지하지 아니할 의무를 말한다(제651조). 이는 보험계약체결에 있어 보험자측이 부담하는 약관교부 및 설명의무에 대응하여 계약자측이 부담하는 보험자의 위험측정을 위한 정보제공의무이다. 이 의무에 위반한 경우에는 보험자는 계약을 해지할 수 있고, 해지한 경우에는 보험금을 지급할 필요가 없으며, 이미 지급한 보험금이 있으면 그 반환을 청구할 수 있다.

고지의무를 부담하는 자는 보험계약자와 피보험자인데, 보험계약자가 수인인 경우에는 각 보험계약자가 모두 고지의무를 부담하며, 보험계약이 대리인에 의해 체결된 경우에는 대리인도 고지의무를 부담하게 된다. 피보험자는 보험종류에 따라 개념이 달리 정해지는데 손해보험의 경우에는 피보험이익의 주체로서 보험금을 수령할 자이며, 인보험에서는 보험사고발생의 객체로서 보험금수령자와 반드시 일치하지는 않는다.

고지수령권자는 고지의무자가 고지해야 할 상대방으로서 반드시 그에게 고지한 경우에만 고지의무를 이행한 것으로 되는데, 현행법상 고지수령권이 있는 자로는 보험자와 체약대리점이며, 보험의(진사의)의 경우에는 계약체결권은 없으나 전문성을 고려하여 특별히 고지수령권을 인정해야 한다는 것이 통설이다. 반대로 보험중개인이나 중개대리상은 고지수령권이 없으며 보험모집인 역시 계약체결권이 없고 단지 계약사무를 보조하는 자에 불과하기 때문에 수령권이 없다는 것이 판례와 통설의 입장이다.

보험계약자가 보험자에게 고지해야 할 사항은 보험계약상 '중요한 사항'이다. 여기서, 중요한 사항이란, 보험자가 보험가입청약의 인수 여부 또는 보험료 액을 결정하는데 영향을 미치는 모든 사항을 의미한다. 즉 객관적으로 보험자가 그 사실을 알았다면 계약을 체결하지 않았든가 또는 동일한 조건으로는 계약을 체결하지 않았으리라고 인정되는 사항이 고지해야 할 중요한 사항에 해당한다. 구체적으로 손해보험에서는 위험발생 측정의 자료가 되는 보험목적의 성질, 상태와 주변 환경 등이 고지사항인데, 화재보험의 경우 건물의 구조, 용도, 경비원의 야간순찰 여부, 인접지역에 주유소 등 인화물질취급소가 있는지 여부가 이에 해당하고, 자동차보험에서는 차량모델, 연식, 주운전자의 연령, 직업, 차량사용용도, 안전장치 장착여부 등이 고지사항이 될 것이다. 그리고 생명보험의 경우에는 피보험자의 건강상태와 관련이 있는 연령, 성별, 과거병력이 고지사항인데, 판례에 따르면 정신병, 암, 결핵, 중풍, 고혈압으로 치료한 사실, 임신여부, 낙태경험 등은 고지사항으로 보지만, 신경쇠약, 편도선, 완치된 성병 등은 가입 당시 건강상태에 큰 영향이 없으므로 중요한 사항으로 보지 않고 있다. 주의할 내용으로는 생명보험에 있어 피보험자의 건강상태를 판단함에 있어서 부모의 병력이 큰 영향을 주기 때문에 대부분의 생명보험에서는 부모의 과거 병력에 관한 사항을 고지사항으로 하고 있다.

[사례]

X가 보험 가입시 다음 각 사항을 보험자 Y에게 고지하지 아니한 경우, Y는 고지의무위반으로 보험계약을 해지할 수 있는가?

(1) 공사도급계약에 대한 이행보증보험에서 공사금액과 공사기간

(2) 렌트카 회사가 피보험차량을 지입차주로 하여금 독자적으로 영업을 하도록 한 사실

(3) 생명보험에서 피보험자 부모의 생존여부, 지병의 병명, 사망원인과 일시

(4) 동일한 종류의 보험을 다른 보험자에게 가입하고 있다는 사실

(5) 다른 보험자로부터 같은 종류의 보험이 중도 해지되거나 청약이 거절된 사실

[해설]

(1) 공사금액과 공사기간 등은 일반적으로 이행보증의 대상이 되는 도급공사의 내용을 특정하고 보험사고(도급공사계약의 불이행)의 발생여부를 판정하는 기준으로서 고지의무의 대상이 되는 중요한 사항에 해당한다.

(2) 렌터카회사가 지입차주로 하여금 회사감독을 받지 않고 독자적으로 렌터카 영업을 하도록 허용하는 경우, 그 운영형태는 대여자동차의 본래의 운행형태와 거의 같은 것이어서 사고위험률이 현저히 높다고 볼 수 없으므로 고지의무 대상이 되는 중요한 사항이 아니다.

(3) 생명보험에서는 피보험자의 부모가 보험계약 당시 생존하고 있는지 여부와 건강한가 여부, 지병인 경우의 병명, 사망하였다면 그 사인과 사망 연월일 등은 현대의학상 피보험자의 생명에 관한 위험을 측정하는 데 있어 필요하고도 중요한 사항에 해당한다.

(4)(5)는 주로 계약자의 선의성을 판단하는 자료로서 고지사항에 포함된다.

고지의무위반이 되기 위해서는 주관적 요건으로서 중요사항의 불고지 또는 부실고지가 고지의무자의 고의 또는 중대한 과실로 인한 것이어야 한다. 여기서 고의라 함은, 중요한 사실의 존재를 알고 있거나 부실고지를 한다는 것을 알고 있으면 충분하고 적극적으로 보험자를 속이겠다는 사기적 의사는 필요하지 않다. 또한 중과실은 고지의무자가 조금만 주의를 기울였다면 불고지 또는 부실고지 사실을 알 수 있는 경우를 의미한다. 이러한 고의, 중과실이 존재하는지 여부에 대한 입증책임은 보험자가 부담하며, 이를 입증하지 못하면 고지의무위반을 이유로 계약을 해지하지 못한다는 것이 통설이다. 또 다른 객관적 요건으로 중요사항에 대한 불고지 또는 부실고지 행위가 있어야 한다. 여기서 불고지라 함은 중요한 사항을 알면서 알리지 않은 경우이며, 부실고지는 사실과 다르게 고지하는 것을 의미한다. 고지의무위반이 인정되기 위한 마지막 요건으로 고지의무위반과 보험사고간에 인과관계가 있어야 하는데, 고지의무위반 사실이 보험사고 발생에 아무런 영향을 미치지 않았음을 보험계약자측에서 증명하는 때에는 보험자는 보험금을 지급해야 한다. 위 사례와 같은 경우 고지의무 위반 사실(당뇨병 치료 이력)이 보험사고인 교통사고 사망과 무관한 경우에는 인과관계가 인정되지 않아 보험자는 면책되지 않는다.

한편 우리 판례에서 인과관계를 인정해서 보험자의 해지권을 인정한 사례로는, 한쪽 눈 실명사실을 고지하지 않고 화물자동차를 운전하다 야간에 고속도로에서 사고가 발생한 경우에 한쪽 눈만으로 운전하다가 위 교통사고가 발생한 것으로 볼 여지가 충분하므로 고지의무위반과 교통사고발생간 인과관계를 인정하였고, 다른 사건에서는 남편과 이혼 후 유흥업소 접대부로 일하는 여성이 상해보험에 가입한 경우, 새벽 5시경 유흥가 밀집지역에서 자동차사고로 사망하였는데 보험계약 체결시 직업을 가정주부로 허위로 고지한 경우에 사고발생시각이나 장소가 접대부 활동에 기인한 것이라고 볼 여지가 충분하므로 직업에 대한 고지의무 위반사실과 사고발생간에 인과관계가 존재한다고 판단하였다. 반대로, 인과관계를 인정할 수 없어 보험자의 보험금지급책임을 인정한 경우로는 암에 걸린 사실을 숨기고 생명보험에 가입한 후 폭행에 의해 사망한 경우라던가 하체 운동장애 사실을 숨기고 상해보험 가입 후 정육점에서 작업 중 손가락이 절단된 경우에 고지의무위반내용과 사고발생 사이에 인과관계가 없다고 보았다.

고지의무위반이 있으면 보험자는 보험사고 발생 전후를 불문하고 보험계약을 해지할 수 있고, 해지시에는 보험금을 지급할 필요가 없으며 이미 지급한 보험금은 반환을 청구할 수 있다. 하지만, 보험자가 이미 수령한 보험료는 계약자에게 반환할 필요가 없으며 미납보험료가 있으면 이를 청구할 수 있다. 하지만, 보험자의 해지권행사도 일정한 경우에는 제한이 되는데 우선 보험자가 계약 당시에 계약자측의 고지의무 위반사실을 알았거나 중대한 과실로 알지 못한 경우에는 계약을 해지할 수 없다. 가령, A가 2000년 6월 1일자로 보험청약서를 작성하면서 자신의 생년월일을 1975. 6. 1. 연령을 만 27세로 기재한 경우, 고지사항(연령)이 잘못된 것임이 청약서 문면상 명백한 경우라든가 보험의가 중풍을 앓고 있는 계약자를 진사하면서 이를 발견하지 못한 경우에는 보험자측의 중과실이 인정되므로 해지권을 행사할 수 없게 된다.

고지의무위반을 이유로 하는 보험자의 계약해지권은 그 사실을 안 날로부터 1월 내에, 계약을 체결한 날로부터 3년 내에 행사하여야 하므로 제척기간이 경과한 경우에도 더 이상 해지권을 행사하지 못한다. 그렇다면, 보험자도 설명의무를 위반하였고 계약자도 그에 따른 고지의무를 위반한 경우에도 보험자의 해지권을 인정할 수 있는지 여부가 문제될 수 있는데, 우리 판례에서는 보험자가 약관교부 및 설명의무를 다하지 못한 때에는 비록 피보험자 측의 고지의무위반이 있는 경우에도 보험계약을 해지하지 못하는 것으로 보고 있다.

A는 대학병원에서 종합진단을 받았더니 뜻밖에도 AIDS에 감염된 사실을 알고 고민하던 중, B 보험회사 보험설계사 권유로 처 C를 보험수익자로 하고 자신을 피보험자로 하는 생명보험계약을 청약하고 보험의에게 건강에 아무런 이상이 없다고 대답함으로써 신체검사에 합격하였기 때문에 B 보험회사가 A의 청약을 받아들임으로써 보험계약이 성립되었다. 그러나 A는 그 후 3년 4개월만에 AIDS발병으로 사망하였다. C는 B에게 보험금을 청구할 수 있는가?

이 사례에서 보듯이, 실무상 고지의무 위반이 있는 경우에는 보험계약자측의 사기에 의한 의사표시가 개재하는 경우가 대다수이므로 보험자는 고지의무위반을 주장할 경우의 고의 또는 중과실에 대한 입증, 단기의 제척기간, 또는 보험자측의 고의나 중과실 개재의 경우, 인과관계에 대한 입증책임 등에 대한 부담 때문에 고지의무위반보다는 오히려 민법상 사기의사표시에 의한 취소권행사가 더 유리한 경우가 많다. 따라서, 이 경우 상법상 고지의무위반에 근거한 해지권행사와 민법상 사기에 근거한 취소권행사가 중

복적용되는가에 대해 학설대립이 있는데, 통설은 사기의 경우에는 도덕적 위험을 방지해야 한다는 측면에서 상법상 해지권행사를 위한 제척기간이 경과한 경우에도 민법규정에 의해 계약을 취소할 수 있다고 본다. 통설에 의할 때, 사례의 경우 상법상 제척기간인 3년이 경과하였음에도 불구하고 민법상 사기의사표시의 취소권을 행사할 수 있다(민법 제146조에서는 취소권은 추인할 수 있는 날로부터 3년, 법률행위시로부터 10년 내에 취소권행사가 가능하다고 규정하고 있다).

제2절 보험계약의 효과

Ⅰ. 개요

보험계약이 성립된 경우에 보험계약 당사자들에게 일정한 계약상 의무가 발생하게 되는데 이를 정리하면 다음 표와 같다.

[보험자의 의무]

보상의무	– 보험기간 내에 보험사고 발생 시 피보험자 또는 보험수익자에게 일정한 보험금액을 지급해야 하는 의무 – 보험금은 금전지급이 원칙 – 보상의무이행은 사고발생 통지를 받은 후 지체없이 지급금액을 정하고, 보험금을 정한 날로부터 10일 이내에 이행(제658조)
보험증권 교부의무	보험계약 성립시 지체없이 보험증권을 작성해서 교부해야 하는 의무
면책사유	– 보험자의 책임을 면제해 주는 사유(법정/약정) – 고의/중과실면책, 전쟁위험면책
보험료 반환의무	보험계약이 무효 또는 취소되는 경우

[보험계약자 등의 의무]

보험료 지급의무	계약체결 후 지체없이 보험료 전부 또는 제1회 보험료를 지급해야 할 의무(제650조 제1항)
위험유지의무	보험가입시의 위험상태를 동일한 수준으로 유지시켜야 할 의무

위험변경/증가 통지의무	– 보험기간 중 사고발생 위험이 현저하게 변경 또는 증가된 경우 계약자는 지체없이 보험자에게 통지해야 할 의무 – 의무해태시 보험자는 해지가능(안 날로부터 1월 내) – 통지시에는 증액청구 또는 해지 중 선택
사고발생 통지의무	– 보험사고 발생을 안 때 지체없이 보험자에게 통지해야 할 의무 – 위반시 손해배상책임 부담(다수설)

Ⅱ. 보험자의 의무

1. 보상의무

보험자는 보험기간 내에 보험사고가 발생한 때에는 피보험자 또는 보험수익자에게 일정한 보험금액 기타 급여를 지급할 의무를 부담한다. 정액보험인 경우에는 일정금액의 지급이고(예, 생명보험의 경우 사망시 지급하기로 약정한 금액), 손해보험인 경우에는 피보험자가 입은 손해의 전보(예, 화재보험의 경우 화재로 인한 피해금액)가 보상내용이 된다. 보상방식은 금전지급(보험금)이 원칙이지만, 의료보험과 같은 경우에는 금전 지급 외에 현물 또는 요양급여의 방식으로 보상의무 이행이 가능하다. 보험자는 다른 약정이 없으면 보험사고 발생통지를 받은 후 지체없이 보험자가 지급할 보험금액을 정하고, 정한 날로부터 10일 이내에 보상의무를 이행해야 한다. 이러한 보험금청구권의 소멸시효는 보험사고 발생시로부터 3년이다.

보험기간 내에 보험사고가 발생하더라도 보험자의 책임을 면제하는 사유를 면책사유라 하는데, 보험제도는 대수의 법칙에 기한 확률계산에 의해 보험료를 책정함으로써 위험을 분산시키는 제도인 만큼 가입자의 의도적인 사고유발이나 전쟁상태와 같은 정상적인 위험발생률 산정이 불가능한 경우는 보험보호 범위에서 제외시켜야 한다는 것이 면책사유를 인정하고 있는 취지이다. 이러한 면책사유 가운데 보험법에서 정한 면책사유를 법정면책사유라 하고, 개별 보험약관에서 정한 것을 약정면책사유 또는 면책조항이라 한다.

면책사유와 구별해야 할 개념으로 부담보위험이 있는데, 이는 보험자의 담보위험에서 처음부터 제외되어 있는 사유로서 보험자 보상책임이 인정되지 않는 경우이다. 예를 들면, 자동차 대인배상책임보험에서 교통사고로 피보험자 자신이나 운전자의 배우자 등이 사고로 손해를 당할 위험을 제외한 경우라든가 또는 상해보험에서 외과수술로 인한 사고를 제외한 경우가 부담보위험이다.

2. 면책사유

(1) 고의, 중과실 면책

A는 음주운전 중 교통사고로 사망하였다. 보험약관에는 "음주운전 사고에 대해서는 보험회사는 보험금을 지급하지 않습니다"라는 조항이 명시되어 있었다. 보험회사는 이를 근거로 사망보험금 지급을 거부했다. 유족은 이 조항이 무효라고 주장한다. 이 면책조항은 유효한가? 그리고 보험금은 지급되어야 하는가?

보험사고가 보험계약자, 피보험자나 보험수익자의 '고의 또는 중과실'로 인해 발생한 경우에는 보험자는 보험금을 지급할 책임이 없다. 이는 인위적으로 유발한 사고는 보험사고로서 우연성을 결할 뿐 아니라 이를 방치할 경우 보험금을 노리고 사고를 유발하는 위험이 커서 도덕적 위험을 방지하기 위해서 보험자를 면책시키고 있다. 다시 말해서 물건을 파괴하거나 사람을 살상하더라도 부당한 보험금을 받게 되는 결과가 초래되는 것으로 결국 보험제도르 남용해서 보험단체와 그 구성원을 위태롭게 하는 것이기 때문이다. 여기서 고의에 의한 사고란, 일정한 결과 발생을 인식하면서 이를 행하는 것으로, 화재보험에 가입한 후 건물에 방화하는 것, 피해자 동의를 얻어 생명보험에 가입하게 한 후 보험금을 노리고 살해하는 것, 상해보험 가입 후 자해하는 경우가 이에 해당한다. 하지만, 고의면책에 대해서는 다음과 같은 두 가지 예외가 있다.

첫째, 자동차책임보험의 대인배상보험에서 피보험자측의 고의로 인한 사고로 발생한 손해에 대해서도 피해자보호를 위해 보험자가 피해자에게 보상책임을 지고 피보험자에게 구상한다는 약정은 유효하다.

둘째, 보증보험에서 채무자인 보험계약자가 고의로 채무불이행을 한 경우에도 피보험자인 채권자에게 보상하도록 하고 있는데, 채무불이행은 보험계약자의 고의 또는 중과실을 전제로 하고 있지만 보험자의 보상책임이 인정되는 예외이다.

하지만, 당사자간 약정으로 고의로 인한 사고의 경우에도 보상하기로 하는 것은 신의성실 또는 공익에 반하는 것으로 무효로 본다.

중과실이란, 현저하게 주의를 다하지 못한 경우로서 우리 판례에서는 중과실의 의미를 "통상인에게 요구되는 정도의 상당한 주의를 하지 않더라도 약간의 주의를 한다면 손쉽게 위법, 유해한 결과를 예견할 수 있는 경우에도 불구하고, 만연히 이를 간과함과 같은 거의 고의에 가까운 현저한 주의를 결여한 상태"로 정의하고 있다. 중과실이 인정되는 경우로는, 야간에 자동차전용도로에서 무단 횡단하는 경우라든지, 주유 중에 담배를 피운 경우, 창고 내에 인화물질이 있는데 그 안에서 연탄불을 피우는 행위 등이 중과실에 해당하는 것으로 본다. 계약자측의 중과실에 의한 보험사고의 경우에도 보험자는 면책이 되지만, 사망을 보험사고로 한 생명보험 및 상해보험에서는 중과실로 인한 보험사고에 대해서도 보험자는 보상책임이 있는데(제732조의 2, 739조), 이는 피보험자가 사망 또는 상해를 입은 경우 인도적 차원에서 보상책임을 인정하는 것이다. 또한 자동차보험 약관상의 음주운전 면책약관(고의 또는 중과실의 경우 보상책임이 없다는 내용의 약관)의 효력에 대해서, 판례는 음주운전이 고의적 범죄이기는 하나 그 고의는 음주운전 자체에 대한 고의이지 사망이나 상해에 대한 고의는 아니므로, 보험사고가 고의가 아닌 과실로 인한 경우까지 보상하지 아니한다는 내용의 면책약관은 과실부분에 한해서는 무효인 약관으로 보고 있는데 이는 유족의 생활보장을 도모하려는 취지이다.

위 사례와 같이 음주운전의 경우 보상책임을 면제한다는 면책약관의 유효성에 대해 우리 대법원은 '음주운전이 고의적인 범죄행위이긴 하지만 그 고의는 특별한 사정이 없는 한 음주운전 자체에 대한 것이고 직접적으로 사망이나 상해에 대한 것이 아니어서... (생략) 음주운전 면책약관이 고의로 평가되는 사고뿐 아니라 과실(중과실 포함)로 평가되는 행위로 인한 경우까지 보상하지 않겠다는 취지라면 과실로 평가되는 행위로 인한 사고에 관한 약관부분은 무효'라고 판단하였다.

(2) 전쟁위험면책

보험사고가 전쟁 기타 변란으로 인해 발생한 때에는 당사자간에 다른 약정이 없으면 보험자는 보험금을 지급할 책임이 없다(제660조). 이는 전쟁 등과 같은 위험발생가능성이 현저히 높은 비정상적인 상황에서는 보험제도원리가 적용될 수 없기 때문이다. 다만, 당사자간 특약을 맺고 높은 보험료를 지급한 경우에는 면책되지 않는데, 걸프전 기간 중 중동지역으로 항해하는 원유수송선이 가입하는 전쟁보험이 그 예이다.

여기서 전쟁이란 국가간 전쟁이나 실제 전투상황은 물론 예비군 사격훈련과 같이 전투훈련 중에 발생한 사고도 포함하는 개념이다. 그리고 기타 변란이란 한 지방의 치안이나 평온을 해할 정도에 이른 폭동과 소요를 의미하는데, 우리 판례를 살펴 보면, 프로야구단 소속 버스를 상대팀 관중들이 가로막고 돌과 빈병을 던지자 당황한 버스기사가 후진하다가 행인을 치어 사망케 한 경우와 대학시위현장에서 운전기사가 당황하여 후진하다 건물과 충돌하여 발생한 화재사고의 경우, 폭력사태나 시위장소가 한 지방의 치안이나 평온을 해할 정도가 아닌 제한된 시위지역에서 발생한 것이므로 면책사유로서 변란으로 볼 수 없다고 판단했다.

3. 보험료반환의무

보험계약이 무효가 되거나 해지되는 경우 보험자는 보험료를 반환해야 한다. 즉 보험계약의 전부 또는 일부가 보험계약자의 고의나 중과실 없이 무효로 된 경우에는 보험료 전부 또는 일부의 반환을 청구할 수 있으며, 보험자가 약관교부 및 설명의무에 위반하여 계약이 취소된 경우에도 보험자는 보험료 전액을 반환해야 한다.

이와 관련하여 보험사고가 발생하기 전에는 보험계약자는 언제든지 계약을 해지할 수 있는데, 이 경우 보험자는 미경과보험료를 반환해야 한다. 예를 들어, 1년 계약으로 보험료를 전부 지급했다가 6개월 경과 후 해지한 경우 나머지 미경과분인 6개월에 해당하는 기지급보험료는 반환해야 하는 것이다. 심지어, 보험계약자가 고지의무나 통지의무를 위반하여 해지된 경우에도 약관규정에 따라 보험자는 보험료를 반환해야 한다.

Ⅲ. 보험계약자의 의무

1. 보험료지급의무

보험계약자는 계약체결 후 지체없이 보험료의 전부 또는 제1회 보험료를 지급해야 한다. 계약자가 최초보험료 지급을 지체한 경우에는 보험자의 책임이 개시되지 않으며, 계약 성립 후 2월이 경과할 때까지 지급이 없으면 보험계약은 해제된 것으로 본다. 그리고, 계속보험료의 납입이 없으면 보험자는 상당기간을 정하여 납입을 최고하고, 그 기간 내에 지급이 없으면 계약을 해지할 수 있다. 특히, 보험계약자와 피보험자가 다른 경우, 예를 들어 아버지가 아들을 피보험자로 해서 생명보험계약을 체결한 경우에는 보험계약자뿐 아니라 피보험자에게도 최고한 경우에만 해지가 가능하다.

계속보험료의 지급해태의 경우 보험자가 보험계약을 해지하기 위해서는 최고와 해지통고를 해야 하는데 다수의 보험가입자를 상대해야 하는 보험자로서는 많은 비용과 시간이 소요된다. 그래서 보험실무상으로는 일정한 유예기간을 두고 그 기간의 경과로 보험계약은 자동적으로 해지된다는 내용의 실효약관 또는 실효조항을 두고 있는데 이 실효조항이 보험법에서 요구하는 최고와 해지통고를 생략하고 있으므로 불이익변경금지원칙에 위배되어 무효가 아닌가라는 의문이 제기된다. 이 점에 대해 다수의 보험계약을 다루어야 하는 보험거래의 실정과 보험회사의 이익을 어느 정도 보호해야 한다는 점에서 실효조항의 효력을 인정하는 다수설과 상법 제663조 위반으로써 무효라는 판례의 입장이 서로 대립되고 있다.

이와 관련해서 보험료지급이 지체되고 있는 기간 중에 발생한 손해에 대해서는 보험자가 보상책임이 없다는 내용의 이른바 면책조항의 효력도 문제가 되는데, 이와 같은 약관내용은 명백하게 보험계약자에게 불리한 조항으로서 상법 제663조에 정면으로 위배된다는 것이 통설과 판례의 입장이다.

2. 위험유지의무

보험기간 중에 보험계약자측의 고의 또는 중과실로 인해 사고발생의 위험이 현저하게 변경 또는 증가된 때에는 보험자는 그 사실을 안 날로부터 1월내에 보험료의 증액을 청구하거나 계약을 해지할 수 있다(제653조). 이는 보험가입시의 위험상태를 동일한 수준으로 유지시켜야 할 보험계약자측의 의무이다. 여기서, 위험의 현저한 변경이나 증가는 변경 또는 증가된 위험이 보험계약체결 당시에 존재했더라면 보험자가 계약을 체결하지 않았거나 적어도 그 보험료로는 보험을 인수하지 않았을 것으로 인정되는 정도여야 하며, 위험의 변경, 증가가 지속적이어야 한다.

아래 내용은 우리 판례에서 '현저성'에 관해 판단한 내용이다.

현저성을 인정한 사례	자동차종합보험에 가입한 회사업무용 자동차를 학원생 통학용으로 용도를 변경하여 사용 중 사고가 발생한 경우 생명보험에 가입한 은행원이 스카이다이빙 강사로 직업을 변경하여 실습 중 사고로 식물인간이 된 경우
현저성을 부인한 사례	동산종합보험에 가입한 Y가 동대문구 휘경동 주택에서 근처 빌라로 이사하였는데 도난사건이 발생한 경우에는 같은 동네이므로 보험료를 달리 책정할 정도로 도난위험이 현저히 변경, 증가되었다고 보기 힘들다고 보았음

3. 위험변경·증가 통지의무

보험기간 중에 보험계약자 또는 피보험자가 사고발생의 위험이 현저하게 변경 또는 증가된 사실을 안 때에는 지체없이 보험자에게 통지해야 한다. 해태시에는 보험자는 그 사실을 안 날로부터 1월내에 한하여 계약을 해지할 수 있다(제652조 제1항). 그리고 통지를 받은 보험자는 1월내에 보험료 증액을 청구하거나 계약을 해지할 수 있다(동조 제2항).

위험의 현저한 변경 또는 증가에 관한 판례내용은 다음과 같다.

현저성을 인정한 사례	화재보험에 가입한 3층 문화센터건물을 용도를 변경하기 위해 3층 바닥부분 증축공사를 하던 중 인부의 부주의로 화재가 발생한 경우에 화재보험의 피보험 건물의 구조와 용도 및 증·개축 여부에 따라 보험료율이 달라지므로 현저성을 인정하였으며, 근로자들의 폐업철회 농성으로 인해 공장 건물과 내부의 물건에 화재가 발생한 경우에도 농성행위로 인해 화재위험이 증가하였으므로 보험자에게 통지를 해야 하는 사항으로 보았고, 기본보험료율을 적용한 5톤 화물트럭에 11미터 가량의 기중기를 설치한 경우 보험실무상 기중기의 경우 기본보험료율의 120%를 적용하고 있으므로 통지사항으로 보았음.
현저성을 부인한 사례	렌터카 회사에 지입한 운전자가 지입차량을 타인에게 임대하여 운행하게 하다가 사고가 발생한 경우 업무용자동차보험에 가입한 베스타 승합차를 서적도매상에서 일당을 받고 서적을 배달하던 중 행인을 치어 사망케 한 경우

통지의무를 위반한 경우 보험자는 1월 내 계약을 해지할 수 있으며, 위험유지의무위반 또는 통지의무위반을 이유로 보험자가 보험계약을 해지한 경우에는 보험사고가 발생하더라도 보험금 지급책임이 없다. 하지만, 위험의 변경이나 증가가 보험사고 발생에 영향을 미치지 않았음이 증명된 때에는 보험자는 보험금지급의무를 여전히 부담한다.

4. 보험사고발생 통지의무

보험계약자, 피보험자 또는 보험수익자는 보험사고 발생을 안 때에는 지체 없이 보험자에게 통지해야 한다. 이는 보험자의 신속한 조사로 손해방지조치를 취함으로써 손해확대를 방지할 수 있도록 하기 위함이다. 사고통지를 해태하였다는 이유로 보험금지급 자체를 거부할 수는 없으나, 통지의무위반으로 인해 손해가 증가된 때에는 보험자는 증가된 손해부분에 대해서는 보상책임이 없다.

제3절 생명보험과 화재보험

Ⅰ. 생명보험

1. 의의와 종류

생명보험(life insurance)은 보험자가 피보험자의 사망, 생존, 사망과 생존에 관한 보험사고가 생길 경우에 약정한 보험금을 지급하기로 하는 보험계약이다. 생명보험은 손해보험처럼 재산상 손해를 보상하는 것이 아니라 손해발생 여부에 상관없이 일정 금액을 지급하는 정액보험이다.

생명보험은 보험사고에 따라 사망보험과 생존보험으로 구분되는데, 사망보험은 피보험자의 사망을 보험사고로 해서 보험금을 지급하는 보험계약이고, 생존보험은 피보험자가 일정기간까지 생존하는 것을 보험사고로 해서 보험금을 지급하는 보험계약으로 교육보험, 학자금보험 등이 이에 해당한다.

이와 별도로 보험기간에 따라 생명보험을 정기보험과 종신보험으로 구분하기도 하는데, 전자는 일정한 보험기간 내에 피보험자가 사망한 때에 보험금을 지급하는 보험으로 피보험자의 유족의 생계를 위해 많이 이용된다.

2. 생명보험계약의 요소

A는 생명보험에 가입하면서 스스로를 피보험자, 배우자 B를 보험수익자로 지정하였다. 어느 날 A는 고속도로에서 차량을 운전하던 중 안전띠를 착용하지 않은 채 사고가 발생하여 사망하였다. 보험자는 약관에 따라 "도로교통법상 의무를 위반한 경우(예: 안전띠 미착용)는 보험금을 지급하지 않는다"는 면책조항을 근거로 보험금 지급을 거절하였다. 안전띠 미착용 등 법령 위반행위를 이유로 보험자가 보험금 지급을 면할 수 있는가?

C는 자녀 D와 E를 공동 보험수익자로 지정하여 생명보험에 가입하였다. 이후 D는 C를 고의로 살해하고 도주하였다가 검거되었다. 보험회사는 상속법상 '살인자 상속금지 원칙'과 함께 상법 제732조의2 제2항을 근거로 보험금 일부만 지급하겠다고 통보하였다. 이에 E는 전체 보험금 전액을 자신에게 지급할 것을 청구하였다. 공동 보험수익자 중 일부가 피보험자를 고의로 살해한 경우, 다른 보험수익자에게 보험금을 지급해야 하는가?

생명보험계약의 당사자는 보험자와 보험계약자이며, 보험수익자는 보험사고 발생 시 보험금을 지급받을 자로 지정된 자이다. 보험계약자가 보험수익자와 동일인인 경우도 있지만 다른 사람을 보험수익자로 지정하는 경우도 있다. 그리고 생명보험에서 피보험자는 보험사고 발생 객체를 의미하는 자로서 그 생사가 보험사고가 되는 자를 말한다.

생명보험의 보험사고는 사람의 사망, 생존 또는 사망과 생존으로, 인보험 취지에 비추어 볼 때 보험사고가 고의가 아니라면 비록 중대한 과실에 의하여 발생한 경우에도 보험금을 지급하는 것이 타당하다. 이런 취지에서, 상법은 인보험의 특칙규정으로 사람을 보험사고로 한 보험계약에서는 사고가 보험계약자 또는 피보험자나 보험수익자의 중

대한 과실로 인하여 발생한 경우에도 보험자는 보험금을 지급할 책임을 면하지 못한다(상법 제732조의2 제1항)고 정하고 있다. 또한 둘 이상의 보험수익자 중 일부가 고의로 피보험자를 사망하게 한 경우 보험자는 다른 보험수익자에 대해서는 보험금을 지급해야 한다(상법 제732조의2 제2항).

첫 번째 사례에서 우리 판례는 인보험 특칙규정을 확대 적용하여, 만약 안전띠 미착용 등 법령위반을 동반한 보험사고의 경우에는 보상하지 않는다는 내용의 면책약관의 효력을 무효로 보았는데, '피보험자의 사망이나 상해를 보험사고로 하는 보험계약에서 안전띠미착용 등 법령위반행위를 보험자의 면책사유로 정한 약관조항은 원칙적으로 무효이다'라고 판시함으로써(대법원 2014. 9. 4. 선고 2012다204808 판결), 이런 내용의 면책약관은 상법 제732조의2 제1항의 취지에 반하는 것으로 무효이며, 따라서 보험자는 보험금을 지급해야 하는데, 인보험에서는 피보험자의 고의가 아닌 한 중대한 과실이나 법령위반이 있더라도 보험금 지급 책임이 인정된다고 보았다.

두 번째 사례와 같이 보험수익자의 고의에 의해 피보험자가 사망한 경우, 고의로 피보험자를 사망하게 한 보험수익자 D는 수익자 자격을 상실하며, 남은 보험수익자 E는 자신의 지분에 해당하는 보험금은 전액 지급받을 권리가 있다. 다만, D의 지분까지 승계받을 수 있는지는 별도의 상속 문제로 연결될 수 있다.

Ⅱ. 화재보험

A는 겨울철 난방용으로 전기장판을 사용하던 중 외출하면서 전원을 켜둔 채 출입문을 잠갔다. 이후 과열된 장판에서 불이 나 주택이 전소되었다. A는 보험금 지급을 청구하였으나 보험사는 중대한 과실을 이유로 지급을 거절하였다.

화재보험(fire insurance)은 피보험자가 보유한 재산이 우연한 화재로 인하여 손해를 입은 경우 이를 보상하는 것을 목적으로 하는 손해보험계약이다(상법 제683조). 여기서 보험사고는 우연한 화재로 인한 손해 발생이며, 보험 목적물은 건물, 기계, 재고자산, 가재도구 등 유체물이다.

화재보험에 있어서 보험사고는 화재이다. 상법이나 화재보험약관에서는 화재의 의의에 관한 명시적인 정의 규정이 없어 사회통념에 따라 정하는 수밖에 없다. 통설과 판례에 따르면 '불이 옮겨 붙어 확대된 상태로서 소방이 필요한 상태의 불'을 말한다. 따라서, 불꽃이 존재하고, 통제 불능이어야 하며 타는 물체가 존재하고 그에 따라 손해가 발생할 것이 화재의 요건이다. 따라서 단순히 열, 연기, 그을음만으로는 화재로 보기 어렵다.

화재보험증권에는 손해보험증권의 일반적인 기재사항 이외에도 ① 건물을 보험의 목적으로 한 때에는 그 소재지, 구조와 용도, ② 동산을 보험의 목적으로 한 때에는 그 존치 장소의 상태와 용도, ③ 보험가액을 정한 때에는 그 가액을 기재하고 보험자가 기명날인 또는 서명해야 한다.

화재보험에 가입한 경우라도 다음의 경우에는 보험자는 면책되므로 보상의무가 없다. 첫째, 피보험자의 고의 또는 중대한 과실로 인한 화재, 둘째 전쟁, 내란, 핵사고 등 통상의 화재 이외의 사태에 따른 화재, 셋째 피보험자 이외 제3자의 고의적인 방화(단, 일부 약관의 경우 보상하는 경우도 있음).

위 사례의 쟁점은 전기장판 전원을 끄지 않고 외출한 것이 면책사유인 중대한 과실에 해당하는 지 여부인데 판례는 이는 중대한 과실로 보기 어려우며, 일반적인 주의의무 위반에 해당할 뿐이라고 판단하고 보험사의 보상의무를 인정하였다. 판례는 일관해서 피보험자의 부주의가 일정 수준을 넘지 않는 한, 단순 과실은 면책사유가 될 수 없으며, 보험자 측은 '중대한 과실'을 입증해야 하고, 일상적 실수 수준이라면 보험금은 지급되어야 한다고 판시하고 있다.

B는 농업용 창고를 무허가로 음식 배달용 조리시설로 개조하여 운영하던 중, 가스 누출로 인한 폭발로 전소되었다. 보험계약 당시 보험자는 창고를 단순 '농업용 창고'로 알고 있었다.

이 사례는 용도 변경을 보험자에게 고지하지 않은 경우 보험금이 지급되는지 여부가 쟁점인데, 판례는 보험계약상 중요한 내용에 대한 고지의무 위반을 인정해서 보험금 지급책임이 없다고 판단하였다. 앞서 설명한 바와 같이 보험계약 체결 시 또는 변경 시 고지의무(상법 제651조)를 위반한 경우, 보험자는 계약을 해지하거나 보험금 지급을 거절할 수 있다. 특히, 보험위험에 중대한 영향을 미치는 '용도'는 대표적인 고지대상이다.

C는 카페를 운영하던 중, 경쟁업체 직원 D가 방화하여 점포와 집기 등이 소실되었다. 보험사는 '타인의 고의'는 보상하지 않는다며 지급을 거부하였다.

이 사례의 쟁점은 타인의 고의에 의한 방화로 인한 화재에 대해서도 보상의무가 있는지인데 대법원은 피보험자의 고의가 아닌 이상, 제3자의 고의는 면책사유가 아니라고

보아 보험사의 보상의무를 인정하였다. 이처럼 약관상 면책조항은 피보험자 본인의 고의에 국한되며, 제3자의 고의적 행위는 통상 면책사유가 될 수 없다. 다만, 방화자가 가족인 경우에는 공동보험이 성립되는지 여부에 대한 검토가 필요하다.

제 5 장

상사법률관계

제5장 상사법률관계

제1절 상법의 기초

상법은 기업과 관련된 경제주체들의 사적인 이익의 조정을 목적으로 하는 법규범의 총체를 말하며 형식적인 의미에서는 「상법」이라는 법률명칭을 가진 상법전을 의미한다. 상법은 규율대상이 기업의 경제관련 활동인 만큼 경제현실에 민감하게 반응하는 역동적이고 진보적인 법이라는 특성을 가진다. 이 장에서는 상법의 의의와 다른 법과의 관계, 경향과 특성 및 법원의 순으로 설명한다.

Ⅰ. 상법의 의의

1. 형식적 의의의 상법

형식적 의의의 상법 1962년 1월 20일 법률 제1000호로 제정된 「상법」을 의미하는데 대륙법계 국가인 우리나라와 달리 불문법주의를 따르는 영미법 국가에서는 독립 상법전은 없으나 미국처럼 각 주간의 법적용의 통일성을 도모하기 위해 통일상법전(Uniform Commercial Code)을 두기도 한다. 우리 상법전은 제1편 총칙, 제2편 상행위, 제3편 회사, 제4편 보험, 제5편 해상, 제6편 항공운송으로 구성되어 있으며, 지금까지 수차례의 개정작업이 이루어졌다.

최근 주요 개정내용을 보면, 2010년 총칙·상행위편의 개정에서는 변화된 경제현실을 반영하여 금융리스, 프랜차이즈 및 팩토링 등 새로운 유형의 상행위의 법률관계를 신설하였고, 2011년에는 회사편 개정에서는 합자조합과 유한책임회사와 같은 다양한 기업형태를 도입하고, 다양한 종류주식의 허용, 자기주식 취득 허용, 이사의 회사기회 유용금지규정 신설, 이사의 자기거래 제한, 삼각합병의 허용 등 대대적인 개정작업이 이루어졌으며, 제6편에 항송운송편을 신설하였다. 이후 2015년 개정에서는 다양한 기업 인수 및 합병 방식을 도입하고 반대주주의 주식매수청구권 제도를 개선하였다. 가장 최근인 2020년 12월에는 다중대표소송의 도입 등 회사편의 개정이 있었다.

현행 상법전과 같이 하나의 법전에 총6편을 포함하고 있는 입법체계에 대해서는 그 타당성에 대한 의문을 제기하기도 하는데, 예를 들어 제1편 총칙편은 체계상 전체 상법전에 통일적으로 적용되는 규정보다는 주로 개인기업에 관련된 제한적인 규정들이 대부분이라 회사기업에는 거의 적용이 없다는 점, 제2편 상행위 규정들 중 개별 상행위에 해당하는 각론 규정들은 오늘날 경제현실을 제대로 반영하지 못하고 있을 뿐 아니라 인터넷과 온라인을 기반으로 발전하고 있는 새로운 유형의 신산업분야를 상행위편에 반영하지 못하고 있다는 비판도 있다. 또한 제3편 회사, 제4편 보험, 제5편 해상, 제6편 항공운송편 규정들간의 연계성이 거의 없다는 점에서 통일법전속에 모두 포함시켜야 하는 입법체계상 근거나 설득력 있는 논거가 부족할 뿐 아니라 그간 개정과정에서 제3편 회사편의 비중이 과거에 달리 대폭 증대되고 있다는 점에서 회사편 만이라도 별개의 독립법전으로 분리할 필요가 있다는 주장도 대두되고 있다.

2. 실질적 의의의 상법

형식적 의의의 상법인 상법전에 모든 상사에 관한 규정들이 포함될 수 없을 뿐 아니라 다른 상사에 관한 특별법령들에서도 기업생활관계에 적용되는 규정들이 산재해 있는데, 이처럼 기업의 생활관계에 특유한 법규로서 상법전을 포함한 기업관련 법령들을 실질적 의의의 상법이라고 한다.

기업이란 자본주의 경제에서 핵심적 경제단위로서 계속적으로 영리를 추구하기 위해 일반 개인에게서는 찾아보기 어려운 특유한 조직을 구성해서 경제활동을 영위하고 있어 민사 법률관계와는 다른 특별한 법적 규율이 필요하다. 이처럼 기업생활관계에 적용되는 법은 상법 이외에도 민법이나 각종 소송법, 형법 등 공법적 규제도 포함되는 등 다양한데 그 중에서 기업의 조직과 활동에 관련한 경제주체간의 권리의무 관계를 규율하는 법의 총체가 실질적 의의의 상법이라 할 수 있다. 다시 말해서 상법은 기업과 관련된 모든 법령을 포괄하는 것이 아니라 기업과 관련된 개별 경제주체들의 이익조정을 목적으로 하는 법이다.

Ⅱ. 상법의 지위

1. 상법과 민법

민법은 일반인의 법률관계를 전반적으로 규율하는데 반해 상법은 기업의 경제관련 법률관계를 규율대상으로 한다. 따라서 기업의 경제적 관계에 대해서는 민법에 우선하여 상법이 적용되고 상법에 규정이 없는 경우에는 민법이 보충적으로 적용되기에 상법은 민법의 특별법적 지위에 있는데, 상법의 적용대상을 정하기 위한 기준이 필요한데 이를 위해 후술하는 것과 같이 상법에서는 상인과 상행위라는 두 개념을 사용하고 있다.

상법에는 기업의 특수성을 고려하여 상업등기, 상호, 상업장부 등 독자적인 제도를 두고 있으며, 민법규정의 특칙에 해당하는 규정들(예를 들면, 상사법정이율, 유질계약, 상사매매, 상사유치권, 상사소멸시효 등)도 있다. 또한 별도 규정없이 민법상 규정들을 그대로 적용하는 것도 있는데, 능력, 법률행위, 기간, 물건 등의 규정들이 이에 해당한다.

2. 상법과 노동법

기업의 인적 보조자와 관련한 법으로 상법과 노동법이 있는데 상법은 인적 보조자의 대외적인 거래활동의 범위와 효력, 책임 등 거래법적 측면에서 규율하며 기업보조자의 활동을 통해 기업의 거래관계의 확대를 추구하고 거래상대방의 신뢰를 보호하는데 중점을 두고 잇는 반면, 노동법은 기업의 인적 보조자인 노동자의 권익보호라는 사회정책적 측면에서 접근해 기업주와 노동자 간의 내부적인 고용관계 측면을 규율대상으로 하고 있다.

3. 상법과 경제법

경제법은 시장경제에서의 경쟁질서가 독점이나 기타 불공정거래행위에 의해 왜곡되는 것을 방지하고 시장에서의 공정한 거래질서를 보장함으로써 국민경제의 균형 있는 발전을 도모하기 위한 법규범의 총체로서 공법적 규제측면이 강한 법이다. 반면 상법은 기업활동을 중심으로 기업거래가 원활하고 신속하게 이루어질 수 있도록 기업조직과 운영에 관한 법이라는 점에서 사업적 거래관계를 다루는 법이라는 차이가 있다. 국내법령으로 경제법 영역에 해당하는 것으로는 「독점규제 및 공정거래에 관한 법률」을 기본으로 「약관의 규제에 관한 법률」, 「소비자기본법」, 「방문판매 등에 관한 법률」, 「대규모유통업에 있어서의 거래 공정화에 관한 법률」, 「소비자기본법」, 「전자상거래등에서의 소비자보호에 관한 법률」 등이 있다.

이처럼 경제법은 상법과는 입법목적, 운영취지 등을 달리하고 있으므로 비록 규제대상이 기업이라는 점에서는 동일하지만 서로 다른 영역의 법규범으로 이해해야 한다.

4. 상법과 어음·수표법

유가증권 중 주권이나 화물상환증, 창고증권 및 선하증권 등에 관해 상법에서 규정을 두고 있지만 완전유가증권에 해당하는 어음과 수표에 관해서는 상법과 별개의 단행법으로서 어음법 및 수표법이 마련되어 있는데, 어음·수표법은 기업생활관계를 규율하는 법이라기보다는 지급결제를 위한 수단으로 이용되는 어음과 수표에 관한 법률관계를 정하고 있는 법이라는 점에서 상법과 차별화된다. 다만, 강학상으로 어음·수표법을 상법의 한 분야로 다루고 있는 정도이다.

Ⅲ. 상법의 특성과 경향

1. 기업법으로서의 특성

일반 민사거래관계에 적용되는 민법과 달리 기업생활관계를 규율대상으로 하는 상법은 기업관계의 특수성을 반영하는 독자적 법 영역을 형성하고 있다. 이러한 기업관계의 특수성이 그대로 상법의 특성으로 구현되는데, 기업은 본래 영리추구를 목적으로 운영되는 경제주체로서 영리행위를 대량·반복적으로 행하고 있으며 그로 인해 동일한 거래행위가 정형화되어 있다. 이러한 기업의 특수성으로 인해 기업의 조직과 운영을 규율하는 상법에도 영리성, 계속성, 정형성이라는 특성이 자연스럽게 반영되어 있으며, 대량으로 지속적으로 반복되는 기업거래 측면에서 거래의 안전보호를 위한 제도적 장치도 구체화되어 있다.

2. 기업조직면의 특성

상법의 적용을 받는 대상은 상인으로 개인상인과 기업이 포함되는데, 특히 회사의 형태를 가지는 기업의 경우 조직구성과 운영상 특성이 매우 뚜렷하게 나타난다.

(1) 자본의 집중

기업이 그 기능을 발휘하기 위해서는 대규모의 자본이 필요한데, 민법상 조합이나 금전소비대차만으로는 기업운영에 필요한 자본을 신속하게 충분히 충족할 수 없기 때문에 상법은 익명조합을 비롯해 각종 회사형태를 제도화하여 자본조달의 신속성과 편의성을 도모하고 있다. 특히 주식회사제도는 대규모 자본을 일반투자자로부터 단기간에 조달하는데 매우 유용한 자본조달방법으로 이용되고 있다.

(2) 인적 자원의 보충

자본과 더불어 기업운영에 필수요소인 인적 자원을 조달하는 방법으로 민법상 대리, 위임, 고용, 도급, 조합 등의 제도를 상법에서는 특수화하여 상업사용인, 대리상, 중개인, 위탁매매인, 합명회사와 같은 제도를 마련하고 있다.

(3) 위험의 분산

기업운영에 있어 무엇보다 중요한 요소가 이윤의 극대화와 위험의 분산이다. 이윤이 클수록 그에 따른 위험(risk)도 비례해서 커지는데 상법의 회사제도, 특히 주식회사제도는 기업이 직면하게 되는 투자위험을 다수의 개인 투자자들에게 분산시키고 유한책임제도를 통해 주주개인의 책임을 출자액을 한도로 제한하고 있어 기업의 활성화와 자본시장의 발전에 기여를 하고 있다. 이처럼 상법은 오늘날 기업이 경제활동에 있어 주도적 역할을 수행할 수 있는 법제도적 기초를 제공하는 중요한 기능을 수행하고 있다.

(4) 유한책임제도

오늘날 경제활동의 주축을 이루는 회사의 성장과 발전은 투자자들의 책임을 일정범위 내로 제한하는 유한책임제도가 중요한 역할을 했다. 민법원칙에 따라 채무자가 무한책임을 부담하는 법제하에서는 기업활동이 위축되고 기업에 대한 투자도 기대하기 어렵게 될 것이다. 이에 따라 기업관계에서는 당사자의 책임을 일정범위내로 제한하는 유한책임제도를 도입함으로써 대규모 기업활동이 가능하게 되었으며, 그로인해 국가경제의 발전도 이루게 되었다.

대표적인 유한책임제도로는 주식회사 주주의 유한책임을 들 수 있는데 투자자인 주주는 회사채무에 대해 무한책임이 아니라 자신이 출자한 금액 범위내에서만 책임을 부담하게 되어 추가출자의무가 인정되지 않는다는 것으로 오늘날 주식회사제도의 비약적 발전을 가능하게 한 결정적인 제도적 기초이다.

(5) 기업유지의 원칙

기업의 성립에는 많은 노력과 시간, 비용이 소요되고, 기업운영과 대외적 활동에는 내부의 인적 자원뿐 아니라 거래관계에서 형성된 많은 이해관계자들이 기업을 중심으로 관계를 맺게 되는데, 이러한 기업이 해체되는 경우에는 기업만의 손실에 그치지 않고 국가적, 사회적으로도 손실이 커지게 된다. 이에 따라 가능하면 기업을 해체시키지 않고 가급적 유지시킴으로써 이러한 손실을 최소화하기 위해 상법에서는 영업양도, 회사의 합병, 회사계속, 조직변경 등의 제도를 마련하고 있다.

3. 기업활동면의 특성

(1) 영리성

기업활동은 영리추구를 목적으로 계속적 영리행위를 한다는 점에서 일반인들의 경제활동과 유사한 측면이 있지만 계속적이고 계획적인 특성으로 인해 일회적이고 우연적인 일반 사인들의 경제활동과는 구별된다. 이처럼 기업활동의 가장 중요한 요소는 영리성에 있으며 이를 법적으로 뒷받침하기 위해 상법은 영리성을 전제로 한 규정들을 마련하고 있다. 예를 들면, 상법 적용범위를 정하는 상인이나 상행위 개념이 영리성을 기초로 하고 있고, 상인의 보수청구권·법정이자청구권·상사법정이율 등도 영리성이 반영된 제도에 해당한다.

(2) 사적 자치의 확대

기업활동에 대해서는 법의 엄격한 간섭보다는 상인의 합리적 판단에 따른 거래관행과 당사자들의 합의내용이 더 효율적인 규율장치가 된다는 인식에서 상법은 민법에서보다 사적 자치가 확장되어 있고 계약의 자유가 광범위하게 허용되고 있다. 이에 따라 많은 상법 규정들은 임의법규로 되어 있는데, 예를 들면 민법에서는 금지되고 있는 유질계약이 상사채권 담보를 위한 질권에서는 허용(제59조)되고 있다.

(3) 간이신속성과 정형성

상인의 기업거래활동은 동일한 내용의 거래가 계속적·반복적·대량적으로 이루어지고 있어 일회성을 전제로 한 민사거래와는 달리 신속한 거래를 위한 제도들이 마련되어 있다. 즉 상행위의 대리, 청약의 효력, 청약에 대한 낙부통지의무, 확정기매매에 있어서 해제권, 매수인의 목적물검사 및 하자통지의무, 상사채권의 단기소멸시효, 상호계산 등이 그 예이다.

간이신속성의 특성으로 인해 계속적이고 대량거래를 영위하는 기업거래는 거래상대방이나 목적, 급부의 내용이 계약완성에 큰 영향을 미치지 않음에 따라 정형화된 거래형식을 취하게 되는데, 계약체결에 있어 보통거래약관을 이용하는 것이 그 예가 된다.

(4) 공시주의

신속한 거래를 특성으로 하는 기업활동에 있어 거래안전을 보호할 필요에 의해 기업과 거래와 관련된 다양한 정보들을 제3자가 용이하게 취득할 수 있게 하기 위해 상법에서는 공시주의가 강화되어 있는데, 상업등기제도를 통해 회사의 설립부터 조직과 운영, 합병 등 주요 사항을 등기하도록 함으로써 거래안전을 도모하고 있다. 이러한 공시의무는 경제적 영향력이 크고 많은 투자자들이 관련되어 있는 상장회사에 대해서는 자본시장법에서 더욱 강화되어 있다.

(5) 외관주의

사법관계에서 발생하는 분쟁을 해결함에 있어 실체적 진실과 외관이 일치하지 않는 경우 어느 것을 더 중시할 것인가에 대해 민법과 상법은 조금 다른 입장을 취하고 있는데, 실체적 진실만을 지나치게 중시하다 보면 신속한 거래를 전제로 하는 상거래나 기업거래에 있어 실체적 진실을 파악하기 위해 많은 시간과 비용이 소요됨에 따라 신속하고 원활한 상거래가 이루어지기 어렵다는 한계가 있다. 따라서, 일회성의 민사거래와 달리 상거래에 있어서는 거래안전을 위해 진실보다 외관에 우위를 두고, 일정한 외관을 표시한 자는 이를 신뢰하고 거래한 자에 대하여 외관에 대한 책임을 부담시킨다는 외관법리가 넓게 채택되고 있다. 그 예로, 부실등기에 대한 책임, 명의대여자의 책임, 표현지배인, 유사발기인의 책임, 표현대표이사 등이 있다.

4. 상법의 경향

기업활동을 규율하는 상법은 경제상황의 변화에 민감하게 반응하는데, 그로 인해 타 법률에 비해 기업현실을 반영한 법 개정이 빈번하게 이루어지고 있다. 이처럼 상법은 일반사법 체계 중에서도 가장 진보적이고 현실적인 성격을 가지고 있으며, 오늘날과 같이 경제분야의 탈국경화 및 세계화로 인해 각국의 기업법제들이 유사성과 통일화 경향을 가지면서 진화한다는 특징이 있다.

Ⅳ. 상법의 법원

상법의 법원(法源)이라 함은 상법의 존재형식을 말하며 기업관계에 있어서 재판의 근거나 기준으로 사용된다. 우리나라는 성문법주의를 채택하고 있으므로 상법전을 비롯한 상사특별법령, 상사조약 등이 상법의 법원이 되지만 이외에도 판례법, 관습법, 학설, 조리도 법원성이 인정될 여지가 있다. 따라서 우리 상법 제1조에서는 '상사에 관하여 본법에 규정이 없는 때에는 상관습법에 의하고 상관습법도 없는 경우에는 민법을 적용한다'고 규정함으로써 상법(상사특별법령 포함)이외에도 상관습법의 법원성을 인정하고 민법도 보충적으로 법원이 될 수 있음을 명문화하고 있다.

1. 상사제정법

국가가 성문의 형식으로 제정한 법률인 상법전과 상사특별법령은 가장 중요한 상법의 법원으로 기능하는데, 이는 기업을 둘러싼 각종 법률관계를 명확하게 규율할 수 있으며 예측가능성을 높일 수 있기 때문이다. 이런 이유에서 판례법주의국가인 미국이나 영국에서도 상사관련 법령이 증가하고 있다.

(1) 상법전

상법의 가장 중요한 법원은 상법전으로 1962년 공포된 후 여러 차례 개정을 거쳐 오늘에 이르고 있다. 현행 상법은 총칙, 상행위, 회사, 보험, 해상, 항공운송의 6개편 935개 조문과 부칙으로 되어 있고, 어음법과 수표법은 별개 법전으로 독립되어 있다.

(2) 상사특별법령

상사특별법은 크게 2가지로 구분되는데, 첫째 상법전의 규정을 시행하거나 구체화하기 위한 부속법령으로 여기에는 상법시행법, 상업등기법, 상업등기규칙 등이 있다. 이와 별개로 기업에 관한 일반법으로서 상법을 보충하거나 변경하는 독립의 특별법령이 있는데, 여기에는 어음법, 수표법, 주식회사의 외부감사에 관한 법률, 공정거래법, 자본시장법, 약관규제법, 대규모유통업법, 보험업법 등 다수의 경제법이나 각종 업법 등이 이에 해당한다.

(3) 상사조약

헌법 제6조 제1항은 '헌법에 의해 체결·공포된 조약과 일반적으로 승인된 국제법규는 국내법과 같은 효력을 가진다'고 규정하고 있다. 이에 따라 조약이 체약국민 상호간의 상사에 관한 권리의무를 규정하는 경우에는 상법의 법원이 된다. 이러한 예로는, 1929년 국제항공운송에 관한 바르샤바협약, 1980년 국제물품매매계약에 관한 UN협약, 유류오염손해에 대한 민사책임에 관한 조약 등을 들 수 있다.

2. 상관습법

상관습법은 관습의 형태로 존재하는 상사에 관한 법규를 말하는데, 기업생활관계는 내용과 범위가 다양하기 때문에 성문법규인 상법 제정법만으로는 이를 충분히 규율하기 어렵다는 한계가 있다. 이는 성문법의 고정성이나 비탄력성으로 인해 급변하는 기업의 거래현실을 충분히 따라가지 못한다는 본질적인 한계로 인한 것으로, 이러한 규제공백을 보완하기 위해서는 상거래 관계에서 스스로 형성되어 오랜 기간 법규로서의 효력을 가지면서 형성·발전되어 온 관습법을 상법의 법원으로 인정할 필요가 있으며, 이런 취지에서 우리 상법도 상관습법의 법원성을 명문으로 인정하고 있다(제1조).

상관습법과 구별해야 할 개념으로 사실인 관습(상관습)이 있는데, 우리 통설과 판례는 두 개념을 서로 다른 것으로 보고 있다(구별설). 우선, 상관습은 당사자가 이에 따를 의사를 가진 것으로 인정되는 경우에 한하여 구속력을 가지지만 상관습법은 법규범이기 때문에 당사자의 의사와 상관없이 구속력이 인정된다. 또한 상관습의 존재여부는 법원에 의한 사실인정 문제에 그치지만 상관습법의 적용을 잘못한 경우에는 법률적용의 잘못으로 상고이유에 해당한다.

우리 판례는 '법의 효력을 가진 상관습법은 당사자의 주장 여하에 불구하고 법원이 이를 적용하여야 한다. 그러나 사실인 상관습은 민법 제106조에 의하여 당사자가 그에 따를 의사로 한 경우에만 법률행위의 효력을 인정할 수 있다'고 판시(대법원 1959.5.28., 4291민상1 판결)함으로써 두 개념을 구별하고 있다.

양 개념의 구별기준은 법적 확신의 유무에 있다고 보는 것이 일반적인데, 현실적으로 법적 확신의 정도에 대한 판단이 쉽지 않을 뿐 아니라 객관적이 판단기준이 없다는 한계는 있어 법원성이 인정되는 상관습법은 극히 제한적으로 인정되어야 할 것이다.

3. 상사자치법

회사 기타 단체가 법률에 근거하여 조직의 구성이나 운영, 구성원의 권리의무 등에 대하여 정하는 자치법규도 법적 구속력이 인정되는 상법의 법원이다. 예를 들어, 회사의 정관은 일정한 경우 상법에 우선하여 적용되며(제200조, 제207조, 제289조, 제543조), 구성원 전체에 대해 법적 구속력을 가지는 자치법규이다. 이외에도 회사가 제정하는 이사회 규칙도 정관 부속규정으로 상법의 법원에 속한다.

4. 보통거래약관

(1) 의의

약관(보통거래약관)이란 그 명칭이나 형태 또는 범위를 불문하고 계약의 일방 당사자가 다수의 상대방과 계약을 체결하기 위하여 일정한 형식에 의하여 미리 작성한 계약의 내용이 되는 것을 말한다. 사업자는 약관을 이용함으로써 자기 영업에 관한 계약내용을 정형화·표준화시킴으로써 반복적으로 이루어지는 대량거래를 신속히 처리할 수 있는데 휴대폰 할부거래약관, 은행거래약관, 보험약관, 운송약관을 비롯해 입찰안내서와 같이 명칭을 불문하고 계약안내서의 형식을 갖춘 문서도 내용에 따라 판례는 약관으로 보기도 한다(대법원 1997. 2. 25. 선고 96다24385 판결).

이처럼 약관은 거래에 있어 적용할 수 있는 적절한 성문법규가 없는 경우 해당 거래를 규율하는 거래규범으로 기능하지만, 약관은 사업자가 일방적으로 작성한 것이므로 당연히 사업자에게 유리한 내용이 반영될 수밖에 없으며, 거래상 위험을 거래상 비전문가인 고객에게 전가시킬 위험이 높다는 이유에서 법적인 규율이 필요하다.

(2) 구속력의 근거와 법원성

약관은 고객이 약관의 내용을 모르고 있더라도 약관에 정해진 내용에 따라 계약관계가 규율되는데 이처럼 약관이 당사자간의 법률관계를 구속하는 근거가 무엇인지, 나아가 약관에 성문법규를 보충하는 법원성을 인정할 것인지에 대한 이론적 다툼이 있는데, 약관을 법규범으로 인정하는 견해(법규범설)와 당사자간의 계약(합의)의 한 형태로 보는 견해(계약설, 의사설)로 나누어진다. 우리 판례는 일관하여 약관이 거래당사자를 구속하는 근거는 법규범이라서가 아니라 약관을 계약의 내용으로 한다는 합의가 있었기 때문이라는 입장을 견지하고 있어 의사설을 취하고 있다(대법원 1991. 9. 10. 선고 91다20432 판결). 의사설에 따를 경우 당사자 간에 약관의 내용과 다른 내용의 약정이 있었거나 약관의 내용을 몰랐던 경우에는 해당 약관 내용의 구속력은 배제되는 것으로 본다.

현행 「약관의 규제에 관한 법률」에서는 사업자에게 약관내용에 대한 설명의무를 부과하고 의무위반의 경우에는 약관을 계약의 내용으로 주장하지 못하게 함으로써(제3조 제2항) 의사설의 입장을 취하고 있다.

(3) 약관의 해석원칙

「약관의 규제에 관한 법률」에서는 약관을 해석하는데 있어 신의성실의 원칙에 따라 공정하게 해석되어야 하며(공정해석의 원칙), 고객에 따라 다르게 해석해서는 안 된다(객관적 해석원칙)고 규정하고 있다. 또한 약관과 다른 내용으로 개별약정을 한 경우에는 그러한 약정이 약관에 우선해서 적용된다(개별 약정의 원칙)고 정하고, 약관의 뜻이 불명확한 경우에는 고객에게 유리하게 해석되어야 한다(작성자불이익의 원칙, 불명확성의 원칙)는 해석원칙들을 규정함으로써 약관 해석과 관련한 분쟁을 해결하는 기준을 제시하고 있다.

5. 법규의 적용 순서

상법 제1조는 '상사에 관하여 본법에 규정이 없으면 상관습법에 의하고 상관습법이 없으면 민법의 규정에 의한다'고 정함으로써 상사에 관한 법규 적용순서를 규정하고 있는데 특히 상관습법의 적용순서를 상법과 민법과의 관계에서 명확한 적용순서를 정하고 있다는 점에 의의가 있다.

(1) 상법과 상관습법

상사에 관하여 상법전(상사특별법령 포함)에 규정이 없는 경우에만 상관습법이 적용되므로 상관습법의 적용은 상법전에 규정이 없는 경우 보충적으로 적용된다. 상법전이라는 제정법의 추상성과 고정성으로 인해 변화하는 경제환경에 탄력적으로 적응하기 어려운 한계를 극복하기 위해 상법은 상관습법이 가지는 현실 적응성과 탄력성으로 규제의 공백을 보충하고 있다.

(2) 상관습법과 민법

상사에 관하여 상법전에 규정이 없는 경우 제정법인 민법을 적용하기 전에 상관습법을 우선적으로 적용하는데, 민법에 규정이 없는 경우는 물론 규정이 있는 경우에도 상관습법이 우선 적용된다. 따라서 상관습법과 민법의 관계는 특별법과 일반법의 관계로 보아 특별법인 상관습법을 우선 적용하는 것이다.

(3) 법원의 적용순서

상법 제1조 규정에 따라 각 법원간의 적용순서를 정리해 보면, 상사자치법(약관, 정관 등) - 상사특별법, 상사조약 - 상법전 - 상관습법 - 민사특별법, 민사조약 - 민법전 -

민사관습법 - 조리의 순서가 된다. 다만, 상사자치법은 제정법의 강행규정에 반하지 않는 범위에서 우선 적용된다.

6. 상법의 적용범위

실정법으로서 상법의 효력이 미치는 범위를 사람, 장소, 시간, 사항별로 살펴본다.

(1) 사람 및 장소적 적용범위

상법은 대한민국 국민 및 영토에 적용되는 것이 원칙이다(속인주의, 속지주의). 다만 특정 사항에 대하여는 우리 상법이 외국인에게 적용되는 경우가 있고, 반대로 외국 상법이 우리 국민에게 적용되는 경우도 있다. 그리고 섭외적 사법관계에 있어서는 우리 상법이 대한민국 영토 외에서 적용되기도 하고, 반대로 외국 상법이 우리 영토 내에서 적용되는 경우도 있는데 이러한 사항은 국제사법에서 정하는 바에 따른다.

(2) 시간적 적용범위

상법 적용에 있어서도 '신법은 구법을 변경한다'는 신법 우선의 원칙이 적용되므로 특별한 규정이 없는 한 개정 상법이 개정 전 상법에 우선하여 적용된다. 또한 상법 이외의 다수의 법률 사이에서는 특별법 우선의 원칙이 적용되는데, 신법인 일반법과 구법인 특별법 사이의 적용순서에 대해서는 '일반적 신법은 특별적 구법을 변경하지 않는다'라는 원칙(상법 시행법 제3조)이 적용된다.

특정한 법률사실이 신구 법규 가운데 어떤 법규의 적용을 받을 것인지에 관한 경과규정의 문제는 개정 빈도가 높은 상법에서 특히 문제될 수 있는데, 신법 시행 전에 이미 발생한 사실이 신법 시행 후에도 계속되는 경우 신법의 소급효를 인정할 것인지에 관한 문제가 있다. 형법에서는 인권보호와 법적 안정성을 중요시 하여 법률불소급의 원칙에 따라 구법을 적용하고, 신법은 그 시행 이후에 발생한 법률사실에 대해서만 적용하는 것을 원칙으로 하고 있으나, 상법의 경우에는 일반적으로 신법이 구법보다 더 합리적이고 진보적인 내용으로 거래현실에 부합하는 경우가 많아서 당사자에게 더 많은 혜택을 부여하는 경우가 많기 때문에 소급적용이 오히려 타당하다는 이념에서 상법시행법 제2조에서는 '상법은 특별한 규정이 없으면 상법 시행 전에 생긴 사항에도 적용한다. 그러나 구법에 의하여 생긴 효력에 영향을 미치지 아니한다'고 정함으로써 신법의 소급효를 인정하고 있다.

신법의 소급효를 인정한 예로는 1991년 상법개정으로 피해자의 보험금 직접청구권이 인정됨에 따라 개정 전에 발생한 보험사고에 대해서도 피해자의 직접청구권을 인정한 판례(대법원 1995. 7. 25. 선고 94다52911 판결)를 들 수 있다.

(3) 사항적 적용범위

상법 제1조에서는 상법이 적용되는 대상이 상사(商事)에 관한 사항으로 한정하고 있다. 상사의 의의에 대해서는 형식설과 실질설이 대립하고 있는데, 상법의 대상인 기업생활관계로 보는 실질설이 지배적 견해임은 앞서 설명한 바와 같다. 이와 관련해 우리 상법은 상법 적용 중에서 공법인의 상행위와 일방적 상행위에 대해 특별규정을 두고 있다.

① 공법인의 상행위

공법인의 상행위에 대하여는 법령에 다른 규정이 없는 경우에 한하여 상법을 적용한다(제2조). 즉 국가나 지방자치단체와 같은 공법인이 목적 수행을 위한 수단으로 사기업과 유사한 영리행위를 하는 경우가 있는데, 특별한 정책목적 달성을 위해 설립된 공법인의 근거법령이 다른 법에 우선하여 적용되는 것이 원칙이지만 만일 근거법령에 다른 규정이 없다면 상법을 적용한다는 것이다. 하지만 이러한 특별법령에 공법인의 상행위에 관한 규정이 있는 경우에는 상법에 우선하여 적용된다. 예를 들어, 철도사업법에서는 철도화물운송에 관한 사업자의 책임에 관한 규정을 두고 있는데 이 규정은 상법상 운송인 책임규정에 우선하여 적용되는 것이다. 반대로 한국전력공사의 법률관계는 한국전력공사법이 우선 적용되지만, 한국전력과 전기수용가간에 체결되는 전기공급계약에 대해서는 한국전력공사법에 별도의 규정이 없으므로 '영업으로 하는 전기의 공급에 관한 계약'을 상법상 기본적 상행위로 보아 계약위반에 따른 위약금 지급채무의 소멸시효에 대해 상법 제64조에 따른 5년 단기소멸시효가 적용되는 것으로 본다(대법원 2013. 4. 11. 선고 2011다112032 판결).

② 일방적 상행위

상행위에는 당사자 일방에 대해서만 상행위가 되는 일방적 상행위와 당사자 모두에게 상행위가 되는 쌍방적 상행위가 있는데, 후자의 경우 상법은 양당사자에게 모두 적용하는 것은 당연하지만 일방적 상행위에 대해서는 상법 제3조에서 상법을 양 당사자 모두에게 적용하도록 별도 규정을 두고 있다. 더불어 일방 당사자가 수인인 경우 그중 1인의 행위가 상행위인 경우에도 전원에 대해 상법이 적용된다. 예를 들면, 상인 A와 비상인 B가 비상인 C 사이에 체결된 금전소비대차계약의 경우 A, B, C 모두에게 상법이 적용된다. 상법 제3조에서 일방적 상행위의 경우 전원에게 상법을 적요토록 한 입법취지는 법률관계의 획일적 처리를 위한 것으로 동일한 법률관계에 대해 상인에게는 상법을 적용하고 비상인에게는 민법을 적용하게 되면 법률관계가 복잡해 질 수 있으며, 비상인에 대한 상법의 적용이 반드시 당사자에게 불리하다고 볼 수도 없기 때문이다. 그럼에도 불구하고 상법 제3조에 대한 예외로서 당사자 쌍방에 대해 상행위가 되는 경우에 한하여만 상법을 적용하는 규정도 다수 있는데 이에 관하여는 후술하기로 한다.

제2절 기업의 인적 조직

상법의 규율대상인 상인(기업)의 인적 조직으로는 상행위 주체인 상인과 기업보조자인 상업사용인이 있다. 상인 개념은 상행위 개념과 더불어 상법의 적용범위를 정하는 중요한 기준개념으로 당연상인과 의제상인 두 가지가 있다. 상업사용인은 상인의 영업보조자로서 상인으로부터 대리권을 수여 받아 상행위를 하는 자로서 대리권의 범위에 따라 지배인, 포괄적 부분대리권을 가진 상업사용인 및 물건판매점포사용인으로 세분하고 있다.

이 절에서는 상인의 개념과 종류, 상업사용인의 종류별 권한과 의무에 대해 설명한다.

Ⅰ. 상인(商人): 기업의 주체

1. 상인의 의의와 종류

기업법인 상법은 민법의 특별법으로서 민법에 우선하여 적용되는데 상법의 적용기준을 명확히 할 필요가 있어 우리 상법은 '상인'과 '상행위'라는 두 개념을 그 기준으로 정하고 있다. 상인은 기업활동의 주체로서 기업의 영업활동으로부터 발생하는 권리와 의무의 귀속주체가 된다. 여기서는 먼저 상인에 대하여 설명한다.

(1) 당연상인

상법은 상인 개념을 '당연상인'과 '의제상인'으로 구분하고 있는데, 당연상인은 「자기의 명의로 상행위를 하는 자」를 말한다(제4조). 이 개념은 상행위(제46조) 개념을 기초로 하여 당연히 상인성을 인정하는 개념이라는 의미로 보여진다.

① 자기명의로 할 것

자기명의라는 것은 상행위로부터 발생하는 권리와 의무의 귀속주체가 된다는 의미이며, 영업주체가 스스로 영업행위를 하는 것은 물론이고 상업사용인을 이용하여 영업행위를 대리하는 경우에도 상업사용인이 아닌 영업주 본인이 권리의무의 주체가 되는 상인이다. 회사기업의 경우에는 자연인인 대표자가 영업을 행하지만, 권리의무 귀속주체는 법인인 기업이라는 점에서 대표자가 아니라 법인이 상인이 된다. 그리고 영업주체가 타인의 계산으로 영업을 행하는 경우라 하더라도 그 영업주체가 상인이 되므로 행정관청에 대한 신고인 명의나 사업자등록과 같은 세무명의가 반드시 상인의 명의일 필요는 없다.

영업주체가 타인의 명의를 대여해 영업을 하는 경우라도 영업주체가 그 영업에서 발생하는 권리의무의 귀속주체라면 명의대여자가 아니라 그 영업주체가 상인이 된다.

② 상행위를 할 것

여기서 상행위라 함은 영업으로 제46조에 열거되어 있는 22가지 유형의 상행위를 말하며 이를 기본적 상행위라고 한다. 따라서 제4조와 제46조를 기초로 당연상인 개념을 정리하면 '자기명의로 제46조 제1호 내지 제22호의 행위를 영업으로 하는 자'로 정의할 수 있다.

상법 제46조 외에도 담보부사채신탁법 제23조 제2항에서는 사채총액의 인수행위를 상행위로 정하고 있으므로 자기명의로 동법상 사채총액 인수행위를 영업으로 하는 자 역시 당연상인이 된다.

③ 영업으로 할 것

당연상인이 되기 위해서는 기본적 상행위를 '영업'으로 하여야 하는데, 여기서 영업으로 한다는 의미는 영리의 목적으로 동일 또는 유사한 행위를 반복적으로 계속 행하는 것을 의미한다. 따라서 '영업성'이 인정되기 위해서는 '영리성'과 '계속성'이라는 요소가 충족되어야 한다.

가. 영리성

영리의 목적이라 함은 이익을 추구하려는 의도를 말하는데, 영리성 여부를 판단함에 있어 상인의 주관적 목적이 존재하고 그 목적이 객관적으로 인식될 수 있으면 충분히 영리성을 인정할 수 있으며 실제 경제적 이익이 발생했는지 여부는 고려대상이 아니다. 가령 혼인중개업무가 제46조 제11호에 해당하지만 영리 목적이 없이 농촌총각 장가보내기 운동이라는 사회운동의 일환으로 댓가 없이 비정형적인 사례비 정도만 받고 행위한 경우라면 영리성이 인정되지 않아 상행위로 볼 수 없으며 또한 행위자도 당연상인이 아니다. 나아가 실제 이익이 발생하고 동종 행위를 계속적으로 행하였더라도 주관적 및 객관적으로 인식되는 비영리 목적을 수행하는 데 부수하는 결과에 불과하다면 영리성을 인정하기 어렵다(대법원 1994. 4. 29. 선고 93다54842 판결). 따라서 개별 특별법에 근거하여 설립된 비영리단체인 농업협동조합, 신용보증기금, 새마을금고를 비롯해 각종 공사가 수행하는 사업활동들의 영리성은 인정되지 않는다.

나. 계속성

영업성이 인정되기 위해서는 일정한 활동 계획하에 영업설비를 구비하고 어느 정도의 기간 동안 계속적으로 사업을 영위할 필요가 있다. 따라서 일회성 또는 비정기적인 투기행위 등은 계속성이 인정되지 않아 영업성이 부인되는 반면 단기간이라 하더라도 해당 기간 동안 계속적·반복적인 영리추구 행위는 계속성이 인정되는데 엑스포박람회라던지 여름 해수욕장 및 겨울 스키장에서 매점운영을 하는 행위가 그 예가 될 수 있다.

④ 예외

자기명의로 제46조의 기본적 상행위를 영업성을 가지고 하더라도 '오로지 임금을 받을 목적으로 물건을 제조하거나 노무에 종사하는 자의 행위'는 상행위로 보지 않으며(제46조 단서) 또한 상인으로도 취급하지도 않는다. 이 예외 규정의 취지는 영세한 규모로 제조 또는 노무를 제공하고 적은 보수를 받는 행위에 대해서는 영리성, 계속성, 반복성이 인정된다 하더라도 영세성으로 인해 기업성을 인정하기 어려워 상인에서 제외시킨 것인데, 예를 들어 집에서 피자박스를 조립해 완성하고 박스당 일정 금액을 대가로 받는 행위나 집에서 자신의 컴퓨터로 문서교정 작업을 해주고 한 장 단위로 대가를 받는 행위가 여기에 해당한다.

(2) 의제상인

우리 상법은 상인 개념을 앞에서 설명한 당연상인과 의제상인으로 구분하고, 의제상인은 기본적 상행위를 하지 않더라도 경영형식이나 기업형태에 착안하여 상인으로 의제되는데, 구체적으로 제5조 1항의 상인(민사회사)과 제2항의 상인(설비상인)으로 세분하고 있다.

이처럼 본래 당연상인 개념에는 해당하지 않지만 의제상인이라는 개념을 사용해 상인개념을 확장하는 이유는 당연상인 개념만으로는 농업, 어업, 축산업 등 1차 산업을 영위하는 자의 상인성을 인정하기 어려울 뿐 아니라 상행위개념의 고정성으로 인해 새로운 유형의 상행위를 영위하는 자를 상인개념에 포섭하기 어렵다는 한계가 있기 때문이다.

① 설비상인

점포 기타 유사한 설비에 의하여 상인적 방법으로 영업을 하는 자는 상행위를 하지 아니하더라도 상인으로 본다(제5조 제1항).

'점포 기타 유사한 설비'는 상인적 방법의 예시로 볼 수 있으며, 상인적 방법이란 당연상인의 영업과 유사한 방법을 말한다. 즉 점포나 사무실과 같은 영업에 필요한 물적 설비를 구비하고, 상업사용인과 같은 인적 설비도 갖추면서 사회통념상 상인의 영업과 유사한 방식으로 영리활동을 하는 것을 말한다.

그리고 상행위라 함은 제46조 각 호의 상행위를 의미하므로 결국 설비상인은 제46조 이외의 행위를 영업으로 하는 자이다. 제46조 각 호에 해당하지 않는 새로운 유형의 영업활동에 대해서도 상법으로 규율하는 것이 공평하므로 우리 상법은 설비상인 개념을 도입하여 제46조 각 호 이외의 영업행위들도 상법의 적용대상으로 포섭하고 있는 것이다. 가령, 과수원을 운영하는 농부가 인근 고속도로 휴게소에 농산물 직판장을 개설해 자신이 수확한 과일을 판매하는 행위라던가 연예기획사의 연예인 송출업 등이 설비상인에 해당한다.

다만, 의사나 변호사와 같은 전문 직업인은 의제상인 요건에 해당하지만 영리성을 사업의 기본특성으로 인정하기 어려워 상인성을 인정하지 않고 있다(대법원 2007. 7. 26. 자 2006마334 결정, 변호사의 상인성을 인정하지 않은 판례).

② 민사회사

회사는 상행위를 하지 아니하더라도 상인으로 본다(제5조 제2항). 상행위를 영업으로 하는 회사는 상사회사로서 당연상인에 해당하지만, 상행위 이외의 영리행위를 업으로 하는 회사는 민사회사로서 당연상인은 아니지만 회사라는 기업적 경영형태를 취하고 영리행위를 하는 이상 상사회사와 차별할 필요가 없기에 상법은 민사회사도 상인으로 인정하고 상법을 적용하고 있다. 가령, 어민 두 명이 공동 출자하여 어로사업과 판매사업을 하기 위해 설립한 영리사단법인(민법 제39조)이 그 예가 된다.

(3) 소상인

① 의의

소상인은 자본금 1,000만원 이하의 소규모 영세상인으로서 회사가 아닌 자를 말한다(령 제2조). 이러한 소규모 영세상인에까지 일정한 영업조직을 전제로 마련된 상법 규정들을 적용하게 되면 소상인에게 불필요한 비용부담이 될 수 있으므로 네 가지 규정들은 적용하지 않고 있다. 다만, 상법에 의해 설립된 회사의 경우에는 아무리 자본규모가 작다고 하더라도 소상인으로 보지 않고 상법 회사 규정의 적용을 받게 된다.

② 적용 제외 규정

소상인에 대해서는 지배인, 상호, 상업장부, 그리고 상업등기에 관한 규정은 적용되지 않는다(제9조). 소상인이 지배인을 선임하더라도 상법상 지배인으로 보지 않으므로 지배인 권한이 인정되지 않으며 등기도 할 수 없다. 하지만 지배인 이외의 상업사용인은 선임할 수 있다. 그리고 소상인은 상법상 등기사항이라도 등기할 필요가 없으며 등기방법도 없다. 그로 인해 등기에 의해 선의의 제3자에게 대항할 수 있는 대항력(제37조)도 인정되지 않는다.

그 외에도 상호규정의 적용을 받지 않으므로 소상인이 사용하는 영업상 명칭을 상호로 등기할 수 없으며 등기상호로 보호받을 수도 없다. 하지만 소상인이라도 회사명칭을 사용하는 것은 금지되며(제20조), 타인의 영업으로 오인될 수 있는 영업명칭을 사용하는 것도 금지된다(제23조). 또한 소상인이 영업명칭을 타인에게 사용허락한 경우에는 명의대여자로서 책임을 부담하게 된다(제24조).

마지막으로 소상인이 상업장부를 작성하는 것은 무방하지만 상법상 작성 및 보존의무를 부담하는 것은 아니다.

Ⅱ. 상인자격

상법은 '상인'의 '상행위'에 대해 적용되므로 만약 상인이 아닌 주체의 영업행위에 대해서는 애초부터 그 적용이 없다. 따라서 상법의 적용여부를 결정하는 중요한 기준이 '상인' 개념이며 법률행위 당시 상인인지 여부를 정하기 위해 상인자격의 취득과 상실시기가 중요하다.

1. 자연인의 상인자격

자연인은 연령, 성별, 행위능력 유무에 상관없이 상법상 요건(제4조 또는 제5조)을 갖추면 상인이 된다.

(1) 취득

자연인은 당연상인이든 의제상인이든 일정한 종류의 영업을 개시한 때에 상인자격을 취득한다. 구체적으로 영업의 개시라 함은 영업의 목적인 본래의 기본적 상행위 자체를 개시하는 것뿐 아니라 보조적 상행위로서 영업의 한 부분을 구성하는 개업준비행위도 포함한다는 견해가 국내 다수설이며 판례(대법원 1999. 1. 29. 98다1584 판결 외 다수)의 입장인데, 실제 개업준비행위의 범위에 대해서는 견해가 나누어진다.

제1설은 행위자의 영업의사가 주관적으로 실현된 시점으로 보며, 제2설은 행위자의 영업의사를 상대방이 인식하거나 인식할 수 있는 시점으로 보고, 제3설은 행위 자체의 성질에 의해 객관적으로 인식가능하게 된 시점에 이르러야 개업준비행위로 본다.

개업준비행위 단계에서의 영업을 위한 준비행위는 다양한 형태로 발현되는데 영업을 위한 점포 임차에 필요한 자금을 차용하는 행위를 예를 들면 사무실용 점포를 임차행위는 상대방을 비롯해 제3자도 명확하게 영업준비행위라는 것을 객관적으로 인식할 수 있으므로 개업준비행위로서 보조적 상행위(제47조)에 해당한다는데 이견이 없으나, 임차자금을 제3자로부터 차용하는 행위는 상대방이 자금의 용도를 알지 못하는 경우에는 영업을 위한 준비행위로 인정하기 어려운 측면이 있다. 따라서 자금차용행위에 대해서는 제3설에 따르면 개업준비행위로 포섭되기 어려운 반면, 제2설에 따르면 자금차용시 상대방에게 자금의 용도를 설명하는 등 상대방이 점포 임차를 위한 자금이라는 사실을 인식하였거나 인식할 수 있었다면 자금차용행위에 대해서도 상법적용 대상이 되는 개업준비행위로 포섭이 가능하게 된다. 반면 제1설에 따르면 행위자의 주관적 의사만을 고려대상으로 하고 있고 거래 상대방의 영업의사에 대한 인식가능성 여부는 전혀 고려하지 않고 있어 개업준비행위의 범위가 필요 이상으로 확대됨에 따라 거래상대방이 예측하지 못한 피해를 볼 위험성이 있어 타당하지 않다. 그리고 제3설에 의하면 개업준비행위의 범위를 지나치게 좁게 인정하게 되어 거래현실에서 상인의 보조적 상행위에 해당함에도 불구하고 상법의 적용이 곤란해진다는 문제점이 있어 제2설이 타당하다고 본다. 우리 판례도 부동산 임대업에 사용한 건물을 구입하기 위한 자금을 차용한 사례에서

‘영업의 목적인 상행위를 개시하기 전에 … 영업자금 차입행위는 행위 자체의 성질로 보아서는 영업의 목적인 상행위를 준비하는 행위라고 할 수 없지만, 행위자의 주관적 의사가 영업을 위한 준비행위이었고 상대방도 행위자의 설명 등에 의하여 그 행위가 영업을 위한 준비행위라는 점을 인식하였던 경우에는 상행위에 관한 상법의 규정이 적용된다’고 판시하고 있다(대법원 2012. 4. 13. 선고 2011다104246 판결).

(2) 상실

자연인의 상인자격은 ‘영업을 종료한 때’에 상실하는데, 영업의 종료시점은 영업을 폐지하거나 영업활동을 사실상 종결한 때를 말한다. 여기서 폐지라 함은 영업의 목적인 상행위를 종료하는데 그치지 않고 사실상 영업의 잔무까지 종료하는 것을 의미한다. 따라서 영업용 점포는 폐쇄하였더라도 재고처분 및 점원 임금 등 잔무가 남아 있는 경우나 행정관청에 폐업신고만 한 경우, 또는 개인상인에 대한 파산선고가 있다 하더라도 파산관재인이 상인 명의로 잔무처리를 계속하는 경우에는 상인자격이 여전히 유지되는 것으로 보아야 한다. 또한 상인의 사망도 영업재산이 상속인에게 상속되어 상인자격을 승계하는 경우에는 상인자격이 상실되지 않는다.

2. 법인의 상인자격

법인은 정관으로 정한 목적범위 내에서 권리능력이 인정(민법 제34조)되는 것이므로 각종 법인의 목적에 따라 상인자격 인정여부를 검토해야 한다.

(1) 공법인

공법인은 공적 목적을 위해 설립된 법인으로 국가나 지방자치단체 등 일반 공법인과 수산업협동조합과 같이 그 목적이 법률에 의하여 특정 공공사업에 한정된 공법인으로 구분할 수 있다.

① 일반 공법인

국가나 지방자치단체와 같은 일반 공법인은 그 존립목적이 한정되어 있지 않으므로 공공 목적을 수행하기 위한 수단으로 영리사업을 영위할 수 있으므로 상인성이 인정될 수 있다. 다만 상법적용 대상이 되는 지 여부는 공법인이 영위하는 구체적인 사업의 목적이나 경영방식으로 개별적 판단을 할 수밖에 없는데, 가령 철도사업이나 전기, 가스사업 등은 영업으로 인정될 수 있으나 우편사업의 영업성은 인정되기 어렵다.

② 특수 공법인

특정한 공익 목적을 위해 설립된 특수 공법인은 그 목적사업이 법률에 의하여 엄격하게 한정되어 있기 때문에 애초부터 상인성을 인정하기 어렵다. 우리 판례도 농업협동조합이나 수산업협동조합은 설립 근거가 되는 특별법상 사업목적이 조합원의 복리증진에 있고 영리나 투기를 목적으로 하는 업무를 수행하지 못하므로 상인이 될 수 없다고 본다(대법원 2006. 2. 10. 선고 2004다70475 판결, 대법원 2000. 2. 11. 선고 99다53292 판결).

(2) 사법인

민법은 법인을 영리법인과 비영리법인으로 구분한다(민 제32조, 제39조). 이처럼 사적인 목적을 위하여 설립된 법인을 사법인이라 한다.

① 영리법인

영리추구를 목적으로 설립된 영리법인에는 상행위를 업으로 하는 상사회사와 그 이외의 영리를 목적으로 하는 민사회사가 있는데, 전자는 당연상인(제4조)이고 후자는 의제상인(제5조)으로 모두 상인자격이 인정된다. 이러한 회사는 본점소재지에서 설립등기를 함으로써 성립하고 등기시점에 상인 자격을 취득하고, 청산의 종료로 인해 상인자격을 상실한다.

② 비영리법인

학술, 종교, 자선 기타 영리 아닌 사업을 목적으로 하는 법인인 비영리법인은 공익사업의 목적을 달성하기 위한 수단으로서 영리사업을 영위할 수 있으므로 그 범위 내에서는 상인이 될 수 있다고 보아야 한다. 가령, 학술재단인 종합대학이 수익사업으로 우유를 생산판매하는 경우 그 범위 내에서는 상인성이 인정된다고 본다.

Ⅲ. 상인의 영업능력

1. 영업능력의 의의

영업능력이라 함은 상인이 스스로 영업활동을 할 수 있는 영업상 행위능력을 말한다. 회사의 경우에는 성립과 동시에 상인이 되고 영업활동은 대표기관이 권한 범위내에서 행위하기 때문에 별도로 영업능력이 문제되지 않지만, 자연인의 경우에는 상인자격이 인정되지만 기타 사유에 의해 영업능력을 가지지 못하는 경우가 있다. 자연인의 영업능력 유무와 범위는 민법 행위능력에 관한 일반원칙에 따르면 되지만 상법에서는 별도 특칙규정을 두고 있는데, 영업능력이 제한되는 자로 미성년자, 피한정후견이, 피성년후견인이 있다.

2. 상법의 특칙

(1) 미성년자의 영업

미성년자는 단독으로 유효한 법률행위를 할 수 없으므로 법정대리인 허락 없이 한 법률행위는 취소할 수 있는 것이 원칙이다. 하지만 미성년자도 법정대리인의 허락을 얻어 영업을 할 경우에는 그 영업에 관하여 완전한 행위능력을 가지는데, 이처럼 미성년자가 영업에 있어 법정대리인의 허락을 받았는지 여부는 거래상대방에게는 중요한 사항이므로 민법과 달리 이를 등기함으로써 공시하도록 하고 있다(제6조). 만약 미성년자가 법정대리인의 허락이 있었음에도 이를 등기하지 않고 영업행위를 한 경우에는 유효한 영업능력이 있다는 것을 선의의 제3자에게 대항하지 못하게 되어(제37조 제1항) 미성년자의 상행위는 취소할 수 있다는 해석이 되어 거래안전을 해칠 위험이 있다. 따라서 영업허락이 있었다는 사실을 등기하지 않더라도 거래는 유효하지만 법정대리인이 그 영업의 허락을 철회할 경우 이를 등기하지 않는 경우에 한해 선의의 제3자에게 대항하지 못하는 것으로 해석하는 것이 합리적이다.

(2) 무한책임사원

미성년자가 법정대리인의 허락을 얻어 회사의 무한책임사원이 된 경우에는 그 사원자격으로 인한 행위에는 능력자로 본다(제7조). 무한책임사원이 되는 것을 허락한 경우라면 그 지위에서 행하는 모든 행위에 대해서도 허락한 것으로 취급하는 것이 타당하다. 따라서 허락을 받아 회사의 무한책임사원이 된 이상 회사에 대한 출자행위라든가 업무집행행위는 미성년자가 단독으로 할 수 있도록 허용하고 있는 것이다.

(3) 법정대리인이 영업을 대리하는 경우

법정대리인이 미성년자, 피한정후견인 또는 피성년후견인을 위하여 영업을 대신 하는 경우에는 반드시 등기를 하여야 한다(제8조 제1항). 이는 법정대리인의 영업 대리권의 소재와 범위를 공시함으로써 거래안전을 도모하기 위한 취지이다. 하지만 법정대리인이 등기를 하지 않고 영업을 대리한 경우라면 제37조 제1항에 따라 등기할 사항을 등기하지 않은 경우 선의의 제3자에게 대항하지 못하므로 거래상대방에 대해 대리행위의 유효성을 주장하지 못한다는 결과가 되는데 대부분 상대방은 거래의 유효성을 기대할 것이므로 의무위반의 효과는 큰 의미가 없다. 다만, 이 규정은 법정대리인이 아닌 영업능력이 제한되는 무능력자 본인이 상행위를 한 경우, 등기하지 않았을 뿐 법정대리인이 영업대리권을 보유하고 있고 무능력자는 영업능력이 없다는 것을 선의의 거래상대방에 대해 주장하지 못하게 함으로써 무능력자측의 취소권을 제한하는데 의미가 있다고 보는 것이 합리적이다. 법정대리인의 대리권에 대한 제한은 선의의 제3자에게 대항하지 못한다(제8조 제2항).

Ⅳ. 상업사용인(商業使用人): 기업보조자

1. 기업활동의 보조자

기업규모가 확대될수록 영업주 자신이 모든 기업활동을 담당할 수 없어 영업활동을 보조해 주는 타인의 조력을 필요로 하게 된다. 이에 상법은 기업이 필요로 하는 다양한 형태의 기업보조자에 관한 규정을 두고 있다.

기업보조자 가운데 특정 상인에 종속되어 그 기업의 내부에서 보조하는 자들로 상업사용인이 있고, 그 외 독립상인의 지위에서 기업 외부에서 보조하는 자로는 대리상, 중개인, 위탁매매인, 운송주선인 등이 있다. 이 가운데 상업사용인에 대해서는 상법총칙에 규정을 두고 있고, 나머지 독립보조자에 대한 규정은 상행위편에 두고 있다.

2. 상업사용인

(1) 제도의 취지

상업사용인이라 함은 보통 기업의 내부에서 상인의 영업활동을 보조하는 자로서 다양한 형태로 구현되고 있는데, 실무상 대리, 주임, 과장, 부장에서부터 지점장에 이르기까지 업종에 따라서 명칭도 다양하다. 우리 상법에서 상업사용인 규정을 두고 있는 취지는 타인을 사용하여 거래상 활동범위를 확장하기 위해 인정되는 민법상 대리제도는 개별적 대리로서 거래행위가 있을 때마다 개별 수권을 받아야 하므로 계속적이고 반복적인 상거래 활동에서의 대리제도로는 적합하지 않다. 그리하여 상법에서는 권한범위에 따라 세 가지 형태의 상업사용인에 관한 규정을 마련하고 정형화된 대리권을 인정함으로써 상거래현실에 맞는 대리제도로 특화시킨 것이다. 따라서 상법상 상업사용인에 관한 규율은 상인과 상업사용인 간의 고용관계를 다루는 것이 아니라 상업사용인의 대외적 거래행위의 효력과 거래상대방 보호에 중점을 두고 있다.

(2) 의의

상업사용인은 특정 상인에 종속되어 대외적인 영업활동을 보조하는 자이다.

① 특정상인에 종속된 보조자

상업사용인은 기업 내부에서 상인의 영업활동을 보조하는 종속적 보조자이다. 이러한 종속관계는 보통 고용관계를 기초로 생성되지만, 가족이나 친척간에도 종속관계가 형성될 수 있으므로 반드시 고용관계가 존재해야 하는 것은 아니다. 특정상인은 반드시 1인이어야 하는 것은 아니며 특정이 가능하다면 2인 이상의 상인의 상업사용인도 겸할 수 있다. 다만, 이 경우 상업사용인의 경업 및 겸직의무위반이 문제될 소지가 있다.

상업사용인은 상인에 대해 종속적 관계에 있으므로 독립된 상인으로서 외부에서 상인의 영업활동을 보조하는 중개인, 대리상, 위탁매매인과는 구별된다. 또한 상인인 회사의 기관을 구성하는 이사나 업무집행사원과도 구별되지만, 실무상 이사가 동시에 상업사용인을 겸하는 경우도 있다(대법원 1996. 8. 23. 선고 95다39472 판결).

② 대외적 영업활동 보조자

상업사용인은 대외적인 '영업'활동을 보조하는 자이므로 영업활동이 아닌 내부 사무업무를 담당하는 자는 상업사용인이 아니다. 그리고 상업사용인은 영업활동에 관한 대리권을 가지고 있어야 하는데 이러한 대리권이 없이 상사의 지시에 따라 단순히 기계적인 업무만을 처리하는 직원은 대외영업부서에 근무하더라도 상업사용인이 아니다. 따라서 상업사용인으로 인정되기 위해서는 일정한 범위의 대리권을 가지고 그 범위 내에서 대외적 활동을 독자적으로 처리할 수 있는 권한이 있는 자이어야 한다.

그리고 상업사용인은 대외적인 영업활동을 실제 수행하여야 하므로 자연인에 한정되는데, 이는 자연인뿐 아니라 법인(회사)도 상인이 될 수 있는 것과 차이가 난다.

③ 종류

상법은 영업상 대리권의 범위를 기준으로 상업사용인의 종류를 지배인, 부분적 포괄대리권을 가진 사용인, 물건판매점포 사용인으로 구분하고 있다.

3. 지배인

(1) 의의

지배인은 영업주에 갈음하여 그 영업에 관한 일체의 재판상·재판외의 행위를 할 권한을 가진 상업사용인이다(제11조 제1항). 지배인인지 여부는 '지배인'이라는 명칭을 사용하는지에 따르는 것이 아니라 지배권을 보유하고 있는지 여부에 따라 결정된다. 따라서 지점장이나 점장과 같은 명칭을 사용하더라도 포괄적이고 정형적 대리권인 지배권을 가진 자는 지배인이다. 반대로 지배인 명칭을 사용하더라도 지배권이 없는 자는 지배인으로 되지 않으며, 지배인으로 오인하고 거래한 상대방 보호를 위해 표현지배인 규정이 적용될 수는 있다.

(2) 선임 및 종임

① 선임

지배인은 상업사용인 가운데 가장 포괄적인 대리권을 가진 사용인으로 영업주인 상인 또는 그 대리인이 선임권을 가진다. 지배인은 특별한 수권이 없는 한 다른 지배인을 선임할 수는 없다(제11조 제2항 반대해석). 회사의 경우 대표기관이 지배인을 선임하지만 절차상 일정한 제한이 있는데, 합명회사에서는 총사원의 과반수 결의(제203조), 합자회사에서는 무한책임사원 과반수 결의(제274조), 주식회사는 이사회결의(제393조), 유한회사는 이사회 과반수 결의나 사원총회의 결의(제564조 제1항, 제2항)가 필요하다. 이러한 절차에 위반한 경우에는 지배인 선임행위가 무효가 되며, 지배인의 대외적 거래행위에 대해서는 표현지배인 규정에 따라 규율해야 할 것이다. 지배인은 영업을 전제로 선임하는 것이므로 청산중의 회사와 파산중의 회사는 시배인을 신임할 수 없다.

지배인은 자연인으로서 의사능력을 가진 자이어야 하지만 반드시 행위능력자일 필요는 없다. 주식회사나 유한회사의 이사나 합명회사의 무한책임사원은 동일한 회사의 지배인을 겸직하는 것은 무방하지만 감사는 직무특성상 감독대상이 되는 지배인을 겸직하지 못한다. 하지만 지배인은 다른 회사의 이사나 무한책임사원 및 상업사용인은 겸직하지 못한다(제17조 제1항).

② 종임

지배인 선임행위는 대리권수여계약이므로 대리권 소멸사유에 의해 지배권은 소멸하는데, 지배인의 사망, 성년후견의 개시, 파산 및 영업주의 파산에 의해 소멸되지만 영업주의 사망은 지배권 소멸사유가 아니다(제50조). 또한 지배권은 영업주가 지배인을 해임하거나 지배인이 사임하는 경우에도 소멸한다.

더불어 지배인은 그 선임계약에서 정한 계약종료사유에 의해서도 종임되며, 지배인은 영업을 전제로 하므로 회사의 해산 또는 영업 폐지의 경우에도 지배인의 종임사유가 된다. 하지만 영업양도는 영업의 동일성을 유지하며 이전되는 것이므로 당연히 지배인의 종임사유로 볼 수는 없다.

③ 등기

지배인의 선임과 해임은 등기사항이므로(제13조), 영업주는 본점 또는 지점에서 이를 등기하지 않으면 선의의 제3자에게 대항할 수 없다(제37조). 영업주가 수개의 상호로 수개의 영업을 하는 경우에는 지배인이 대리할 영업과 그 상호 및 지배인을 둔 장소도 등기하여야 한다(상업등기법 제50조 제1항 3호, 4호).

(3) 지배권: 지배인의 대리권

① 지배권의 의의와 특성

지배인은 영업주에 갈음하여 그 영업에 관한 재판상·재판외의 모든 행위를 할 수 있다(제11조 제1항). 이처럼 지배인의 대리권(지배권)은 영업에 관한 모든 행위를 포괄하며, 기업의 종류와 무관하게 상법에 의해 동일하게 설정하고 있다는 점에서 정형적이고 객관적인 성질을 가진다. 상법이 정하고 있는 지배권의 포괄성, 정형성, 객관성은 지배권의 범위를 둘러싼 분쟁을 사전에 예방함으로써 거래상대방을 보호하고 거래의 신속성을 확보하기 위한 것이다.

② 지배권의 범위

가. 영업에 관한 행위

지배인은 영업주에 갈음하여 '영업에 관한' 재판상·재판외 모든 행위를 할 수 있으므로, 영업에 관계없는 영업주의 개인적인 사항이나 업무에 대해서는 지배권이 미치지 않는다. 따라서 영업주의 입양이나 혼인, 상속 등의 신분행위는 영업과 무관하므로 지배권의 범위를 벗어나므로 별도의 수권행위가 없는 한 지배인이 대리할 수 없다. 또한 지배권은 영업의 계속을 전제로 하는 것이므로 영업을 폐지·양도·처분하는 행위도 대리할 수 없다.

구체적인 행위가 영업에 관한 행위인지 여부는 거래안전 보호라는 측면에서 지배인이 영업주를 위하여 행위한다는 주관적 의사가 아니라 행위의 객관적 성질에 의해 추상적으로 판단해야 한다(대법원 1997. 8. 26. 선고 96다36753 판결, 대법원 1998. 8. 21. 선고 97다6704 판결 등).

지배권이 미치는 범위는 영업주의 모든 영업이 아니라 상호와 영업소에 의해 개별화된 영업이다. 따라서 상인이 1개의 상호로 수종의 영업을 하는 경우 지배인의 대리권은 영업 전체에 미치지만, 만약 여러 개의 상호로 수종의 영업을 영위하는 경우에는 지배권은 하나의 상호에 속한 영업에만 미친다. 그리고 영업주가 수개의 영업소에 의해 영업을 영위하는 경우에는 지배권은 지배인이 선임된 영업소의 영업거래에만 한정된다. 하지만 한 명의 지배인이 수개의 영업소의 지배인을 겸직하는 것은 무방하다.

나. 재판상 행위 또는 재판외의 행위

지배권은 영업에 관한 재판상·재판외의 행위에 미치므로 지배인은 재판상의 행위를 할 권한이 인정되므로 모든 심급에서 소송대리인이 될 수 있으며 또한 소송대리인을 선임할 수도 있다. 재판외의 행위에는 영업의 목적인 행위와 영업을 위하여 하는 행위가 모두 포함된다.

③ 지배권의 제한과 남용

가. 대리권의 내부적 제한에 위반한 행위(전단적 대리행위)

지배인의 대리권은 상업사용인 가운데 가장 그 범위가 포괄적이고 광범위하여 사실상 영업주의 영업상 권한과 동일하다고 볼 수 있다. 따라서 영업주는 지배인의 대리권을 일정 범위내로 제한할 수 있으며, 이 경우 지배인이 대리권의 제한을 위반하여 권한을 행사하였다 하더라도 대리권의 내부적인 제한사실을 알지 못한 거래상대방의 신뢰는 보호되어야 하므로 상법은 지배권의 제한으로 선의의 제3자에게는 대항하지 못하도록 하고 있다(제11조 제3항). 이로 인해 지배권의 제한을 위반한 지배인의 대리행위의 효력이 문제되는데, 우리 판례는 지배인의 대리권 제한에 위반한 행위라도 원칙적으로는 유효하지만 제3자가 대리권 제한사실을 알았거나 알지 못한데 중대한 과실이 있는 경우에는 영업주는 무효를 주장할 수 있으며, 제3자의 악의나 중과실에 대한 입증책임은 영업주가 부담한다는 입장을 견지하고 있다(대법원 1996. 8. 26. 선고 96다36753 판결). 대상 판례는 은행 내규로서 지배인의 융통어음 배서행위를 금지하는 제한을 두고 있음에도 은행 지점장(지배인)이 담보목적으로 융통어음에 배서하여 제3자에게 교부하였고, 해당 어음의 부도로 인해 은행을 상대로 제3자가 소구권을 행사한 사실관계에서 법원은 은행내규로서 지배권을 제한한 것은 이러한 제한사실을 몰랐던 선의의 제3자에게는 주장하지 못하므로 어음에 대한 지급책임을 인정하였으며, 이때 제3자가 보호받기 위해서는 제한사실을 몰랐을 뿐 아니라(선의) 모른데 대하여 중과실도 없어야 한다고 판시하였다. 더불어 지배인의 대리권 제한에 대항할 수 있는 제3자의 범위에는 직접 어음을 취득한 상대방뿐 아니라 그로부터 어음을 다시 배서양도 받은 제3취득자까지 포함된다고 판단하고 있다.

하지만 이러한 판례의 태도는 의문이 있는데, 우선 우리 상법상 지배인의 대리권 제한 사실을 등기할 방법이 마련되어 있지 않아 거래상대방으로서는 제한사실을 거래 전에 확인하기 곤란하다는 점, 제11조 제3항의 취지가 원칙적으로 지배권에 대한 제한은 허용하지 않지만 예외적으로 영업주 이익을 보호하기 위해 제한하는 것은 허용하지만 그러한 제한으로 선의의 제3자에 대항하지 못하게 함으로써 영업주 보호보다는 거래안전을 더 우선하고 있다는 점을 고려해 볼 때 지배인이 대리권의 내부적 제한을 위반한 행위는 원칙적으로 무효로 보지만 예외적으로 거래안전을 위해 상대방이 선의이며 중과실이 없는 경우에는 유효한 것으로 법리를 구성을 하는 것이 합리적이다.

나. 지배권 남용행위

전단적 대리행위와 달리 지배인이 객관적으로 그 권한 범위내의 행위를 하였으나 그 의도가 영업주의 이익을 위한 것이 아니라 자기 또는 제3자의 이익을 위한 행위인 경우를 지배권 남용행위라 하며 그 효력을 어떻게 볼 것인지에 대해서는 상법상 명문 규정이 없는데, 은행 지점장이 적법한 권한범위 내에서 융통어음에 배서를 하였으나 그 행위가 은행의 이익이 아니라 발행인인 제3자를 보증할 목적인 경우가 그 예가 된다.

지배권의 남용행위는 행위의 객관적 성질을 기준으로 판단했을 때 지배인의 적법한 권한 범위내의 행위에 해당하므로 적법한 지배권 행사로 볼 수 있지만, 다만 행위의 주관적 목적이 영업주가 아닌 자기 또는 제3자를 위한 행위라는 점에서 거래상대방 입장에서는 지배인의 주관적 의사를 확인하기 어려울 뿐 아니라 행위가 지배권의 객관적 범위 내에 속하는 이상 원칙적으로 유효하다고 보아야 한다. 다만, 거래의 안전을 보호할 필요가 없는 경우까지도 영업주의 이익을 희생시키는 것은 법이념에 부합하지 않으므로, 만약 거래상대방이 지배인의 지배권 남용행위라는 사실을 알았거나 알지 못한데 대해 중대한 과실이 인정되는 경우에는 무효로 보는 것이 타당하다. 다만, 상법상 이러한 법리구성을 뒷받침 할 수 있는 명문 규정이 없어 견해가 대립되는데, 우리 판례는 민법 제107조 제1항 단서 규정을 유추 적용하여 '지배인의 행위가 영업에 관한 것으로서 대리권한 범위 내의 행위라 하더라도 영업주 본인의 이익이나 의사에 반하여 자기 또는 제3자의 이익을 도모할 목적으로 그 권한을 행사한 경우에 그 상대방이 지배인의 진의를 알았거나 알 수 있었을 때에는 민법 제107조 제1항 단서의 유추해석상 그 지배인의 행위에 대하여 영업주 본인은 아무런 책임을 지지 않는다(대법원 1999. 3. 9. 선고 97다7721, 7738 판결 등)'는 견해(심리유보설, 상대적 무효설)를 취하고 있다. 이와 달리 법리구성에 있어 거래상대방의 악의 또는 중과실이 인정되는 경우라면 거래안전을 보호할 필요성이 없을 뿐 아니라, 악의(중과실 포함)의 거래상대방이 남용행위로 취득한 권리를 영업주에 대하여 주장하는 것은 권리남용 또는 신의칙에 반하는 행위로서 허용해서는 안 된다는 견해(권한남용설)도 있다.

4. 공동지배인

(1) 의의

상인은 여러 명의 지배인을 선임할 수 있으며, 이 때 수인의 지배인은 각자 지배권을 행사할 수 있다(민법 제119조). 하지만 지배인의 대리권은 광범위하기 때문에 지배권을 남용할 위험성이 있으므로, 영업주는 수인의 지배인이 공동으로 지배권을 행사하도록 제한할 수 있는데(제12조 제1항), 이 경우 지배권 행사에 공동제한이 있는 지배인을 공동지배인이라 한다. 공동지배는 지배권의 범위를 제한하는 것은 아니며, 하나의 지배권을 단지 공동으로만 행사하도록 그 행사방법에 제한을 두는 것이다. 따라서 공동지배인 가운데 일부가 대리권이 소멸되더라도 나머지 지배인이 지배권을 행사할 수 있으며, 나머지 지배인이 수인이라면 공동으로만 지배권을 행사하여야 한다.

공동지배는 거래상대방에게 중대한 영향을 주는 사항이므로 이를 정하거나 변경할 경우에는 등기를 하여야 한다(제13조). 공동지배의 구체적인 형태로는, 예를 들어 A, B, C 3인을 지배인으로 선임하고, 이들 전부에 대해 공동지배인으로 할 수 있음은 물론 이 중 2인은 공동지배, 나머지 1인은 단독지배인으로 할 수도 있다.

(2) 대리권 행사방법

공동지배인은 공동으로 대리권을 행사하여야 하는데(제12조 제1항), 이는 공동지배인 전원이 직접 상대방에 대하여 의시표시를 한 경우에만 그 효력이 영업주에게 미친다는 의미이며, 그렇다고 전원이 동시에 의사표시를 할 필요는 없다. 따라서, 공동지배인이 장소와 시간을 달리하여 동일한 의사표시를 하더라도 공동으로 대리권을 행사한 것으로 본다.

반면, 상대방이 공동지배인에 대해 의사표시를 하는 수동대리의 경우에는 공동지배인 전원에 대해 할 필요는 없고 그 중 1인에 대한 의사표시도 영업주에 대해 효력이 발생한다(제12조 제2항). 이처럼 능동대리와 달리 정하고 있는 것은 수인의 지배인을 선임하고 지배권 남용을 우려해서 공동지배 제한을 두는 것은 오직 영업주측의 편의와 이익을 위한 것인데, 거래상대방에게까지 그로 인한 불이익을 부담시키는 것은 타당하지 않다는 고려에서 상대방은 공동지배인 1인에 대해서 의사표시를 하면 그 효력이 발생하는 것으로 정한 것이다.

공동지배인 사이에 지배권의 위임이 허용되는지 여부에 대해서는 견해의 대립이 있지만, 포괄적 위임은 공동지배제도의 취지에 반하기 때문에 허용되지 않으며, 특정 사안에 대한 개별적 위임은 허용된다고 보아야 한다(다수설).

5. 표현지배인

(1) 의의

표현지배인이란 지배인이 아니면서 지배인으로 오인할 만한 명칭을 사용한 경우 일정한 요건이 충족되면 지배인과 동일한 권한이 있는 것으로 보고, 영업주의 책임을 인정하는 제도이다. 예를 들어, 상업사용인 가운데 본점이나 지점의 본부장, 영업소장 등의 명칭을 사용하지만 실제 지배인은 아닌 경우가 있을 수 있는데 이들과 거래하는 상대방 입장에서는 마치 지배인인 듯한 외관을 가지고 있어 지배인으로 오인하게 되는 경우가 있을 수 있다. 이 경우 무권대리 법리에 따르면 본인인 영업주의 추인이 없는 경우에는 지배권 없는 상업사용인과 상대방과의 거래는 무효가 되는 것이 맞지만, 지배인인 것과 같은 외관을 형성한데 대해 영업주에게도 일정한 책임이 인정되는 경우에는 거래안전을 보호하기 위해 표현지배인도 지배인과 동일한 권한이 있는 것으로 의제하여 영업주에게 그 책임을 인정하는 것이다(법 제14조 제1항). 표현지배인 제도는 민법의 표현법리를 상법에서 제도화한 것으로 영미법상 금반언의 법리나 대륙법의 외관법리에 동일한 취지에서 인정되는 것이다.

(2) 요건

본점 또는 지점의 본부장, 지점장, 그 밖에 지배인으로 인정될 만한 명칭을 사용하는 자는 본점 또는 지점의 지배인과 동일한 권한이 있는 것으로 본다(제14조 제1항). 이 조문을 중심으로 표현지배인으로 인정되기 위한 요건을 살펴본다.

① 명칭 사용허락(외관부여에 대한 영업주의 귀책사유 존재)

영업주는 지배인으로 인정될 만한 명칭의 사용을 명시적 또는 묵시적으로 허락했어야 한다. 제14조의 '본부장, 지점장'은 예시에 불과하며 구체적으로 어떠한 명칭이 지배인으로 인정될 만한 명칭인지는 일반 거래관념에 따라 판단해야 하는데, 지사장, 지부장 등이 대표적인 예가 된다. 하지만, 지점차장, 지점장대리 등의 명칭은 명칭 자체에서 상급 간부의 존재를 추측할 수 있는 명칭이므로 표현지배인 명칭으로 보기는 어렵다. 우리 판례는 '건설회사의 출장소장(대법원 1994. 9. 30. 선고 94다20884 판결)', '증권회사 지점장대리(대법원 1994. 1. 28. 선고 93다49703 판결)' 및 '보험회사 영업소장(대법원 1983. 10. 25. 선고 83다107 판결)'은 표현지배인 명칭이 아니라고 판단한 바 있다.

표현지배인이 되기 위해 최소한 상업사용인이어야 하는 것은 아니며, 누구라도 표현지배인이 될 수 있으므로, 부분적 포괄대리권을 가진 상업사용인이 표현지배인 명칭을 사용한 경우에도 상법 제14조의 표현지배인이 될 수 있다.

실제 지배인이 영업주의 지배권에 대한 내부적 제한을 위반하여 지배권을 행사한 경우에는 상법 제11조 제3항에 따라 규율해야 하며, 제14조처럼 지배인이 아닌 자가 지배인 명칭을 사용한 경우에 적용되는 규정은 적용되지 않는다.

② 명칭 사용(적법한 지배인의 권한 행사 요건 충족)

표현지배인이 되기 위해서는 실제 지배인 명칭을 사용하여 영업상 거래행위를 하여야 한다. 따라서 실체적 진실규명이 중요한 재판상 행위에 대해서는 표현법리가 적용되지 않으므로 표현지배인 규정의 적용이 없다(제14조 제1항 단서).

제14조 규정상 표현지배인은 '본점 또는 지점', 즉 영업소로서의 실체를 구비하여야 하는가에 대해서는 단순히 표현지배인 명칭만을 사용하면 충분하다는 견해도 있지만, 최소한 본점이나 지점으로서의 실체를 가지고 독립적으로 영업상 거래행위를 할 수 있는 영업소의 실체를 구비해야 한다는 것이 다수설과 판례(대법원 2008. 8. 22. 선고 2000다13320 판결)의 입장이다.

"상법 제14조 제1항에 정해진 표현지배인에 관한 규정이 적용되기 위하여는 당해 사용인의 근무장소가 상법상 지점으로서의 실체를 구비하여야 하고, 어떠한 영업장소가 상법상 지점으로서의 실체를 구비하였다고 하려면 그 영업장소가 본점 또는 지점의 지휘·감독 아래 기계적으로 제한된 보조적 사무만을 처리하는 것이 아니라, 일정한 범위 내에서 본점 또는 지점으로부터 독립하여 독자적으로 영업활동에 관한 결정을 하고 대외적인 거래를 할 수 있는 조직을 갖추어야 할 것이므로, 본·지점의 기본적인 업무를 독립하여 처리할 수 있는 것이 아니라 단순히 본·지점의 지휘·감독 아래 기계적으로 제한된 보조적 사무만을 처리하는 영업소는 상법상의 영업소인 본·지점에 준하는 영업 장소라고 볼 수 없다 할 것이다"라고 판단한 바 있다(대법원 1978. 12. 13. 선고 78다1567 판결, 1998. 8. 21. 선고 97다6704 판결, 1998. 10. 13. 선고 97다43819 판결 등 참조).

③ 명칭 신뢰(상대방의 선의)

표현지배인제도는 외관을 신뢰하고 거래한 거래상대방을 보호하기 위한 취지인데, 상대방이 거래당시 표현지배인이 지배권이 없다는 사실을 안 경우에는 굳이 상대방을 보호할 필요가 없다. 따라서 제14조가 적용되기 위해서는 표현지배인과 거래하는 상대방은 '선의'이어야 하는데, 이때 '선의'라 함은 표현명칭을 사용한 자를 지배인으로 믿었음을 의미하며, 상대방이 악의, 다시 말해 표현명칭을 사용하지만 지배인은 아니라는 사실을 알면서 거래한 경우에는 제14조 제1항 적용대상이 아니라 민법상 무권대리가 되어 무효가 된다. 이와 달리, 선의·악의의 대상을 '지배인' 여부에 대한 것이 아니라 '대리권 존재' 여부에 대한 것으로 해석하는 견해가 있는데, 제14조의 취지가 지배인으로 오인될 만한 표현명칭을 사용하는 자가 지배권이 있다고 믿은 거래상대방을 보호하기 위함인데, 처음부터 표현명칭을 사용하고 있지만 지배인이 아니라는 사실을 이미 알면서 거래한 상대방까지 보호해 주는 결과가 되어 본조의 취지를 벗어나는 해석으로 보아야 한다. 예를 들어, 부분적 포괄대리권을 가지 상업사용인이 자신의 대리권한 범위 내에 속하는 행위를 함에 있어 표현지배인 명칭(예, 지점장)을 사용하여 거래한 경우 상대방이 지배인은 아니지만 그와 같은 거래행위를 할 수 있는 '대리권'을 가지고 있다고 믿었다면 부분포괄사용인으로서의 적법한 거래행위로 취급하면 되지 굳이 제14조 제1항 규정을 적용하여 표현지배인 행위로서 적법성을 인정할 필요는 없다.

선의는 경과실을 포함하는 것으로 보아야 하며, 선의이지만 중과실이 인정되면 악의로 보아야 한다. 상대방의 악의에 대한 입증책임은 표현책임을 부인하는 영업주가 부담한다. 그리고 선의·악의 여부의 판정시기는 표현지배인과 상대방과의 거래행위 시점이 되며, 선의였다가 이후 지배인이 아님을 알았다 하더라도 선의로 본다.

(3) 효과

위 요건이 모두 충족되면 표현지배인은 재판외 행위에 대하여 본점 또는 지점의 지배인과 동일한 권한을 가지는 것으로 보므로(제14조 제1항), 영업주는 표현지배인의 행위에 대해 상대방에게 책임을 진다. 이 경우 영업주 외에도 표현지배인이 상대방에 대해 별개의 책임을 부담하는지에 대해서는 견해가 나뉘지만, 제14조는 원래 무권대리행위에 해당하는 법률행위를 표현법리를 적용해서 일정한 요건 하에 무권대리인 대신 영업주로 하여금 책임을 부담하게 하는 제도라는 점에서 영업주가 이행책임을 부담하는 한 상대방은 표현지배인에 대해 별도로 민법상 무권대리인의 책임을 추궁할 수도 없으며, 불법행위책임을 물을 수도 없다고 보아야 한다.

6. 부분적 포괄대리권을 가진 상업사용인

(1) 의의

영업의 특정한 종류 또는 특정한 사항에 대한 위임을 받은 사용인은 이에 관한 재판외 모든 법률행위를 할 수 있는 상업사용인을 부분적 포괄대리권을 가진 상업사용인이라 한다(제15조 제1항). 회사 실무상 특정 부서의 특정 업무를 담당하는 책임자에 해당하는 부장, 차장, 과장, 계장, 주임 등은 지배인 다음으로 넓은 대리권을 가진 상업사용인으로서, 부분적이기는 하지만 포괄적이고 정형화된 대리권을 가지고 있으며, 이에 대한 제한으로 영업주는 선의의 제3자에게 대리권의 내부적 제한이 있다는 사실로서 대항하지 못한다(제15조 제1항).

부분적 포괄대리권을 가진 상업사용인은 대리권의 포괄성, 정형성을 가진다는 점에서 지배인과 유사하지만 등기를 요구하지 않으며, 대리권 범위가 특정사항에 국한되고, 재판상 행위에는 미치지 않으며, 지배인이 선임할 수 있다는 점에서 지배인과 차이가 있다.

(2) 선임과 종임

부분적 포괄대리권을 가진 상업사용인은 원칙적으로 영업주가 선임하지만 지배인도 선임권이 있다(제11조 제2항). 그 자격과 관련해서 성질상 의사능력이 있는 자연인에 한정되며, 회사의 기관에 해당하는 이사라 하더라도 지휘·종속 관계에 있다면 부분적 포괄대리권을 가진 상업사용인이 될 수 있다(대법원 1996. 8. 23. 선고 95다39472 판결). 그리고 부분적 포괄대리권을 가진 상업사용인의 종임사유는 대체로 지배인의 그것과 같다.

(3) 대리권의 범위

부분적 포괄대리권을 가진 상업사용인은 영업주로부터 수여 받은 영업의 특정한 종류나 영업의 특정사항에 관한 일체의 재판외의 행위를 할 수 있다(제15조 제1항).

① 특정성과 포괄성

부분적 포괄대리권을 가진 상업사용인의 대리권의 범위는 구매업무나 판매업무 등과 같이 영업의 특정한 종류로 제한되거나, 대출행위와 같이 특정사항으로 제한된다는 점에서 영업에 관한 모든 행위를 할 수 있는 지배인과 구별된다. 다만, 제한되는 업무영역 범위 내에서는 재판외의 모든 행위를 할 수 있다는 점에서 포괄성을 가진다. 따라서 물건구매 권한을 가진 부분적 포괄대리권을 가진 상업사용인은 구매계약체결, 계약해제, 대금지급이나 수령 등과 같이 구매와 관련된 행위들은 별도의 수권이 없이도 할 수 있다. 다만, 특정 사안에서 부분적 포괄대리권을 가진 상업사용인의 권한 범위내의 행위인지 여부는 거래통념에 따라 사안별로 판단할 수밖에 없는데 판례에 나타난 사례를 보면 다음과 같다.

가. 권한 범위 내의 행위로 본 판례

a. 오피스텔 건물 분양사업을 하는 회사에서 일반분양업무를 담당하는 관리부장 또는 관리과장은 부분적 포괄대리권을 가진 상업사용인으로서 분양계약의 체결뿐 아니라 일부분양의 취소 내지 해제와 이에 따른 보완적인 재분양계약의 체결 등 일련의 순차적, 계속적 거래행위를 할 권한이 있는 것으로 보아야지, 계약체결권만을 행사할 수 있고 분양계약의 취소, 해제권은 영업주가 직접 수행하는 것으로 볼 수는 없다고 본 사례가 있다(대법원 1994. 10. 28. 선고 94다22118 판결).

b. 자동차운송사업을 경영하는 회사의 사업과장은 회사의 운송업에 관한 재판외 모든 행위를 할 수 있는 권한을 가진 부분적 포괄대리권을 가진 상업사용인에 해당한다(대법원 1974. 6. 11. 선고 74다492 판결).

c. 증권사 지점장대리는 명칭상 상급 사용인의 존재를 추측할 수 있어 표현지배인이 아닌 부분적 포괄대리권을 가진 상업사용인으로 보아야 한다(대법원 1994. 1. 28. 선고 93다49703 판결).

d. 건설회사의 업무는 공사의 수주와 시공으로 나눌 수 있는데 건설회사 현장소장은 특정된 건설현장에서 공사시공에 관한 업무만을 담당하는 부분적 포괄대리권을 가진 상업사용인에 해당한다(대법원 1994. 9. 30. 선고 94다20884 판결).

나. 권한 범위 외의 행위로 본 판례

a. 회사의 영업부장과 과장대리는 제15조의 부분적 포괄대리권을 가진 상업사용인에 해당하지만, 회사의 채무부담행위에 해당하는 담보제공약정은 대리권의 범위에 속한

다고 볼 수 없다(대법원 2006. 6.1 5. 선고 2006다13117 판결 외 다수).

b. 은행의 채무부담행위인 보증행위는 은행 본점의 경리부장대리의 직무범위에 속하지 않고 또 그 직무와 관련된 행위로도 볼 수 없다(대법원 1971. 5. 24. 선고 71다656 판결).

이처럼 일반적인 채무부담행위는 특별한 수권이 없는 한 부분적 포괄대리권을 가진 상업사용인의 대리권 범위에서 벗어나는 것으로 본다.

② 대리권의 내부적 제한과 남용

부분적 포괄대리권을 가진 상업사용인의 행위가 대리권의 범위 내인지 여부는 그 행위의 객관적 성질에 따라 추상적으로 판단하여야 하는데, 영업주가 부분적 포괄대리권을 가진 상업사용인의 대리권의 범위를 내부적으로 제한한 경우 그러한 제한에 위반한 행위의 효력은 원칙적으로 무효이지만 선의의 제3자에게는 대항할 수 없다. 또한 대리권 남용, 다시 말해 외관상 부분적 포괄대리권을 가진 상업사용인의 권한 범위내의 행위이지만 영업주의 이익이 아닌 자기나 제3자의 이익을 위한 행위인 경우에는 지배권 남용과 동일하게 원칙적으로 유효하지만 상대방이 남용사실을 알았거나 알 수 있었던 경우에는 효력이 없는 것으로 보아야 한다(심리유보설, 판례).

7. 물건판매점포 사용인

(1) 의의

물건을 판매하는 점포의 사용인은 그 판매에 관한 모든 권한이 있는 것으로 본다(제16조 제1항). 물건을 판매하는 점포에서 일하는 사용인은 판매에 관한 권한이 있는 것처럼 보이는 외관이 존재하고 판매권한이 있는 것으로 믿고 거래한 거래상대방의 신뢰를 보호하기 위해 실제 판매에 관한 대리권 존재 유무와 상관없이 대리권이 있는 것으로 의제하는 것이다. 따라서, 판매권한을 부여받은 사용인이 아니라 영업주의 친척이 대리권이 없는 상태에서 고객에게 물건을 판매한 경우에도 판매에 관한 대리권이 있는 것으로 의제되며, 물건 가격을 잘못 알고 판매한 경우라든지 할인판매를 한 경우라 하더라도 영업주 본인에게 판매의 효력이 미치게 된다.

(2) 대리권의 범위

① 물건의 판매

물건판매점포 사용인의 대리권의 범위는 그 점포 내에 있는 물건의 현실적인 판매행위에 미치며, 물건판매에 부수적으로 수반되는 계약의 체결, 물건교환, 대금수령, 할인

판매 등의 행위에도 미친다. 하지만, 물건판매 이외에 도서 등의 대여행위에 대해서도 제16조를 유추 적용함으로써 거래 안전을 보호 할 필요가 있다.

② 점포 내에서의 판매

제16조는 사용인이 점포 내에서 근무함에 따라 판매권한이 있는 외관이 창출되었다는 점에서 점포 내에서의 판매 행위에 대해서만 대리권이 의제되고, 점포 외부에서의 물건판매행위에 대해서는 제16조가 적용되지 않는다. 따라서, 물건판매점포 사용인이 특별한 수권이 없는 한 점포 외부에서 대금을 수령할 권한은 없다(대법원 1971. 3. 30. 선고 71다65 판결).

8. 상업사용인의 의무

(1) 경업금지의무

상법사용인은 영업주와의 사이에 체결된 고용계약 또는 위임계약상 의무를 부담하는 외에, 영업주에 갈음하여 영업에 관한 행위를 할 수 있는 포괄적이고 정형적인 대리권이 부여된 자로서 영업주와의 특별한 신뢰관계를 바탕으로 하고 있다는 점에서 이러한 신뢰를 위반함으로써 영업주의 이익을 해치지 않도록 상법상 특별한 의무를 부과하고 있다.

상업사용인은 영업주의 영업상 비밀을 알 수 있는 지위에 있는데 이를 이용하여 영업주와 경쟁관계에 있는 영업을 하는 경우 영업주의 이익을 침해할 위험이 있으므로, 상법은 상업사용인으로 하여금 영업주의 허락 없이 자기 또는 제3자의 계산으로 영업주의 영업부류에 속한 거래를 하지 못하게 하는데(제17조 제1항 전단), 이를 경업금지의무라 한다.

① 내용

영업부류에 속하는 거래가 금지되는데, 이때 영업부류에 속한다는 것은 영업의 본래 목적인 거래만을 의미하는 것이며 영업을 위한 보조적인 행위나 영리성이 없는 행위는 포함되지 않는다. 예를 들어, 부동산매매업을 영위하는 상인의 상업사용인이 자신이 주거할 주택을 매수하는 행위라든지 은행의 지점장이 다른 은행에 예금을 하거나 대출을 받는 행위 등은 경업행위에 해당하지 않는다.

상업사용인의 경업행위 금지는 영업주가 영업의 개시를 위한 준비행위를 하는 단계부터 적용되어야 하는데, 이는 영업준비단계라 하더라도 경업행위로 인해 영업개시 이후 영업주의 이익이 침해될 가능성이 있기 때문이다.

경업행위는 반드시 상업사용인 명의로 할 필요는 없으며, 제3자 명의로 하더라도 영업의 실질적인 이익 귀속주체가 상업사용인인 한 금지된다.

② 예외

영업부류에 속한 거래라 하더라도 영업주의 허락이 있는 경우에는 허용된다. 이는 본 조의 입법취지가 상업사용인의 경업행위로 인해 영업주의 이익이 침해되는 것을 방지하기 위함인데 영업주가 허락한 경우에는 금지할 이유가 없기 때문이다. 영업주의 허락은 명시적이던 묵시적이던 상관없다.

같은 취지에서, 영업주와 이익 충돌의 우려가 없는 경우에도 경업금지의무는 적용되지 않는데, 앞에서 든 예와 같이 은행 지점장이 다른 은행과 예금계약이나 대출계약을 체결하는 경우가 이에 해당된다.

(2) 겸직금지의무

① 내용

상업사용인은 경업금지의무와 별도로 영업주의 허락 없이 회사의 무한책임사원, 이사 또는 다른 상인의 사용인이 되지 못하는(제17조 제1항 후단), 겸직금지의무를 부담한다. 이는 상업사용인이 영업주에 종속하는 지위에서 영업주를 위해 전념을 해야 한다는 취지가 반영된 것이므로 동종영업 여부와 무관하게 일체의 겸직이 금지되는 것으로 보아야 한다.

한편 겸직금지에 관한 상법 조문의 구성이 '상업사용인은 영업주의 허락없이 … 회사의 무한책임사원, 이사 또는 다른 상인의 사용인이 되지 못한다'라고만 되어 있어 '영업주의 영업부류에 속한' 회사나 다른 상인으로 해석함으로써 상업사용인의 직업선택의 자유를 보호하기 위해 엄격하게 해석해야 하므로 영업부류에 속하지 않는 회사의 무한책임사원이나 이사 또는 다른 상인의 상업사용인이 되는 것까지 금지하는 것은 아니라는 주장이 있는데, 이런 해석에 따를 경우 가령 은행의 지점장이 영업부류가 전혀 다른 전자제품 판매대리점의 지배인을 은행의 허락없이도 겸직할 수 있다는 결론이 되는 것이어서 본 조의 입법취지에 반하는 결과가 되어 타당하지 않다.

이와 달리 상법상 대리상(제89조)이나 각종 회사(제198조, 제269조, 제287조의10, 제397조, 제567조)의 무한책임사원이나 이사, 업무집행자의 경우에는 '동종영업'을 목적으로 하는 경우에만 겸직이 금지된다는 점에서 상업사용인의 겸직금지와 차이가 있다.

② 예외

상업사용인은 영업주의 허락이 있는 경우에는 무한책임사원이나 이사가 될 수 있으며, 또한 다른 회사의 유한책임사원이나 주주가 되는 데에는 아무런 제한이 없다.

(3) 의무위반의 효과

① 개입권

가. 의의

상업사용인이 경업금지의무를 위반한 경우에도 거래행위의 효력은 유효하다. 다만, 영업주는 상업사용인과 체결한 고용계약이나 위임계약 위반에 따른 손해배상책임을 추궁할 수 있으며, 동시에 계약을 해지할 수도 있다(제17조 제3항). 하지만 이로써 영업주가 입은 재산상 피해를 충분히 보전받기 어려우므로 상법은 상업사용인이 경업행위로 취득한 이익을 영업주가 탈취할 수 있는 개입권을 인정하고 있다(제17조 제2항).

상업사용인이 경업금지의무를 위반하여 거래를 한 경우 그 거래가 자기의 계산으로 한 것인 때에는 영업주는 이를 영업주의 계산으로 한 것으로 볼 수 있고, 제3자의 계산으로 한 것인 때에는 영업주는 상업사용인에 대하여 그가 취득한 이득의 양도를 청구할 수 있는데(제17조 제2항), 이를 영업주의 개입권이라 한다.

이처럼 일반적인 손해배상법리의 특칙에 해당하는 개입권을 인정하는 취지는, 상업사용인의 경업행위로 영업주가 입은 손해는 경업행위가 없었던 경우 얻을 수 있었던 이익의 상실에 해당하는데 이를 입증하는 것이 곤란할 뿐만 아니라, 경제적 손실 이외에 영업 비밀의 침해이라든지 고객관계의 상실과 같은 손해에 대한 신속하고 적절한 회복을 위해서는 개입권을 통해 상업사용인이 취득한 이득을 영업주의 손해로 추정해서 영업주에게 이전시키는 것이 합리적이라는 이유에서이다. 따라서, 개입권 행사요건으로는 상업사용인의 경업금지 위반행위만 있으면 충분하며 별도로 영업주에게 손해가 발생할 것은 요구하지 않는다.

제17조 제2항 본문상 '전항의 규정에 위반하여'라는 문구를 사용하고는 있지만 '거래'를 한 경우로 제한하고 있어 개입권은 제1항 전단의 경업금지의무 위반의 경우에만 인정되고, 동항 후단의 겸직금지의무 위반의 경우에는 의무의 성질상 개입권이 인정되기 어렵다.

나. 효과

개입권은 영업주가 상업사용인에 대한 일방적 의사표시로 행사할 수 있는 형성권이며, 개입권이 행사된 경우라 하더라도 그 거래로부터 발생하는 법적 효과가 당연히 영업주에게 귀속되는 것은 아니고 단지 그 법적 효과를 영업주에게 이전할 것을 요구할 수 있는 채권적 효력을 가질 뿐이다. 따라서 상업사용인은 그 거래가 이행이 된 경우에는 자신이 취득한 이득을 영업주에게 인도할 의무를 부담하고, 아직 이행이 되지 않은 경우에는 그 거래로부터 취득한 권리와 의무를 이전하여야 한다.

한편, 위탁매매인(제107조)과 운송주선인(제116조)의 개입권은 행사로 인해 직접 계약의 당사자가 된다는 점에서 채권적 효력만을 가지는 상업사용인이나 대리상(제89조 제2항), 이사 등에 대한 본인 또는 회사의 개입권(제198조 제2항, 제269조, 제287조 제2항, 제397조 제2항, 제567조)과 다르다.

다. 행사기간

개입권은 영업주가 그 거래를 안 날로부터 2주간 또는 그 거래일로부터 1년을 경과한 때에는 소멸하며, 이는 소멸시효가 아닌 제척기간이다.

라. 계약해지 및 손해배상청구권

영업주가 개입권을 행사하여도 아직 보전되지 못한 손해가 있는 경우에는 상업사용인에게 손해배상청구권을 행사할 수 있으며, 이와 별개로 사용인을 해임할 수도 있다.

② 겸직금지의무 위반

상업사용인이 영업주 허락없이 회사의 무한책임사원, 이사 또는 다른 상인의 상업사용인이 되어 겸직금지의무를 위반한 경우 그 효력에 대해서는 명문 규정이 없지만, 겸직행위 자체는 유효한 것으로 보며, 다만 의무위반의 효과로서 영업주는 상업사용인을 해임할 수 있고, 손해가 발생한 경우에는 손해배상청구권을 행사할 수 있다(제17조 제3항).

제3절 기업의 물적 조직

상법상 기업의 물적 조직으로 규정된 것으로는 기업의 활동중심지인 영업소, 기업의 영업명칭인 상호, 그리고 기업의 회계조직에 관한 상업장부가 있다. 이 장에서는 영업소로서 본점과 지점, 상호의 선정과 상호권, 명의대여자의 책임 및 상업장부에 관해 설명한다.

Ⅰ. 영업소

1. 의의

상인의 영업활동의 중심지를 영업소라 하는데, 상법에는 영업소를 전제로 하는 규정이 많이 있으므로 그 개념과 법률적 효과를 이해할 필요가 있다.

(1) 영업활동의 장소적 중심지

영업소는 기업의 영업활동을 지휘하고 통솔하는 공간적 특정성을 가지는 장소이다. 이는 유형적 설비 개념으로서 단순히 점포와 같은 시설을 가리키는 것이 아니라 유기적 일체로서 영업활동의 중심이 되는 공간이라는 의미를 가진다. 영업소는 영업활동의 집중지이므로, 상품생산을 담당하는 공장이라든지 물건을 보관하는 창고 등은 영업활동의 중심지가 아니기 때문에 영업소에 속하지 않는다.

(2) 독립적인 의사결정권

영업소는 조직 및 활동에 있어 어느 정도 독립성을 가져야 한다. 다시 말해, 영업활동에 있어 독립적인 의사결정권을 가지고 인적조직과 회계에 있어 하나의 독립된 단위를 구성해야 한다. 따라서 본점이나 지점의 지휘감독을 받으며 기계적인 보조적 사무만을 처리하는 장소는 상법상 영업소에 해당되지 않는데, 예를 들어 본점 또는 지점의 지휘감독 아래 단순히 보험상품 소개 및 계약 중개 등의 업무만을 수행하고 계약체결권을 가지지 않은 보험회사 지방영업소는 상법상 영업소에 해당하지 않는다.

(3) 시간적 계속성

영업소는 시간적 계속성을 전제로 하는 장소적 개념이므로, 포장마차와 같은 일시적으로 설치되는 이동식 매점이나 이동식 야식당 등은 영업소에 해당하지 않는다. 다만, 계속성의 장단은 중요한 것이 아니므로 비록 단기간일지라도 지속성이 인정되는 경우에는 영업소에 해당되는데, 예를 들면 바캉스 기간 동안만 영업하는 장소라든지 박람회 기간 동안 영업활동을 위해 설치된 장소가 독립적인 영업 관련 의사결정권을 가진 경우에는 영업소에 해당될 수 있다.

2. 영업소의 종류

상인은 하나의 영업을 위해 수개의 영업소를 둘 수 있으며, 수개의 영업을 영위하는 경우 그 각 영업에 대해 독립한 영업소를 둘 수도 있다. 수개의 영업소 가운데 전 영업활동을 통괄하는 주된 영업소를 본점이라 하고, 본점의 지휘·감독을 받지만 영업활동에 있어 독립성을 가지는 종속된 영업소를 지점이라 한다.

(1) 본점

회사의 본점 소재지는 정관의 절대적 기재사항으로 등기사항이다. 다만, 정관상 기재사항인 본점 소재지가 영업활동의 중심지와 항상 일치하는 것은 아니며, 실질적 의미의 주된 영업소에 해당하는 장소를 본점으로 보아야 할 것이다.

(2) 지점

지점으로 인정되기 위한 요건은 다음과 같다.

첫째, 지점은 본점의 지휘·감독을 받지만 대외적으로 독립된 영업활동을 수행한다. 따라서 본점으로부터 독립하여 영업활동을 할 수 있는 인적·물적 조직을 구비해야 하므로, 지배인이나 부분적 포괄대리권을 가진 상업사용인이 존재하고 독립적 영업의사결정권을 가지며, 본점과는 장소적 소재지를 달리한다.

"피고회사는 보험업법의 규제를 받는 보험사업자로서 보험계약의 체결, 보험료의 영수 및 보험금의 지급을 그 기본적 업무로 하고 있음이 분명하며 피고회사 부산영업소의 업무내용은 본점 또는 지점의 지휘감독 아래 보험의 모집, 보험료의 집금과 송금, 보험계약의 보전 및 유지관리, 보험모집인의 인사관리 및 교육 출장소의 관리감독 기타 본·지점으로부터 위임받은 사항으로 되어 있음이 또한 뚜렷하므로 이에 의하면 위 부산영업소는 피고회사의 기본적 업무를 독립하여 처리할 수는 없고 다만 본·지점의 지휘 감독 아래 기계적으로 제한된 보조적 사무만을 처리하는 것으로 밖에 볼 수 없으니 이는 상법상의 영업소인 본점·지점에 준하는 영업장소라고 볼 수 없다"고 판단하고, "표현지배인으로서 본조를 적용하려면 당해 사용인의 근무장소가 상법상의 영업소인 '본점 또는 지점'의 실체를 가지고 어느 정도 독립적으로 영업활동을 할 수 있는 것임을 요한다 할 것"으로 판시하여 독립적 의사결정권을 가지지 않는 보험회사 지방영업소는 지점이 아니라고 보았다(대법원 1978. 12. 13. 선고 78다1567 판결).

둘째, 지점은 본점과 동일한 상인(기업)에 속해야 한다. 지점의 영업은 본점 영업과 단일성을 유지해야 하므로 본점과 전혀 다른 영업을 영위하는 영업소는 지점으로 볼 수 없다. 지점의 종속성으로 인해 본점과 지점 간에는 법률상 매매라든가 임대차 등 거래관계가 성립될 수 없다. 다만, 어음수표의 수수행위는 가능하며, 운송업에 있어서 송하인과 수하인의 지위 겸병도 인정된다.

3. 법률상 효과

(1) 일반적 효과

영업소에 대해서는 다음과 같이 법률상 효과가 인정된다.

① 영업소는 상행위로 인하여 생긴 채무의 이행장소이다(제56조).

② 영업소는 등기소와 재판적의 결정기준이 되는데, 등기사항은 영업소 소재지 관할 법원의 상업등기부에 등기하며(제34조), 회사의 보통재판적은 주된 영업소인 본점 소재지 관할 법원이 된다(민소법 제5조 제1항).

③ 영업소는 지배인 선임 단위가 되며(제10조), 표현지배인을 인정하는 기준이 된다(제14조).

(2) 지점의 효과

지점도 독립된 영업단위로서 대외적으로 독립적 영업활동을 할 수 있지만 본점의 지휘를 받으며, 지점에서의 거래 효과는 상인에게 귀속되고 본점과 지점, 또는 지점 사이의 법률상 거래는 인정되지 않는다. 또한 채권자의 지점에서의 거래로 인한 채무이행장소가 그 행위의 성질 또는 당사자의 의사표시에 의하여 특정되지 아니한 경우 특정물 인도 외의 채무이행은 그 지점을 이행장소로 본다(제56조). 이는 민법상 지참채무 원칙을 상법에 반영한 것이다. 그리고 영업양도에 있어 별도의 특약이 없다면 지점의 영업은 본점 영업의 처분에 따르는 것이 원칙이지만, 지점 영업을 본점 영업과 분리하여 따로 양도할 수도 있다(제374조 제1항).

Ⅱ. 상호

1. 의의

가장 중요한 경제활동 주체인 기업은 상호로서 자신의 동일성을 표시하며, 삼성전자, LG, 롯데, SK, 현대와 같은 대기업의 상호는 오랜 기간 이들 기업이 생산하고 판매하는 제품과 서비스에 대한 소비자들의 신뢰도를 나타내기도 한다. 따라서 상호는 그 자체로서 상인(기업)의 명성과 신뢰도를 표창하는 재산적 가치를 가지고 있다. 그로 인해 기업이 그 명칭으로 사용하는 상호는 자연인의 이름과 달리 보호할 필요성이 있으므로 상법과 부정경쟁방지법에서는 상인들이 상호에 대해 가지는 재산적 이익을 보호하고, 소비자들의 상호에 대한 신뢰를 보호하기 위한 법적 규율을 하고 있다.

(1) 상호의 의의

상호는 상인이 자기를 표시하기 위해 사용하는 영업 명칭이다.

(2) 상인의 명칭

상호는 상인의 명칭이므로 상인이 아닌 자연인이나 회사 이외의 법인이 업무를 위해 사용하는 명칭은 상호가 아니다. 또한 소상인에게는 상호 규정의 적용이 없으므로(제9조) 소상인이 사용하는 영업명칭도 상법상 상호가 아니다. 변호사와 법무법인, 회계법인은 상인이 아니므로 업무를 위해 사용하는 명칭도 상호로 볼 수 없다.

[판례] 변호사의 상인성 및 명칭의 상호성 인정여부(소극)(대결 2007. 7. 26. 선고 2006다334 판결)

[1] 변호사의 영리추구 활동을 엄격히 제한하고 그 직무에 관하여 고도의 공공성과 윤리성을 강조하는 변호사법의 여러 규정에 비추어 보면, 위임인·위촉인과의 개별적 신뢰관계에 기초하여 개개 사건의 특성에 따라 전문적인 법률지식을 활용하여 소송에 관한 행위 및 행정처분의 청구에 관한 대리행위와 일반 법률사무를 수행하는 변호사의 활동은, 간이·신속하고 외관을 중시하는 정형적인 영업활동을 벌이고, 자유로운 광고·선전활동을 통하여 영업의 활성화를 도모하며, 영업소의 설치 및 지배인 등 상업사용인의 선임, 익명조합, 대리상 등을 통하여 인적·물적 영업기반을 자유로이 확충하여 효율적인 방법으로 최대한의 영리를 추구하는 것이 허용되는 상인의 영업활동과는 본질적으로 차이가 있다 할 것이고, 변호사의 직무 관련 활동과 그로 인하여 형성된 법률관계에 대하여 상인의 영업활동 및 그로 인한 형성된 법률관계와 동일하게 상법을 적용하지 않으면 아니 될 특별한 사회경제적 필요 내지 요청이 있다고 볼 수도 없다. 따라서 근래에 전문직업인의 직무 관련 활동이 점차 상업적 성향을 띠게 됨에 따라 사회적 인식도 일부 변화하여 변호사가 유상의 위임계약 등을 통하여 사실상 영리를 목적으로 그 직무를 행하는 것으로 보는 경향이 생겨나고, 소득세법이 변호사의 직무수행으로 인하여 발생한 수익을 같은 법 제19조 제1항 제11호가 규정하는 '사업서비스업에서 발생하는 소득'으로 보아 과세대상으로 삼고 있는 사정 등을 감안한다 하더라도, 위에서 본 변호사법의 여러 규정과 제반 사정을 참작하여 볼 때, 변호사를 상법 제5조 제1항이

규정하는 '상인적 방법에 의하여 영업을 하는 자'라고 볼 수는 없다 할 것이므로, 변호사는 의제상인에 해당하지 아니한다.

[2] 변호사가 변호사법 제40조에 의하여 그 직무를 조직적 · 전문적으로 행하기 위하여 설립한 법무법인은, 같은 법 제42조 제1호에 의하여 그 정관에 '상호'가 아닌 '명칭'을 기재하고, 같은 법 제43조 제2항 제1호에 의하여 그 설립등기시 '상호'가 아닌 '명칭'을 등기하도록 되어 있으므로, 이러한 법무법인의 설립등기를 '상호' 등을 등기사항으로 하는 상법상 회사의 설립등기나 개인 상인의 상호등기와 동일시할 수 없다.

[3] 변호사는 그 직무수행과 관련하여 의제상인에 해당한다고 볼 수 없고, 조세정책적 필요에 의하여 변호사의 직무수행으로 발생한 소득을 사업소득으로 인정하여 종합소득세를 부과한다고 하여 이를 달리 볼 것은 아니며, 변호사가 상인이 아닌 이상 상호등기에 의하여 그 명칭을 보호할 필요가 있다고 볼 수 없으므로 등기관이 변호사의 상호등기신청을 각하한 처분이 적법하다고 한 사례이다.

상호는 영업주체인 상인이 자기를 표시하는 명칭이므로 문자에 의해 표시될 수 있는 것이어야 한다. 이러한 상호(예, 주식회사 롯데)는 상인의 영업명칭이므로 상품의 동일성을 표시하는 상표(예, Lotte)나 영업의 대외적인 인상을 부각시키기 위해 사용하는 영업표지(예,)와는 구별해야 한다. 다만, 판례는 영업양수인이 상호가 아닌 양도인의 옥호 또는 영업표지를 속용하는 경우에도 법 제42조의 상호속용 영업양수인의 책임을 인정하고 있는데, 이는 영업양도시 채권자 보호를 위한 취지의 해석이지 옥호와 영업표지를 상호와 동일하게 취급하는 것은 아니다(대법원 2010. 9. 30. 선고 2010다35138). 과거 상호는 한글로만 등기할 수 있었지만, 2008년부터 한자, 로마자, 아라비아숫자, 부호의 병기가 가능하게 되었다(상업등기의 상호 및 외국인의 성명 등기에 관한 예규 제5조 제1항, 제11조 제1항).

2. 상호의 선정

(1) 상호선정의 자유

상법은 '상인은 그 성명 기타의 명칭으로 상호를 정할 수 있다'(제18조)고 규정함으로써, 자유롭게 상호를 선정할 수 있도록 하고 있다. 따라서 상호에는 자신뿐 아니라 타인의 성명을 사용하는 것도 가능하며, 영업의 내용이나 실체와 일치하지 않는 명칭이라도 상호로 사용할 수 있다. 따라서 중학교 학력을 가진 상인이 '김박사 서점'이라는 상호를 사용해도 무방하며, 부산이 고향인 상인이 서울에 '원조 전주비빔밥'이라는 상호를 사용하더라도 부정경쟁목적이 없는 한 허용된다.

이처럼 우리 상법은 상호의 선정에 있어 영업의 실질과 무관한 명칭을 자유롭게 상호로 사용할 수 있는 상호자유주의 입법방식을 채택하고 있는데, 프랑스와 같이 영업의 실체와 상호가 일치할 것을 요구하는 상호진실주의를 채택하는 국가도 있다.

상법은 공서양속에 반하지 않는 명칭이라면 제한 없이 상호로 사용할 수 있도록 허용하고 있지만, 상호에 대한 소비자들의 신뢰보호라는 측면에서 상호자유주의 원칙에 대해 다음과 같은 몇 가지 제한을 두고 있다.

(2) 상호선정의 제한

① 회사 종류의 표시

회사의 상호에는 그 회사의 종류에 따라 합명회사, 합자회사, 유한책임회사, 주식회사 또는 유한회사의 문자를 사용해야 한다(제19조). 상법이 인정하는 5종류의 회사는 회사채권자에 대한 사원의 책임범위에 따른 구분이므로, 회사와 거래하는 상대방에게는 회사 및 그 사원의 책임범위가 중요한 사항이므로 반드시 회사 상호를 통해 이를 밝히도록 하는 것이다.

② 회사 아닌 개인 상인의 회사상호 사용금지

회사가 아니면 상호에 회사임을 표시하는 문자를 사용하지 못하며, 개인 상인이 회사의 영업을 양수한 경우에도 마찬가지다(제20조). 이에 위반하면 과태료 처분대상이 된다(제28조). 이 역시 제19조와 마찬가지로 회사와 회사가 아닌 개인 상인의 책임범위가 다르기 때문에 거래상대방에게 회사 여부를 명확하게 밝힐 필요가 있기 때문에 인정되는 규정이다.

다만, 회사임을 표시하는 문자에 해당하는 지 여부가 중요한데, 이를 판단함에 있어서는 일반인들이 회사라고 오인할 우려가 있는 문자에 해당되는지 여부를 기준으로 결정해야 할 것이다. 예를 들어, '상사'라는 문자는 과거 개인상인들이 흔히 사용해 오던 상호로서 회사표시 명칭으로 인정하기는 어려울 것이지만, '합명상사'라는 명칭은 일반인들이 합명회사로 오인할 가능성이 높다는 점에서 회사표시 명칭으로 인정해야 할 것이다.

회사 상호와 관련해 특별법에서 특정영업을 하는 회사에 대해 그 영업 종류 명칭을 표시하는 문자를 상호에 사용하도록 요구하는 경우가 있다(자본시장법 제183조 제1항, 보험업법 제8조 제1항).

③ 상호단일의 원칙

동일한 영업에는 단일상호를 사용해야 하는데(제21조 제1항), 이를 상호단일의 원칙이라 한다. 동일한 상인이 동일한 영업을 영위하면서 여러 개의 다른 상호를 사용하는 경우에는 일반인들이 영업종류 및 영업주에 대해 혼동하거나 오인할 수 있고, 다른 상인의 상호선택의 폭을 제한할 우려가 있기 때문이다. 다만, 개인 상인이 수개의 영업을 영위하는 경우에는 각 영업에 대해 다른 상호를 사용할 수 있으며(상업등기법 제30조 3호), 이 경우에도 종류가 다른 수개의 영업에 공통적으로 하나의 상호를 사용하는 것도 허용된다고 본다. 하지만, 회사의 경우에는 법인격을 표시하는 유일한 명칭이며 정관 절대적 기재사항에 해당하는 상호가 하나이므로 수개의 영업을 영위하더라도 단일 상호만을 사용해야 한다.

동일한 영업을 위해 수개의 영업소를 둔 경우에도 하나의 상호만을 사용해야 한다. 다만, 지점의 상호에는 본점과의 종속관계를 표시하기 위해 지점이라는 표시를 해야 한다(제21조 제2항).

④ 주체오인 상호의 사용금지

누구든지 부정한 목적으로 타인의 영업으로 오인할 수 있는 상호를 사용하지 못한다(제23조 제1항). 상호자유주의 원칙의 중요한 예외로서 다른 상인이 사용 중인 상호와 동일하거나 유사한 상호를 사용함으로써 상호를 도용당한 자뿐 아니라 거래상대방도 피해를 입게 될 위험이 있으므로, 일반인의 신뢰를 보호하고 동시에 상호권자의 이익도 보호하는데 그 취지가 있다(대법원 2016. 1. 28. 선고 2013다76635 판결).

본 조에 위반하여 상호를 사용한 자가 있는 경우 손해를 받을 염려가 있는 자 또는 상호를 등기한 자는 상호의 폐지를 청구할 수 있으며(제23조 제2항), 손해가 발생한 경우에는 그 배상을 청구할 수 있다(제23조 제3항). 그 외 이에 위반한 경우에는 과태료 제재를 받는다(제28조).

⑤ 부정경쟁목적 상호사용 금지

국내에 널리 인식된 타인의 성명, 상호, 표장, 그밖에 타인의 영업임을 표시하는 표지와 동일하거나 유사한 것을 사용하여 타인의 영업상의 시설 또는 활동과 혼동을 초래하는 행위는 금지된다(부정경쟁방지 및 영업비밀보호에 관한 법률 제2조 1호 나목). 상법 제23조와의 비교해 볼 때, 부정경쟁방지법에 의할 경우에는 부정경쟁행위가 인정되는 경우에는 손해액이 추정되고(제14조의2), 금지청구 이외에 신용회복 조치가 인정되며(제4조,

제6조), 위반시 형사제재가 부과(제18조)되는 등 상법보다 더 보호범위가 넓고 제재강도가 강력하므로 실무적으로는 상법보다 부정경쟁방지법 위반행위가 훨씬 많다.

3. 상호의 등기

상호는 상인의 영업명칭으로 동일성을 표시하는 기준이며, 상인의 신용에 대한 일반인들의 신뢰의 대상이 되기 때문에 상호의 존재를 일반인들에게 알릴 필요가 있어 공시제도로서 상호등기제도가 마련되어 있으며, 등기된 상호에 대해서는 상법에서 특별한 보호를 하고 있다.

(1) 상호등기절차

① 개인상호

개인상인의 상호는 등기여부를 자유롭게 선택할 수 있다. 개인상인은 영업의 개시와 폐지가 회사에 비해 자유롭게 빈번하게 일어날 뿐 아니라 영업의 규모가 작기 때문에 그 상호를 등기사항으로 강제하는 것이 부적합할 뿐 아니라 불필요한 부담으로 작용할 수 있다. 다만, 개인상인도 그 상호를 등기하는 경우에는 미등기 상호에 비해 두터운 보호를 받게 된다. 개인상호도 일단 등기한 경우에는 상호를 변경하거나 양도, 폐지하는 경우에는 이를 등기하여야 한다(제40조).

② 회사상호

회사상호는 정관의 절대적 기재사항이며 설립등기사항이므로 반드시 등기하여야 한다(제180조 제1항, 제271조 제1항, 제287조의3 제1항, 제317조 제2항 1호, 제549조 제2항 1호). 회사상호는 회사등기부에 하며, 설립등기와 동시에 등기상호로 보호를 받게 된다. 따라서 상호변경의 경우에는 정관변경과 변경등기 절차를 따라야 하며, 상호의 등기와 변경등기는 본점에서 해야 한다.

(2) 상호등기의 효력

상호를 등기하게 되면 그 변경이나 소멸의 경우에는 지체없이 변경등기 또는 소멸등기를 하여야 한다(제40조). 만약, 변경등기나 소멸등기를 하지 않는 경우에는 이해관계인에게 등기말소청구권이 인정된다. 또한 상호를 등기한 자가 정당한 사유 없이 2년간 상호를 사용하지 않는 경우에는 그 상호를 폐지한 것으로 본다(제26조). 그 외 등기한 상호에 인정되는 효력은 다음과 같다.

① 동일 지역군 내에서 동일상호 등기금지

타인이 등기한 상호는 동일한 특별시·광역시·시·군에서 동종영업의 상호로 등기하지 못한다(제22조). 이처럼 등기상호는 동일한 행정구역 내에서 동종영업의 상호로 등기하는 것을 배척하는 효력이 있다. 다만, 제22조가 등기상호와 동일한 상호가 나중에 등기가 된 경우에 선등기자가 후등기자에 대해 등기말소를 청구할 수 있는 권리를 인정하는지 여부에 대해서는 이를 부인하는 견해(등기법설)와 인정하는 견해(실체법설)의 대립이 있는데, 다수설과 판례는 후자의 견해를 따르고 있다(대법원 2004. 3. 26. 선고 2001다72081 판결).

> "상법 제22조는 '타인이 등기한 상호는 동일한 특별시·광역시·시·군에서 동종 영업의 상호로 등기하지 못한다.'고 규정하고 있는바, 위 규정의 취지는 일정한 지역 범위 내에서 먼저 등기된 상호에 관한 일반 공중의 오인·혼동을 방지하여 이에 대한 신뢰를 보호함과 아울러, 상호를 먼저 등기한 자가 그 상호를 타인의 상호와 구별하고자 하는 이익을 보호하는 데 있고, … 상법 제22조의 규정은 동일한 특별시·광역시·시 또는 군 내에서는 동일한 영업을 위하여 타인이 등기한 상호 또는 확연히 구별할 수 없는 상호의 등기를 금지하는 효력과 함께 그와 같은 상호가 등기된 경우에는 선등기자가 후등기자를 상대로 그와 같은 등기의 말소를 소로써 청구할 수 있는 효력도 인정한 규정이라고 봄이 상당하다."

② 부정한 목적의 추정

행정구역 범위와 무관하게 누구든지 부정한 목적으로 타인의 영업으로 오인할 수 있는 상호를 사용한 경우에는 상호권자는 상호폐지와 손해배상을 청구할 수 있는데, 만약 동일한 특별시·광역시·시·군에서 동종영업으로 타인이 등기한 상호를 사용하는 자에게는 부정한 목적이 있는 것으로 추정되어(제23조 제4항), 등기 상호권자는 부정한 목적에 대한 입증 없이 권리행사가 가능하다는 점에서 미등기 상호권자보다 강한 보호를 받게 된다.

③ 손해입증책임 완화

미등기상호의 경우에는 타인이 부정한 목적으로 상호권을 침해한 경우 손해발생에 대한 입증이 요구되지만, 등기상호의 경우에는 이를 입증할 필요 없이 상호폐지 및 손해배상청구권 행사가 가능하다(제23조 제2항, 제3항)는 점에서 등기상호에 대해서는 상호권을 강화하고 있다.

제4절 회사법의 주요 내용

Ⅰ. 회사법의 의의

회사법이 어떤 법인지 어떤 기능을 담당하는가에 대해서는 이견이 있지만, 대체로 회사와 관련된 법률문제에 대해 회사에 관계된 다수의 이해관계자들, 예를 들면, 주주, 이사, 회사채권자, 노동자 등의 이해상충관계를 합리적으로 조정하고, 회사분쟁의 사전예방 및 사후해결을 위한 준칙을 제공하는 기본규범으로 정의할 수 있다. 따라서, 이상적인 회사법의 모습은 기업현실을 반영한 시장순응적이면서 동시에 회사법의 이념과 가치를 동시에 추구할 수 있는 형태여야 한다.

그렇다면, 회사를 둘러싼 많은 이해당사자들 중에서 과연 누구의 이익에 중점을 두어야 하는지, 다시 말해서 누가 회사의 주인인가에 대한 물음에 답을 찾을 필요가 있다. 하지만, 이 부분에 대한 논쟁은 이미 오래 전부터 진행되어 왔고 현재까지도 결론을 내리지 못한 영역이다. 우선, 주주를 회사의 주인으로 보고 회사의 경영은 물론 회사법의 규제방향도 주주를 중심으로 설정되어야 한다는 '주주중심주의형 모델'(Shareholder Primacy Model)과 주주뿐 아니라 회사를 둘러싼 다른 이해당사자들인 채권자, 경영자, 근로자, 소비자, 지역공동체의 이익도 동등하게 고려되어야 한다는 '이해당사자 자본주의'(Stakeholder Capitalism)가 대립되어 왔었고, 최근에는 기업의 실질적 운영자인 경영진 이사들의 이해관계에 좀 더 중점을 두어야 한다는 '이사중심주의형 모델'(Director Primacy Model)이 대두되고 있다. 이러한 이사중심주의형 모델에서는 원활한 기업운영을 위해서는 이사의 업무결정과 경영진의 업무집행행위를 좀 더 두텁게 보호할 필요성이 있다는 점을 그 논거로 제시하고 있지만 결과적으로 주주의 이익을 심하게 해치는 경영활동까지 보호하게 된다는 점과 기업에 대한 투자자로서의 지위를 가지는 주주의 권익을 도외시함으로써 결국 투자의욕을 감소시킬 수 있다는 비판이 있다. 회사의 주인이 누구이며, 회사법이 보호하고자 하는 주체가 누구인가의 논쟁은 기업지배구조론과 불가분의 관계를 가질 수밖에 없는 이유가 여기에 있다.

Ⅱ. 기업의 형태

개정 전 상법상 회사의 종류는 합명, 합자, 주식, 유한회사의 4종류를 인정하고 있었으나, 2011년 개정으로 인해 유한책임회사가 추가되어 이제는 상법상 회사가 5종이 되었다.

상법이 회사의 종류를 명문규정으로 제한하고 있는 이유는 회사를 둘러싼 법률관계를 명확하게 하기 위해 다른 형태의 회사는 인정하지 않으려는 취지이다.

회사의 구별기준은 주로 사원이 회사채무에 대해 어떠한 형태와 범위에서 책임을 부담하는가에 따른 것으로, 사원이 회사의 채무에 대해 직접·무한책임을 부담하는지 아니면 간접·유한책임을 부담하는지, 또는 사원 중 일부는 무한책임을 부담하고 나머지 일부는 유한책임을 부담하는가에 따른 구별이다. 이와 같은 사원의 책임형태는 그 회사의 대외적 신용의 기초와 밀접한 관련을 가지기 때문에 회사와 거래하는 제3자에게는 중요한 부분으로 인식된다.

1. 합명회사

합명회사는 소수의 동업형태에 적합한 회사형태로서 소유와 경영이 일치된다는 특징이 있다. 합명회사는 2인 이상의 무한책임사원만으로 구성되며 회사재산으로 회사채무를 완제할 수 없는 경우에 모든 사원이 회사채권자에 대해 직접·연대·무한책임을 부담하는 회사이다. 따라서 실질적으로 개인기업을 수인이 공동으로 운영하는 회사형태로서 내부관계는 조합의 요소가 강하므로 사원 상호간 인적 신뢰가 두터운 소규모회사에 적합하다.

2. 합자회사

합자회사도 사원간 인적 신뢰관계를 기초로 형성된 조합적 성격이 강한 회사형태이지만, 사원이 무한책임사원과 유한책임사원으로 구성된다는 점에서 합명회사와 구별된다. 합자회사의 무한책임사원의 책임은 합명회사의 무한책임사원과 동일하고, 유한책임사원은 회사채권자에 대해 출자가액의 한도 내에서만 직접·연대책임을 부담하게 된다. 이러한 회사형태는 합명회사를 토대로 하면서 자본적 요소를 가미한 것으로서 특별규정이 없다면 합명회사의 규정이 준용된다.

3. 주식회사

주식회사는 사원(주주) 전원이 회사에 대해 보유주식의 인수가액을 한도로 하여 출자의무를 부담하는데 그치며, 회사채무에 대해서는 직접적으로 어떠한 책임도 부담하지 않는 회사형태이다. 이러한 주주의 유한책임으로 인해 일반투자자들로부터 광범위하게 자본을 조달할 수 있다는 장점으로 인해 오늘날 가장 보편화된 회사형태이다.

(1) 주식회사의 장점

① 주주의 유한책임으로 위험이 한정된다.

② 주식과 회사채 발행을 통해 거액의 자금조달이 가능하며, 투자자는 증권양도를 통해 투하자금 회수가 용이하다.

③ 소유와 경영이 분리되어 경영의 전문화가 용이하다.

(2) 주식회사의 단점

① 다수이해 당사자의 존재로 인해 법적 규제가 강하기 때문에 회사의 자율성이 제한을 받는다.

② 설립절차가 복잡하고, 주권발행 및 회사관리 비용이 많이 들고, 각종 서류비치 및 공시의무 준수를 위한 비용부담이 크다.

③ 자유로운 주식양도로 인해 주주간 이해관계의 충돌이 발생할 가능성이 크고, 경영권 분쟁의 소지가 많다.

④ 상장회사의 경우 상장유지비용이 든다.

4. 유한회사

주식회사에서의 설립이나 조직절차를 간소화하고 공시요건을 완화시킴으로써 주식회사를 간이화함과 동시에 사원유한책임의 이점을 누리고자 하는 중소기업에 적합한 회사형태로서, 기본적으로 주식회사와 유사한 회사형태이므로 사원 전원이 회사채권자에 대해 아무런 직접책임을 지지 않고 출자의무만을 부담하는 회사형태이다. 다만, 특정사원의 경우 자본전보책임을 부담하는 경우가 있고, 지분의 임의양도가 제한되며, 사원수가 50인 이하인 것을 원칙으로 한다는 점에서 차이가 있다.

5. 유한책임회사(Limited Liability Company: LLC)

그간 도입필요성이 강조되던 중 개정 회사편에서 신설된 회사형태로서, 이는 조합적 요소에 유한책임을 가미한 회사형태로서 사원에게 유한책임을 인정하면서도 회사설립이나 운영과 기관 구성 등에 있어서는 사적 자치를 폭넓게 인정하는 회사형태이다. 앞으로 사모투자펀드와 같은 펀드나 벤처기업 등 사적 자치가 중시되는 소규모기업에 활용될 것으로 기대된다.

6. 합자조합(Limited Partnership: LP)

최근 인적 자산의 중요성이 높아짐에 따라 인적 자산을 적절히 수용할 수 있도록 공동기업의 형태를 취하면서 내부적으로는 조합의 실질을 갖추고 외부적으로는 사원의 유한책임이 확보되는 기업형태로서 개정 회사편에서는 합자조합을 신설하였다. 합자조합은 상법상 회사는 아니지만 하나의 기업형태로 인정되며 주로 사모투자전문회사, 창업투자조합 등 특별법에 도입된 형태를 상법이 수용함으로써 이에 관한 기본적 법률관계를 규율하고 있다. 합자조합은 조합의 업무를 집행하고 조합채무에 대해 무한책임을 부담하는 업무집행조합원과 출자가액을 한도로 유한책임만을 부담하는 유한책임조합원으로 구성되며, 등기는 하지만 비법인성이 강하여 익명조합과 유사한 기업형태이다.

Ⅲ. 주식회사의 기관

1. 주주총회

(1) 주주총회의 의의와 권한

주주총회란 출자자인 주주에 의해 구성되고 주식회사의 기본적인 중요사항에 대해 의사를 결정하는 필요적 의사결정기관이며 주식회사의 최고의사결정기관이다.

주식회사의 소유와 경영의 분리현상에 따라 오늘날 주식회사에서는 회사업무집행에 관한 일반적 사항의 결정권은 이사회에 부여하고, 주주총회에서는 상법 또는 정관에 정한 사항에 대해서만 결의할 수 있다(제361조). 상법상 주주총회의 권한은 이사와 감사의 임면을 제외하고는 주로 회사와 영업에 관한 기본적인 사항으로서 주주의 이익에 중대한 영향을 미치는 사항에 관한 것들이며, 정관으로도 그 결정권을 다른 기관이나 제3자에게 위임할 수 없다.

주주총회는 회의체기관으로서 그 권한행사를 위해 필요한 결의요건에 따라 보통결의사항, 특별결의사항, 특수결의사항으로 나누어진다.

보통결의사항	상법 또는 정관에 다른 정함이 없는 경우, 출석한 주주의 과반수 & 발행주식총수의 1/4 이상의 다수로서 결의 특별결의사항 이외에는 모두 여기에 해당
특별결의사항	출석주주 의결권 2/3 이상 & 발행주식총수 1/3 이상의 다수로서 결의 주식회사 기본구조에 변경을 가져오는 사항들로서, 정관변경, 주식소각, 주식의 포괄적 교환·이전, 회사해산, 합병, 이사·감사의 해임, 영업의 전부 또는 중요한 일부의 양도 등이 여기에 해당

특수결의사항 (총주주의 동의)	이사·감사·청산인의 회사에 대한 책임 면제발기인의 손해배상책임면제 주식회사의 유한회사로의 조직변경 * 의결권 없는 주주의 동의도 얻어야 한다.

건물임대업을 주된 사업으로 하는 X주식회사의 A사장(대표이사)은 IMF사태로 말미암아 사업이 부진하자 동 회사의 유일한 재산이라고 할 수 있는 강남소재 10층짜리 빌딩을 Y에게 매각하였다.
① 그 후 부동산 가격이 다시 상승하자 X주식회사의 주주들은 A사장의 이건 빌딩 매각은 주주총회 특별결의를 거치지 않은 것으로서 무효라고 주장하고, Y에게 빌딩을 반환해 줄 것을 청구하였다. Y는 이에 응해야 하는가?
② 만일 A사장이 이건 부동산을 매각하기 이전에 부동산임대업의 부진으로 X회사가 휴업상태에 있었던 경우에는 어떠한가?
③ 만일 A사장이 이건 부동산을 Y에게 양도담보로 제공하고 채무변제를 하지 못한 경우에는 어떠한가?(대법원 1988. 4. 12. 선고 87다카1662 판결 참조)

주주총회 권한과 관련해서 영업용 중요재산의 양도의 경우 주주총회 특별결의가 필요한지 여부에 대해 영업의 전부 또는 중요한 일부의 양도는 주주총회 특별결의사항인데, 회사의 영업을 위한 '중요한 재산'을 양도하는 경우가 본 조의 '영업의 양도'에 해당하는 특별결의사항인지 여부가 문제된다. 즉 '영업'을 '사실관계를 포함한 유기적 일체로서의 영업재산의 총체'를 의미하는 것인지, 아니면 '사실상 회사영업의 전부 또는 중요한 일부를 구성하는 개개의 영업용 재산'도 포함하는가에 따라 결론이 달라진다.

학설은 대립되지만, 다수설은 영업용재산의 양도가 실질적으로 볼 때 회사의 영업의 전부 또는 그 일부를 양도, 폐지, 중단하는 것과 동일한 결과를 초래할 경우에는 특별결의가 필요하다고 보며, 판례는 영업용 재산의 전부나 일부를 총체적으로 양도하는 것을 의미하므로 단순한 영업용 재산의 양도는 특별결의사항이 아니지만, 영업용 재산의 처분으로 말미암아 회사영업의 전부나 일부를 양도하거나 폐지하는 것과 같은 결과를 가져오는 경우에는 주주총회의 특별결의가 필요하다고 보고 있다. 따라서 ①에서 회사의 유일한 재산인 빌딩을 처분한 행위는 사실상 영업재산 전부를 양도한 것과 같으므로 빌딩반환을 주장하는 주주들의 주장은 타당하다. ② 하지만, 재산양도 이전에 회사가 이미 폐업상태였다면 빌딩 양도로 새삼스럽게 영업폐지나 중단이 초래되지는 않기 때문에 특별결의가 필요하지 않다.

문제는 영업용 중요재산을 담보로 제공하는 경우에도 특별결의가 요구되는가 인데, 우리 판례는 실질적으로 재산양도와 동일한 매도담보의 경우에는 환매기간 내에 환매하지 못하게 되면 영업의 전부 또는 중요부분을 폐업하게 되므로 주주총회의 특별결의가 필요하다고 보았지만, 단순히 영업용 재산에 저당권설정계약을 체결하는 경우에는 특별결의를 필요로 하지 않는다고 보고 있다.

판례는 단순한 영업재산만의 양도는 주주총회의 특별결의를 필요로 하지 않는다고 본다. 따라서, 아래 경우 단순한 영업재산 양도로 보아 특별결의를 요하지 않는다고 보았다.

- 신축건물양도약정만 하는 경우
- 금속제품 생산을 주된 영업으로 하는 회사가 온천개발사업을 하기 위한 준비로써 보유하던 부동산을 매각하는 경우
- 회사가 사무실의 전세보증금채권을 양도하는 경우

하지만, 예외적으로 양도재산이 회사 존속의 기초가 되는 중요재산으로서 그 재산의 양도로 영업의 폐지나 중단을 초래할 경우에는 영업양도와 다를 바 없으므로 주주총회의 특별결의를 요한다고 보았는데, 구체적인 사례는 다음과 같다.

- 광산업을 하는 회사가 광업권을 양도한 경우
- 시장의 점포임대를 업으로 하는 회사가 시장건물을 양도한 경우
- 호텔관광업을 위해 설립된 회사가 호텔건축용 부지를 처분한 경우

상법 제374조 1호의 특별결의를 거치지 않고 한 영업재산 양도의 효력에 대해서는 상법에 아무런 규정이 없어 입법의 불비라는 비판을 받고 있는데, 본조에 위반한 영업양도의 효력을 무효로 보게 되면 거래상대방의 이익을 침해하는 결과가 초래될 수 있으므로 제3자 보호를 위해 양수인이 악의 또는 중과실이 인정되는 경우에만 무효주장을 할 수 있다고 봐야 할 것이다. 주주총회권한은 상법이 정한 사항 이외에도 정관으로 추가할 수 있는데(제361조), 문제는 상법상 이사회권한사항으로 한정되어 있는 경우에도 이를 정관으로 주주총회 권한 사항으로 할 수 있는가 하는 점인데 통설은 주주총회의 최고기관성을 감안할 때 이를 긍정하고 있다.

(2) 주주총회의 소집

Y주식회사의 이사였던 X가 사임한 후 유일한 주주인 A는 임시주주총회에서 B, C, D를 각각 이

사로 선임한 것으로 주총의사록을 작성하였다. 이에 대하여 X는 Y회사의 주주총회가 개최된 사실이 없다는 이유로 총회결의부존재를 주장하고 있다. X의 주장은 타당한가?

주주총회의 소집은 다른 규정이 없는 경우 이사회의 결의에 의해 대표이사가 소집하는데, 발생주식총수의 3/100 이상에 해당하는 주식을 가진 주주도 이사회에 임시총회 소집을 청구할 수 있으며, 6개월 전부터 상장회사 발행주식 총수의 15/1000 이상에 해당하는 주식을 보유한 자도 마찬가지이다. 또한 감사 또는 감사위원회도 임시총회 소집을 청구할 수 있다. 주주총회는 원칙적으로 이사회 결의에 의해 소집되며, 소집통지 등 절차를 거쳐야 적법하게 성립할 수 있다. 그런데, 사례와 같이 1인 주주가 이런 절차를 생략한 채 혼자 출석하여 결의한 경우 적법한 주주총회로 볼 수 있는가가 문제인데, 통설과 판례는 총회소집절차가 법정되어 있는 것은 주주에 대해 총회출석과 결의에 대한 준비기회를 부여하려는 데 있는 것이므로 1인 주주 또는 주주전원의 동의하에 이루어진 결의는 유효하다고 본다.

A회사의 발행주식총수 100만주 중 20만주가 무의결권주식이다. 이사선임을 의안으로 하는 임시주주총회에서 의장인 Y는 18만주의 주식을 가진 주주들이 참석한 것을 확인한 후 개회를 선언하였다. 그러나 소수주주 X는 의사정족수를 충족하지 못하였다는 이유로 Y의 개회선언은 불법이라고 주장하고 즉시 의안토의를 중단할 것을 요구하였다. X의 주장은 타당한가?

사례와 같이 주주총회 개회를 위해서는 의결정족수의 출석이 필요한지, 아니면 이에 미달되더라도 유효한 총회는 개최되고 다만 의결만 하지 못하는 것인지 문제되는데, 총회에서 의결권을 행사하려는 주주는 주주명부의 폐쇄시 또는 기준일에 주주명부에 기재되어 있는 자에 한하기 때문에 출석한 주주가 이러한 자격을 가지는지 여부 및 출석한 자와 주주명부상 주주의 동일성 여부를 총회 개회 전에 먼저 확인해야 하며, 의결정족수에 미달하는 주식을 보유한 주주들이 출석한 상태라면 총회자체가 성립될 수 없다고 보아야 한다.

(3) 주주제안권(Shareholder proposal)

A회사는 상장법인으로 X등은 A회사 발행주식총수 중 100분의 1 이상인 3,25%에 해당하는 주식을 2024년 1월 10일 기준 6개월 이전부터 계속해서 보유하고 있는 주주들이다. X등은 2024년 3월 16일에 개최예정인 정기주주총회 6주 전에 A회사 이사회에 K이사 해임의 건을 내용으로 하는

의제를 주주총회 목적사항으로 다루어줄 것을 제안하였다. 하지만 이사회에서는 이 안건을 목적사항으로 상정하지 않고 주주총회 소집결의를 하고 주주들에 대한 소집통지와 공고절차를 모두 마쳤다. X등은 자신들이 제안한 목적사항을 포함한 소집통지와 공고를 해야한다는 내용의 가처분신청을 제기하였다.

과거 이사회 결정으로 소집되는 주주총회에서는 소집통지에 기재된 목적사항에 한하여 결의할 수 있었으므로 주주들이 의안을 발의하여 능동적으로 주주총회에 참여할 수 있는 길이 없었으나 1998년 개정상법에서는 일정한 요건을 갖춘 주주가 주주총회 의제나 의안을 제안할 수 있는 주주제안권을 도입하였다. 이러한 주주제안권은 소수파 주주에 의해 행사되는 경우가 대부분이므로 이러한 제안이 주주총회에서 결의되는 경우는 사실상 매우 드물다. 하지만, 주주의 의견이나 제안을 다른 주주들에게 개진함으로써 경영진에 대한 사실상 통제기능을 할 수 있다는 데에 그 의미가 있다.

주주제안권 행사요건은, 비상장회사의 경우에는 의결권 없는 주식을 제외한 발행주식총수의 3/100 이상에 해당하는 주식을 가진 주주가 이사회(대표이사)에 주주총회 회일 6주 전에 서면으로 일정사항을 주총 목적사항으로 할 것을 청구할 수 있다(제363조의2). 상장회사의 경우에는 지분요건이 완화되어 1,000분의 1 이상 보유주주가 주주제안권을 행사할 수 있는데 한가지 추가된 요건으로는 이 지분을 6개월 전부터 계속보유하고 있어야 한다는 것이다. 다만, 상장회사 주주라 하더라도 비상장회사의 소수주주권 행사요건인 지분을 구비하고 있다면 6개월 계속보유 요건을 구비하지 않더라도 소수주주권 행사가 가능해졌다.

이사회는 주주제안 내용이 법령 또는 정관에 위반되는 경우에는 총회 목적사항으로 하는 것을 거절할 수 있는데, 상법 시행령 제5조에서 거절사유를 규정하고 있다.

① 주주총회에서 부결된 내용과 동일한 의안을 부결일로부터 3년 내에 다시 제안하는 경우

② 주주 개인의 고충에 관한 사항

③ 주주가 권리를 행사하기 위해서는 일정 비율을 초과하는 주식을 보유해야 하는 소수주주권에 관한 사항

④ 임기 중에 있는 임원의 해임에 관한 사항(상장회사의 경우에 한함)

⑤ 실현불가능한 사항 또는 제안이유가 명백히 거짓이거나 특정인의 명예를 훼손하는 사항

적법하게 제기된 주주제안을 무시한 주주총회결의의 효력은 만약 사례와 같은 의

제제안을 부당하게 거절하여 총회 의제로 하지 않은 경우에는 결의취소 대상인 의제 자체가 없었으므로 주주총회 결의취소소송의 대상이 되지 않고 유효한 총회로서의 효력이 인정되지만, 이미 목적사항으로 예정된 안건을 구체화해서 제안하는 의안제안(예를 들면, 이익배당을 20% 해달라는 제안)을 무시한 경우에는 결의방법에 하자가 있는 것으로 보아 주주총회 결의취소소송의 원인이 된다. 위 사례의 경우에는 적법한 지분요건을 구비한 주주들의 주주제안권 행사를 무시하고 소집통지를 한 것이므로 주주들의 이의제기는 적법한 것으로 볼 수 있다.

(4) 주주평등의 원칙

주주평등의 원칙이란 주주가 회사와의 권리·의무관계에 있어서 보유한 주식수에 따라 평등한 대우를 받아야 한다는 원칙으로서, 엄격히 말하자면 '사람'의 평등이 아니라 '주식'의 평등을 의미한다. 이러한 주주평등의 원칙은 이익배당, 잔여재산분배, 의결권행사 등에 대한 비례적 권리로 구체화된다. 주주평등의 원칙은 회사와 주주간에 적용되는 원칙이므로, 주주상호간 또는 주주와 제3자간에는 적용되지 않는다. 그리고 이익배당에 있어서 대주주에 대한 저액배당은 권리포기로 인정될 수 있는 한 주주평등의 원칙에 위반되지 않지만, 반대로 소액주주에 대한 저액배당이나 특정주주에 대해서만 경제상 이익을 제공하는 것은 주주평등에 원칙에 반한다.

이러한 주주평등의 원칙은 회사법상 강행규범으로서 상법이 정하는 예외를 제외하고는 정관규정, 이사회 또는 주주총회결의에 의해 침해될 수 없고, 동 원칙 위반행위는 무효이다. 다만, 권리침해를 받은 주주의 동의가 있다면 무효가 치유될 수 있다.

상법상 주주평의의 원칙에 대한 예외규정으로는,

• 수종의 주식의 발행

우선주, 후배주, 상환주식, 전환주식 등 재산적 내용에 차이가 있는 주식발행이나 의결권 없는 주식의 발행이 인정된다. 이는 주식회사의 자본조달요청에 부응하기 위해 상법이 정책적으로 인정한 예외인데, 수종의 주식이 발행된 경우라도 동종의 주주간에는 평등의 원칙이 적용된다.

• 감사선임결의에 있어 3/100 이상을 보유한 대주주의 의결권제한

이는 대주주의 영향력으로부터 감사의 독립성을 확보하기 위함이다.

• 소수주주권

회계장부열람청구권, 총회소집청구권, 위법행위유지청구권, 대표소송제기권 등이 있다.

판례는 정기주주총회에서 발행주식의 1% 이상을 가진 소위 대주주에게는 30%, 1% 미만을 가진 소액주주에게는 33%의 이익배당을 하기로 결의하였는데, 위 결의에 의하여 불이익을 받은 대주주 전원이 주주총회에 출석하여 찬성의사를 표시하였다면 그 결의는 유효하다고 보았다. 그리고 법인주주와 개인주주를 차별대우하여 개인주주들의 주식만을 액면가로 매입·소각하기로 한 주주총회 결의는 주주평등원칙에 반하는 위법한 결의로서 무효이며, 회사가 직원들을 유상증자에 참여시키면서 퇴직 시 출자 손실금을 전액보전 해 주기로 약정하는 것과 같은 손실보상약정은 주주평등의 원칙에 위배된 것으로 무효라고 판시한 바 있다.

(5) 주주의 의무와 책임

1) 유한책임의 원칙

Y상호신용금고의 전대표이사와 지점장이 공모 하에 부외거래를 하여 Y금고에 33억원 상당의 손해를 입혔다. 이에 Y금고의 전·현직 이사이며 대주주이던 X 등 4인은 위 사태의 수습을 위하여 각자 일정금액을 Y금고에 제공하기로 약정하였다. X도 이 약정에 따라 Y금고에 3억 6천만원을 지급하였으나 얼마 후 X는 자신이 Y금고에 지급한 금액은 주주유한책임원칙에 반하는 추가출자에 해당하여 무효라는 이유로 그 반환을 요구하였다. X의 반환청구는 타당한가?

주주는 주식의 인수가액을 한도로 출자의무를 부담하며 그 이외에 주주 자격에서 회사에 대하여 어떠한 의무도 부담하지 않는다(제331조)는 원칙이다. 이 원칙은 주식회사의 본질적인 것으로서 정관 또는 주주총회의 결의에 의하여도 이를 파기하거나 주주에게 인수가액 이외의 추가출자의무를 부과할 수 없다. 다만, 주주전원 또는 일부가 자발적으로 회사채무를 분담하기로 합의하는 것은 주주유한책임과는 무관한 것으로 유효하다고 본다. 위 사례에서 법원은 상법의 주주유한책임원칙은 주주의 의사에 반하여 주식의 인수가액을 초과하는 새로운 부담을 시킬 수 없다는 취지에 불과하며 주주들의 동의 아래 회사채무를 주주들이 분담하는 것까지 금하는 취지는 아니므로 X의 자발적 채무분담은 주주유한책임원칙에 위배된 것으로 볼 수 없다고 보았다(대법원 1989. 9. 12. 선고 89다카890 판결 참조).

2) 출자의무

주주의 의무는 출자의무에 국한되며, 본 의무 이행은 금전출자나 현물출자를 구별하지 않고 현실적으로 이행할 것을 필요로 한다. 이와 관련해 몇 가지 사항이 문제된다.

① 회사의 대위변제

회사는 주식인수인의 주금납입의무를 대신 이행 할 수 없다. 따라서 주금납입은 현실이행이 있어야 한다는 것이 상법규정이므로 회사가 특정 주주를 위해 주금을 대납하는 것은 허용될 수 없다.

② 어음·수표에 의한 지급

어음·수표의 교부는 하나의 지급방법에 불과하므로 주금납입을 금전이 아닌 어음이나 수표로 한 경우에는 회사가 현실로 그 어음이나 수표의 지급을 받기까지는 출자의무는 이행된 것으로 볼 수 없다. 따라서 최종적으로 현금화되지 못한 부도난 어음으로 납입한 경우에는 납입자체가 없었던 것으로 본다.

③ 상계

회사는 출자의무 이행을 면제할 수 없으며, 주주는 상계로서 회사에 대항할 수 없다는 규정이 있었으나 2011년 삭제됨에 따라 주주는 회사에 대해 상계로써 주금납입을 대신하는 것도 허용된다. 이는 회사에 대한 채권을 보유한 제3자가 회사가 발행하는 신주를 인수하면서 해당 주금을 상계로써 납입할 수 있도록 허용한 것이다.

3) 충실의무

합명회사와 같이 사원 상호간의 인적 신뢰를 바탕으로 사원이 모두 무한책임을 부담하는 회사에서는, 사원은 회사뿐 아니라 다른 사원에 대해서도 충실의무를 부담한다. 즉 사원이 그 권리를 행사함에 있어서 회사의 이익과 다른 사원의 이해관계를 고려해야 할 의무가 있다. 하지만, 사원의 개성이 희박한 주식회사의 주주는 유한책임만을 부담하기 때문에 원칙적으로 회사나 다른 주주에 대해서 충실의무를 부담하지는 않는다. 하지만, 주식회사의 경영과 운명에 결정적인 영향을 미치는 지배주주의 경우에는 일반 소액주주와는 달리 봐야 하며, 지배주주의 충실의무에 관해서는 목차를 바꾸어서 다시 설명하기로 한다.

4) 업무집행지시자로서의 책임

1998년 개정상법은 이사에게 업무집행을 지시한 자의 책임을 묻는 제도를 신설하였는데, 표면적으로는 회사의 이사가 아니지만 사실상 회사를 지배하는 대주주에 대해서는 업무집행지시자로서의 책임을 추궁할 수 있게 되었다(제401조의2). 여기서 지배주주라 함은, 회사의 지배권(경영권)을 장악한 주주를 말하며 다수결 원칙에 따르면 발행주식의 과반수 이상을 보유하는 자이어야 한다. 하지만, 대규모회사의 경우에는 주식이 광범위하게 분산되어 있고 또 대부분의 군소 소액주주들은 경영권에는 관심이 없기 때문에 실제로는 20~30%의 지분만으로도 지배주주가 될 수 있다. 이러한 지배주주는 주주유한책임을 방태로 삼아 경영실패나 부정으로 인한 책임을 회피하고 있으므로 이를 차단하기 위해 지배주주의 충실의무라던가 업무지시자의 책임을 인정하게 되었다. 따라서, 아래 사례에서 Y가 만일 지배주주로서 사실상 경영에 관여해 온 사실이 인정되면 X는 상법 제401조의2를 근거로 Y의 책임을 추궁할 수 있을 것이다.

제401조의2 [업무집행지시자 등의 책임]

① 다음 각호의 1에 해당하는 자는 그 지시하거나 집행한 업무에 관하여 이사와 동일한 책임을 진다.

1. 회사에 대한 자신의 영향력을 이용하여 이사에게 업무집행을 지시한 자
2. 이사의 이름으로 직접 업무를 집행한 자
3. 이사가 아니면서 명예회장, 회장, 사장, 부사장, 전무, 상무, 이사 기타 회사의업무를 집행할 권한이 있는 것으로 인정될 만한 명칭을 사용하여 회사의 업무를 집행한 자

5) 지배주주(controlling shareholder)의 충실의무

금융위기로 인해 경영상황이 극도로 악화된 A주식회사는 경쟁기업인 B회사와의 합병을 통한 구조조정과 현 최대주주 K를 비롯한 경영진들의 퇴진을 조건으로 정부의 주선하에 채권은행단으로부터 대출기한 연장 및 추가대출까지 받기로 하는 제안을 받고 합병 등에 대한 승인을 위한 임시주주총회를 개최하였으나, 최대주주 K는 자신에 동조하는 다른 주주들을 규합하여 주주총회 특별결의에서 이 제안을 부결시킴에 따라 결국 A회사는 파산하고 말았다. K에 반대하여 정부의 빅딜안을 수용할 것을 주장하던 주주들은 A회사의 파산으로 투자분을 전부 잃게 됨에 따라 K를 상대로 손해배상청구소송을 제기하였다.

지배주주는 회사의 기업지배체제에서 중요한 의사결정과 일상적인 경영의사에 결정적 영향을 미칠 수 있는 회사지배권을 보유하고 있는 주주를 의미한다. 지배주주는 통상 상대적으로 높은 비율의 주식을 가지고 주식다수결의 원리를 통해 이사·감사의 선임·해임 등 회사경영에 있어서 중요한 사항에 대한 결정권을 가지는 주주총회결의를 자기가 원하는 방향으로 조정할 수 있어, 회사의 운명에 결정적인 영향을 줄 수 있는 지위에 있는 회사의 합법화된 배후실력자이다.

그렇다면 지배주주로서 영향력을 행사할 수 있는 일정량의 주식이란 어느 정도의 주식을 보유하는 것을 말하는가? 회사에 대한 완전한 지배를 실현하자면 주주총회의 특별결의요건을 충족시킬 수 있는 주식수, 즉 출석주식총수의 2/3 이상이 되어야 할 것이지만, 지배주주는 주식총수의 과반수만 보유하더라도 보통결의로써 이사회를 구성할 수 있으므로 실질적인 지배권을 행사할 수 있다고 본다.

하지만, 오늘날 주식회사에서는 주식의 광범위한 분산과 회사지배권에 관심을 갖지 않는 소액주주의 증가로 말미암아 과반수에 훨씬 못 미치는 소량의 주식을 보유하고도 회사를 지배할 수 있게 되었다. 실제 상장회사의 경우 주식이 소액주주들에게 널리 분산되어 있고 주주총회 출석률이 낮아 발행주식총수의 과반수보다 훨씬 적은 지분을 가지고도 주주총회의 의사결정을 지배할 수 있어 통상 발행주식총수의 20~30% 정도만 보유하더라도 지배주주로 인식되고 있다.

주식다수결의 원리에 따라 의사결정이 이루어지는 주식회사에 있어 지배주주 관계가 성립한다면 다른 군소주주는 이론적으로는 주식소유비율에 따라 회사에 대한 권리를 행사함으로써 회사에 대한 지배권을 여전히 보유하고 있는 것처럼 생각되지만, 사실상은 회사의 지배권으로부터 완전히 배제되는 결과가 된다. 즉 소액주주는 의결권은 가지지만 주주총회에서는 의사형성에 영향을 미치지 못하는 무가치한 의결권으로 전락하고 마는 결과가 되고, 기업에 대한 지분, 즉 소유권은 보유하지만 이는 단순히 기업의 이윤분배에 대한 권리로서 사실상 회사에 대한 금전채권자에 불과하다고 해도 과언이 아니다. 이러한 현상은 소액주주들의 기업경영에 대한 무관심 및 총회 불출석 등으로 인해 주주총회가 무능화, 형해화되고, 이는 다시 대주주의 지배를 강화시킴으로써 결국 지배주주의 지배권은 그가 보유하고 있는 지분 이상으로 확대되는 것이다.

문제는, 이러한 지배주주의 지배권강화와 소수주주의 무관심은 지배주주의 권한남용 가능성을 높이며, 지배주주가 자기의 경제적 이익만을 추구할 목적으로 나른 주주나 회사의 이익에 반하는 방향으로 회사를 운영할 수 있다는 점이다. 이는 지배주주 역시 주주로서 출자의무 이외에는 회사나 다른 주주에 대해 아무런 책임을 부담하지 않기 때문에 결국 책임 없는 권한만을 가지는 결과가 되어 자기 마음대로 지배권을 행사하게 될 것이므로, 거대화된 지배주주의 지배권을 어떻게 견제할 것인가가 오늘날 회사법의 중요한 과제로 인식되고 있다.

이 문제를 해결하기 위해 미국 판례법과 독일법에서는 지배주주에게 충실의무를 인정하고 있으나 아직 우리 법에서는 명문규정이 없는 실정이다. 결국 위 사례와 같은 경우라 하더라도 현행법 하에서 피해를 입은 다른 주주들이 지배주주를 상대로 손해배상을 받을 수 있는 제도적 장치는 마련되어 있지 못하다.

오늘날 주식회사가 획기적으로 발전할 수 있었던 이유 중 하나는 주주가 출자의무를 이행한 후에는 회사에 대해 어떠한 추가적인 의무도 부담하지 않고 권리만을 가진다는 유한책임원칙에 있다. 더불어, 주주는 의결권 등의 주주권행사와 관련해서도 아무런 책임을 지지 않는다. 즉 주주총회에서 위법한 결의를 했더라도 주주의 책임이 문제되는 일은 없다. 이러한 유한책임은 주식회사에서 본질적 요소로 인식되므로 정관이나 주주총회 결의로도 이를 가중할 수 없도록 하고 있다. 이런 점에서 주주유한책임은 사실상 주주의 무책임이라고 볼 수 있다.

이러한 주주의 무책임으로 인해 지배주주들이 사업실패로 인한 손실을 사회에 전가시키는 기업위험의 외부화(externalization of corporate risk) 현상이 발생하게 된다.

그렇다면, 주주유한책임제도가 인정되지 않는다면 어떻게 될까?

우선, 주주들은 경영자를 감시하는데 소요되는 감시비용을 지출해야 할 것이고, 다른 주주들의 자력을 조사해야 하는가 하면 주주변동에 대해서도 항시 관찰해야 할 것이다. 만약 다른 주주가 무자력이라면 회사채무에 대해 자신이 책임져야 할 금액이 커질 것이다. 더구나, 증권시장에서 소량의 주식을 취득하려는 경우에도 이 같은 감시비용을 부담해야 하므로 결국 일반 소액투자자들은 주식회사에 대한 투자를 회피할 것이고 이로 인해 주식회사제도의 가장 큰 장점인 자본의 대중화는 실현되지 않을 것이다.

지배주주에 대한 충실의무(fiduciary duties) 개념은 외국에서 발전된 것으로서, 미국 판례법에서는 일찍부터 지배주주의 충실의무를 인정해 왔으며, 독일법에서도 이를 명문으로 인정하고 있다. 하지만, 우리나라 법제에는 지배주주의 충실의무를 명문으로 인정하는 규정을 발견할 수 없다. 하지만, 지배주주에게는 일반 주주에게 요구되는 것보다 훨씬 강한 정도의 충실의무가 요구되는데, 그 내용은 지배주주가 가진 회사지배권을 사용할 때에는 회사나 다른 주주에게 피해를 주어서는 아니 된다는 것이다. 충실의무를 인정한다 하더라도 그 개념이나 내용, 요건에 관해서는 정설이 없기 때문에 판례나 학설에서 제시하는 충실의무가 적용될 수 있는 지배주주의 권리남용행위 유형들을 중심으로 살펴 볼 필요가 있다.

지배주주의 권리남용행위는 회사의 임원이 되어 그 지위를 남용하거나, 주주총회의 의사결정에서 다수결 원칙을 남용하거나, 위 두 경우가 아닌 사실상의 힘과 지위를 남용하여 사익을 추구하는 유형으로 분류할 수 있다.

가. 임원으로서 지위를 남용하는 경우

지배주주는 회사 임원이 되어 직접 회사 업무집행에 관여하여 권한을 행사함으로써 사익을 추구할 수 있다. 이 경우에는 상법상 임원의 손해배상책임(제399조, 제401조)에 따라 규제를 받게 된다. 즉 지배주주는 임원의 지위에서 법령 또는 정관에 위반한 행위를 하거나 그 임무를 해태한 때에 회사에 대해 손해배상책임을 부담하게 된다(제399조). 구체적인 유형으로는,

• 지배주주가 이사인 지위에서 회사와 이익충돌이 되는 경업을 함으로써 회사의 영업기회를 유용할 수 있다. 예컨대, 운송업을 하는 회사의 이사가 운송주선업을 하거나, 건설장비 판매회사의 이사가 건설장비 임대업을 영위하거나, 회사가 구입할 대지를 물색하던 중 좋은 조건의 대지를 자기가 구입하는 경우를 들 수 있다.

• 또 다른 회사의 무한책임사원이나 이사가 되어 겸직한다면 경쟁적 이익추구의 염려가 발생하게 된다.

• 회사를 상대방으로 하여 자기 또는 제3자의 계산으로 자기거래를 함으로써 회사재산을 유출함과 동시에 다른 주주들의 배당기회와 회사채권자의 담보재산을 탈취하는 경우도 있다.

이사인 지배주주의 임무해태로 다른 주주가 손해를 입었다면, 지배주주는 제401조에 따라서 제3자에 대한 손해배상책임을 부담하게 된다. 여기서 손해는 직접손해뿐 아니라 간접손해도 포함하는데, 예컨대 이사인 지배주주가 작성한 허위의 주식청약서를 믿고 제3자가 주식을 인수했다가 손해를 본 경우에 책임이 인정되며(직접손해), 이사의 임무해태로 회사가 입은 손해로 말미암아 다시 제3자가 손해를 입은 경우인 이사의 임무해태로 회사재산을 감소시켜 회사채권자의 채권회수를 어렵게 한 경우(간접손해)에도 책임을 진다.

나. 주주총회에서 다수결원칙을 남용하는 경우

지배주주는 주주총회에서 다수결원리를 남용하여 자신에게 유리한 불공정한 결의를 이끌어 냄으로써 회사나 다른 주주의 이익을 해할 수도 있다. 예컨대, 회사의 영업을 자신에게 염가로 양도하기로 하는 총회결의를 하는 경우이다.

다. 사실상 힘과 우월적 지위를 남용하는 경우

지배주주는 임원직을 이용하거나 주주총회결의를 통하지 않고도 사실상의 힘과 지위를 이용해서 사익을 추구할 수도 잇는데, 대표적으로 회사의 기업정보를 미리 알아내

어 주식거래에 이용하는 소위 미공개정보를 이용한 내부자거래의 경우라던가 회사와의 거래에서 회사재산을 시가 이하로 지배주주에게 양도하거나 상품공급을 시가 이상으로 납품받게 하는 경우도 같은 유형에 속한다.

라. 충실의무 위반의 효과

지배주주의 충실의무를 인정한다는 전제하에서 지배주주의 책임을 구성해 보면, 우선 이사의 책임에 관한 상법 제399조와 제401조와 유사한 책임이 지배주주에게도 인정되어야 한다. 즉 지배주주가 충실의무에 위반하여 회사의 이익이 침해된 경우에는 해당 법률행위의 무효 및 특별이익의 반환, 그리고 회사에 대한 손해배상책임이 인정되어야 한다. 더불어, 다른 주주에 대해서는 손해배상책임을 비롯하여 충실의무위반으로 인정되는 주주총회의 결의의 효력을 부인해야 할 것이다.

위 사례의 경우 K는 지배주주로서 회사경영을 맡은 이사가 아니므로 상법 제399조나 제401조가 적용될 여지는 없다. 따라서, X가 K의 책임을 추궁하기 위해서는 민법상 불법행위규정을 원용할 수 있겠으나, 일단 K의 행위는 적법한 주주권의 행사로서 X가 입은 손해에 대한 고의나 과실을 입증하기가 어려우므로 불법행위책임을 인정하기는 어렵다. 하지만, 지배주주는 다른 주주의 이해관계에 영향을 미칠 수 있는 지위에 있기 때문에 소수주주의 이익을 침해해서는 아니된다는 충실의무를 부담한다고 보는 입법례에서는, 대주주 K는 충실의무를 위반하였으므로 그로 인해 X가 입은 손해에 대해 배상할 책임이 인정될 수 있다.

2. 이사회·이사·대표이사

이사회는 회사의 업무집행에 관한 의사결정을 담당하는 회의체 기관이며, 이사회 내에 감사위원회를 두는 경우에는 회사의 업무와 회계감독기관의 지위를 가진다.

우리 상법이나 정관에서 주주총회 결의사항으로 정한 것을 제외하고는 회사의 모든 업무집행에 대한 결정권은 이사회가 보유하고 있다. 하지만, 실무에서는 모든 사소한 사항까지 일일이 이사회가 결정할 수 없으므로 상법이나 정관에서 이사회 권한으로 되어 있는 사항 이외의 일상업무에 관한 결정은 대표이사가 담당하고 있다. 상법상 주식회사의 이사회는 3인 이상의 이사로 구성되어야 하지만, 자본금 10억 미만의 소규모회사는 1인 또는 2인의 이사를 둘 수 있다. 이하에서는 회사법상 이사의 의무와 책임에 관해 살펴본다.

(1) 이사의 의무(善管義務·忠實義務)

이사와 회사의 관계는 위임관계로 보므로 이사는 회사에 대해 선량한 관리자의 주의로서 직무를 수행해야 할 의무를 부담한다. 그리고 이사는 법령 및 정관, 주주총회의 결의를 준수하고 회사를 위하여 충실하게 직무를 수행할 충실의무도 부담하고 있다.

① 선관주의의무

가. 의의

주식회사 이사가 부담하는 선관주의의무라 함은 영업의 종류, 규모, 기타 조건에 비추어 회사 업무를 수행하기 위해 요구되는 통상적인 판단력과 능력을 가지고 이사의 업무를 행하는 것을 말하는데, 이사의 행위가 선관의무에 위반하였는가 여부는, 해당 이사가 현실적으로 알았던 사실 및 주의의무를 다하였더라면 알 수 있었던 사실에 기초하여 합리적으로 회사의 이익을 위해 기대되는 바에 의해 결정되며, 단순히 회사에 불이익한 결과가 생기는 것만으로는 주의의무를 위반하였다고 단정할 수 없다.

이사가 이러한 선관주의의무에 위반하여 회사에 손해를 가한 때에는 회사에 대하여 손해배상책임을 부담하며(제399조), 또 악의 또는 중대한 과실로 그 임무를 해태한 경우에는 제3자에게 손해를 배상할 책임이 있다(제401조).

나. 주의의무의 내용

A주식회사는 같은 계열기업인 B회사로부터 원료를 공급받아 이를 위탁 가공하여 B회사에 납품하고 이로 인한 공임취득을 주된 영업으로 하는 회사이다. A회사가 관할 세무서에 B회사에 대한 제품 납품시 그 사실을 신고하여 승인을 얻고 지정기간 내에 B회사에 제품이 반입되었음을 증명한 경우에 한하여 B회사를 제조사로 보고 과세하지만, 이러한 신고 등 절차를 밟지 아니한 경우에는 A회사를 제조자로 간주하고 과세하도록 되어 있었다. 그러나 A회사의 대표이사 Y1과 상무이사 Y2는 B회사의 조세절감을 지원하기 위해 제품 납품시 세무서에 신고를 하지 아니하여 A회사가 물품세와 직물류세를 납부하게 되었고 A회사의 평이사인 Y3, Y4도 이러한 사실을 알면서 방치하였다. Y1, Y2, Y3, Y4는 조세의 부당납부로 인해 A회사가 입은 손해에 대한 배상책임이 있는가?
(대법원 1985. 6. 25. 선고 84다카1954 판결 참조)

이사에게 요구되는 의무로는 이사회출석의무, 기업비밀준수의무, 감시의무 등이 있지만 주의의무의 구체적 내용은 이사의 지위에 따라 달라지게 된다.

• 대표이사

대표이사는 회사 업무 전반에 대해 적정하게 집행할 직책에 있기 때문에 자신의 행위는 물론이고 업무담당이사나 기타 사용인의 위법행위가 있는 경우에는 그 사실을 알지 못하였더라도 주의의무 위반의 책임을 면하지 못한다. 따라서, 대표이사는 선의인 경우라도 주의의무 위반책임이 인정된다. 이런 취지에서 우리 판례는 "주식회사의 대표이사가 대표이사로서의 업무 일체를 다른 이사 등에게 위임하고 대표이사로서의 직무를 전혀 집행하지 않는 것은 그 자체가 이사의 직무상 충실 및 선관의무에 위반한 것이다"(대법원 2006. 9. 8. 선고 2006다21880 판결)라고 판단하였다.

• 업무담당이사

전무이사나 상무이사와 같은 업무담당이사는 자기가 분담(담당)하는 업무에 대하여는 적정한 집행을 확실히 하기 위하여 필요한 주의를 다하여야 한다. 담당 이외의 업무에 관하여는 평이사와 동일하게 취급된다. 결과적으로 업무담당이사는 회사 업무 전반에 대해 잘 알 수 있는 지위에 있기 때문에 현실로 알고 있었던 사실과 상당한 주의를 기울였다면 알 수 있었던 사실에 관해 책임이 있다.

• 평이사

평이사는 이사회에 출석하여 심의 및 결정에 참가하고 회사업무에 대한 보고를 청취하고 영업과 계산서류를 검토하는 것을 통해 영업전반에 대한 지식을 습득하게 되는데, 이사가 이러한 직무수행과정에서 위법행위를 발견한 때에는 이사회의 심의를 통해 시정을 요구하거나 법률 규정에 의해 부여된 권한을 행사하여 위법상태를 시정하여야 한다. 따라서, 평이사의 주의의무는 회사의 업무집행을 감독해야 할 감시의무로서, 다른 이사나 대표이사의 직무수행에 대해 감시하며 만일 위법·부당한 임무해태가 있다고 의심할 만한 사유가 있음에도 이를 방치한 경우에는 그로 인해 회사가 입은 손해를 배상할 책임이 인정된다.

이러한 이사의 감시의무는 감사나 감사위원회가 가지는 감독권과는 다른 것으로, 다른 이사의 직무를 직접 감독하는 것이 아니라 이를 발견해서 감독기관에 시정을 촉구하는 정도면 충분한 것으로 본다.

이러한 평이사의 감시의무의 범위는 이사회에 상정된 사항에 국한된다고 보며, 상법은 이사의 임무해태가 이사회결의에 의한 것인 때에는 그 결의에 찬성한 이사에게도 손해배상책임을 인정하고 있으며, 또한 이사회결의에 대해 이의를 제기한 의사록기재가 없는 이사는 그 결의에 찬성한 것으로 보고 있다.

> 제399조 [회사에 대한 책임]
> ① 이사가 고의 또는 과실로 법령 또는 정관에 위반한 행위를 하거나 그 임무를 게을리한 경우에는 그 이사는 회사에 대하여 연대하여 손해를 배상할 책임이 있다.
> ② 전항의 행위가 이사회의 결의에 의한 것인 때에는 그 결의에 찬성한 이사도 전항의 책임이 있다.
> ③ 전항의 결의에 참가한 이사로서 이의를 한 기재가 의사록에 없는 자는 그 결의에 찬성한 것으로 추정한다.

그렇다면, 사례와 같이 이사회에 부의되지 않은 회사의 업무에 대해서도 평이사들(Y3, Y4)는 일반적·능동적인 감시의무가 있는가 하는 점이다. 종래에는 상법 제399조 제2항의 반대해석상 이를 부인하는 견해가 유력했지만, 최근의 판례와 통설은 긍정하는 입장을 취하고 있다. 즉 주식회사의 이사회는 (대표)이사의 업무집행을 감독할 지위에 있기 때문에 이사회를 구성하는 이사는 이사회에 상정된 사안에 대해서만 감시를 하는데 그치지 않고 대표이사의 업무집행 일반에 대해 이를 감시하고 필요하면 이사회를 소집하여 이사회를 통해 업무집행이 적정하게 이루어지도록 할 의무가 있다고 한다. 같은 취지에서 판례는, "주식회사의 업무집행을 담당하지 않는 평이사는 이사회의 일원으로서 이사회를 통하여 대표이사를 비롯한 업무담당이사의 업무집행을 감시하는 것이 통상적이긴 하나, 평이사의 임무는 단지 이사회에 상정된 의안에 대하여 찬부의 의사표시를 하는 데에 그치지 않으며 대표이사를 비롯한 업무담당이사의 전반적인 업무집행을 감시할 수 있는 것이므로, 업무담당이사의 업무집행이 위법하다고 의심할 만한 사유가 있음에도 불구하고 평이사가 감시의무를 위반하여 이를 방치한 때에는 이로 말미암아 회사가 입은 손해에 대하여 배상책임을 면할 수 없다"라고 판시한 바 있다(대법원 1985. 6. 25. 선고 85다카1954 판결).

그런데, 평이사들은 회사의 업무집행에 관여하지 않기 때문에 이사회에 상정되지 않은 사안에 대해서는 알 수 없는 경우가 많다. 이럴 경우 모른 것 자체가 감시의무 위반이 될 것인지, 아니면 알았거나 알 수 있었을 사항에 대해서만 감시의무가 있는지가 문제되는데, 위 사례와 관련해서 우리 대법원은 후자의 입장을 취하고 있다. 위 사례에서 평이사인 Y3, Y4는 B회사와 관련이 있는 자들로서 업무담당이사들의 부정한 업무집행, 즉 세법상 신고불이행을 알 수 있었던 사실이 인정된다는 이유로 감시의무위반책임을 인정했다.

② 충실의무

제382조의3 [이사의 충실의무]
① 이사는 법령과 정관의 규정에 따라 회사를 위하여 그 직무를 충실하게 수행하여야 한다.
② 이사는 그 직무를 수행함에 있어 총주주의 이익을 보호하여야 하고, 전체 주주의 이익을 공평하게 대우하여야 한다.

1998년 개정상법에서 이사의 주의의무와 별도로 충실의무를 인정하는 규정을 신설하였다. 이는 영미법상 인정되는 이사의 충실의무를 도입한 것으로 영미법에서는 이사에게 신인의무(fiduciary duty)가 부과되며, 신인의무는 주의의무(duty of care)와 충실의무(duty of loyalty)로 나누어지는데 전자는 우리법상 선관주의의무와 유사한 내용이다. 미국법상 충실의무는 회사의 경영진이 회사를 이용하여 사기적이거나 불공정한 거래를 행하지 못하도록 하고 이익충돌의 가능성이 있는 상황에서 주주들의 이익을 침해하는 것을 금하는 내용으로 되어 있는데, 구체적인 사안으로는 이사의 자기거래, 이사의 보수결정, 이사의 회사 또는 주주재산의 유용 등을 들 수 있다.

최근에는 기업인수합병(M&A)가 활성화되면서 회사에 대한 적대적 M&A 시도가 있는 경우 대상회사의 경영진이 취하는 여러 방어조치가 충실의무위반에 해당되는지가 많이 문제되고 있다.

우리 법에서는 이러한 충실의무에 관한 내용을 명문규정으로 마련하고 있는데, 이사의 경업금지규정(상법 제397조), 이사의 자기거래금지규정(상법 제398조), 개정상법상 회사 사업기회 유용금지규정(제397조의2), 자본시장법상 내부자거래금지규정 등이 있지만, 보다 광범위하게 이사의 충실의무와 위반책임을 인정할 필요성이 있다.

이와 같은 충실의무를 위반한 경우 위의 개별 규정에서 이사의 손해배상책임을 인정하고 있지만, 일반적으로 충실의무위반으로 인정될 수 있는 경우에도 상법 제399조의 법령위반 또는 임무해태로 보아 손해배상책임을 부담하는 것으로 본다. 그 외 충실의무위반이 법령에 위반한 중대한 사실인 경우에는 해임사유가 되며 형사책임 부과대상도 된다.

이처럼 이사의 충실의무는 부담대상을 회사로 제한하고 주주에 대한 충실의무에 관한 규정을 마련되어 있지 않았으나, 2025년 개정 상법에서는 기존의 이사의 충실의무의 대상인 회사에 더하여 주주를 추가하고, 이사가 직무를 수행함에 있어 총주주의 이익을 보호해야 할 의무와 전체 주주의 이익을 공평하게 대우하도록 하는 의무규정을 신설하였다.

③ 경업금지의무와 자기거래제한

상법에서는 이사의 충실의무의 한 내용으로서 회사와 이사간의 이익이 충돌될 수 있는 경우 이를 방지하기 위해, 이사에게 회사와 경쟁적인 업무를 금지하고(제397조) 이사와 회사간의 거래를 제한하고 있다(제398조).

가. 경업금지의무

서울에서 의류제조 및 판매업을 영위하고 있는 X회사는 시장을 부산지역으로까지 확대할 생각으로 부산에서의 시장성 조사를 위해 Y이사를 통해 확인하여 했으나, Y이사는 시장조사결과 사업전망이 좋다는 것을 알고 이사회에는 허위로 보고한 뒤 자신의 부인명의로 된 A회사를 부산에 설립해 의류제조판매업을 시작하였다.

레미콘 영업을 주된 업무로 하는 X회사의 이사인 Y는 이사회의 승인 없이 레미콘 영업을 목적으로 하는 A회사를 설립하고 A회사의 대표이사가 되어 영업준비를 해 오다가 영업활동을 개시하기 전에 A회사의 이사 및 대표이사직을 사임하였다. X회사는 경업금지의무 위반을 이유로 Y이사를 해임하고 손해배상책임을 물을 수 있는가?
(대법원 1993. 4. 9. 선고 92다53583 판결 참조)

이사는 이사회의 승인이 없으면 자기 또는 제3자의 계산으로 회사의 영업부류에 속하는 거래를 하거나 동종영업을 목적으로 하는 다른 회사의 무한책임사원이나 이사가 되지 못한다(제397조). 이사는 이사회 구성원으로서 회사 중요정보에 접하게 되고 주요 고객과 관계를 가지게 되는데, 이러한 업무상 취득한 회사 정보나 거래관계를 이용하여 회사와 경쟁관계에 있는 거래를 하거나 다른 회사의 이사로서 활동하게 되면 회사의 이익을 해칠 뿐만 아니라 회사의 거래선을 가로챌 위험이 있으므로 경업/겸직금지의무를 부과하는 것이다.

경업금지에서 '회사의 영업'이라 함은, 회사가 현실적으로 영위하는 사업으로서 이미 시행하고 있는 사업뿐 아니라 일시적으로 정지된 사업도 포함한다. 하지만, 영업을 할 예정이 없거나 또는 영업을 폐지한 경우는 제외된다. 첫 번째 사례와 같이 회사가 현재의 영업지역과 다른 지역에 진출을 계획 중에 있거나 또는 다른 사업분야에 진출할 계획을 세운 경우에 그 다른 지역에서의 거래나 계획중인 사업부문도 회사의 영업에 포함된다고 본다.

금지되는 경업행위는 누구의 명의로 하는지를 묻지 않고 해당 이사의 계산으로 한 것이면 여기에 해당한다. 또한 이사는 동종영업을 목적으로 하는 다른 회사의 무한책임사원이나 이사직의 겸직도 금지되는데, 여기서 다른 회사는 실제 영업을 영위하는 회사는 물론이고 두 번째 사례에서와 같이 영업을 준비하는 단계에 있는 회사도 포함한다.

상법의 경업금지규정은 자칫 경제활동의 자유를 보장하는 헌법에 위반될 가능성도 있으므로 이사회의 승인이 있는 경우에는 예외적으로 허용된다. 이 경우 이사회 승인은 개별적으로 사전에 받아야 하며, 해당 이사는 특별이해관계인으로서 승인결의에서 의결권이 제한된다.

이사가 경업금지에 위반하여 거래를 한 경우에는 그 효과로서 개입권 행사와 손해배상청구 및 해임이 인정된다.

- 개입권 행사(제397조 제2항)

이사가 경업금지에 위반하여 거래를 한 때에는, 회사는 거래가 있은 날로부터 1년 이내에 이사회결의에 의해 개입권을 행사할 수 있다. 즉 경업거래가 이사 자신의 계산으로 한 때에는 이를 회사의 계산으로 한 것으로 볼 수 있고, 제3자의 계산으로 한 것인 때에는 그 이사에 대해 거래로 취득한 이득의 양도를 청구할 수 있다.

- 손해배상책임

경업금지의무에 위반한 이사는 회사에 대하여 손해배상책임을 부담한다(제399조). 손해배상을 청구하기 위해서는 이사의 고의·과실이 인정되어야 하며, 제3자에 대한 손해배상책임이 인정되기 위해서는 악의 또는 중과실이 있어야 한다.

- 해임

경업금지행위는 상법 제385조 제2항 소정의 '법령에 위반한 중대한 사실'에 해당하므로 회사는 이사를 해임할 수 있다.

나. 자기거래제한(제398조)

Y회사와 A회사의 대표이사를 겸직하고 있는 B는, A회사가 X은행으로부터 융자를 받음에 있어, Y회사를 대표하여 A회사의 채무에 대하여 연대보증을 하였다. 그리고 B는 Y회사를 대표하여, 보증채무의 이행을 담보하기 위해 X은행을 수취인으로 하는 Y회사 명의의 약속어음 1매를 발행하여 X은행에 교부하였다. B가 연대보증 및 어음발행에 대하여 Y회사의 이사회승인을 받지 않은 경우

X은행은 Y회사에 대해 보증채무의 이행 또는 어음금 지급을 구할 수 있는가?(대법원 1984. 12. 11. 선고 84다카1591 판결 참조)

이사가 자기 또는 제3자의 계산으로 회사와 하는 거래를 자기거래라 하며, 이사가 그 지위를 떠나 개인적 입장에서 회사와 이해상반되는 거래를 하는 경우, 즉 회사의 직접거래 상대방이 되거나, 상대방의 대리인 또는 대표자로서 거래할 경우, 이사의 지위를 이용하여 회사에 손해를 끼칠 염려가 있으므로 거래의 공정을 기하고 회사의 손해를 방지하기 위해 우리 상법은 자기거래를 엄격히 제한한다. 다만, 형식적으로는 자기거래에 해당하지만 실질적으로는 회사에 대해 불공정 우려가 없는 경우도 있으므로 이사회의 승인을 얻는 경우에는 예외적으로 이를 허용하고 있다. 상법은 최근 개정작업을 통해 이사의 자기거래 승인대상을 확대(상법 제398조)하는 등 규제를 강화하는 추세에 있다.

제398조 [이사 등과 회사 간의 거래]

다음 각 호의 어느 하나에 해당하는 자가 자기 또는 제3자의 계산으로 회사와 거래를 하기 위하여는 미리 이사회에서 해당 거래에 관한 중요사실을 밝히고 이사회의 승인을 받아야 한다. 이 경우 이사회의 승인은 이사 3분의 2 이상의 수로써 하여야 하고, 그 거래의 내용과 절차는 공정하여야 한다.

1. 이사 또는 제542조의8제2항제6호에 따른 주요주주
2. 제1호의 자의 배우자 및 직계존비속
3. 제1호의 자의 배우자의 직계존비속
4. 제1호부터 제3호까지의 자가 단독 또는 공동으로 의결권 있는 발행주식 총수의 100분의 50 이상을 가진 회사 및 그 자회사
5. 제1호부터 제3호까지의 자가 제4호의 회사와 합하여 의결권 있는 발행주식총수의 100분의 50 이상을 가진 회사

이사가 본인의 이익을 위하여 이사의 친인척이나 그들이 설립한 개인 회사 등을 이용하여 회사와 거래하는 경우 회사의 이익을 희생시킬 가능성이 많으므로 적절한 통제가 필요한데, 개정 전 제398조(이사와 회사간의 거래) 규정을 개정함으로써 이사와 회사간 자기거래 요건을 더욱 엄격히 규정하여 이사뿐만 아니라 이사의 배우자, 이사의 직계존비속, 이사의 배우자의 직계존비속과 그들의 개인회사가 회사와 거래하는 경우까지 이사회에서 이사 2/3 이상 찬성으로 승인을 받도록 규정하고, 거래 내용과 절차가 공정해야 한다는 요건을 추가하였다. 이와 같이 이사의 자기거래 승인대상을 확대함으로써 이

사나 이사와 밀접한 관계에 있는 자가 자기거래를 통하여 회사의 이익을 침해하면서 부당한 이득을 취하는 행위를 방지할 수 있을 것으로 기대된다.

하지만 회사에 불리하지 않은 거래는 이사회 승인을 받을 필요가 없는데, 가령, 이사가 회사에 무상으로 증여를 하는 경우, 무이자 또는 무담보로 회사에 대출을 하는 경우라든가, 운송계약/보험계약 등과 같이 보통거래약관에 의한 정형적인 거래가 여기에 해당한다.

금지되는 거래는 이사 등이 직접 회사와 거래를 하거나 거래상대방의 대리인 또는 대표자로 하는 거래인 직접거래[3]뿐 아니라, 사례와 같이 이사가 회사와 직접적인 법률관계는 없지만 실질적으로 그 거래로부터 이익을 받는 반면 회사가 불이익을 받는 간접거래도 포함한다.

이사회승인 없이 자기거래를 한 이사는 법령에 위반한 행위로서 회사에 대해 손해배상책임을 부담한다. 그런데 승인 없이 한 거래행위의 사법적 효력은 어떠한가에 대해서는 무효설, 유효설, 상대적무효설(판례)이 대립된다. 판례에서는 본조 위반은 무효이지만 그 무효를 선의의 제3자에게는 주장할 수 없다고 보고 회사는 제3자의 악의에 관한 입증책임을 부담한다고 보고 있다.

다. 회사의 사업기회 유용금지의무(개정상법 제397조의2)

제397조의2 [회사의 기회 및 자산의 유용 금지]
① 이사는 이사회의 승인 없이 현재 또는 장래에 회사의 이익이 될 수 있는 다음 각 호의 어느 하나에 해당하는 회사의 사업기회를 자기 또는 제3자의 이익을 위하여 이용하여서는 아니 된다. 이 경우 이사회의 승인은 이사 3분의 2 이상의 수로써 하여야 한다.
1. 직무를 수행하는 과정에서 알게 되거나 회사의 정보를 이용한 사업기회
2. 회사가 수행하고 있거나 수행할 사업과 밀접한 관계가 있는 사업기회
② 제1항을 위반하여 회사에 손해를 발생시킨 이사 및 승인한 이사는 연대하여 손해를 배상할 책임이 있으며 이로 인하여 이사 또는 제3자가 얻은 이익은 손해로 추정한다.

이사가 직무상 알게 된 회사의 정보를 이용하여 개인적인 이익을 취득하는 행위를 명확히 규제할 필요성이 인정되어 미국 판례법상 인정되어 오던 이사의 회사사업기회 유용금지제도를 개정 상법에서 도입하였다. 이로써 이사가 직무를 수행하는 과정에서 알게 된 정보 또는 회사가 수행하고 있거나 수행할 사업과 밀접한 관계가 있는 사업기회를 해당 이사나 제3자에게 이용하는 것을 원칙적으로 금지시키고, 예외적으로 이사회에서 2/3 이상의 찬성으로 승인을 받은 경우에만 허용하고 있다. 이 제도의 도입으로 충

실의무위반의 한 유형으로 인식되었던 이사의 회사 사업기회 유용행위를 명문으로 위법행위로 규정하고 이사의 손해배상책임의 근거로 활용할 수 있게 되었다.

(2) 경영판단의 원칙(Business Judgment Rule)

A회사는 대형백화점에 물품을 납품하는 중소 의류제조업자이다. A회사의 이사 Y는 B백화점에 대한 납품관계를 계속 유지하기 위해 손실을 감수하면서도 시가의 반액으로 제품을 공급하였다. 그러나 B백화점에서는 품질 불량을 이유로 결국 거래선을 A회사와 경쟁관계에 있는 C회사로 전환하자 A회사의 경영은 파탄지경에 이르게 되었다. A회사 주주 X가 Y이사의 충실의무 또는 선관주의의무 위반을 이유로 대표소송을 제기한 경우 Y는 책임이 있는가?

건물임대업을 목적으로 하는 A회사의 대표이사 Y는 IMF 사태 이후 주식시장이 활황세를 보이자 사업영역을 증권투자로 확장할 것을 계획하고 주주총회를 개최하여 유가증권의 매매를 회사의 목적에 추가하는 내용의 정관변경을 하였다. A는 거래은행으로부터 다액의 자금을 융자받아 이를 투자자문회사에 맡겨 투자 일체를 위임하였으나 몇 년 후 주가폭락으로 큰 손실을 입고 차입금변제도 불가능하게 되었다. A회사의 주주 X가 Y의 경영실패를 이유로 대표소송을 제기한 경우 Y는 책임이 있는가?

이사는 선관의무와 충실의무를 부담하므로 이에 위반한 직무수행으로 회사에 손해를 가한 때에는 배상책임을 부담하게 된다. 하지만 이사는 급변하는 기업환경하에서 수시로 여러 가지 경영상 결정을 내려야 하는데 그로 인해 회사에 손해가 발행한 모든 경우에 책임을 져야 한다면 이사에게 가혹할 뿐 아니라 적극적이고 책임 있는 경영활동을 기대하기 어렵게 된다. 그리하여 미국에서는 이사의 업무집행행위의 결과를 가지고 사후적으로 책임을 묻지 않는나는 '경영판단의 원칙'이 판례법에 의해 발전해 오고 있는데, 그 내용은 이사의 경영판단이 회사에 손해를 초래하는 결과를 발생시켰더라도 그 판단이 객관적인 정보에 따라 이루어졌고, 합리성을 인정할 수 있는 일정한 요건하에서 성실하게 행해진 경우에는 단순히 그 판단이 잘못되었다는 이유만으로 책임을 지지는 않는다는 것이다. 미국 판례법상 경영판단의 원칙이 적용될 수 있는 요건은,

i) 의식적인 경영판단이 행해졌을 것
ii) 이사에게 개인적인 이해관계가 존재하지 않을 것
iii) 합리적인 정보에 기하였을 것
iv) 선의였을 것
v) 재량의 남용 또는 회사자산의 낭비로 인정되는 결정이 아닐 것 등이다.

그러므로, 이사가 법령에 위반한 경우에는 경영판단의 원칙이 적용되지 않는다.

경영판단의 원칙은 소유와 경영의 분리를 전제로 한 전문경영인 체제가 확립된 미국에서 발전한 이론으로서, 중소기업은 물론이고 재벌계열의 대기업에서의 지배주주 중심의 가족경영 형태로 기업이 운영되는 우리 기업현실에서는 이 원칙을 그대로 도입할 경우 자칫 경영실패에 대한 면책을 부여함으로써 소수주주와 회사채권자들의 이익을 침해할 위험이 높다. 하지만, 1990년대 말 IMF 사태로 인한 금융기관의 부실여신과 관련해서 경영자들의 책임이 문제되었는데 이때 경영판단의 원칙을 적용한 판례가 상당수 있는데, 대부분은 상법 제399조에 의한 이사책임인정여부에 관한 것보다는 이사의 특수배임죄 성립여부에 관련된 것들이다.

위의 두 사례는 경영판단의 원칙이 적용될 수 있는지에 관한 것으로서, 첫 번째 사례와 같이 이사가 부당하게 저렴한 가격으로 제품을 큰 거래선에게 납품함으로써 회사에 손해가 발행한 경우에는 이사의 의무위반을 구성할 가능성이 있다. 하지만, B와 장기적인 거래관계를 고려하여 한 경영판단이 이사 Y에게 맡겨진 경영재량의 범위내이면 이사의 책임은 부정된다. 다만, 이러한 보호가 인정되기 위해서는 이사는 B에 대한 판매와 그 후의 계속적인 거래가능성에 대한 정보를 신중하게 조사하고 검토했어야 할 것이다.

두 번째 사례에서와 같이 회사의 본업이 위축된 경우에 본업 외에 유망한 부문으로 사업을 확장하여 손해를 만회하려는 판단은 경영판단으로서 이사의 재량에 맡겨져 있다고 볼 수 있지만, 실패할 경우 본업을 위협할 만큼 위험부담이 큰 회사자금을 주식에 투자한 행위는 재량권의 범위를 벗어난 것으로 되는 경우가 많다. 따라서, 구체적인 회사의 규모, 사업의 성질, 영업이익규모 등에 비추어 신규사업에 의해 회복하기 곤란하거나 불가능한 손실이 발생할 위험이 있고, 이러한 위험성을 예견할 수 있었는지를 종합적으로 검토하여 주의의무위반 여부를 결정해야 하는데, 이 사례에서와 같이 투자자문회사에 자금을 일임하고 그 감독을 태만히 한 경우에는 선관주의의무를 위반한 것으로 봐야 할 것이다.

우리 대법원 판례를 살펴보면 경영판단의 원칙이 문제가 된 사건은 대부분 이사의 특수배임죄 또는 횡령죄에 관한 것들로서 주요 판례에서는 “대기업 회장 등이 경영상의 판단이라는 이유로 A계열회사의 자금으로 재무구조가 상당히 불량한 상태에 있는 B계열회사가 발행하는 신주를 액면가격으로 인수한 것은 그 자체로 업무상배임 행위임이 분명하고 배임에 대한 고의도 충분히 인정된다”(대법원 2004. 6. 24. 선고 2004도520 판결)고 보았고, “회사가 기업활동을 함에 있어서 형법상의 범죄를 수단으로 하여서는 아니되므로 뇌물공여를 금지하는 형법규정은 회사가 기업활동을 함에 있어 준수해야 할 것으로서 이사가 회사 업무를 집행하면서 회사의 자금으로서 뇌물을 공여하였다면 이는 상법 제399조에서 규정하고 있는 법령에 위반된 행위에 해당된다고 할 것이고 이로 인하여 회사가 입은 뇌물액 상당의 손해를 배상할 책임이 있다"(대법원 2005. 10. 28. 선고 2003다69638 판결)고 판시하였다.

(3) 이사의 책임

[상법상 이사책임제도 개관]

채무불이행책임	이사와 회사는 위임관계이므로 이사는 수임인으로서의 선관의무부담. 의무위반으로 회사에 손해발생시 채무불이행으로 인한 손해배상책임부담
자본충실책임	신주발행에 의한 변경등기가 있는 후에는 아직 인수되지 아니한 주식이 있거나 주식인수의 청약이 취소된 경우 이사가 공동인수한 것으로 본다(제428조 제1항). 이 경우 회사에 손해가 발생한 때에는 이사의 손해배상책임 인정
회사에 대한 손해배상책임(제399조)	- 고의나 과실 - 법령이나 정관 위반행위시 - 임무를 게을리한 경우
제3자에 대한 책임(제401조)	- 고의나 중과실 - 임무를 게을리한 경우

① 회사에 대한 책임(제399조)

제399조 [회사에 대한 책임]

① 이사가 고의 또는 과실로 법령 또는 정관에 위반한 행위를 하거나 그 임무를 게을리한 경우에는 그 이사는 회사에 대하여 연대하여 손해를 배상할 책임이 있다.

② 전항의 행위가 이사회의 결의에 의한 것인 때에는 그 결의에 찬성한 이사도 전항의 책임이 있다.

③ 전항의 결의에 참가한 이사로서 이의를 한 기재가 의사록에 없는 자는 그 결의에 찬성한 것으로 추정한다.

이사가 회사에 손해를 가한 경우 민법상 채무불이행책임과 불법행위책임을 지게 되는데, 상법은 이사의 특수성을 감안하여 이사책임에 관한 별도의 규정을 두고 있는데, 이 규정이 불법행위책임인지 아니면 일반 채무불이행책임인지에 대해 견해가 나누어지나 우리 통설과 판례는 채무불이행책임으로 보고 별도로 불법행위책임과 경합을 인정하고 있다. 따라서, 제399조의 채무불이행책임 외에 (대표권남용에 따른) 불법행위를 근거로 한 손해배상청구권도 행사할 수 있다고 본다.

가. 책임원인 Ⅰ: 법령 또는 정관위반

이사가 고의 또는 과실로 법령 또는 정관 규정을 위반한 경우로서, 경업금지의무(제397조), 자기거래제한(제398조)에 위반한 행위는 물론, 이사가 이사회 구성원으로서 법령 또는 정관에 위반하는 결의를 한 경우(예, 위법배당안의 제출, 위법한 신주발행이나 사채발행 결의)도 포함된다.

법령은 상법 외에도 관세법이나 형법과 같은 국내법을 지칭하므로 외국법이나 국제협정위반은 포함되지 않는다. 뇌물공여는 비록 회사이익을 위한 경우라도 정관목적 범위내의 행위로 보기 어려우므로 형법위반 및 정관위반행위에 해당한다. 정당에 대한 정치헌금기부행위는 사회통념상 회사에 기대되는 행위이므로 그 기부액이 합리적인 범위를 초과하지 않는 한 회사 권리능력 범위 내의 행위로 봐야 하므로 정관위반행위가 아니다. 특히 법령위반의 경우에는 경영판단의 원칙이 적용될 여지가 없다.

상법개정으로 인해 고의 또는 과실이 요건이며, 일반적으로 법령위반이나 정관위반 행위를 한 경우라면 그 자체가 임무에 위반한 행위로써 과실의 존재를 추정할 수 있다고 본다.

나. 책임원인 Ⅱ: 임무해태

이사행위가 법령이나 정관규정에 위반하지는 않았지만 선관주의의무(제382조 제2항)나 충실의무(제382조의3)에 위반한 경우를 말한다. 임무해태의 예로는, 미수채권회수를 게을리 한 때, 사용인에 대한 감독불충분으로 인해 회사재산이 낭비된 때, 회사규모나 재산상태에 비해 거액의 자금을 차입하여 증권투자를 하였으나 실패한 경우, 시장조사도 제대로 하지 않고 신규시장에 진출하였으나 실패한 경우, 다른 이사에 대한 감시의무를 게을리한 경우등이 있는데 임무해태를 판단함에는 경영판단의 원칙을 고려해야 한다.

다. 책임의 내용

이사는 법령, 정관위반 또는 임무해태와 상당인과관계가 있는 손해를 배상해야 한다. 위법행위를 한 이사뿐만 아니라 이사회결의에 찬성한 이사도 연대책임을 부담하며, 이사회 의사록에 이의를 제기한 것으로 기록되지 않은 이사는 찬성한 것으로 추정해서 책임을 인정한다. 다만 제399조 책임은 총주주의 동의가 있거나(책임면제) 정기주주총회에서 재무제표를 승인한 후 2년 내 다른 결의가 없는 경우(책임해제)에는 추궁할 수 없다. 제399조에 따른 책임은 일반소멸시효인 10년의 경과로 소멸한다.

② 제3자에 대한 책임

> **제401조 (제삼자에 대한 책임)**
> ① 이사가 고의 또는 중대한 과실로 그 임무를 게을리한 때에는 그 이사는 제3자에 대하여 연대하여 손해를 배상할 책임이 있다.
> ② 제399조제2항, 제3항의 규정은 전항의 경우에 준용한다.

이사는 회사와 위임관계에 있으므로 임무해태로 인해 제3자에게 손해를 가한 경우에도 회사가 책임을 지면 되고 이사가 직접 책임을 질 이유는 없는 것이 원칙이지만, 예외적으로 이사의 책임을 인정한 규정이다.

본 조는 회사의 도산 등으로 인해 채권자가 피해를 입은 경우에 그 일에 관여한 이사들에게 직접 책임을 묻는 수단으로 활용할 실익이 크며, 실제 일본에서는 많은 판례가 축적되어 있어나 우리나라에서는 그 활용도가 저조한 실정이다.

가. 책임원인: 고의 또는 중과실로 인한 임무해태

이사의 고의나 중과실은 회사의 임무에 관해 인정되어야 하며, 제3자의 손해에 대한 고의나 중과실은 요건이 아니다. 구체적인 위반 유형을 보면, 본 조의 입법취지가 주식과 사채 등 유가증권의 부실발행으로부터 투자자를 보호하는데 있으므로 주식청약서·사채청약서신·주인수권증권·재무제표 기타 서류에 허위기재를 하거나 허위공시를 하는 경우가 대표적인 고의·중과실에 해당하는 사례라 할 수 있다. 그 외에도, 회사재산을 횡령하거나 착복한 경우, 지급가능성이 없이 어음을 발행하여 어음소지인에게 손해를 준 경우, 시장조사를 충분히 하지 않은 채 신규사업에 거액을 투자하여 파탄을 초래한 방만한 경영이 있는 경우, 은행이사가 연금을 횡령하여 계산서류에 허위기재로서 회사의 파탄을 초래한 경우 등이 있다. 이사가 경과실로 임무를 게을리 한 경우에는 회사에 대해서는 제399조에 따른 책임을 지고 제3자에 대해서는 책임이 없다. 그리고 고의나 중과실에 대한 입증책임은 제3자가 부담한다(통설). 하지만, 중요서류를 허위작성 하거나 공시한 경우에는 중대한 의무위반으로서 고의 또는 중과실이 추정되므로 입증책임이 이사측에 전환된다고 보아야 한다.

나. 손해의 범위

이사의 임무해태로 인해 배상책임이 있는 제3자의 손해는 직접손해뿐 아니라 임무해태와 상당인과관계가 인정되는 간접손해까지 포함한다는 통설과 직접손해에 한정된다는 판례의 입장이 다르다.

다. 제3자의 범위

> 벤처캐피탈회사인 X회사는 A회사 및 A회사의 대주주이자 대표이사인 Y와 합작투자계약을 체결하고, A회사의 신주 1만5천주(액면 1억5천만원)와 전환사채 1억5천만원 상당을 인수함으로써, 총 3억원을 투자하였다. 합작투자계약에 의하면 A회사와 Y이사는 X회사가 투자한 자금의 목적 외 사용을 위해서는 사전승인을 받아야 하는 등 각종 의무를 부담하고, 그러한 의무를 이행하지 않는 경우에는 손해배상책임을 부담하도록 되어 있었다. 그 후 Y가 회사자금 8억여원을 인출하여 횡령함에 따라 A회사의 발행수표가 부도가 되고 곧이어 도산하고 말았다. X회사는 Y에 대하여 어떠한 내용의 손해배상책임을 추궁할 수 있는가?(대법원 1993. 1. 26. 선고 91다36093 판결 참조)

본 조의 제3자는 회사와 이사 이외의 자를 의미하는데 여기에 주주가 포함되는가가 문제된다. 주주가 입은 직접손해에 대해서는 이사에게 책임이 있지만, 주주의 간접손해 포함 여부에 대해서는 견해가 나누어진다. 위 사례에서 X는 A회사의 주주(신주인수인)이자 채권자(전환사채보유자)인데 대표이사의 횡령으로 인해, 주식인수에 따른 간접손해와 전환사채 인수에 따른 간접손해를 각각 1억5천만원씩 입게 되었다. 여기서 X는 Y를 상대로 양 손해를 모두 포함한 3억원의 손해배상을 청구할 수 있는지, 아니면 채권자로서 입은 손해 1억5천만원만 청구할 수 있는지가 문제된다. 학설과 판례가 대립되는 부분인데, 통설은 제3자는 회사와 이사 이외의 모든 자이므로 주주도 포함된다고 보아 위 사례의 경우 3억원 청구가 가능하다고 보는 반면, 판례에 따르면, 제401조의 손해는 주주의 직접손해만 포함하며, 주주의 간접손해는 대표소송을 통해 회복할 수 있다고 보아, "대표이사가 회사 재산을 횡령하여 회사재산이 감소됨으로써 회사가 손해를 입고 결과적으로 주주의 경제적 이익이 침해되는 손해(간접손해)는 상법 제401조 제1항에서 말하는 손해개념에 포함되지 아니한다"(대법원 2003. 10. 24. 선고 2003다29661 판결 참조)는 입장이다.

라. 책임의 시효

다수설인 법정책임설과 판례는 일반채권 소멸시효인 10년이라고 본다.

(4) 이사 책임감경(개정상법 제400조 제2항)

> **제400조 [회사에 대한 책임의 감면]**
> ① 제399조에 따른 이사의 책임은 주주 전원의 동의로 면제할 수 있다.

② 회사는 정관에서 정하는 바에 따라 제399조에 따른 이사의 책임을 이사가 불법행위를 한 날 이전 최근 1년 간의 보수액(상여금과 주식매수선택권의 행사로 인한 이익 등을 포함한다)의 6배(사외이사의 경우는 3배)를 초과하는 금액에 대하여 면제할 수 있다. 다만, 이사가 고의 또는 중대한 과실로 손해를 발생시킨 경우와 제397조, 제397조의2 및 제398조에 해당하는 경우에는 그러하지 아니하다.

유능한 경영인을 쉽게 영입하여 보다 적극적인 경영을 할 수 있도록 하기 위해 이사의 회사에 대한 책임을 완화할 필요성이 있었지만, 개정 전 상법은 총주주의 동의로 이사책임을 면제하는 것 외에는 책임감면 규정이 따로 없었다. 개정법에서는 회사에 대한 이사의 책임을 고의 또는 중대한 과실로 회사에 손해를 발생시킨 경우를 제외하고는 이사의 최근 1년간 보수액의 6배(사외이사는 3배) 이내로 제한하고, 이를 초과하는 금액에 대해서는 면제할 수 있도록 이사의 책임제도를 개선하였다. 이로써 유능한 경영인을 쉽게 영입하고 이사의 진취적이고 적극적이 경영활동이 활성화 될 것으로 기대하고 있다.

(5) 대표이사(Chair of the Board of Director)

대표이사는 대외적으로 회사를 대표하고 대내적으로는 회사의 업무집행을 담당하는 이사로서 주식회사의 필요적 기관으로서 이사회에서 선정한다.

① 권한

대표이사의 주요 권한으로는 업무집행권과 대표권을 들 수 있다.

가. 업무집행권

상법상 명문규정은 없으나 대표이사는 대내적으로 영업에 관한 모든 업무를 집행할 권한이 있다고 본다. 그리고 주요 업무 집행에 관한 의사결정기관인 이사회와 주요업무에 대한 결정기관인 주주총회가 결정한 사항에 대해서는 그 결의한 대로 집행할 권한만을 가진다.

대표이사가 수인인 경우에도 각자 단독으로 업무집행을 한다. 하지만, 혼란을 방지하기 위해 보통 정관이나 이사회 규칙으로 그 범위를 정하는 것이 보통이다.

이사회는 이사회규칙이나 결의로써 대표이사의 업무결정권 범위에 관해 구체적인 위임을 할 수 있지만, 이사회의 결정권을 유명무실하게 할 정도의 포괄적인 위임은 할 수 없으며, 이사회는 위임한 사항에 대해서도 직접 의결할 수 있고 이 경우 대표이사는 결의에 구속된다.

문제는 이사회의 구체적인 위임이 없는 경우에도 법률 또는 정관으로 이사회 또는 주주총회결의사항으로 되어 있지 않은 일상업무에 대한 결정권이 대표이사에게 있는가 하는 점인데, 우리 판례는 그다지 중요하지 않은 일상업무까지 이사회 위임이 필요하다는 것은 현실적으로 타당하지 않다는 입장이다. 이와 관련해서 판례에서는 "법률 또는 정관 등의 규정에 의하여 주주총회 또는 이사회의 결의를 필요로 하는 것으로 되어 있지 아니한 업무 중 이사회가 일반적·구체적으로 대표이사에게 위임하지 않은 업무로서 일상업무에 속하지 않은 중요한 업무에 대하여는 이사회에게 그 의사결정권이 있다"(대법원 1997. 6. 13. 선고 96다48282 판결)고 보아 일상업무 결정권은 대표이사에게 있음을 명확히 하고 있다.

나. 대표권

1) 대표권의 의의와 제한

Y1, Y2, Y3회사는 대주주인 A의 개인기업이나 마찬가지로 운영되고 있었다. Y1, Y2회사의 대표이사직을 맡고 있던 A는 Y3회사의 대표이사이며 자신의 큰 아들인 B로부터 Y3회사가 X보험회사에 리스보증보험을 가입함에 있어 연대보증을 해 줄 것을 요청 받았다. 이에 A는, Y1, Y2회사의 정관에 회사명의의 연대보증계약을 체결함에는 이사회승인을 받도록 되어 있음에도 불구하고, 이사회결의를 거치지 않고 이들 회사의 명의로 Y3회사를 위한 연대보증계약을 X회사와 체결하였다. 이후 Y3회사의 부도로 리스회사에 보험금을 지급하게 된 X회사는 Y1, Y2회사에 구상권을 행사하였다.

① Y1, Y2회사는 보증보험계약의 체결이 이사회결의를 거치지 않았다는 이유로 지급을 거절할 수 있는가?(무권대표행위)

② 만일 A가 형식적으로 이사회 결의를 거쳐 보증계약을 체결한 경우에도 Y1, Y2회사는 보증계약의 체결이 대표이사 A의 개인적 이익을 위한 것이라는 이유로 지급을 거절할 수 있는가?(대표권 남용)(대법원 1993. 6. 25. 선고 93다13391 판결 참조)

대표이사의 대표권은 회사의 영업에 관한 재판상·재판 외의 모든 행위에 미친다. 대표이사의 대표권은 회사의 권리능력의 범위와 일치하며, 능동/수동대리는 물론 사실행위나 불법행위에도 미친다.

대표권한은 영업의 계속을 전제로 한 행위에만 미치므로, 영업전부의 양도나 임대, 경영위임은 포함하지 않는다는 내재적 제한과, 회사와 이사 간 소송에 있어서 대표이사가 회사를 대표하지 못하고 감사가 회사대표권을 가지는 법률적 제한이 있다. 또한 대표이사 권한이라도 정관이나 이사회결의 등으로 제한이 가능하다. 특히, 수인의 대표이사가 있는 경우 이들은 대개 사장, 부사장, 전무이사와 같은 임원을 겸직하고 상하관계에 있으므로 그에 따라 업무분담이 정해지는데, 이러한 제한은 선의의 제3자에게는 대항하지 못한다(제389조 제3항, 제209조 제2항). 즉 이러한 제한에 위반하여 대표행위를 한 경우, 상대방이 대표권의 제한이 있음을 알지 못한 경우에는 회사는 그 행위의 무효를 주장할 수 없으며, 이는 상대방의 과실유무를 묻지 않는다.

위 사례에서 대법원은 "주식회사의 대표이사(A)가 이사회 결의를 거쳐야 할 대외적 거래행위에 관하여 이를 거치지 아니하고 한 경우라도 이와 같은 이사회결의사항은 회사(Y1, Y2)의 내부적 의사결정에 불과하다 할 것이므로 그 거래 상대방(X)이 그와 같은 이사회결의가 없었음을 알았거나 알 수 있었을 경우가 아니라면 그 거래행위는 유효하다고 해석되고, 상대방(X)의 악의는 이를 주장하는 회사측(Y1, Y2)이 주장, 입증해야 할 것이다"라고 판시하였다.

2) 대표권의 남용

A주식회사의 감사 K와 대표이사 S는 2005.4.29 회사 사업에 관한 일체의 권리를 B주식회사에 200억 원에 양도하기로 하는 사업양도양수계약을 체결하였고, 그 이전에 2004년 S가 Y로부터 차용한 3억 원의 개인채무를 2004.6.24에 A회사가 Y로부터 차용한 것처럼 꾸며 A회사 명의의 차용증에 K가 연대보증 한다는 내용으로 작성하여 교부하였다. 과연 A회사는 채무변제책임이 있는가? 그리고 K와 S에게 업무상배임죄가 성립되는가?(대법원 2010. 5. 27. 선고 2010도1490 판결 참조)

대표권의 제한을 위반한 무권대표행위와 달리, 객관적으로는 대표이사의 권한내의 행위임에도 불구하고 주관적으로 대표이사가 개인적 이익을 위하여 대표권을 행사한 경우를 대표권의 남용이라 한다. 위 사례 ②에서 대표이사의 보증행위는 회사의 영업을 위한 것이 아니라 큰 아들을 위한 것이므로 대표권을 남용한 것으로 볼 수 있다. 이러한 남용행위는 외형적으로 권한 범위 내의 행위이므로 대내적인 책임추궁과는 별개로 대외적으로는 유효한 것으로 봐야 한다. 다만, 상대방이 대표이사의 진의를 알았거나(악의) 알 수 있었을 때(중과실)에는 그 행위는 회사에 대해 무효가 된다. 다시 말해, 상대방은 회사의 대표이사의 행위가 직무에 관한 행위에 해당하지 않는다는 것을 알았거나 또는 중대한 과실로 인해 알지 못한 경우에는 회사에 대해 손해배상책임을 물을 수 없다.

여기서, 중대한 과실이라 함은, 거래의 상대방이 조금만 주의를 기울였다면 대표자의 행위가 그 직무권한 내에서 적법하게 행해진 것이 아니라는 사정을 알 수 있었음에도 만연히 이를 직무권한 내의 행위라고 믿음으로써 일반인에게 요구되는 주의의무에 현저히 위반하는 것으로 거의 고의에 가까운 정도의 주의를 결여하고, 공평의 관점에서 상대방을 구태여 보호할 필요가 없다고 보는 것이 상당하다고 인정되는 상태를 말한다 (대법원 2004. 3. 26. 선고 2003다34045 판결).

형법 제355조 제2항 배임죄는 '타인의 사무를 처리하는 자가 그 임무에 위배되는 행위로써 재산상의 이익을 취득하거나 제3자로 하여금 이를 취득하게 하여 본인에게 손해를 가한 때' 이를 처벌하도록 하는 규정이다. 그리고 대표이사의 대표권 남용에 관해 우리 판례는 대표이사가 대표권의 범위 내에서 한 행위는 회사의 영리목적과 관계없이 자기 또는 제3자의 이익을 도모할 목적으로 그 권한을 남용한 경우라도 일단 회사의 행위로서 유효한 것이지만, 그 행위의 상대방이 대표이사의 진의를 알았거나 알 수 있었을 때(악의나 중과실)에는 회사에 대해 무효가 된다고 보고 있다. 위 사건의 경우 대표이사가 개인 채무에 대해 회사 명의의 차용증을 작성하여 준 행위는 대표권 남용에 해당하고, 상대방 채권자가 이를 알았거나 충분히 알 수 있었다면 회사는 차용증에 기한 변제책임 또는 보증책임을 부담하지 않으므로 배임죄에 있어서 본인인 회사에 재산상 손해가 발생하였다거나 재산상 실해 발생 위험이 초래되었다고 볼 수 없으므로 배임죄가 성립하지 않는다고 보았다.

3) 대표이사의 불법행위

대표이사가 업무집행으로 인하여 타인에게 손해를 가한 때에는 회사는 대표이사와 연대하여 손해배상책임을 진다. 회사의 책임이 인정되기 위해서는 대표이사의 행위가 '업무집행으로 인하여' 이루어졌어야 하는데, 이는 대표이사의 행위가 대표이사로서의 직무와 밀접한 관련이 있고 외형상으로 대표이사의 직무범위 내의 행위로 볼 수 있는 경우에는 회사의 불법행위책임이 인정된다는 것이며, 대표이사의 주관적 의도는 문제되지 않는다.

(6) 표현대표이사

제395조 (표현대표이사의 행위와 회사의 책임)
사장, 부사장, 전무, 상무 기타 회사를 대표할 권한이 있는 것으로 인정될만한 명칭을 사용한 이사의 행위에 대하여는 그 이사가 회사를 대표할 권한이 없는 경우에도 회사는 선의의 제삼자에 대하여 그 책임을 진다.

① 인정취지

대표이사의 대외적 행위만이 회사의 행위가 되고 회사가 이에 대해 책임을 지므로 상법은 대표이사의 성명을 등기하도록 강제함으로써 거래 상대방이 적법한 대표이사를 식별할 수 있도록 하고 있다. 하지만 대표이사가 아닌 자가 회사의 승인 아래 대표이사로 오인할 만한 명칭을 사용하여 대표행위를 하는 경우에 이를 믿고 거래한 상대방에게 등기부를 조회하지 않은 책임을 물어 불이익을 주는 것은 신속을 요하는 상거래에서는 비현실적이며 거래의 안전을 해치게 된다. 그래서 상법 제395조는 이와 같은 경우 제3자를 보호하기 위해 '사장, 부사장, 전무, 상무 기타 회사를 대표할 권한이 있는 것으로 인정할 만한 명칭'을 사용한 이사의 행위에 대해서는 그 이사가 회사를 대표할 권한이 없는 경우에도 회사는 선의의 제3자에 대해 책임을 지도록 함으로써 회사의 거래책임을 묻고 있다.

② 제395조의 적용요건

상법 제395조의 표현대표이사에 해당되는가를 밝혀야 한다. 본 조의 표현대표이사가 성립하기 위해서는 다음의 요건이 필요하다.

가. 표현적 명칭사용: 외관의 존재

대표이사가 아닌 이사가 '회사를 대표할 만한 권한이 있는 것으로 인정할 만한 명칭(표현적 명칭)'을 사용하였어야 한다. 조문상의 명칭에 국한되지 않고 '경리담당상무', '사고처리담당이사'와 같은 일부 업무에 관해 대표권이 있다고 인정될 만한 명칭도 포함된다. 하지만, 표현적 명칭 여부는 구체적 상황과 거래통념에 따라 결정해야 하는데, 최근 판례 중에는 사회 일반인도 회사대표이사제도에 익숙해져 있음을 지적하며, 단지 '전무'나 '상무' 또는 '경리담당이사'라는 명칭을 사용한 자를 대표이사로 믿은 것은 중과실에 해당한다고 본 예가 있다.

본 조 문언상 행위자가 최소한 이사자격만큼은 갖추어야 하는 것처럼 보이지만, 이사자격 유무는 표현적 지위 형성에 아무런 차이를 주지 않으므로 이사 아닌 자가 대표행위를 한 경우에도 본 조가 적용된다는 것이 통설과 판례의 입장이다. 판례는 "회사가 이사의 자격이 없는 자에게 표현대표이사의 명칭을 사용하게 허용한 경우는 물론, 이사의 자격이 없는 사람이 임의로 표현대표이사의 명칭을 사용하는 것을 회사가 알면서도 아무런 조치를 취하지 아니한 채 그대로 방치하여 소극적으로 묵인한 경우에도 위 규정이 유추적용된다"(대법원 2004. 2. 27. 선고 2001다53387 판결)고 보아 본 조 적용요건으로 반드시 이사자격이 필요한 것은 아님을 밝힌바 있다. 또한 표현대표이사 규정은 자신의 명칭으로 한 행위뿐 아니라 다른 진정한 대표이사의 명의로 한 행위에 대해서도 적용된다.

나. 회사의 귀책사유: 명칭사용허락

표현대표이사의 행위에 회사의 책임을 인정하기 위해서는 회사가 표현적 명칭을 사용하는 것을 명시적 또는 묵시적으로 허용했어야 한다.

- 명칭 사용의 허락

회사가 사장 등의 명칭을 부여한 경우는 물론, 표현대표이사의 행위를 사후에 알고도 묵인하였거나, 계약을 이의 없이 이행한 경우, 적법한 대표이사가 장기간 직무수행을 방치한 사이에 다른 이사가 실질적으로 회사의 대외거래를 수행해 온 경우에도 묵시의 승인이 있다고 본다. 따라서 회사가 이사자격이 없는 자에게 명칭사용을 허용한 경우뿐 아니라, 이사의 자격이 없는 자가 표현대표이사의 명칭을 사용하고 있는 것을 회사가 알면서도 아무런 제지조치를 취하지 아니한 경우에도 허락이 있다고 봐야 한다.

- 명칭의 무단사용

회사가 명칭사용을 허락하지 않았음에도 임의로 명칭을 사용한 경우에는 회사에 책임이 없다. 또한 회사가 명칭사용을 알지 못해 미리 제지하지 못한데 과실이 있다 하더라도 회사는 책임이 없다.

- 명칭사용 허용기관

명칭사용 허용은 허용권한이 있는 대표이사 또는 이사회결의에 의하여야 한다. 이와 관련해서 판례는 "회사가 표현대표를 허용하였다고 하기 위해서는 진정한 대표이사가 이를 허용하거나, 이사 전원이 아닐지라도 적어도 이사회 결의의 성립을 위하여 회사의 정관에서 정한 이사의 수, 정관규정이 없는 경우에는 최소한 이사 정원의 과반수 이사가 허용한 경우이어야 한다"(대법원 1992. 9. 22. 선고 91다5365 참조)고 보았다.

대표이사를 주주총회에서 선임하도록 되어 있는 회사에서 주주총회 결의 없이 의사록을 위조하여 대표이사 등기를 한 경우, 회사는 귀책사유가 없다는 이유로 책임을 인정하지 않는 것이 판례의 입장이다. 예를 들어, 진정한 대표이사가 다른 사람에게 대표이사 인감과 명판을 맡기고 일체 경영에서 손을 뗀 경우에는 다른 사람이 인감 등을 이용해 대표이사 명칭을 사용한 경우라면 적법한 승인이 있었다고 봐야 할 것이다.

• 대표행위

표현대표이사가 명칭을 사용하여 대표이사의 권한에 속하는 대표행위를 하였어야 한다. 따라서 대표행위가 아닌 대내적 업무집행행위는 포함되지 않으며, 거래안전과 무관한 불법행위나 소송행위에도 적용이 없다. 다만, 회사책임이 인정되려면 대표이사의 권한 내의 행위이어야 하므로, 대표이사로서 할 수 없는 행위(예, 이사선임행위)에는 적용되지 않는다. 따라서, 표현대표이사가 주주총회 특별결의를 거치지 않고 영업용 중요재산을 양도담보로 제공한다든지, 이사회결의 없이 근저당권설정계약을 체결한 경우에는 회사는 책임이 없다. 판례도 "표현대표이사의 행위로 인정이 되는 경우라고 하더라도 만일 그 행위에 이사회의결의가 필요하고 거래의 상대방인 제3자의 입장에서 이사회의 결의가 없었음을 알았거나 알 수 있었을 경우라면 회사로서는 그 행위에 대한 책임을 면한다"고 보고 있다.

• 제3자의 선의: 외관의 신뢰

표현대표이사제도는 외관을 신뢰한 제3자를 보호하기 위한 것이므로 제3자는 행위자가 대표권이 없다는 것을 몰랐어야 한다. 여기서 제3자는 직접 상대방뿐 아니라 명칭을 신뢰한 모든 당사자를 포함한다. 여기서 선의(善意)는 표현대표이사에게 대표권이 없다는 사실을 알지 못하였다는 것을 의미하며, 반드시 법률상 대표이사가 아니라는 것을 알지 못해야 하는 것은 아니다. 따라서, 법적으로 대표이사가 아닌 것은 알았지만 실질적으로 대표권이 있다고 믿었다면 선의로 봐야 한다. 따라서 만약 제3자가 행위자인 대표이사가 법률상 대표이사가 아니란 것은 알았지만 대표권이 있다고 믿었다면 선의가 인정된다.

본 조에서는 제3자의 과실에 대해서는 언급이 없어 제3자에게 과실이 있는 경우에도 회사가 책임을 지는가에 대해 견해대립이 있지만, 과거 판례는 문리해석상 제3자의 '선의'만이 요건이므로 제3자에게 과실이 있는 경우에도 회사책임을 인정하고 있었다. 하지만, 최근 판례는 제3자의 선의에 중과실이 있었다면 회사의 면책을 인정하는 방향으로 태도를 바꾸었다.

3. 집행임원제도(Executive Officer System)

(1) 집행임원의 의의

집행임원이란 용어는 미국 회사제도에서 유래한 것이지만 미국 회사법에서도 이에 대한 명확한 정의개념은 두고 있지 않으며 단지 임원의 직무종류만 규정할 뿐이다. 미국법상 집행임원은 이사회가 결정한 경영의사를 집행하는 업무집행자로서 최고집행임원(chief executive officer), 사장(president), 부사장(vice president), 재무담당임원(treasurer) 그리고 총무담당임원 (secretary) 등에 대한 통칭으로 사용된다. 이러한 집행임원들은 주주총회가 아닌 이사회에서 선임하며 필요한 경우 해임할 수 있다.

집행임원제도는 집행임원이 이사회로부터 업무에 관한 의사결정권과 집행권을 위임받아 이를 결정·집행(경영)하고, 이사회는 집행임원의 이러한 결정 및 집행을 감독하는 시스템이다. 이는 이사회가 업무집행권과 업무감독권을 모두 보유함으로써 발생할 수 있는 자기감독상 문제점을 구조적으로 개선함과 동시에 전문경영인에게 업무집행을 전담시킴으로써 업무집행의 효율성을 높이고 업무집행에 따른 책임소재를 분명히 할 수 있는 제도이다.

(2) 운영현황과 제도의 필요성

우리나라에서는 관행적으로 '임원'이라는 용어를 사용해 왔지만, 상법에서 명문근거규정이 마련되어 있지는 않았다. 현행 상법은 회사와의 위임관계에 따라 선관주의의무를 부담하면서 업무를 수행하는 자들을 등기이사로 제한하고 이들은 이사회 구성원으로서 의사결정을 하면 일상적인 업무 수행은 대표이사가 담당해 왔었다.

외환위기 이후 구 증권거래법 등에서 상장회사를 비롯한 금융회사에서 사외이사를 의무적으로 두도록 하였으나, 기업들은 등기이사 수를 대폭 축소함으로써 사외이사의 수를 최소화 하였는데, 이는 사외이사 증가에 따른 비용부담은 물론 의사결정의 지연과 기업정보의 유출에 대한 우려가 그 원인이었다. 이런 이유로 기존의 등기이사들을 정관이나 내규 등으로 신설한 집행임원(비등기이사)으로 전환시킴으로써 제한을 회피한 반면, 과거 등기이사와 동일한 직무를 담당하게 하고 보수 기타 대우도 등기이사에 준하여 운영해 오고 있었다.

이와 같이 실무상 전체 임원의 과반수 이상을 차지할 정도로 보편화되어 있는 집행임원은 실제 등기이사와 동일한 권한을 행사함에도 불구하고 상법상 아무런 근거규정이 없었기 때문에 그 지위·권한·책임이 불명확한 문제점이 있었다. 특히, 그간 대법원 판례에서는 집행임원의 지위를 위임계약에 의한 임원이 아니라 근로계약에 의한 근로자로 파악함으로써 회사가 실적부진 등을 이유로 집행임원을 해임한 경우 노동법상 부당해고라 주장하여 회사와 임원 간 분쟁이 발생한 경우가 많았다. 이와 같은 현실과 법제도 간의 괴리를 극복하고 보편화되어 있는 집행임원제도를 개정상법에서 명문근거규정을 두어 제도화하게 되었다.

(3) 상법상 집행임원제도(제408조의2~제408조의9)

상법은 이사회의 의사결정기능과 업무집행기능 중 업무집행기능을 집행임원에게 이양하고 이사회는 집행임원을 감독함으로써 지배구조의 효율성을 제고하기 위한 집행임원제도를 도입하고, 회사별 채택 여부는 개별 회사가 자율적으로 선택할 수 있도록 임의규정의 형식을 취하였다(제408조의2 제1항). 하지만 상법은 회사마다 경영조직이 상이하고 기업환경에 따라 수시로 변할 수 있다는 점을 감안하여 집행임원의 의의와 종류에 대한 규정은 두지 않았다. 상법상 집행임원제도의 주요 내용은 다음과 같다.

• 설치근거: 정관, 주주총회 또는 이사회 결의로도 설치 가능

• 회사와 집행임원의 관계는 이사와의 관계처럼 민법 중 위임에 관한 규정을 준용하며(제408조의2 제2항), 집행임원제도를 설치한 회사(이하 '회사')는 대표집행임원을 두어야 하고 이를 등기해야 하므로 대표이사를 둘 수 없도록 하였다(제408조의2 제1항).

• 집행임원 설치회사에서의 이사회의 권한

• 집행임원과 대표집행임원의 선임 · 해임

• 집행임원의 업무감독

• 집행임원과 회사의 소송에서 회사를 대표할 자의 선임

• 집행임원에게 업무집행에 관한 의사결정의 위임

• 집행임원이 여러 명인 경우 집행임원의 직무분담 및 지휘 · 명령관계, 그 밖에 집행임원의 상호관계에 관한 사항의 정

• 집행임원의 보수결정(단, 정관에 규정이 없거나 주주총회의 승인이 없는 경우에 한함)

• 집행임원 설치회사는 이사회의 회의를 주관하기 위해 이사회 의장을 두어야 하며, 의장은 정관에 규정이 없으면 이사회결의로 선임한다.

• 집행임원의 임기

• 정관에 다른 규정이 없으면 집행임원의 임기는 2년을 초과하지 못하는네, 이처럼 집행임원의 임기를 법정한 것이 집행임원의 신분보장을 의미하는 것은 아니며, 이사회는 집행임원을 임기 중이라도 언제든지 해임할 수 있고 해임된 집행임원은 이사와 달리 회사에 대하여 손해배상을 청구할 수 없도록 제한하고 있다(제408조의9는 이사해임에 있어 회사의 손해배상책임에 관한 제385조를 준용하지 않고 있기 때문이다).

집행임원의 상법상 권한으로는 회사의 업무집행권으로 일반 집행임원은 대외관계를 수반하지 않는 대내적인 업무집행을 담당하는데 실제에 있어서는 사장, 부사장, 전무, 상무 등의 명칭을 가진 집행임원 중 대표집행임원이 아닌 자가 이에 해당한다. 그 외 정관이나 이사회 결의에 의해 위임 받은 업무집행에 관한 의사결정권을 가지고, 대표

집행임원 회사 대표권을 가진다. 또한 이사회 소집(청구)권을 가지는데, 필요시 회의 목적사항과 소집이유를 기재한 서면을 이사에게 제출하여 이사회 소집을 청구할 수 있으며, 이사가 소집절차를 밟지 않는 경우에는 법원허가를 얻어 이사회를 소집할 수 있다. 또한 2명 이상의 집행임원이 선임된 경우 이사회 결의로 회사를 대표할 대표집행임원을 선임해야 하며, 집행임원이 1인인 경우에는 그 임원이 대표집행임원이 된다. 대표집행임원에 대하여는 대표이사에 관한 규정이 준용되므로(제408조의5 제2항) 대표집행임원의 법적 지위는 대표이사의 지위와 거의 동일하므로, 대표집행임원은 이사회에서 결정된 사항을 집행하고 그 업무집행을 위하여 대외적으로 회사를 대표하는 기관으로 볼 수 있다.

집행임원의 의무와 책임규정으로는 3개월에 1회 이상 업무 집행상황을 이사회에 보고해야 하며, 이외에도 이사회 요구가 있으면 언제든지 이사회에 출석하여 요구사항을 보고해야 한다. 그리고 이사회는 대표집행임원으로 하여금 다른 집행임원 또는 피용자의 업무에 관해 이사회에 보고할 것을 요구할 수 있다. 이사와 유사하게 회사 및 제3자에 대한 책임을 부담한다. 즉 집행임원이 고의·과실로 법령이나 정관을 위반한 행위를 하거나 그 임무를 게을리 한 경우 회사에 대한 손해배상책임을 부담하며, 고의 또는 중대한 과실로 그 임무를 게을리 한 경우에는 제3자에 대해 손해를 배상할 책임이 있다. 다만, 수인의 집행임원이 있는 경우에도 회의체를 구성하지 않으므로 연대책임은 없다. 그리고 집행임원에게는 이사의 의무규정이 준용되어 충실의무(제382조의3), 비밀유지의무(제382조의4), 정관 등 비치·공시의무(제396조), 경업금지의무(제397조), 회사기회 및 자산유용금지(제397조의2), 자기거래금지(제398조), 회사에 대한 책임면제(제400조), 업무집행지시자의 책임(제401조의2), 유지청구권(제402조)부터 직무대행자의 권한(제408조)까지 준용된다.

(4) 운영전망 및 보완점

주식회사의 지배구조개선의 일환으로 도입된 집행임원제도는 그 동안 사외이사제도, 감사위원회제도와 더불어 중요한 역할을 담당할 것으로 기대된다. 다만, 현재의 집행임원선임 실태를 보면 사실상 지배주주가 마음대로 선임과 해임을 하고 있고, 집행임원이 사외이사를 줄이기 위한 편법으로 활용되고 있었기 때문에 개정상법의 도입취지에 맞게 운영이 될 수 있을지는 아직 미지수다.

하지만, 집행임원이 이사와 동일한 책임을 부담하게 되었고, 경영활동에 대한 이사회의 감독기능도 한층 강화됨으로써 전문경영인과 같은 집행임원에 의한 책임경영이 가능할 것으로 기대되며, 감사위원의 독립성도 확보될 수 있을 것으로 기대한다.

다만, 개정상법에서는 이사의 집행임원 겸직금지에 관한 규정을 두지 않고 있어 이사의 집행임원 겸직이 허용되고 있다. 이는 자기감독의 문제점이 발생할 우려가 있지만 한편으로는 집행임원은 사외이사가 될 수 없으므로(상법 제382조 제3항) 이사 중 사외이사 선임이 일정비율 강제되고 있는 회사의 경우에는 사실상 겸직이 제한된다.

4. 주주대표소송(Derivative Action)

Y회사는 주식회사 A금고의 영업 전부를 양수하기로 하는 계약을 체결하였다. A회사가 이 영업양도계약에 대해 주주총회 특별결의를 거치지 않았을 경우, 이 회사의 발행주식의 1%를 보유하는 주주 X는 Y회사를 상대로 하여 영업양도계약의 무효확인을 구하는 소송을 제기할 수 있는가?

A주식회사의 대표이사 Y는 회사를 대표하여 매수한 토지를 자기명의로 소유권이전등기를 하였다. 이에 대해 A회사의 발행주식 1%를 보유하는 주주 X는 상법 제403조의 규정에 의해 Y를 상대로 하여, 위 토지의 소유권을 A회사에 이전할 것을 구하는 소송을 제기할 수 있는가?

---

(1) 의의

대표소송(derivative suit)은 회사가 이사 또는 업무집행지시자의 책임추궁을 게을리 한 경우, 소수주주가 회사를 위하여 이사(업무집행지시자)의 책임을 묻기 위해 제기하는 소이다(403, 401의2). 대표소송에 관한 규정은 이사 외에도 발기인, 감사, 청산인, 불공정가액으로 주식을 인수한 자, 주주권행사와 관련하여 이익을 제공받은 자 등의 책임에 대하여도 준용된다. 대표소송은 영미법상의 대표소송에서 유래한 제도로서 파생소송, 대위소송이라고도 한다.

이사책임을 추궁하기 위한 대표소송제도가 인정되고는 있지만 국내에서는 활용도가 극히 저조하여 1997년 첫 소송이 제기된 정도이다. 대표소송이 부진한 이유는 행사에 필요한 보유주식 요건이 엄격할 뿐 아니라, 소송수행에 따르는 비용(인지대, 변호사비용 등)이 막대함에 비해 정작 소송에서 승소한 경우에도 그 혜택은 모든 주주에게 골고루 돌아가기 때문에 소송을 제기할 유인이 없었기 때문이다. 하지만, 대표소송은 이사나 업무집행지시자들의 전단적인 경영을 사전에 견제하는 의미에서 효과적인 수단이 될 수 있다. 대표소송 활성화를 위해 우리나라에서도 제소요건의 완화, 소송비용 및 변호사비용의 보상, 인지대의 정액화와 같은 제도적 장치를 마련하고 있다.

(2) 취지 및 성질

주주는 회사의 기관이 아니고 단순한 출자자에 지나지 않기 때문에 회사재산에 대해 간접적 이해관계만을 가진다. 따라서 비록 회사에 손해가 생긴 경우에도 주주가 회사를 대표하여 소송을 제기할 수는 없는 것이 원칙이다. 하지만, 대표소송은 이러한 회사법상 원칙에 대한 예외로서 회사와 이사 간 밀착관계로 인해 회사의 이사에 대한 제399조에 따른 책임추궁이 소홀해 질 것을 염려하여 특별히 인정된 것이다.

이러한 취지에서 대표소송은 주주가 회사의 이익을 위하여 소송을 수행하는 제3자 소송담당형태로 진행되며, 우리 상법 제403조가 "주주는 회사를 위하여 소를 제기할 수 있다"고 표현한 것은 이를 반영한 것이다. 따라서 원고인 주주가 받은 판결은 회사가 받은 판결과 동일한 효력을 가지고 그 반사적 효과로서 다른 주주에게도 판결의 효력이 미치게 된다.

(3) 소의 대상: 이사의 책임범위

대표소송은 이사(업무집행관여자)가 회사에 대하여 지는 책임을 추궁하기 위한 것이므로 제3자에 대한 책임이나 주주에 대한 책임은 그 대상이 아니다.

대표소송의 대상이 되는 '이사의 책임'에 대해서는 이사(업무집행관여자)가 회사에 대하여 부담하는 모든 채무로 파악하는 것이 다수견해로서, 제399조나 제426조의 책임(자본충실책임)에 한정되지 않고 그 외의 책임도 소송의 대상이 된다고 본다.

이사의 책임이 재임 중에 발생한 경우에는 비록 그 이사가 퇴임한 후에도 대표소송을 제기할 수 있다.

(4) 당사자

① 제소권자

소제기의 남발을 방지하기 위해 발행주식총수의 1/100 이상에 해당하는 주식을 가진 주주에 한하여 소를 제기할 수 있다. 여기서 주주란 피고가 되는 이사가 재직하는 당해 회사의 주주를 의미하므로, 모회사의 주주가 자회사의 이사를 상대로 책임을 묻은 이른바 2중대표소송도 상법개정으로 허용된다. 지분요건은 종래에는 5%이상으로 되어 있었으나 '98년 개정시 이를 완화하였다. 제소 당시에 소수주주요건을 구비하면 충분하고, 제소 후에는 지주수가 1% 미만으로 감소하더라도 상관없지만, 주식을 전혀 보유하지 않게 된 경우에는 당사자적격이 없으므로 소를 각하해야 한다.

상장회사에 있어서는 발행주식의 1/10,000 이상 보유한 주주가 대표소송을 제기할 수 있다. 단 이 주식을 6개월 이상 계속 보유한 자에 한한다(542조의6 제6항).

② 피고

대표소송의 피고는 회사에 대해 책임이 있는 이사(업무집행관여자) 또는 이사(업무집행관여자)이었던 자이다.

(5) 소의 절차

① 제소 전 절차

소송제기에 앞서 주주는 이유를 기재한 서면으로 회사에 대하여 이사의 책임을 추궁할 소의 제기를 청구하여야 한다. 회사와 이사간 소송에서는 감사(감사위원회)가 회사를 대표하므로 청구는 감사(감사위원)에게 하여야 하며, 감사(감사위원)이 이 청구를 받은 날로부터 30일 이내에 소를 제기하지 아니한 때에는 소수주주는 즉시 회사를 위하여 소를 제기할 수 있다. 하지만, 이 기간의 경과로 인해 회사에 회복할 수 없는 손해가 발생할 염려가 있는 경우에는 즉시 소를 제기할 수 있다. 가령, 30일 기간 동안 시효가 완성되거나 이사의 재산상태가 악화될 가능성이 있는 경우, 또는 이사가 재산은닉의 우려가 있는 경우가 이에 해당한다.

② 소송관할 · 고지 · 참가

대표소송은 회사 본점소재지 지방법원의 관할에 전속한다.

주주가 대표소송을 제기한 때에는 지체없이 회사에 대해 소송의 고지를 해야 한다. 따라서 주주가 고지를 하지 않은 경우에는 회사에 대해 손해배상책임을 진다.

주주가 제기한 대표소송에 회사는 공동소송참가를 할 수 있으며, 이사를 위해서는 참가할 수 없다.

③ 주주의 담보제공

대표소송이 제기된 경우 피고인 이사는 제소주주의 惡意를 소명하여 상당한 담보의 제공을 명할 것을 법원에 청구할 수 있다. 악의 주주에 대한 담보제공명령과 패소한 경우 배상책임은 소수주주들의 대표소송 제기에 대한 중요한 견제장치가 된다는 점에서 '악의'의 의미가 중요하다. 우리 통설은 부당하게 피고인 이사의 이익을 해하려는 의도가 있어야 한다는 해의설을 취하고 있는데, 소수주주의 대표소송에 대한 권리를 최대한 보장해야 한다는 측면에서 통설이 타당하다고 본다.

④ 소취하·청구포기·화해

대표소송을 제기한 경우에는 법원의 허가를 얻지 않고는 소의 취하, 청구의 포기·인락, 화해를 할 수 없다.

⑤ 재심

대표소송에서 원고와 피고의 공모로 인하여 소송의 목적인 회사의 권리를 사해할 목적으로 판결을 하게 한 때에는 회사 또는 주주는 확정한 종국판결에 대해 재심의 소를 제기할 수 있다.

대표소송의 판결의 효력이 회사와 다른 주주에게 구속력을 가지므로 만일 원고와 피고가 결탁해서 회사의 권리를 침해할 경우에는 그 권리를 회복할 수단이 필요하기 때문에 민소법상 재심제도만으로는 불충분하기 때문에 상법이 별도로 인정하고 있는 제도이다. 가령, 이사의 손해배상책임액이 100억원인데 주주와 결탁하여 5억원을 배상액으로 대표소송을 제기한 경우, 판결의 기판력이 미치므로 회사의 권리가 심각하게 침해될 우려가 있으므로 이런 경우 다른 주주나 회사에 의한 재심청구가 인정될 필요성이 있다.

재심의 소를 제기하기 위해서는 회사의 권리를 사해할 목적으로 원고와 피고가 공모하여야 한다. 공모가 요건이므로 원고에게만 부정한 목적이 있었다면 재심의 대상이 되지 않는다.

재심의 소를 제기할 수 있는 자는 회사와 다른 주주들이며, 이 경우 반드시 소수주주가 아니라도 재심의 소를 제기할 수 있다.

(6) 효과

① 판결의 효력

대표소송 판결의 효력은 승소·패소의 경우 모두 회사에 미치며, 주주가 받은 판결의 효력은 다른 주주에게도 미치므로 다른 주주는 동일한 사안에 대해 소를 제기할 수 없다.

② 승소주주의 비용청구권

대표소송 또는 재심의 소에서 주주가 승소한 경우에는 그 주주는 소송비용 및 소송으로 인하여 지출한 비용 중 상당한 금액의 지급을 청구할 수 있다. 이 경우 소송비용을 회사가 지급한 경우에는 피고인 이사에게 구상할 수 있다.

소송비용 외 청구할 수 있는 지출비용에는 변호사비용뿐 아니라 회사가 직접 소송을 제기했더라면 지출되었을 모든 유형의 비용이 포함되는 것으로 봐야 한다.

민사소송등 인지법에서는 제소주주의 부담을 경감시키기 위해 대표소송은 訴價를 알 수 없는 소송으로서 청구금액에 관계없이 소가를 10,000,100원으로 보고 0.5%의 인지대(5만원)를 계산한다.

③ 패소주주의 책임

제소주주가 패소한 경우라도 악의인 경우 외에는 회사에 대해 손해배상책임이 없다. 이는 자칫 대표소송제기가 위축될 수 있기 때문에 악의가 있는 경우에만 책임을 인정한 것이다. 여기서 악의란 담보제공의 경우와 마찬가지로 부당하게 피고의 이익을 해하려는 의도로 해석해야 한다.

5. 합병

(1) 의의

상법 회사편의 합병에 관한 규정은 합병의 자유와 제한 및 신설합병시의 설립위원에 관한 두 개 조문을 두고(제174조, 제175조), 각 회사별로 합병절차를 규정하고 있다. 그 중 주식회사의 합병에 관해서는 주식회사에 특유한 절차를 규정함과 더불어 합명회사의 합병에 관한 상세 규정을 준용하고 있다(제522조~제530조). 여기서는 합병에 관한 일반이론을 살펴보고 주식회사 합병에 특유한 문제에 관해 설명하기로 한다.

합병이란 상법의 절차에 따라 2개 이상의 회사가 그 중 1개의 회사를 제외하고 소멸하거나 전부 소멸하고, 청산절차를 거치지 아니하고, 소멸하는 회사의 모든 권리·의무를 존속회사 또는 신설회사가 포괄적으로 승계하면서 동시에 사원을 수용하는 회사법상의 법률사실이다.

합병의 종류로는 흡수합병과 신설합병 두 가지 방법이 있다. 먼저 흡수합병이란, 수개의 합병당사회사 중 하나의 회사만이 존속하고 나머지 회사는 모두 소멸하며, 존속회사가 소멸회사의 권리·의무를 포괄적으로 승계하고 사원을 수용하는 방법이다. 그리고 신설합병이란, 당사회사 전부가 소멸하고 이들에 의해 신설된 회사가 소멸회사의 권리·의무를 포괄적으로 승계하고 사원을 수용하는 방법이다.

[신설합병과 흡수합병]

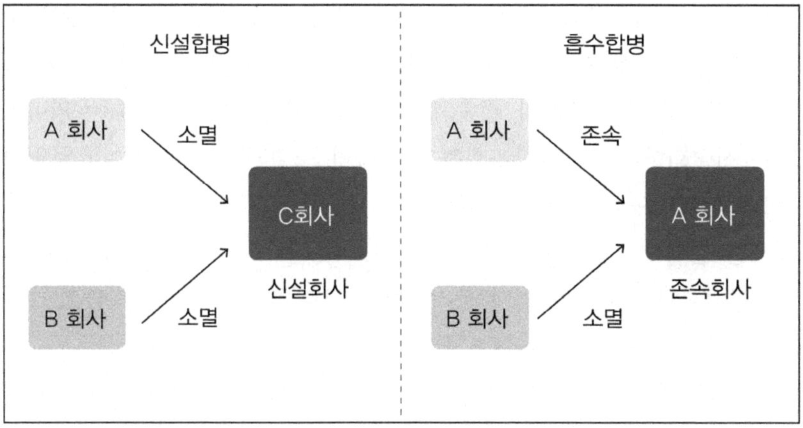

합병은 소멸회사의 권리·의무의 포괄적 승계와 사원의 수용이 이루어진다는 점에서 공통되지만, 우리나라에서는 주로 흡수합병이 많이 이루어진다. 이유는 신설합병시에는 회사설립에 준하여 영업허가나 면허 등을 다시 받아야 하고, 상장회사의 경우에는 주식 상장절차를 새롭게 밟아야 하며, 주주에게 신주권을 발행해야 하기 때문에 복잡한 절차와 많은 비용이 소요되고, 세제상으로도 크게 불리하기 때문이다.

합병은 다른 기업결합과 마찬가지로 규모의 경제(economics of scale)를 실현하기 위한 것이다. 기업 경영자들이 기업을 확장함에 있어 자기기업의 설비나 시장을 확대하는 것 보다는 다른 기업을 인수하는 기업결합 형태를 선호하는데, 그 이유는 기업결합이 경쟁을 지양하고, 기존 기업조직과 활동을 그대로 이어받아 이용할 수 있으므로 훨씬 경제적이고 성장속도도 빠르기 때문이다.

기업결합에는 합병 외에도 기업간 지배계약, 임원겸임, 주식취득을 통한 모자관계 형성 또는 계열화 등 여러 방법이 있는데, 이들 방법은 각 기업의 법적 독립성을 유지시킨 채 기업행동의 통일을 기하는 것임에 반해, 합병은 기업들의 법적 독립성을 박탈하고 단일체를 형성하므로 가장 완전한 기업결합방법이라 할 수 있다.

(2) 합병의 자유와 제한

상법상 회사는 자유롭게 합병할 수 있다(제174조 제1항). 따라서 서로 다른 종류의 회사간에도 합병이 인정된다. 하지만, 상법과 특별법상 다음과 같은 제한이 있다.

① 상법상 제한

첫째, 합병당사회사 중 일방 또는 쌍방이 주식회사나 유한회사인 경우에는 합병 후 존속 또는 신설되는 회사는 주식회사나 유한회사이어야 한다. 이는 인적·물적회사와 물적회사간 합병시에는 반드시 물적회사가 존속 또는 신설회사가 되어야 한다는 의미이다. 만일 존속 또는 신설회사가 합명·합자회사가 된다면 소멸되는 물적회사의 사원이 무한책임을 부담하게 되는 문제점이 있기 때문이다.

둘째, 인적회사간 합병으로 물적회사가 신설되지도 못한다. 회사채권자에 대해 무한책임을 부담하던 인적회사 사원의 책임이 물적회사 신설로 유한책임으로 바뀜으로 인해 회사채권자의 이익이 침해될 가능성이 크기 때문이다.

셋째, 유한회사와 주식회사가 합병할 경우 주식회사가 사채상환을 완료하지 않으면 유한회사를 존속회사나 신설회사로 하지 못한다(제600조 제2항). 그렇지 않으면 존속 또는 신설회사인 유한회사가 사채상환의무를 부담해야 하는데 이는 유한회사가 사채를 발행할 수 없다는 제한과 모순되기 때문이다.

넷째, 유한회사와 주식회사가 합병하여 주식회사가 존속 또는 신설회사로 될 때에는 법원의 인가를 얻지 아니하면 합병의 효력이 없다(제600조 제1항). 유한회사와 달리 주식회사에서는 출자미필에 대해 사원이 책임지지 않는다는 점을 악용하는 것을 예방하기 위해서이다(제551조, 제593조 참조).

마지막으로 해산 후 청산 중에 있는 회사도 존립중에 있는 회사를 존속회사로 하는 경우에는 합병이 허용된다(제174조 제3항).

② 공정거래법상 제한

독점규제 및 공정거래에 관한 법률은 기업독점을 억제하고 자유로운 경쟁을 촉진하기 위해 일정한 거래분야에 있는 기업간의 결합은 경쟁제한의 우려가 있다고 하여 이를 제한하고 있다. 즉 일정한 거래분야에서 경쟁을 실질적으로 제한하는 효과를 가져오는 기업간의 합병은 금지된다(동법 제7조 제1항 제3호).

③ 특별법상의 제한

은행, 보험 등 금융업 및 특수한 업종을 영위하는 회사가 합병할 경우에는 관련법률에 따른 주무관청을 허가 또는 조정 등을 받아야 한다.

(3) 합병의 절차

상법상 합병을 위한 세부 절차는 아래와 같다.

① 합병계약의 체결

합병당사회사의 대표기관에 의해 합병조건·방식 등 합병에 필요한 사항이 합의되어야 한다. 합병방식은 특별한 방식은 요하지 않지만, 주식회사나 유한회사가 합병하는 경우에는 법정사항이 기재된 합병계약서를 작성하여야 한다.

② 합병대차대조표 등의 공시

주식회사와 유한회사는 합병대차대조표 등 소정서류를 작성하여 합병결의를 위한 주주총회 2주 전부터 합병 후 6월이 경과할 때까지 공시하여야 한다.

③ 합병결의

어떤 종류의 회사에서나 합병으로 인해 회사의 구조적 변화가 발생하고 사원의 이해관계에 중대한 영향을 미치므로 합병에는 사원의 합병결의가 필요한데, 그 결의요건은 정관변경의 결의요건과 같다. 즉 인적회사에서는 총사원의 동의가 필요하고, 주식회사에서는 출석주식수의 2/3 이상의 다수와 발행주식 총수의 1/3 이상, 유한회사에서는 총사원 반수 이상이며 의결권의 3/4 이상의 동의로 한다.

합병결의는 합병에 있어 필수불가결의 요건이므로 어느 한쪽 회사에서라도 결의가 이루어지지 않을 경우에는 합병이 이루어질 수 없다.

주식회사에서는 합병으로 인해 어느 종류의 주주에게 손해를 미치게 될 경우 별도로 종류주주총회의 결의가 필요하며, 반대주주에게는 주식매수청구권이 인정된다.

④ 채권자보호절차

합병에서는 회사채권자도 중대한 이해관계를 가진다. 합병으로 인해 당사회사들의 재산은 모두 합일귀속되어 당사회사들의 총채권자에 대한 책임재산이 되므로 합병 전의 신용이 그대로 유지된다고 볼 수 없기 때문이다. 따라서 소멸회사에서는 물론 존속회사에서도 다음과 같은 채권자보호절차를 밟아야 한다. 먼저 회사는 합병결의가 있은 후 2주 내에 회사채권자에 대해 합병에 이의가 있으면 1월 이상의 일정한 기간 내에 이를 제출할 것을 공고하고, 알고 있는 채권자에 대해서는 개별통지를 해야 한다. 채권자가 위 기간 내에 이의제출을 하지 않은 때에는 합병을 승인한 것으로 본다. 이의를 제출한 채권자가 있는 경우에는 회사는 그 채권자에 대해 변제하거나, 상당한 담보를 제공하거나, 이를 목적으로 상당한 재산을 신탁회사에 신탁해야 한다.

⑤ 신설합병에서의 설립위원선임

신설합병의 경우에는 합병결의와 동일한 방법으로 합병당사회사에서 설립위원을 선임해야 하며, 정관작성 기타 설립에 관한 행위를 공동으로 수행하게 된다.

⑥ 합병의 효력발생시기

위 합병절차가 끝난 때에는 합병등기를 해야하는데, 본점소재지에서 변경등기 또는 신설등기를 한 때 합병의 효력이 발생한다.

(4) 합병의 효력

① 회사의 소멸과 신설

상법은 합병을 해산사유로 정하고 있기 때문에, 합병으로 인해 흡수합병의 경우에는 존속회사 이외의 당사회사, 신설합병의 경우에는 모든 당사회사가 소멸한다.

합병으로 해산하더라도 법인격을 소멸시키는 데 그 목적이 있고, 존속회사 또는 신설회사가 소멸회사의 권리·의무를 승계하므로 별도의 청산절차를 밟지 않는다.

② 권리·의무의 포괄적 승계

존속회사 또는 신설회사는 소멸회사의 모든 권리·의무를 포괄적으로 승계한다(235, 269, 530②, 603). 승계되는 권리·의무에는 공법상 권리·의무도 포함된다. 그리고 포괄승계이므로 승계되는 개개 재산과 채무에 대해 별도의 이전행위를 따로 할 필요가 없다.

③ 사원의 수용

합병으로 소멸되는 회사의 사원은 존속회사나 신설회사의 사원이 된다. 사원의 지분 등은 합병계약에 따라 정해진다. 우리 판례에서는 “합병 후 존속회사나 신설회사는 소멸회사에 근무하던 근로자에 대한 퇴직금 관계에 관하여 종전과 같은 내용으로 승계하는 것이라고 보아야 한다”고 본다.

(5) 합병무효의 소

합병 무효원인에 대해서는 상법에 아무런 규정이 없으므로 합병요건을 충족하지 않은 경우에는 무효로 봐야 한다. 따라서 합병에 하자가 있는 경우에는 소로써만 무효를 주장할 수 있는데, 주된 무효원인으로는, 합병을 제한하는 법규정에 위반한 경우(예, 합명회사가 주식회사를 흡수합병한 경우), 합병계약서가 작성되지 않았거나 법정요건을 결한 경우, 주주총회의 합병 승인결의에 하자가 있는 경우, 채권자보호절차를 위반한 경우 또는 합병비율이 불공정한 경우 등을 들 수 있다. 본 소송에서의 피고는 존속회사나 신설회사가 될 것이고, 제소권자는 회사마다 다르다(236①, 269, 529①, 603).

합병무효의 소는 합병등기 후 6월 내에 제기하여야 한다. 그리고 회사가 원고의 악의를 소명하여 담보를 제공하게 할 것을 청구한 때에는 담보제공을 명할 수 있다.

합병무효 판결이 확정된 때에는 존속회사는 변경등기, 소멸회사는 회복등기, 신설회사는 해산등기를 해야 한다. 또한 합병당사회사 및 이해관계인들간의 법률관계를 획일적으로 확정해야 하므로 합병무효판결은 당사자뿐 아니라 제3자에게도 효력이 미친다(대세적 효력). 따라서 무효판결이 확정된 후에는 누구도 새로이 그 효력을 다투지 못한다. 또한 합병무효 판결은 소급효가 제한되며 장래에 향해서만 효력이 미친다. 따라서 합병 이후 존속회사나 신설회사에서 이루어진 조직법적 행위(주주총회결의, 이사의 책임, 신주발행, 사채발행 등)나 대외적 거래행위는 모두 유효하고 회사주식의 양도도 유효하다.

합병무효판결의 확정으로 당사회사들은 합병 전의 상태로 환원된다. 즉 흡수합병의 경우에는 소멸한 회사가 부활하여 존속회사로부터 분할되고, 신설합병의 경우에는 소멸한 당사회사들이 모두 부활하면서 분할된다. 이 경우 합병으로 인해 승계한 권리·의무 및 합병 후 취득한 재산과 부담한 채무의 처리에 관한 문제가 남는다.

① 합병으로 승계한 권리·의무

존속회사 또는 신설회사가 소멸회사로부터 승계한 권리·의무는 당연히 부활된 소멸회사에 복귀한다. 하지만, 합병무효판결은 소급효가 없으므로 합병 이후 권리를 처분하였거나 의무를 이행한 경우에는 그 가액에 따른 현재가치로 환산하여 청산해야 할 것이다.

② 합병 후 취득재산과 채무(239, 269, 530, 603)

합병 후 존속회사나 신설회사가 부담한 채무에 대해서는 분할된 회사들이 연대책임을 진다. 그리고 합병 후 존속회사나 신설회사가 취득한 재산은 분할된 회사들의 공유로 한다. 이 경우 각 회사의 협의로 연대채무에 대한 각자의 부담부분 및 공유재산에 대한 각자의 지분을 정해야 할 것이며, 협의가 이루어지지 않을 때에는 법원이 청구에 의해 합병 당시 각 회사의 재산상태 기타 사정을 참작하여 이를 정한다.

(6) 합병의 무효와 불공정

[합병계약서 법정요건 흠결의 경우]

Y회사는 경영합리화를 위하여 주식 50%를 보유하는 계열기업인 A회사와 합병하기로 하였다. Y회사와 A회사의 대표이사는 합병비율은 2:1로 잠정 결정한 후 간단한 합병계약서를 작성하여 양 회사의 주주총회승인결의를 받았다. 이후 Y회사의 주주 X가 합병계약서에 합병비율의 기재가 없다는 것을 이유로 합병무효의 소를 제기하였다. 이에 대해 Y회사는 합병계약서에 기재가 없지만 소집통지에 첨부된 참고서류로부터 합병비율을 명확히 알 수 있다고 항변하였다. Y회사의 항변은 타당한가? 만일 Y회사의 채권자가 무효를 주장한 경우에는 어떠한가?

[합병비율 불공정의 경우]

상장회사인 Y회사의 발행주식은 50만주, 1주의 금액은 1만원, 자본금은 50억원이고 비상장인 A회사의 발행주식총수는 100만주, 1주의 금액은 1만원, 자본금은 100억원이다. B는 Y회사의 발행주식 40%와 A회사의 발행주식 70%를 각각 보유하는 대주주이며 A회사도 Y회사의 주식을 30% 보유하고 있어, Y회사와 A회사는 계열기업이다. Y회사와 A회사는, Y회사를 존속회사로 하는 흡수합병계약을 체결하고 각 임시주주총회를 개최하여 합병계약서를 승인한 후, 합병 기일에 합병등기를 종료하였다. 합병당시 Y회사의 1주당 순자산가치는 8만원이었으나 A회사의 1주당 순자산가치는 4,800원에 불과하였음에도 불구하고 합병비율을 1:1로 정하고, Y회사는 신주 100만주를 발행하여 A회사의 주주에게 배정, 교부하였다. 합병 당시 Y회사의 발행주식 12%를 보유하고 있던 주주 X는 합병결의에 찬성하였다. 이후 주주 X는 합병비율의 불공정성을 이유로 Y회사를 상대로 합병무효의 소를 제기할 수 있는가? 만일 Y회사와 A회사간의 합병비율을 10:1로 정한 경우에는 어떠한가?

(인천지방법원 1986. 8. 29. 선고 85가합1526 판결 참조)

주식회사의 합병은 합병계약서 작성으로부터 합병등기에 이르기까지 복잡한 과정을 거쳐 진행되며, 여러 회사가 관여하기 때문에 절차상 하자가 발생할 소지가 많다. 하지만 합병등기에 의해 합병효력이 발생하면 앞서 살펴본 바와 같이 당사회사의 소멸, 주주지위의 승계 및 권리·의무의 포괄적 승계가 이루어지므로, 하자주장을 일반원칙에 따르게 하면 법률관계의 불안정과 혼란을 초래하게 된다. 이런 이유에서 합병무효의 소도 설립무효의 소와 같이 제소권자와 제소기간을 제한하고 판결의 효력도 획일적으로 하고 있다. 합병무효원인 중 특히 문제가 되는 것이 두 번째 사례에서와 같이 합병비율이 불공정한 경우이다.

① 합병계약서 법정사항 흠결의 경우

합병절차에 있어 가장 중요한 것이 합병계약서 작성이고, 그 법정기재사항에 관해 상법은 상세한 규정을 두고 있으므로 합병비율과 같은 주요사항을 흠결한 경우에는 합병무효의 원인이 된다.

합병계약서의 기재사항을 법정하는 것은 합병의 중요사항에 대해 이해관계를 가지는 주주와 회사채권자에게 그 내용을 사전에 공시하여 주주총회 승인결의와 이의제기에 대비할 수 있도록 하기 위함이므로 1번 사례와 같이 비록 합병계약서에는 기재하지 않았지만 소집통지에 첨부된 서류를 통해 주주가 그 내용을 알 수 있었던 경우에는 무효의 원인에 해당하지 않는다고 본다. 하지만, 이러한 항변은 회사채권자에 대해서는 주장할 수 없는 것으로 본다.

② 합병비율 불공정의 경우

합병에서 합병비율의 공정성 확보가 실무적으로는 가장 중요하고도 어려운 문제이다. 하지만 실제 합병에서는 합병당사회사의 실질가치 여하에 불구하고, 그 합병비율을 1:1로 정하고 있는데, 이는 합병절차의 간소화를 위해 그 차액을 합병교부금으로 정산하기 때문이기도 하지만, 실제로는 두 번째 사례에서와 같이 상장회사와 비상장회사간 합병을 이용하여 합병당사회사를 지배하는 대주주가 막대한 이익을 챙기려는 의도에 근본적인 원인이 있다. 즉 회사 순자산가치가 17:1 정도로 현격한 차이가 있는 Y회사와 A회사를 1:1 비율로 합병함으로써 A회사 주식의 순자산가치가 증대하는 반면, Y회사의 주식가치는 하락하게 된다. 하지만, A회사 주식의 70%와 Y회사 주식의 40%를 보유하고 있는 B는 Y주식회사의 주식가치 하락분보다 A회사 주식가치 상승분이 훨씬 크기 때문에 합병으로 인해 큰 이익을 보는 반면, Y회사의 군소주주는 주가하락으로 인한 손해만 보게 되는 결과가 된다. 결국 이러한 합병은 군소주주의 희생하에 대주주의 이익을 위한 수단으로 악용되는 경우가 많다.

이러한 합병비율의 불공정성을 방지하기 위해 상법은 합병계약서의 기재내용을 법정하고 이를 사전에 공시하며 또한 주주총회의 특별결의를 거치도록 하고 있다. 하지만, 사례와 같이 대주주가 Y회사의 주식 40%와 자신이 지배하는 A회사가 가지는 Y회사의 주식 30%를 합하여 주주총회특별결의를 이끌어 낼 수 있는 경우에는 이러한 장치는 무용지물이 된다. 이에 따라 최종적으로는 합병무효의 소에 의할 수밖에 없는 것이다.

합병비율이 불공정한 경우에도 반대주주에게 주식매수청구권이 인정되므로 그 자체는 합병무효의 원인이 아니지만, 합병비율이 현저하게 불공정한 경우에는 무효원인이 된다. 이러한 취지에서 위 사례를 다룬 인천지방법원에서는, "현저하게 불공정한 합병비율을 정한 합병계약은 사법관계를 지배하는 신의성실의 원칙이나 공평의 원칙에 반하여 무효라고 할 것인바, … 위와 같은 합병비율을 수긍할 만한 아무런 합리적 이유도 찾아볼 수 없는 이 사건에 있어 위 합병비율은 현저하게 불공정하다고 할 수밖에 없고, 따라서 피고회사와 소멸회사 사이에 체결된 이 사건 합병계약은 그 내용으로 된 합병비율이 현저하게 부당하여 무효라고 할 것이다. … 원고가 위 임시주주총회에 참석하여 합병결의에 찬동하였다 하더라도 그와 같은 사유만으로 곧 합병의 무효를 구함이 신의성실의 원칙이나 금반언의 원칙에 반하여 부당하다고 할 수 없다"고 판단하면서, 합병비율이 현저한 불공정이 아닌 경우에는 합병은 무효로 되지 않는다고 보았다.

(7) 간이합병과 소규모합병

합병은 주주지위에 큰 영향을 미치므로 합병계약서는 주주총회의 승인을 얻어야 하고, 합병 실행 후에도 다시 보고총회(창립총회)를 개최하도록 하고 있다. 하지만 합병절차에 있어 가장 시간과 비용이 많이 소요되는 것이 주주총회 소집이므로 '98년 개정시 보고총회(창립총회)는 이사회공고로 대체하도록 하였고, 합병승인 주주총회를 이사회결의로 갈음하는 簡易合併과 小規模合併制度도 도입하였다. 간이합병과 소규모합병은 주식회사의 흡수합병에서만 인정된다.

① 간이합병

간이합병은 흡수합병시 소멸회사에서 합병승인결의를 생략할 수 있는 경우이다. 즉 소멸회사의 총주주의 동의가 있거나, 소멸회사의 발행주식총수의 90/100 이상을 존속회사가 소유하고 있는 때에는 소멸회사의 주주총회 승인은 이사회승인으로 갈음할 수 있다(527의2 제1항). 전자의 경우에는 이미 총주주의 동의가 있으므로 주주총회 결의를 받을 필요가 없고, 후자의 경우에는 합병하는 두 회사가 경제적으로는 이미 하나의 회사라고 할 수 있는데다, 합병으로 인하여 소멸회사의 주주에게 미치는 영향이 그다지 크지 않기 때문에 번잡한 주주총회승인결의를 생략할 수 있도록 한 것이다. 이러한 합병결의의 생략은 신설합병이나 흡수합병시 존속회사에는 적용되지 않는다.

간이합병의 경우에도 반대주주는 주식매수청구권을 가지지만(총주주 동의의 경우에는 예외), 총회의 합병결의가 없기 때문에 주주에게 주식매수청구 기회를 부여하기 위한 장치가 필요하다. 이에 따라 소멸회사는 합병계약서를 작성한 날로부터 2주 내에 주주총회승인을 얻지 않고 합병을 한다는 뜻을 공고하거나 주주에게 통지해야 한다. 공고 또는 통지한 날로부터 2주 내에 회사에 대해 서면으로 반대 통지를 한 주주는, 기 기간이 경과한 날로부터 20일 내에 주식의 종류와 수를 기재한 서면으로 회사에 대해 자기가 소유하고 있는 주식의 매수를 청구할 수 있다.

① 소규모합병

흡수합병시 존속회사가 합병으로 인하여 발행하는 신주의 총수가 그 회사의 발행주식총수의 5/100를 초과하지 아니하는 경우에는 그 존속하는 회사의 주주총회의 승인을 이를 이사회승인으로 갈음할 수 있는데, 이를 소규모합병이라 한다.

대규모회사가 소규모회사를 흡수합병하는 것은, 흡수회사의 입장에서는 대부분 회사의 경영에 필요한 자산을 취득한다든지, 사업분야를 약간 확장하는 정도의 일상적인 경영활동에 지나지 아니하며, 주주의 지위에 그다지 큰 변화를 주지 않는 경우가 대부분이다. 그런데 이러한 소규모합병시에도 일일이 주주총회승인결의를 받아야 한다면 회사경영의 신축성과 기동성을 꾀할 수 없을 것이므로, 회사자산규모로 보아 1/20에 미치지 못하는 정도의 흡수합병은 일상적인 회사 업무와 마찬가지로 이사회결의만으로 결정할 수 있도록 소규모합병제도를 인정한 것이다. 다만, 다른 회사의 영업을 양수하는 경우에는 규모에 상관없이 주주총회 특별결의를 얻도록 한 것(374조 제1항 제3호)과 균형이 맞지 않는 입법이라는 비판이 있다.

존속회사의 합병계약서에는 주주총회의 승인을 얻지 아니하고 합병을 한다는 뜻을 기재해야 하며, 존속회사는 합병계약서를 작성한 날로부터 2주 내에 소멸회사의 상호 및 본점 소재지, 합병기일, 주주총회의 승인을 얻지 않고 합병을 한다는 뜻을 공고하거나 주주에게 통지해야 한다. 하지만, 소규모합병시에는 반대주주에게 주식매수청구권을 부여하지 않는다는 점은 간이합병과 다르다(527의3 제5항).

다만, 합병교부금이 존속회사의 최종 대차대조표상 현존하는 순자산액의 2/100를 초과하거나 존속회사의 발행주식총수의 20/100 이상에 해당하는 주식을 소유한 주주가 소규모합병 공고·통지일로부터 2주간 내에 회사에 대해 서면으로 합병반대의사를 통지한 때에는 소규모합병을 할 수 없다

제 6 장

소비자보호

제6장 소비자보호

제1절 소비자의 의미와 보호 필요성

소비자는 일반적으로 재화 또는 용역을 구매해서 각자의 생활을 위해 사용하는 사람을 의미하지만, 개별법에 따라 소비자에 대한 개념 및 규정이 조금씩 다르다.

소비자의 개념은 다양하게 정의될 수 있는데, 일반적으로 '사업자가 제공하는 재화 또는 용역을 각자의 생활을 위해 구입·사용하는 사람으로서 사업자에 대립하는 개념이며, 거래과정의 마지막 단계에서의 최종소비자로서 각자의 생활을 영위하기 위해 구매하는 생활자'를 말한다. 한편, 소비자에 대응하는 개념인 사업자는 재화를 제조(가공 또는 포장을 포함)·수입·판매하거나 용역을 제공하는 사람을 말한다(「소비자기본법」 제2조제2호). 소비자보호와 관련한 주요 법령을 살펴보면, 각각의 업무영역에 따라 소비자에 대한 개념 및 규정이 소비자, 매수인, 고객, 예금자 등으로 조금씩 다르게 규정되어 있다.

Ⅰ. 소비자문제와 소비자보호

소비자는 재화 등의 거래과정에서 가장 마지막에 위치하기 때문에 재화 등에 관한 정보·자본·조직 등에 있어 사업자에 비해 크게 열악한 입장에 놓이게 되고, 그 결과 소비자이익이 부당하게 침해되는 문제가 발생하고 있다. 이러한 소비자문제는 재화 등의 대량생산·대량판매체제로 인해 다수에게 보편적으로 발생하며, 일단 문제가 발생하면 광범위하게 파급된다는 특징이 있다. 또한 재화 등의 생산과 유통이 여러 단계를 거치기 때문에 소비자피해가 발생한 경우에 그 발생원인과 책임이 누구에게 있는지를 확정하기 어려운 경우가 많다. 소비자의 법적 지위를 높여 소비자의 권리가 부당하게 침해되는 것을 방지하기 위한 각종 조치들이 소비자보호 관련 법령에 마련되어 있는데, 이들 소비자보호법령에는 소비자문제를 해결하기 위해서 소비자에게 부족한 정보를 제공해 주고, 사업자가 생산·제공하는 재화 등에 대한 안전기준을 엄격히 하며, 소비자피해가 발생한 경우 이를 신속히 구제하도록 하는 등 소비자를 특별히 보호하기 위한 내용이 규정되어 있다. 이러한 법령들 가운데 소비자기본법은 소비자보호에 관한 일반법으로서 소비자의 피해를 사전에 예방하고, 소비자 문제가 발생한 경우에 이를 해결함으로써 소비자 이익 증진과 소비생활의 향상 및 국민경제에 이바지할 것을 목적으로 운영되고 있으며, 각종 리콜, 국가 및 지자체가 운영하는 소비자피해구제기구, 소비자단체 및 소비자단체협의체 등의 설치운영에 관한 사항과 한국소비자원의 합의권고, 분쟁조정 및 소비자단체소송에 관한 사항들을 규정하고 있다.

제2절 소비자의 권리와 의무

소비자기본법은 소비자행정 및 소비자정책의 기본방향을 제시하는 소비자보호의 기본법으로서 동법상 명시된 소비자의 권리와 의무를 살펴보면 다음과 같다.

Ⅰ. 소비자의 권리

소비자기본법에서는 다음과 같은 소비자의 기본적 권리를 규정하고 있는데, 이를 소비자의 8대 권리라고 한다(소비자기본법 제4조).

1. 안전할 권리(위해로부터 보호받을 권리)

소비자는 재화 또는 용역으로 인한 생명·신체 또는 재산상의 위해(危害)로부터 보호받을 권리를 가진다. 이 권리를 보장하기 위해 국가와 사업자는 위해방지의무를 부담한다.

2. 알 권리(지식 및 정보를 제공받을 권리)

소비자는 재화 등을 선택하는 데 필요한 지식과 정보를 제공받을 권리를 가진다. 이 권리를 보장하기 위해 국가는 표시·광고기준의 제정의무를, 국가 및 지방자치단체는 소비자에 대한 정보제공의무를, 사업자는 소비자에 대한 정확한 정보제공의무를 부담하며, 소비자단체는 사업자 또는 사업자단체에게 자료 및 정보의 제공을 요청할 수 있다.

3. 선택할 권리

소비자는 재화 등을 사용할 때 거래상대방·구입장소·가격 및 거래조건 등을 자유롭게 선택할 권리를 가지며, 이 권리를 보장하기 위해 국가는 거래의 적정화에 관한 의무를, 사업자는 부당거래행위금지의 의무를 부담한다.

4. 의견을 반영시킬 권리

소비자는 소비생활에 영향을 주는 국가 및 지방자치단체의 정책과 사업자의 사업활동 등에 대해 의견을 반영시킬 권리를 가지며, 이 권리를 보장하기 위해 소비자정책위원회에 소비자대표가 참여해서 소비자의 의견을 소비자정책에 반영할 수 있도록 하고 있다.

5. 피해보상을 받을 권리

소비자는 재화 등의 사용으로 인해 입은 피해에 대해 신속하고 공정한 절차에 따라 적절한 보상을 받을 권리를 가지며, 이 권리를 보장하기 위해 국가 및 지방자치단체는 소비자의 불만이나 피해를 신속히 처리하기 위해 필요한 조치를 강구할 의무를 부담한다.

6. 교육을 받을 권리

소비자는 합리적인 소비생활을 위해 필요한 교육을 받을 권리를 가지며, 이 권리를 보장하기 위해 국가 및 지방자치단체는 소비자교육을 위해 필요한 시책을 수립하고 이를 실시할 의무를 부담한다.

7. 단체를 조직하고 활동할 권리

소비자는 소비자 스스로의 이익을 증진하기 위해 단체를 조직하고 이를 통해 활동할 수 있는 권리를 가진다. 이 권리를 보장하기 위해 일정한 요건을 충족하면 소비자단체를 설립할 수 있도록 허용하고 있으며, 필요하다고 인정되면 국가 및 지방자치단체가 소비자단체에게 보조금을 지급하는 등 소비자단체의 조직 및 활동권을 보장하고 있다.

8. 환경친화적 소비를 할 권리

소비자는 안전하고 쾌적한 소비생활 환경에서 소비할 권리를 가진다. 이 권리를 보장하기 위해 사업자는 환경친화적인 기술개발과 자원의 재활용을 위해 노력하도록 하고 있다.

Ⅱ. 소비자의 의무

소비자기본법에서는 소비자의 8대 권리에 대응해서 소비자의 8대 권리를 정당하게 행사할 의무, 재화 등을 올바르게 선택할 의무, 스스로의 권익을 증진하기 위해 필요한 지식과 정보를 습득하도록 노력할 의무, 그리고 자주적·합리적·자원절약적·환경친화적 소비생활을 할 의무도 함께 규정하고 있다(소비자기본법 제5조).

제3절 소비자보호 관련 법령 체계

사업자보다 상대적으로 열악한 지위에 있는 소비자를 특별히 보호하기 위한 소비자보호 관련 법령은 크게 소비자의 권리를 직접 보호하는 것을 목적으로 하는 본래적 소비자보호 법제와 처음부터 소비자보호를 위해 만들어진 것은 아니지만 법률을 적용하는 과정에서 간접적으로 소비자를 보호하는 분야별 소비자보호 법제의 두 가지로 구분할 수 있다. 이들 소비자보호 관련 법령에서는 재화의 생산단계를 포함하여 구매, 사용, 반환에 이르기까지 소비생활 전 단계에 걸친 정보제공, 재화의 생산·구매 또는 용역의 제공에 대한 각종 기준, 소비자피해에 대한 구제방법 등을 마련해 두고 있다.

Ⅰ. 소비자보호 관련 법령의 개관

1. 소비자보호에 관한 일반법: 소비자기본법

소비자기본법은 소비자정책의 기본법이며, 소비자행정의 기본방향을 제시한 법률로서 국가, 지방자치단체, 사업자, 소비자 모두에게 소비자를 보호하기 위한 의무와 역할을 부여하고 있는 소비자보호에 관한 일반법으로서의 성격을 가진다. 따라서, 다른 법률에서 소비자보호에 관해 특별히 언급하지 않았다면 소비자기본법이 적용된다. 이 법 제16조 및 동법 시행령 제8조 2항에서는 구체적인 소비자 피해유형과 배상기준인 소비자분쟁해결기준에 관한 상세한 규정을 마련하고 있다.

2. 본래적 소비자보호법과 기능적 소비자보호법

소비자보호와 관련된 법령은 그 제정 목적에 따라 '본래적 소비자보호법'과 '기능적 소비자보호법'으로 크게 구분할 수 있다. 본래적 소비자보호법은 처음부터 소비자보호를 목적으로 제정된 법령을 말하는데, 「소비자기본법」, 「전자상거래 등에서의 소비자보호에 관한 법률」, 「방문판매 등에 관한 법률」, 「할부거래에 관한 법률」, 「약관의 규제에 관한 법률」, 「제조물책임법」 등이 이에 해당한다. 반면 기능적 소비자보호법은 처음부터 소비자보호를 위해 제정된 것은 아니지만 법률을 적용하는 과정에서 간접적으로 소비자를 보호하는 법령을 말하는데, 대표적으로 「식품위생법」, 「농산물품질관리법」, 「축산물위생관리법」, 「가축 및 축산물 이력관리에 관한 법률」, 「공중위생관리법」, 「품질경영 및 공산품안전관리법」, 「전기용품안전 관리법」 등이 여기에 해당한다.

Ⅱ. 소비자보호 관련 법령

1. 약관의 규제에 관한 법률

약관의 규제에 관한 법률은 사업자가 불공정한 내용의 약관을 작성·통용하는 것을 방지하고 불공정한 약관을 규제해서 건전한 거래질서를 확립함으로써 소비자를 보호하고 국민생활의 균형 있는 향상을 도모할 것을 목적으로 하는데, 이를 위해 사업자의 의무, 불공정약관조항의 무효, 약관의 규제, 표준약관 등에 관한 사항이 규정되어 있다.

2. 할부거래에 관한 법률

할부거래에 관한 법률은 할부거래를 공정하게 해서 소비자의 이익을 보호하고 국민경제의 건전한 발전을 도모할 것을 목적으로 하는데, 이를 위해 사업자의 의무, 소비자의 권리와 책무, 소비자보호조치 등의 내용이 규정되어 있다.

3. 전자상거래 등에서의 소비자보호에 관한 법률

전자상거래 등에서의 소비자보호에 관한 법률은 전자상거래와 통신판매거래의 공정화를 통해 소비자의 이익을 보호하고 국민경제의 건전한 발전에 이바지할 것을 목적으로 하는데, 이를 위해 사업자의 의무, 소비자이익의 보호, 소비자분쟁조정 등에 관한 사항이 규정되어 있다.

4. 방문판매 등에 관한 법률

방문판매 등에 관한 법률은 방문판매거래, 전화권유판매거래, 다단계판매거래, 계속거래 및 사업권유거래를 공정하게 해서 소비자의 이익을 보호하고 국민경제의 건전한 발전에 이바지할 것을 목적으로 하는데, 이를 위해 각 거래유형별로 사업자의 의무, 소비자의 권리, 소비자보호조치 등의 내용이 규정되어 있다.

5. 제조물책임법

제조물책임법은 제조업자가 제조물의 결함으로 인해 발생한 손해를 배상함으로써 소비자의 보호를 도모하고 국민경제의 건전한 발전에 기여할 것을 목적으로 하는데, 이를 위해 제조물책임의 범위, 사업자의 손해배상책임, 소비자의 손해배상청구기간 등이 규정되어 있다.

Ⅲ. 일반거래의 성립과 약관

현대사회에서 재화 또는 용역 거래에 관한 계약은 대부분 사업자가 미리 정해놓은 약관에 의해 이루어진다. 약관이란 계약의 일방 당사자가 특정 종류의 계약을 불특정 다수의 상대방과 계속 반복하여 체결할 것을 예정하고 일정한 형식으로 미리 마련한 계약의 내용을 말한다(약관의 규제에 관한 법률 제2조 제1호). 약관이 주로 이용되는 계약유형으로는 화재·생명 등의 보험계약, 가스·전기·수도 등의 공급계약, 지하철·버스·택시·항공기·선박 등의 운송계약, 예금 및 저축계약을 비롯해 심지어 영화관·극장 등의 입장계약에 이르기까지 오늘날 일반인이 영위하는 주위생활 관계 전반에 걸쳐 약관에 의한 계약이 이루어지고 있다. 약관에 의한 계약은 사업자가 미리 정해 놓은 정형적 계약조항이 소비자에게 제시되고 소비자는 이를 포괄적으로 수용함으로써 성립되는 것이 일반적이지만, 만약 약관에서 정한 계약조항에 대해 사업자와 소비자가 다른 내용의 합의를 한 경우에는 그러한 합의사항(개별약정)이 우선적으로 적용되게 된다(약관의 규제에 관한 법률 제4조).

약관에 의한 계약도 보통 소비자가 청약(請約)이라는 의사표시를 하고 여기에 대해 사업자가 승낙(承諾)함으로써 성립되는데, 청약(offer)이란 일정한 내용의 계약을 체결할 것을 목적으로 하는 의사표시를 말한다. 원칙적으로 청약은 철회할 수 없지만(민법 제527조), 할부거래, 전자상거래, 통신판매, 방문판매 등의 거래에서는 충동구매로부터 소비자를 보호하기 위해 일정 기간 재고(再考)해 본 후 계약체결의사를 철회할 수 있도록 소비자의 청약철회권을 인정하고 있다. 또한 승낙(acceptance)은 청약의 상대방(사업자)이 청약에 응해 계약의 체결을 목적으로 청약자에게 하는 의사표시를 말한다.

성립된 계약의 효력

당사자 사이에 특별히 약정한 사항이 없는 한 당사자들은 계약의 내용을 동시에 이행해야 한다. 따라서, 상대방이 그 채무를 이행할 때까지 당사자 일방은 자신의 채무이행을 거절할 수 있는 권리를 가지는데, 이를 동시이행의 항변권이라고 한다. 예컨대, 소비자가 재화를 구매하고 돈을 지불하기로 계약한 경우, 소비자와 사업자 사이에 특별한 약정이 없다면 사업자의 재화 제공과 소비자의 대금 지불은 동시에 이루어져야 한다. 만약 사업자가 재화를 제공하지 않으면 소비자는 그 재화를 제공받을 때까지 대금 지불을 거절할 수 있다.

위험 부담

계약내용을 이행하지 못하는 것이 당사자 모두의 책임 없는 사유 때문인 경우에는 채무자는 상대방에게 그 이행을 청구할 수 없다(민법 제537조). 즉 당사자 사이에 특별히 약정한 사항이 없는 한 반대급부의 위험은 채무자가 부담하게 된다. 그러나, 당사자 일방의 채무가 채권자에게 책임 있는 사유로 이행할 수 없게 된 경우와 채권자가 수령하기를 지체하던 중에 당사자 모두의 책임 없는 사유로 채무를 이행할 수 없게 된 경우에는 채무자는 상대방에게 그 이행을 청구할 수 있다.

1. 약관에 의한 계약

오늘날 거래형태가 대량성 · 신속성 · 전문성을 띠게 되자 재화 또는 용역을 거래할 때 대부분 사업자가 미리 마련한 계약조건, 즉 약관에 따라 계약내용이 이루어져 소비자는 상대적으로 불리한 위치에 놓이게 됨에 따라 불공정한 내용의 약관으로 인한 소비자

피해를 방지하기 위해 약관을 법적으로 규제하고 있다.

약관 규제에 관한 일반적인 사항은 약관의 규제에 관한 법률에서 규정하고 있다. 약관의 규제에 관한 법률은 원칙적으로 약관을 사용하고 있는 모든 거래에 적용된다. 따라서 그 거래가 사업자 간의 거래인지 사업자와 소비자 간의 거래인지를 가리지 않고 모든 거래에 일률적으로 적용됨은 물론 그 계약의 유형을 불문하므로 재화 등 거래는 물론 운송계약, 보험계약, 여행계약, 대리점계약 등과 같은 다양한 거래에 대해 적용된다. 다만, 이 법은 상법 회사편, 근로기준법, 비영리사업 분야에 속하는 계약에 관해서는 적용되지 않으며(약관의 규제에 관한 법률 제30조 제1항), 특정한 거래 분야의 약관에 대해 다른 법률에 특별한 규정이 있는 경우에는 그 개별법이 우선 적용된다(약관의 규제에 관한 법률 제30조 제2항). 공정거래위원회는 불공정한 내용의 약관이 통용되는 것을 방지해서 소비자권익을 보호하기 위해 표준약관제도를 시행하고 있는데, 이 표준약관과 다른 내용을 약관으로 사용하면서 표준약관인 것처럼 표준약관표지를 한 경우 해당 약관의 내용이 표준약관보다 불리한 내용을 담고 있으면 무효가 된다. 이하에서는 약관의 규제에 관한 법률에서 정하고 있는 약관원칙에 대해 알아보기로 한다.

(1) 개별 약정의 우선

이는 약관에서 정하고 있는 사항에 관해 사업자와 소비자가 약관의 내용과 다르게 합의한 사항이 있을 때에는 그 합의사항(개별약정)이 약관 내용에 우선한다는 원칙이다(약관의 규제에 관한 법률 제4조). 이것은 사업자가 소비자에게 개별적으로 약관과 다른 약속을 한 후 나중에 약관의 적용을 주장함으로써 소비자의 이익을 부당하게 침해하는 것을 막기 위함이다. 이 경우 사업자와 소비자 간의 개별약정은 서면뿐 아니라 구두로도 가능하며, 사업자나 그 고용인이 소비자에게 약관의 내용과 다른 내용으로 설명을 함으로써 소비자가 그것을 계약내용으로 잘못 알고 계약한 경우에 그 사업자의 실제 설명내용을 개별약정으로 본다.

(2) 불공정약관조항의 무효

약관의 규제에 관한 법률에 의하면 다음과 같은 내용을 포함한 약관은 불공정약관조항으로서 무효가 된다.

• 일반원칙으로서 신의성실의 원칙을 위반하는 내용

소비자에게 부당하게 불리하거나 소비자가 계약의 거래형태 등 관련된 모든 사정에 비추어 예상하기 어렵거나 계약의 목적을 달성할 수 없을 정도로 계약에 따르는 본질적 권리를 제한하는 내용의 조항은 공정을 잃은 것으로 추정하고 있다.

- 약관이용자인 사업자의 책임을 부당하게 면제하는 내용
- 소비자에 대해 부당하게 과중한 손해배상액을 예정하는 내용
- 계약의 해제권·해지권을 소비자에 대해 부당하게 배제 또는 제한하거나 반대로 사업자에 대해서는 부당하게 폭넓게 인정하는 등의 내용과 계속적 채권관계 계약의 계약기간약정 내용이 소비자에게 부당하게 불이익을 주는 내용
- 채무이행과 관련해서 상당한 이유 없이 사업자가 급부의 내용을 결정·변경·중지하거나 제3자로 하여금 대행하게 하는 내용
- 소비자의 항변권·상계권을 제한하거나 기한의 이익을 박탈하는 등의 내용
- 소비자의 의사표시를 부당하게 제한하거나 의사표시의 형식이나 요건에 대해 부당하게 엄격한 제한을 가하는 내용
- 소비자의 대리인에 의해 계약이 체결된 경우에 그 소비자의 대리인에 대해 이행의무를 부과하는 내용
- 소비자에게 소의 제기를 금지하거나 상당한 이유 없이 입증책임을 부담시키는 내용

위와 같은 무효에 해당하는 조항이 포함되어 있더라도 원칙적으로 약관의 나머지 부분은 유효한 계약조항으로 효력을 가진다. 그러나, 유효한 부분만으로는 계약의 목적 달성이 불가능하거나 일방에게 부당하게 불리한 경우에는 계약의 전부를 무효로 한다. 또한 이와 같은 불공정약관조항을 계약내용으로 하게 되면, 공정거래위원회로부터 해당 약관조항의 삭제·수정 등의 시정조치를 권고 또는 명령받을 수 있으며, 이 시정조치명령에 불응하면 2년 이하의 징역 또는 1억원 이하의 벌금에 처해진다.

(3) 표준약관제도

공정거래위원회에서는 건전한 거래질서를 확립하고 불공정한 내용의 약관이 통용되는 것을 방지하기 위해 일정한 거래분야에서 표준이 될 약관을 마련해서 사업자 또는 사업자단체에게 그 표준약관의 사용을 권장하고 있다.

표준약관은 소비자가 불공정한 약관을 사용하는 사업자로부터 억울한 피해를 당했을 때 보상을 받을 수 있는 근거이자 법원에 민사소송을 제기할 때 판결의 준거가 된다. 또한 표준약관과 다른 내용을 약관으로 사용하면서 표준약관을 사용하는 것처럼 표준약관표지를 한 경우 표준약관보다 불리한 내용을 담고 있는 약관은 불공정약관으로 간주

되어 효력을 갖지 못한다.

제4절 할부거래 · 전자상거래 · 통신판매

할부계약이란 재화 또는 용역에 대한 대가를 일정 기간에 거쳐 분할해서 지급하고, 대금 완납 전에 재화 또는 용역을 제공받는 것을 내용으로 하는 계약을 말한다. 할부거래를 통해 재화 또는 용역을 구입한 소비자를 보호하기 위해 할부거래에 관한 법률이 제정되어 시행되고 있다.

Ⅰ. 할부거래 및 선불식 할부거래

할부계약이란 계약의 명칭 · 형식이 어떠하든 소비자가 사업자에게 재화의 대금이나 용역의 대가를 2개월 이상의 기간에 걸쳐 3회 이상 나누어 지급하고, 재화 등의 대금을 완납하기 전에 재화의 공급이나 용역의 제공을 받기로 하는 계약(직접할부계약) 또는 소비자가 신용제공자(신용카드사 등)에게 재화 등의 대금을 2개월 이상의 기간에 걸쳐 3회 이상 나누어 지급하고, 재화 등의 대금을 완납하기 전에 사업자로부터 재화 등의 공급을 받기로 하는 계약(간접할부계약)을 말한다. 이러한 할부계약에 의해 이루어지는 거래를 할부거래라고 하며 할부계약에 의한 재화 등의 공급을 영업으로 하는 자를 할부거래업자라고 한다.

선불식 할부계약이란 계약의 명칭 · 형식이 어떠하든 소비자가 사업자로부터 다음 어느 하나에 해당하는 재화 등의 대금을 2개월 이상의 기간에 걸쳐 2회 이상 나누어 지급함과 동시에 또는 지급한 후에 재화 등의 공급을 받기로 하는 계약을 말한다.

• 장례 또는 혼례를 위한 용역(제공시기가 확정된 경우는 제외) 및 이에 부수한 재화

• 위 1에 준하는 소비자피해가 발생하는 재화 등으로서 소비자의 피해를 방지하기 위해서 대통령령으로 정하는 재화 등

이러한 선불식 할부계약에 의해 이루어지는 거래를 선불식 할부거래라고 한다. 또한 선불식 할부계약에 의한 재화 등의 공급을 업으로 하는 자를 선불식 할부거래업자라고 한다.

1. 할부거래 등에 대한 법적 보호

현대사회에서는 소비지출의 합리화를 위해서 재화 등의 거래에서 할부계약에 의한 거래가 일반화되어 있는데, 이러한 할부거래를 공정하게 함으로써 소비자의 이익을 보호하기 위해서 할부거래에 관한 법률에서는 할부거래에 관한 일반적인 사항을 규정하고 있다. 할부거래에 관한 법률의 적용을 받는 할부거래는 할부금을 2개월 이상의 기간에 걸쳐 3회 이상 분할해서 지급하는 것을 그 내용으로 한다. 따라서 물건을 사면서 2개월 할부로 결제하고 2회에 걸쳐 완납한 경우에는 동법이 적용되지 않는다.

2. 소비자의 청약철회권

할부거래 또는 선불식 할부거래를 통해 재화 또는 용역을 구매한 소비자는 청약철회권 행사기간 내에 위약금이나 손해배상금을 지급하는 등의 불이익을 받지 않고 그 청약을 철회할 수 있다. 선불식 할부계약을 체결한 경우에는 청약철회기간이 지났더라도 해당 계약에 따른 재화 등을 공급받기 전까지 위약금을 지불하고 그 계약을 해제할 수 있다. 또한 할부거래를 한 소비자는 할부기간의 만료 전에 할부금을 일시 지급할 수 있으며, 일정한 사유가 있으면 할부금 지급을 거절할 수 있다. 앞서 살펴보았듯이, 재화 또는 용역의 거래계약은 보통 계약이 성립한 후에는 청약 또는 승낙의 의사를 철회할 수 없는 것이 원칙이지만 할부거래는 소비자가 충동 구매할 가능성이 크기 때문에, 소비자 보호 차원에서 소비자에게 재고(再考)할 수 있는 기간을 부여하여 이 기간 내에 소비자가 위약금이나 손해배상책임 없이 할부계약의 모든 효력을 부인하는 청약철회권을 행사할 수 있도록 허용하고 있으며, 선불식 할부계약의 체결 후에는 그 계약에 따른 재화 등을 공급받기 전까지 위약금을 일부 지급하거나 위약금의 지급 없이 계약해제권을 행사할 수 있다.

3. 할부거래를 한 소비자의 청약철회권

일반적으로 소비자는 자신이 체결한 할부계약에 대해 그 계약의 내용을 불문하고 청약철회의 행사기간 내에는 청약을 철회할 수 있지만 다음의 경우에는 청약을 철회할 수 없다.

• 소비자에게 책임 있는 사유로 재화 등이 멸실되거나 훼손된 경우(단, 재화 등의 내용을 확인하기 위해서 포장 등을 훼손한 경우는 제외)

• 사용 또는 소비에 의해서 그 가치가 현저히 낮아질 우려가 있는 선박, 항공기, 자

동차 등을 사용 또는 소비하는 경우나 설치에 전문인력 및 부속자재 등이 요구되는 냉동기, 전기냉방기, 보일러와 같은 재화를 설치하는 경우

• 시간이 지남으로써 다시 판매하기 어려울 정도로 재화 등의 가치가 현저히 낮아진 경우

• 복제할 수 있는 재화 등의 포장을 훼손한 경우(예, 음악용 CD)

• 할부가격이 10만원 미만인 할부계약(단, 신용카드를 사용해서 할부거래를 하는 경우에는 할부가격이 20만원 미만인 할부계약을 말함)

• 소비자의 주문에 따라 개별적으로 제조되는 재화 등의 공급을 목적으로 하는 할부계약

그리고 할부거래업자는 위의 청약을 철회할 수 없는 재화 등에 대해서는 그 사실을 재화 등의 포장이나 그 밖에 소비자가 쉽게 알 수 있는 곳에 분명하게 표시하거나 시용(試用)상품을 제공하는 등의 방법으로 소비자가 청약을 철회하는 것이 방해받지 않도록 조치해야 하며, 만일 해당 재화 등이 청약철회 제한 사유에 해당하는지 여부에 관해서 다툼이 있는 경우에는 할부거래업자가 이를 입증해야 한다.

A는 광고를 보고 손해사정인 교재를 할부로 구입하였는데, 생각해보니 시험 합격 자체가 어렵다고 하고 합격한다 하더라도 자격증 활용 여부가 의심스러워 철회 요청했다. 그런데 교재를 보관하다가 교재의 상당 부분이 물에 젖었는데, 판매처에서는 이것을 이유로 철회 요청을 거절하고 있다. A는 청약을 철회할 수 있는가?

사례와 같이 구입한 재화를 훼손시킨 경우에는 청약을 철회할 수 없다. 소비자가 청약철회권을 행사할 경우에는 이미 인도 받은 재화를 반환하여야 할 의무가 있다. 또한 「전자상거래 등에서의 소비자보호에 관한 법률」 제17조 제2항 제1호 및 「할부거래에 관한 법률」 제5조 제4항에는 구입자에게 책임 있는 사유로 목적물이 멸실 또는 훼손된 경우에는 구입자는 계약에 관한 청약을 철회할 수 없게 되어 있다.

[할부거래에서의 소비자의 청약철회권 행사기간]

계약서를 받지 않은 경우 또는 사업자의 주소 등이 기재되지 않은 계약서를 받은 경우	사업자의 주소를 안 날 또는 알 수 있었던 날로부터 7일	소비자가 재화 등을 반환하는데 소요되는 비용은 할부거래업자가

사업자가 주소를 변경하는 등의 사유로 철회기간 내에 청약철회를 할 수 없었던 경우	사업자의 주소를 안 날 또는 알 수 있었던 날로부터 7일	부담(할부거래에 관한 법률 제10조 제10항 전단)
재화 등의 내용이 표시·광고와 다르거나 계약내용과 다르게 이행된 경우	재화 등을 공급받은 날로부터 3개월 이내 또는 그 사실을 알거나 알 수 있었던 날로부터 30일 이내	

청약철회권를 행사하려면 소비자는 청약철회권의 행사기간 내에 할부거래업자에게 청약을 철회하는 의사표시가 적힌 서면을 발송해야 하는데 일반적으로 내용증명 우편이 사용된다. 그리고 신용카드사와 같은 신용제공자가 따로 있는 간접할부계약의 경우에는 청약철회기간 내에 신용제공자에게도 청약을 철회하는 의사표시가 적힌 서면을 발송해야 신용제공자가 할부금 지급을 청구하더라도 거절할 수 있다.

청약이 철회되면 소비자와 할부거래업자는 모두 계약에 따른 내용 등을 계약체결 전의 상태로 회복시킬 의무가 발생한다. 따라서 소비자는 이미 제공 받은 재화 등을 반환해야 하고, 이와 동시에 할부거래업자 이미 지급받은 계약금 및 할부금을 반환해야 한다.

할부거래업자는 소비자가 청약을 철회한 경우에 이미 재화 등이 사용되었거나 일부 소비된 경우에는 그 재화 등을 사용하거나 일부 소비해서 소비자가 얻은 이익 또는 그 재화 등의 공급에 든 비용에 상당하는 금액을 소비자에게 청구할 수 있다. 이러한 원상회복의무에 따라 소비자가 재화 등을 반환하는데 필요한 비용은 할부거래업자가 부담한다.

그리고 소비자는 할부거래 시 그 지불기한이 도래되기 전이라도 할부금을 일시에 지급할 수 있으며, 이 경우 나머지 기간에 대한 할부수수료는 지급하지 않아도 된다. 할부계약에 의한 할부대금채권은 3년간 행사하지 않으면 소멸시효가 완성된다.

Ⅱ. 전자상거래 및 통신판매

전자상거래란 재화 또는 용역의 거래가 전자문서에 의해 처리되는 것을 말하며 통신판매란 재화 또는 용역의 거래가 우편·전기통신·광고물·광고시설물·전단지·방송·신문 및 잡지 등의 방법으로 정보 제공과 청약, 판매가 이루어지는 것을 말한다. 전자상거래 또는 통신판매를 통해 재화 또는 용역을 구매하는 소비자를 보호하기 위해 전자상거래 등에서의 소비자보호에 관한 법률이 시행되고 있다.

1. 전자상거래 및 통신판매의 의의

전자상거래란 재화 또는 용역을 거래할 때 그 전부 또는 일부가 전자문서에 의해 처리되는 방식으로 거래하는 행위를 말한다. 즉 거래의 전부 뿐만 아니라 일부(정보제공, 청약, 승낙, 결제, 이행)라도 전자문서(정보처리시스템에 의해 전자적으로 작성, 송신·수신 또는 저장된 정보)로 이루어지는 거래를 의미하는 것으로 인터넷쇼핑, 인터넷뱅킹, 오프라인 매장에서의 카드결제 등이 이에 해당한다.

그리고 통신판매란 다음의 방법에 따라 재화 등의 판매에 관한 정보를 제공하고 소비자의 청약에 의해 재화 등을 판매하는 것을 말한다. 다만, 전화를 사용해서 소비자의 응답을 유도하고 대화함으로써 청약을 받거나 계약을 체결하는 전화권유판매는 제외된다.

• 우편·전기통신·광고물·광고시설물·전단지·방송·신문 및 잡지 등을 이용하는 방법

• 판매자와 직접 대면하지 않고 우편환·우편대체·지로 및 계좌이체 등을 이용하는 방법(예, 홈쇼핑을 보고 전화를 걸어 재화 등을 구입하는 행위)

이와 같이, 통신판매는 정보제공과 소비자의 청약이 비대면(非對面)인 상태에서 전기통신이나 우편 등의 방법으로 이루어지는 거래를 말하며, TV 홈쇼핑, 카탈로그 쇼핑, 인터넷쇼핑 등이 이에 해당한다.

전자상거래는 거래가 반드시 전자문서로 이루어져야 하지만 통신판매거래는 반드시 전자문서로 이루어지지 않아도 되며, 전자상거래는 반드시 비대면일 필요가 없으나 통신판매거래는 비대면의 형태로 이루어진다는 점에서 이 둘은 구별된다. 하지만 실제 거래에서는 대부분의 통신판매가 전자상거래의 방법을 활용해 이루어지고 있다. 예를 들어, 인터넷쇼핑몰을 통해 재화 등을 구매하는 경우 소비자가 인터넷을 통해 재화 등에 대한 정보를 얻고 청약을 한다는 점에서 통신판매에 해당하며, 재화 등의 구매대금을 신용카드 또는 인터넷뱅킹 등을 이용해 지불한다는 점에서 전자상거래라고 할 수 있다.

2. 전자상거래 및 통신판매에 대한 법적 보호

최근 인터넷쇼핑몰을 통한 거래와 신용카드거래 등이 활성화됨에 따라 전자상거래 및 통신판매거래에서 소비자의 권익을 보호할 필요성이 증가하고 있다. 전자상거래 및 통신판매는 일반적인 상거래행위와는 달리 소비자가 상품 등을 직접 보지 않고 표시·광고에 의존하여 구매하기 때문에 상품품질 등을 계약체결단계에서 직접 확인할 수 없으며, 소비자에게 상품 등이 전달될 때까지 일정한 기간이 소요되며 이 과정에서 파손,

분실 등의 사고가 발생할 가능성이 높다는 특징이 있다. 특히 통신판매의 경우에는 광고나 컴퓨터, TV화면을 보고 물품을 구매하므로 광고나 화면상의 물품 상태와 실제 상품이 다른 경우가 많아 소비자 피해가 자주 발생하게 된다. 이러한 소비자 피해 방지를 위해 전자상거래 등에서의 소비자보호에 관한 법률을 제정하여 전자상거래 및 통신판매에 의한 거래에 관한 일반적인 사항을 규정하고 있다.

[전자상거래 및 통신판매에서의 소비자의 청약철회권 행사기간]

<table>
<tr><td>재화 등의 제공이 계약서 교부보다 빠르거나 동일한 경우</td><td>사업자로부터 계약서를 받은 날로부터 7일</td><td rowspan="2">소비자가 재화 등을 반환하는 데 소요되는 비용은 소비자가 부담. 다만, 재화 등의 내용이 표시광고 내용과 다르거나 계약내용과 다르게 이행된 경우에는 사업자가 부담(전자상거래등에서의 소비자보호에 관한 법률 제18조 제9항 및 제10항)</td></tr>
<tr><td>재화 등의 제공이 계약서 교부보다 늦은 경우</td><td>재화 등을 공급받거나 공급이 시작된 날로부터 7일</td></tr>
</table>

제5절 소비자분쟁해결

소비자는 재화 등의 거래과정에서 가장 마지막 단계에 위치하기 때문에 재화에 대한 정보·자본·조직 등에 있어 사업자에 비해 열악한 입장에 놓여 있어, 거래과정에서 소비자이익이 부당하게 침해되는 사례가 많이 발생하고 있다. 이처럼 소비자의 권리가 부당히게 침해되는 것을 방지하고 소비자 이익을 보호하기 위해 여러 소비자보호법령들이 제정되어 운영되고 있는데, 주로 소비자에게 정보를 제공해 주고, 사업자가 생산하여 제공하는 재화 등에 관한 안전기준을 정하고 있으며, 소비자 피해발생시 신속하게 구제받을 수 있는 분쟁해결방안 등이 그것이다. 여기서는 이러한 소비자 분쟁해결에 관한 상세한 내용을 알아보도록 한다.

Ⅰ. 판매 및 거래유형과 관련 법률

사업자가 물건을 판매하는 유형은 상품을 매장에 직접 전시하여 소비자에게 판매하는 '일반판매'유형과 매장 외에서 판매하는 형태인 '특수판매'유형으로 구분할 수 있는데, 특수판매유형에는 방문판매, 통신판매(전자상거래, TV홈쇼핑 등), 전화권유판매, 다단계판매, 할부거래 등이 있다. 이 가운데 일반판매방식으로 소비자가 물건을 구매한 경우에는 일반 계약으로 보아 계약 관련 법령 및 약관에 의해 규율되며, 나머지 특수판매의 경우에는 거래유형에 따라 관련 법령이 제정되어 있으므로 해당 법령에 따라 규율되어진다. 이하에서는 특수판매유형에 관해 살펴보기로 한다.

1. 방문판매

소비자는 보통 사업자의 온라인 또는 오프라인 매장을 방문해서 재화를 구입하는 방식으로 거래를 하는데, 사업자가 방문의 방법으로 사업장 이외의 장소에서 소비자에게 권유해서 계약을 체결하여 재화 또는 용역을 판매하는 것을 방문판매라 한다(방문판매 등에 관한 법률 제2조 제1호). 방문판매 등에 관한 법률에서는 방문판매의 성립과 소비자의 청약철회, 계약해제 및 사업자에 대한 규제를 포함해서 소비자 권익을 보호하기 위한 여러 규정들을 마련해 두고 있다.

2. 전화권유판매(텔레마케팅)

일반거래방식과 달리 사업자가 전화를 이용해서 소비자에게 구매를 권유해서 재화 또는 용역을 판매하는 방식을 전화권유판매라 한다. 이러한 판매유형 역시 특수거래의 한 유형으로서 민법이 아닌 「방문판매 등에 관한 법률」의 적용을 받게 된다. 전화권유판매는 구매 의사가 애초에 없던 소비자에게 전화를 이용하여 계약을 체결한다는 점에서 소비자의 구매 의사가 존재하였고 단지 전화를 통해 상품 정보를 제공 받는 경우인 통신판매와 구별된다. 예를 들면, '경품에 당첨'되었다는 문자메세지를 보고 해당 업체에 전화를 걸어 확인하는 과정에서 정수기나 비데 등의 재화를 구입할 것을 권유받아 이를 구매하였다면 전화권유판매에 해당된다. 「방문판매 등에 관한 법률」에서는 전화권유 판매거래의 성립과 소비자의 청약철회권, 계약해제권 및 사업자에 대한 규제내용 등을 정하고 있다.

3. 다단계판매

다단계판매형태는 일반적인 거래유통경로를 거치지 않고 재화 등을 구매한 소비자가 그 재화 등의 사업자(판매자)가 되는 판매형태를 의미한다. 여기에는 판매업자에게 속한 판매원이 특정인을 해당 판매원의 하위 판매원으로 가입하도록 권유하는 모집방식과 판매원의 가입이 3단계 이상 단계적으로 이루어지고, 판매업자가 판매원에게 후원수당을 지급하는 방식으로 다단계판매조직을 통해 재화 등을 판매하는 방식이 있다. 「방문판매 등에 관한 법률」에서는 다단계판매거래의 성립과 소비자의 청약철회권, 계약해제권 및 사업자에 대한 규제내용 등을 정하고 있다.

4. 사업권유거래

사업자가 소득기회를 알선·제공하는 방법으로 소비자를 유인해서 금품을 수수하거나 재화 등을 구입하게 하는 거래를 사업권유거래라 하는데, 예를 들어 번역 등의 아르바이트 일감을 제공하면서 교재 구입 및 인터넷 강의 수강을 하도록 하는 행위가 이에 해당한다. 사업권유거래의 성립 및 청약철회, 계약해제, 사업자에 대한 규제 등은 「방문판매 등에 관한 법률」에서 규율하고 있다.

5. 할부거래

재화나 용역의 제공이 먼저 이루어지고 그 매매대금의 지급은 일정 기간에 걸쳐 분할해서 이루어지는 거래를 할부거래라 하며, 역시 특수거래유형으로서 민법이 아닌 「할부거래에 관한 법률」의 적용을 받게 된다. 할부계약이란 계약의 명칭이나 형식에 상관없이 다음의 두 가지 형태의 계약을 의미한다.

(1) 직접할부계약

소비자가 사업자에게 재화의 대금이나 용역의 대가를 2개월 이상의 기간에 걸쳐 3회 이상 분할지급하고, 재화 등의 대금을 완납하기 전에 재화의 공급이나 용역의 제공을 받기로 하는 계약을 말한다.

(2) 간접할부계약

소비자가 신용카드회사와 같은 신용제공자에게 재화 등의 대금을 2개월 이상의 기간에 걸쳐 3회 이상 나누어 지급하고, 재화 등의 대금을 완납하기 전에 재화공급이나 용역의 제공을 받기로 하는 계약이다.

예를 들면, 백화점에서 물건을 구입하고 신용카드를 이용해 3개월 할부로 결제하는 행위(간접할부계약)나 자동차를 구입하면서 구입대금을 12개월로 나누어 분할납부하기로 하는 계약(직접할부계약)이 할부거래에 해당된다.

특히, 상조서비스에 가입해서 매월 일정액을 납입하는 거래행위와 같이 소비자가 사업자로부터 장례 또는 혼례를 위한 용역 및 이에 부수한 재화를 공급 받기로 하는 계약을 선불식 할부계약이라 하며, 이 역시 동법의 적용대상이 된다.

그 외에도 앞에서 살펴 본 전자상거래 및 통신판매에 의한 거래와 다음에 살펴 볼 인터넷광고에 의한 거래행위도 특수판매유형에 해당된다.

Ⅱ. 소비자 분쟁해결기준

소비자와 사업자 사이에 발생하는 분쟁을 원활하게 해결하기 위해 소비자기본법에서는 "소비자분쟁해결기준"을 마련하고 있는데, 여기에는 분쟁해결의 일반적 원칙을 정하고 있는 "일반적 소비자분쟁해결기준"과 품목별로 소비자피해의 보상기준을 정한 "품목별 소비자분쟁해결기준"이 있다. 소비자보호법상 소비자분쟁해결기준은 분쟁 당사자를 위한 합의 또는 권고의 기준이며, 당사자 사이에 분쟁해결 방법에 관한 별도의 의사표시가 없는 경우에 한해 적용된다.

다만, 다른 법령에 따른 분쟁해결기준이 소비자에게 더 유리한 경우에는 그 기준이 우선 적용되며(소비자기본법 시행령 제9조 제1항), 품목별 소비자분쟁해결기준에서 해당 품목에 대한 분쟁해결기준이 없는 경우에는 같은 기준에서 정한 유사품종에 대한 기준이 준용될 수 있다(소비자기본법 시행령 제9조 제2항). 또한 품목별 소비자분쟁해결기준에서 동일 피해에 대한 분쟁해결기준이 두 가지 이상 정해져 있는 경우에서 소비자가 선택하는 분쟁해결기준을 적용한다(소비자기본법 시행령 제9조 제3항).

1. 일반적 소비자분쟁해결기준

분쟁해결의 일반원칙을 정한 기준으로서 품목별 소비자분쟁해결기준의 상위 해결기준이 되며, 물품 또는 서비스의 수리·교환·환급·배상 등의 방법과 품질보증기간·부품보유기간 등의 기준들이 정해져 있다. 소비자보호법 시행령 별표1 제1호에서는 사업자가 물품 등의 하자, 채무불이행 등으로 인한 소비자 피해에 대해 다음의 기준에 따라 수리·교환·환급 또는 배상을 하거나, 계약의 해제·해지 및 이행 등을 하도록 의무화하고 있다.

(1) 수리·교환·환급비용의 부담

품질보증기간 동안의 수리·교환·환급에 소요되는 비용은 사업자가 부담한다. 다만, 소비자의 취급 잘못, 천재지변으로 인한 고장이나 손상, 지정수리점·설치점이 아닌 자의 수리·설치로 인한 물품변경 및 손상의 경우에는 예외이다.

(2) 수리기준

소비자가 수리를 의뢰한 날로부터 1개월이 지난 후에도 사업자가 수리된 물품 등을 소비자에게 인도하지 못하는 경우에는, 품질보증기간 이내인 경우에는 동종물품으로 교환하거나 동종물품의 교환이 불가능한 경우에는 환급해야 하며, 품질보증기간이 경과한 경우에는 구입가격을 기준으로 정한 감가상각한 금액에 10%를 더해서 환급해야 한다.

물품 등을 유상으로 수리한 날로부터 2개월 이내에 소비자가 정상적으로 사용하는 과정에서 그 수리한 부분에 종전과 동일한 고장이 재발한 경우에는 무상으로 수리해야 하며, 수리가 불가능한 경우에는 이전에 받은 수리비를 환급해야 한다.

(3) 교환기준

물품 등의 교환은 동종물품으로 해야 하며, 동종물품으로의 교환이 불가능한 경우에는 동종 유사물품으로 교환해야 한다. 다만, 동종물품 등으로 교환하는 것이 불가능하고, 소비자가 동종 유사물품으로의 교환을 원하지 않는 경우에는 환급해야 한다.

(4) 환급기준

환급금액은 거래시 교부된 영수증 등에 기재된 가격을 기준으로 하며, 다만 영수증 등에 기재된 가격에 대해 다툼이 있는 경우에는 영수증 등에 기재된 금액과 다른 금액을 기준으로 하려는 자가 그 다른 금액이 실제 거래가격임을 입증해야 한다. 한편, 영수증이 없는 등의 이유로 실제 거래가격을 입증할 수 없는 경우에는 그 지역에서 거래되는 통상가격을 환급기준으로 한다.

2. 품목별 소비자분쟁해결기준

품목별 소비자분쟁해결기준은 일반적 소비자분쟁해결기준에 따라 품목별로 소비자피해를 보상할 수 있는 세분화된 기준을 정한 것이며 '대상품목'과 '품목별 피해보상기준'으로 구성되어 있는데, 소비자기본법과 동시행령에 따라 공정거래위원회가 정한 고시에 따라 해결하고 있다. 구체적으로 대상품목을 식품, 보건/의료, 주거/시설, 가전/생활용품, 의류/세탁, 자동차/기계류, 정보통신, 금융/보험, 교육/문화, 레저/스포츠, 관광/운송, 기타품목으로 세분화하고 각 품목별로 해당업종을 세분하여 해결기준을 제시하고 있다. 예를 들면, 신제품 냉장고를 구매한 후 정상적으로 사용하던 중 7일째 되는 날에 냉장실에서 심한 소음과 함께 가동이 되지 않는 하자가 발생한 경우, 냉장고는 가전제품에 속하는 공산품에 해당하고 해당 피해는 '구입 후 10일 이내에 정상적인 사용 상태에서 발생한 성능기능상의 하자로 중요한 수리를 요할 때'에 해당하여 제품교환 또는 구입가를 환급해야 할 것이다.

제6절 인터넷광고와 소비자보호

최근 들어 무선인터넷이 활성화되고 스마트폰이 대중화됨에 따라 새롭고 다양한 유형의 광고매체가 출현하게 됨에 따라 온라인광고와 관련된 소비자분쟁이 점차 증가하고 있는 추세이다. 여기서 온라인이라 함은 전자적 방식에 의한 정보통신체계를 의미하는데, 이러한 전자적 방식에는 스마트폰, 태블릿PC, DMB, 쇼설네트워크(SNS), 메신저 등 여러 가지가 포함되며, 가장 대표적인 것이 인터넷이라 할 수 있다. 이 절에서는 인터넷광고 고유의 특성에 의해서 발생할 수 있는 부당한 인터넷광고의 유형들을 살펴보고, 부당한 인터넷광고로부터 소비자를 보호할 수 있는 법제도에 대해 알아보기로 한다.

Ⅰ. 인터넷광고의 특성

최근 인터넷은 우리 생활의 거의 모든 분야에서 깊숙이 자리 잡고 있으며, 전통적인 광고수단인 신문이나 TV보다 더욱 각광받는 광고매체로 급부상하였다. 인터넷 광고란 광고주가 인터넷 웹브라우저를 이용하여 사람, 상품 및 서비스에 관련한 정보를 가지고 소비자 내지 이용자를 설득하고, 그에 대한 반응을 얻기 위해 행하는 쌍방향 커뮤니케이션이라 정의 할 수 있다. 과거 신문이나 TV광고는 광고주가 일방적으로 상품정보를 제공하는 광고수단이었지만 인터넷 광고는 광고주와 소비자가 쌍방으로 커뮤니케이션을 할 수 있다는 점이 특징이다. 이러한 특성으로 인해 부당한 인터넷 광고에 의한 소비자 피해유형과 구제수단은 기존의 그것들과는 달리 취급해야 할 필요성이 있다. 그렇다면 먼저 인터넷광고가 어떠한 특성을 가지는지 알아 볼 필요가 있다.

기존 광고에서는 소비자들이 광고를 선택해서 볼 수 없고 신문이나 TV매체를 통해 제공되는 광고를 수동적으로 보는 형태였기 때문에 광고효과도 신문구독자나 방송시청자 수에 의존하였으나, 인터넷 광고는 소비자가 원하는 상품정보나 내용만을 골라서 선택적으로 볼 수 있다는 점에서 광고효과도 소비자의 선택에 의해 결정된다는 특징이 있다. 그리고 기존 광고매체들은 시간적, 공간적 제약으로 인해 광고에 포함되는 내용에 대한 분량적 제한이 있었으나, 인터넷광고의 경우에는 컴퓨터의 데이터베이스와 홈페이지처럼 광고내용을 분량제한 없이 저장할 수 있으며 이러한 정보를 소비자는 시간적, 공간적 제약 없이 제공받을 수 있다는 특성이 있다. 또한 인터넷 광고는 최신 IT 관련기술을 이용하여 광고를 제작할 수 있어 시청각 효과를 극대화함으로써 실물보다 훨씬 좋은 영상장면을 연출할 수도 있다. 마지막으로 광고와 동시에 바로 상품을 판매할 수 있는 텔레마케팅(telemarketing)기능을 가지고 있어 광고와 홍보 및 판매가 동시에 가능하다는 특징이 있다.

이처럼 인터넷 광고는 전통적인 일반 광고매체와 다른 특성을 가지고 있기 때문에 부당한 인터넷 광고에 의한 소비자피해에 대해서는 별도의 법제도로 규제할 필요가 있다. 인터넷 광고의 고유한 특성으로 인해 발생할 수 있는 부당한 인터넷 광고의 유형을 살펴보기로 한다.

Ⅱ. 부당한 인터넷 광고 유형

1. 부당하게 인터넷 광고를 방문하게 하는 광고행위

인터넷 광고에서는 광고효과가 일방적 노출이 아니라 소비자의 방문에 의해 주로 결정되기 때문에 인터넷 이용자로 하여금 웹사이트를 방문하게 만드는 것이 광고주에게는 가장 중요한 과제가 되며, 그 부작용으로서 거짓·과장 광고나 기만적인 광고를 통해 인터넷 이용자로 하여금 부당하게 광고 사이트를 방문하게 하는 광고행위가 가장 대표적인 부당광고행위의 유형에 속한다.

2. 중요한 정보를 분산하는 광고행위

인터넷 광고는 다른 광고매체와 달리 분량의 제한을 받지 않고 광고를 할 수 있으므로, 광고주는 자신에게 유리한 내용은 광고에 강조해서 제시하고 불리한 정보는 축소하거나 다른 페이지에 별도로 제시할 가능성이 매우 크기 때문에 그 결과 소비자는 왜곡되고 분산된 정보를 믿고 거래함에 따른 피해가 발생할 위험이 있다.

3. 시각·청각적인 왜곡현상을 이용하는 광고행위

인터넷으로 광고를 접하는 소비자는 광고내용을 꼼꼼히 보는 것이 아니라 광고의 전체적인 이미지만을 보는 것이 일반적이므로 광고의 전체적인 내용이나 이미지가 소비자 구매행위를 오도할 가능성이 높다. 특히 최신 IT기술의 발달로 인터넷 광고에서는 광고된 상품이 실제 상품보다 더 좋아보이게 할 수도 있을 뿐 아니라 중요한 정보를 제시한 곳의 바탕 색상과 글자 색상을 동일하게 함으로써 눈에 띄지 않게 처리할 수도 있으며, 청각을 이용하여 관심을 다른 곳으로 쏠리게 하는 방법 등을 이용해 중요한 정보를 보지 못하게 할 수도 있다. 이처럼 소비자의 시각·청각적인 왜곡현상을 유도하여 구매행위를 오도할 가능성이 인터넷 광고에서는 대표적인 부당광고 유형에 해당한다.

4. 부당하게 구매행위로 연결하는 광고행위 등

인터넷 광고에서는 광고를 보면서 체험쇼핑을 할 수도 있으며, 바로 상품을 구매할 수 있기 때문에 상품구매과정에서 부당하게 구매행위를 유도하는 광고로 인해 소비자들의 피해가 발생할 가능성이 높다. 이외에도 인터넷 광고가 게재되어 있는 사이트의 사업자와 실제 상품을 판매하는 사이트의 사업자가 서로 다른데도 그러한 내용의 정보가 제대로 제시되지 않는 경우 및 광고인지 홍보인지 불분명한 경우 등이 인터넷 광고의 특성에 의해 발생할 수 있는 부당광고 유형에 해당한다.

Ⅲ. 인터넷 광고에 대한 규제

위에서 살펴 본 바와 같이 인터넷 광고의 고유한 특성으로 인해 다양한 새로운 형태의 소비자 피해가 발생하고 있어 「표시·광고의 공정화에 관한 법률」을 제정하여 공정한 거래질서를 확립하고 소비자를 보호할 목적으로 운영하고 있다. 특히 동법 제3조에서는 인터넷 광고를 이용해 부당한 표시나 광고행위로써 금지되는 네 가지 유형의 표시·광고행위를 제시하고 있다.

제3조(부당한 표시 · 광고 행위의 금지)

① 사업자등은 소비자를 속이거나 소비자로 하여금 잘못 알게 할 우려가 있는 표시·광고 행위로서 공정한 거래질서를 해칠 우려가 있는 다음 각 호의 행위를 하거나 다른 사업자등으로 하여금 하게 하여서는 아니 된다.

1. 거짓·과장의 표시·광고
2. 기만적인 표시·광고
3. 부당하게 비교하는 표시·광고
4. 비방적인 표시·광고

동법상 '표시'라 함은 사업자가 상품 또는 용역에 관한 일정한 사항을 소비자에게 알리기 위해 상품의 용기나 포장(첨부물과 내용물도 포함), 사업장 등의 게시물 또는 상품권·회원권·분양권 등 상품 등에 관한 권리를 나타내는 증서에 쓰거나 붙인 문자·도형과 상품의 특성을 나타내는 용기·포장을 의미한다(표시·광고의 공정화에 관한 법률 제2조 제1호). 예를 들면, 소주병의 뒷면에 부착된 용지에 기재되어 있는 각종 상품에 대한 설명이나 상품권에 기재되어 있는 각종 내용들이 여기에 해당한다.

그리고 '광고'라 함은 신문, 인터넷신문, 정기간행물, 방송, 전기통신 그 밖에 동법 시행령에서 정하는 방법으로 소비자에게 널리 알리거나 제시하는 행위로써(표시·광고의 공정화에 관한 법률 제2조 제2호), 여기서 대통령령으로 정하는 방법이란 전단·팸플릿·견본 또는 입장권, 인터넷 또는 PC통신, 포스터·간판·네온사인·애드벌룬 또는 전광판, 비디오물·음반·서적·영화·연극 등의 수단들이 포함된다. 예를 들면, 인터넷포털 사이트에 게시되어 있는 각종 광고들이 모두 동법 적용대상이 되는 광고행위에 해당한다.

1. 부당한 표시·광고행위의 금지

소비자가 제품이나 서비스에 대한 올바른 정보를 제공받지 못하여 합리적인 구매행위를 하지 못할 뿐 아니라, 구매행위를 하지 않더라도 광고 자체의 내용을 잘못 받아들일 가능성이 있는 표현을 사용하지 못하도록 하기 위해 「표시·광고의 공정화에 관한 법률」 제3조에서는 거짓·과장광고, 기만광고, 부당한 비교광고, 비방광고 등 네 가지를 소비자를 오인시킬 수 있는 표현을 사용한 광고로 취급하여 금지하고 있다.

(1) 거짓·과장광고

거짓·과장광고란 광고내용과 제품, 서비스의 실제 내용이 다르거나 사실을 지나치게 부풀림으로써 소비자의 합리적인 선택을 방해하는 광고를 말한다. 예를 들면, 온라인 오픈마켓 사업자가 포털사이트 초기화면에 "NIKE Sale 7,900원"이라는 배너광고를 설치하여 슬리퍼를 광고하였으나 실제 소비자가 나이키슬리퍼를 구입하기 위해서는 옵션 주문을 통해 "+13,900"으로 표시된 부분을 선택해야 하고 주문 및 결제화면에서 21,800원을 지불해야 함에 따라 실제 상품내역과 배너광고 사이에 불일치가 발생하는 경우가 전형적인 거짓·과장광고에 해당한다(대법원 2012. 6. 28. 선고 2010두24371 판결).

판례에서는 "허위·과장의 광고는 사실과 다르게 광고하거나 사실을 지나치게 부풀려 광고하여 소비자를 속이거나 소비자로 하여금 잘못 알게 할 우려가 있는 광고행위로서 공정한 거래질서를 저해할 우려가 있는 광고를 말한다. 한편 일반 소비자는 광고에서 직접적으로 표현된 문장, 단어, 디자인, 도안, 소리 또는 이들의 결합에 의하여 제시되는 표현뿐만 아니라 거기에서 간접적으로 암시하고 있는 사항, 관례적이고 통상적인 상황 등도 종합하여 전체적·궁극적 인상을 형성하므로, 광고가 소비자를 속이거나 소비자로 하여금 잘못 알게 할 우려가 있는지는 보통의 주의력을 가진 일반 소비자가 그 광고를 받아들이는 전체적·궁극적 인상을 기준으로 하여 객관적으로 판단하여야 한다"(대법원 2013. 6. 14.)고 판시하고 있다.

최근에는 부도·파산기업의 제품으로 제조업체를 통한 무상 A/S가 불가능함에도 불구하고 부도·파산 이전 제조업체의 A/S 안내 광고를 제시하여 제조업체를 통한 무상 A/S가 가능한 것처럼 광고하는 행위가 등장하고 있는데 이 역시 표시광고법상 거짓광고에 해당할 수 있다.

(2) 기만적인 광고

기만적인 광고란 소비자에게 알려야 하는 중요한 사실이나 정보를 은폐, 축소하는 등이 방법으로 표현하는 광고를 말한다. 예를 들면, 카드회원 모집광고를 하면서 '현금 없이 명품네비게이션 장만'이라고 표현한 경우 실제로는 현금에 갈음하는 카드포인트로 장만한다는 내용이므로, 이러한 표현은 「인터넷광고심의규정」 제7조 제2항에서 금지하고 있는 기만적인 내용으로서 이용자를 오도·현혹하는 표현을 사용한 기만광고에 해당한다.

기만광고 여부를 심사하는 기준으로 공정거래위원회는 소비자의 구매선택에 있어 중요사항에 대한 은폐나 누락행위가 있거나, 중요한 사항에 대한 축소설명이 있는 경우라고 정하고 있다.

부도·파산기업의 제품을 판매하면서 소비자로 하여금 무상 A/S가 가능한 것으로 오인하게 만드는 광고행위도 기만광고에 해당할 수 있다. 구체적인 예로는 제품판매 광고 중 해당 제품의 무상 A/S 가능여부 또는 A/S 관련 정보만을 제외하고 계속 광고하는 행위나, 판매자 자신이 무상 A/S를 제공한다고 광고하면서도 무상 A/S가 불가능한 제조업체의 A/S 대표 전화번호를 광고에 포함시켜 소비자로 하여금 제조업체를 통하여 무상 A/S가 가능한 것으로 오인시키거나 A/S 대행업체를 통한 유상 A/S를 유도하는 행위가 여기에 해당한다.

(3) 부당한 비교광고

비교대상이나 기준등을 구체적으로 명시하지 않거나 객관적인 근거 없이 자신의 상품이나 용역을 다른 사업자의 상품 등과 비교하여 우수하거나 유리하다고 표현하는 광고행위도 부당한 비교광고로서 금지된다. 예를 들면, 여론조사기관에 의뢰한 생활정보신문 인지도에 관한 조사를 근거로 생활정보신문 ○○○○이 "대구지역 발행부수 1위", "접촉률 1위"라고 광고한 사안에서, 조사결과가 왜곡될 가능성이 있는 특정한 조건하에서 이루어진 것으로서 합리적·객관적 근거가 되지 못하는 경우에는 비록 그 조사결과를 인용한 비교광고가 비교대상 및 비교기준이 명확하더라도 부당하게 비교하는 표시·광고에 해당할 수 있다는 대법원 사례가 여기에 해당한다(대법원 2003. 3. 31.).

(4) 비방광고

다른 사업자의 상품이나 서비스에 관하여 객관적인 근거가 없는 내용으로 광고하거나, 불리한 사실만을 광고하여 상대 사업자를 비방하는 광고행위도 금지된다. 실제 사례를 보면, 온라인 쇼핑몰인 '11번가'가 '지마켓과 비교해도 십일번가 제일싸네', '옥션에서 헤맸더니 최저가는 여기있네'라는 문구 바로 옆에 'Auction'이라는 영문표지를 들고 있는 해골모양의 캐릭터가 '11st'로 표시된 보물상자 캐릭터를 향해 쓰러지는 듯한 이미지 광고를 게재한 사례에서 상대 상업자를 일반적으로 죽음, 멸망, 실패를 상징한다고 할 수 있는 해골 이미지로 표현하고 자신은 보물상자로 표현하는 것은 다른 사업자의 상품이 실제보다 현저히 열등하거나 불리한 것처럼 소비자가 오인할 수 있도록 하였으며, 객관적 근거 없이 자신들의 상품이 현저히 우량 또는 유리하다고 소비자를 오인시키기 위해 다른 사업자의 상품에 대해 중대한 이미지를 훼손시킨 비방광고에 해당한다고 보았다(공정거래위원회 2009서소2619).

2. 표시광고법 위반시 제재수단

이상과 같은 유형의 표시광고법 위반 행위에 의해 소비자가 피해를 입은 경우에는 민사상·형사상·행정상 제재가 가해질 수 있다.

민사상 제재로는 금지되는 광고행위로 인해 금전적 손해를 입은 소비자는 사업자를 상대로 손해배상책임을 추궁할 수 있으며, 피해자는 해당 광고의 중지를 법원에 청구할 수 있다(표시광고법 제10조, 민법 제764조). 또한 부당한 표시·광고행위를 하거나 다른 사업자 등으로 하여금 하게 한 사업자 등에게는 2년 이하의 징역 또는 1억5천만원 이하의 벌금형이 부과된다(표시광고법 제17조). 그리고 일정한 경우에는 과태료가 부과되기도 한다(표시광고법 제20조). 이러한 민·형사상 제재와 별개로 공정거래위원회는 해당 위반행위의 중지, 시정명령을 받은 사실의 공표, 정정광고, 그 밖에 위반행위의 시정을 위해 필요한 조치를 행할 것을 명할 수 있으며(표시광고법 제7조), 사업자에 대해 그러한 표시·광고행위를 일시 중지할 것을 명할 수 있음은 물론(표시광고법 제8조), 사업자에 대해 매출액에 2/100를 곱한 금액 범위 내에서 과징금도 부과할 수 있다(표시광고법 제9조).

제 7 장

유통시장 현황과 규제

제7장 유통시장 현황과 규제

제1절 유통시장의 개념과 운영원리

Ⅰ. 개념

유통(distribution)이란 생산자로부터 소비자에게 상품이나 서비스를 이전시키는 경제 활동의 일체를 의미한다. 즉 생산과 소비를 연결하는 중간과정이자 경제 흐름의 중추로서 단순한 물류 이동뿐 아니라 정보 전달, 가격 형성, 판매 전략, 결제 및 서비스 제공 등이 유통에 포함된다. 유통의 주요 기능은 공간적·시간적 효율성 확보, 수량조절, 정보 전달 및 마케팅 기능을 들 수 있다. 먼저 물류나 배송을 통해 제품을 필요한 장소로 이동시키는 기능을 통해 공간적 효율성을 확보할 수 있다. 다음으로 재고관리 및 공급조절을 통해 제품을 필요한 시점에 제공함으로써 시간적 효율성을 확보하는 기능도 가진다. 또한 대량 생산된 제품을 소량 소비자가 사용할 수 있게 분할하는 수량 조절 기능과, 제품의 품질, 가격, 후기 등을 소비자에게 제공하는 정보 전달 기능 및 광고, 판촉, 판매촉진 등 소비자 구매 유도와 같은 마케팅 기능도 동시에 수행한다.

Ⅱ. 유통 경로의 구조

유통 경로는 상품이 생산자로부터 소비자에게 도달하는 과정에서 거치는 중간 이해관계자들인 유통주체의 체계를 의미하는데, 본래 전통적인 유통거래 구조는 생산자에서 소비자로의 직접 유통인데 예를 들어 농민이 수확한 경작물을 직거래 장터에서 판매하는 구조이다. 그 외 생산자에서 도매상, 소매상 그리고 최종 소비자에 이르는 간접 유통도 이에 해당되는데 제조업체가 제조한 물품을 대리점에 판매하고 이를 다시 소매마트가 구입해 소비자에게 판매하는 경로가 그 예가 된다.

하지만 오늘날의 현대적 유통 구조는 전통적 유통구조와 달리 복수의 유통 채널이

병존하며 상호 연결되는 복합적 다단계 유통구조를 가질 뿐 아니라, 대형 유통업체가 물류센터, 자사 브랜드(PB) 운영 등을 통해 제조·물류·판매의 수직적 통합이 이루어지고 있으며, 더불어 사용자 경험(UX), 맞춤형 추천, 고객 로열티 강화 등 소비자 중심형 유통구조라는 특징을 나타내고 있다.

[유통 채널 유형별 분류]

채널 유형	주요 예시	특징
오프라인 유통	대형마트, 백화점, 편의점	물리적 접근성, 즉시 구매 가능
온라인 유통	오픈마켓, 소셜커머스, 자사몰	저비용, 검색기반 비교우위
무점포 유통	홈쇼핑, 전화 주문, 카탈로그	중장년층 선호, 편리성
혼합형 유통	매장+앱, 라이브커머스	옴니채널 전략으로 진화

Ⅲ. 현대 유통시장의 운영 원리

유통은 단순한 상품 전달이 아니라 경제적·법적 규범과 기술 혁신에 따라 복합적으로 작동한다. 오늘날 유통시장의 주요 운영 원리는 다음과 같다.

1. 시장 경쟁 원리

유통시장은 공급자(제조업체)와 소비자를 연결하는 핵심 시장으로, 유통업체 간 경쟁은 상품 소싱력, 가격정책, 물류 효율성, 소비자 서비스 수준에서 치열하게 전개된다.특히 대형 유통사는 다채널(Multi-channel) 전략과 규모의 경제를 통해 경쟁우위를 확보하고 있는데, 구체적 사례를 살펴보면, 쿠팡은 로켓배송과 자체 물류망을 활용함으로써 고객에 대한 배송 신뢰도를 강화하는 전략을 펴고 있으며, 이마트의 경우에는 자체 PL(Private Label) 브랜드 확대전략을 통해 가격경쟁력을 강화하고 있다. 한편 T-Commerce 사업자인 CJ온스타일은 TV방송과 모바일앱을 연동한 라이브커머스시장을 활성화함으로써 고객 체류시간을 증가시키는 전략을 구가하고 있다.

2. 정보 비대칭 해소

유통시장의 본질적 기능 중 하나는 제품 정보 전달 기능인데, 과거 제조자 중심의 정보 전달에서 오늘날은 소비자 간 정보 공유와 평가 시스템 중심으로 전환됨에 따라 제조판매사와 소비자 간 정보비대칭이 해소되는 경향이 있다. 이러한 정보비대칭 해소를 위한 주요 전략으로는 네이버 스마트스토어, 쿠팡, 11번가 등에서 핵심 역할을 하는 리뷰·별점제도를 활용하는 사례도 있고, 고객 구매패턴 분석을 통한 맞춤형 제안이 가능하도록 AI 기반 추천 알고리즘을 사용하기도 한다. 특히 라이브커머스시장에서는 실시간 제품 설명과 실물 시연을 통해 정보비대칭 최소화시키기도 한다. 다만, 이 과정에서 후기 조작(어뷰징), 스텔스 마케팅 등으로 인해 표시광고법 위반 사례가 증가하는 추세에 있고, 플랫폼에 사실과 다른 정보 게시에 대한 책임 부과 여부에 대한 정책적 논의가 대두되기도 한다.

3. 수익 구조와 수수료 모델

유통업체가 수익을 창출하는 구조는 다양한데, 판매 마진(도매가 대비 소비자가 차액), 입점 수수료(백화점·홈쇼핑 입점 대가), 판매 수수료(매출액 기반 수수료-정률제/정액제), 광고비·판촉비 분담 수익 및 데이터 판매 및 추천광고 노출비용 등으로 구분할 수 있다. 이 가운데, 각종 수수료 구조의 문제점이 대두되기도 하는데, 예를 들어 TV홈쇼핑시장의 경우에는 평균 수수료율이 30~40%로 나타나며 이는 중소입점기업에 큰 부담으로 작용하면서 정책당국의 수수료 규제정책의 원인으로 작용하기도 한다. 한편, 오픈마켓(쿠팡, 네이버 등)에서는 판매중개 수수료 외에도 광고 노출 비용을 요구하는 사례가 증가함에 따라 이에 대한 규제필요성이 제기되기도 한다. 특히, 일부 유통사는 정률제와 정액제를 이중으로 적용하면서 판매량과 무관한 고정비용으로 중소 입점업체의 부담을 가중시키는 원인으로 지목되기도 한다. 이러한 수수료 관련 문제점을 시정하기 위해 공정거래위원회는 판매수수료 공시제, 판촉비 전가 금지, 수수료 상한제 도입 여부 등에 대한 정책들을 지속적으로 마련하고 있다.

4. 소비자 중심 운영 전략

유통업계에서는 고객 경험 관리(CX), 맞춤형 서비스, 신속한 문제해결이 유통경쟁력의 핵심 요소로 부상하면서 유통사들은 기술을 통한 소비자 중심 서비스 강화를 위한 전략들을 수립하고 있다. 유통사별 구체적 전략들을 살펴보면 아래 표와 같다.

이와 관련해서 소비자 보호 이슈도 최근 쟁점으로 부상하고 있는데, 예를 들어 정기배송 자동결제 문제, 소비자 계약 취소 제한 등은 전자상거래법상 청약철회권 침해 소지가 있으며, 반품 거절 사유(예: 포장 훼손)와 관련된 불공정 약관에 대한 법적 심사가 증가하고 있는 추세이다.

전략	내용	적용사례
CRM/빅데이터 마케팅	고객 구매·검색 데이터를 분석해 개인 맞춤형 추천 제공	SSG닷컴, 마켓컬리, 올리브영 앱
환불·교환 정책 강화	소비자의 '체험 후 결정' 권리 확대	무조건 환불(쿠팡), 앱 간편 반품
배송 서비스 차별화	당일배송, 새벽배송, 지정배송 등 다양화	쿠팡 로켓, GS프레시몰 새벽배송
정기배송 서비스	필수품 자동 반복 주문 시스템	정기배송 이유식, 반려동물 사료 등

Ⅳ. 디지털 전환과 유통 혁신

오늘날의 디지털 기술의 발전은 유통시장에도 구조적 혁신과 소비자 경험의 근본적 전환을 가져오고 있는데, 특히 모바일 기반 소비성향, 데이터 중심 마케팅, 실시간 상거래 방식의 확산은 유통의 양식뿐만 아니라 관련 법률적 규제와 산업구조에도 중대한 영향을 미치고 있다.

1. 이커머스(e-commerce)의 대세화

2024년 기준 국내 모바일 쇼핑 비중이 전체 온라인 거래의 70% 이상을 차지하며, 소비자 구매 행동은 'PC 기반 검색 → 비교 → 결제'에서 '모바일 기반 클릭 → 즉시 구매'로 변화하고 있는 추세이다. 국내 플랫폼 기업들(네이버 스마트스토어, 쿠팡, 마켓컬리)은 '검색 → 추천 → 결제'까지 소비자 여정을 단일 채널로 통합하여 편의성과 반복 구매를 유도하는 전략을 펴고 있으며, 단골 기반 알고리즘 추천, 배송 시간 예측 시스템, 1인 가구 맞춤 구독 모델 등도 확산 중이다. 그 예로, 쿠팡은 자체 물류망(Coupang Logistics)과 로켓배송 시스템을 통해 '밤 11시 주문 → 다음날 새벽 도착' 모델을 정착시켜, 유통의 시간 개념을 바꾸고 있다.

2. 옴니채널(Omnichannel) 전략

이는 오프라인 매장과 온라인 쇼핑의 융합 전략으로, 소비자는 어디서든 구매하고 원하는 방식으로 수령할 수 있게 되었다. 대표적 운영 방식으로는 온라인에서 주문하고 오프라인 매장에서 수령하는 BOPIS(Buy Online, Pick－up In Store), 온라인 구매 후 오프라인에서 반품하는 BORIS(Buy Online, Return In Store), 그 외 가상 피팅룸, 증강현실 쇼핑, 전자영수증 관리 등의 기술들을 접목한 쇼핑전략이 등장하고 있다. 예를 들어, 무신사는 '스마트스토어＋피팅존＋AR피팅 서비스'를 연동해 오프라인 체험과 온라인 소비를 매끄럽게 연결하고 있으며, 이마트는 '쓱닷컴'과 연계하여 오프라인 구매 후 '매장 픽업'과 '당일 배송'을 병행하는 전략을 펴고 있다.

3. 라이브커머스 및 SNS 상거래의 확대

라이브커머스(Live commerce)는 실시간 영상 방송을 통해 상품을 소개하고, 소비자가 즉시 댓글을 달며 주문하는 방식으로, 쌍방향 상거래의 대표적 유형이다. 이와 함께 인플루언서와 크리에이터 기반의 SNS 상거래도 급증하고 있으며, 그로 인해 광고와 판매의 경계가 불분명해지는 문제가 나타나고 있는데 주요 부작용을 살펴보면, 협찬 제품을 '내돈내산'처럼 소개하거나 허위·과장 표현을 사용하는 경우 표시광고법 위반이 될 수 있고, 실시간 방송 특성을 이유로 '청약철회 불가'를 주장하는 판매자의 경우 소비자의 청약철회권을 침해하는 것이며, SNS 기반 소상공인이나 1인 사업자의 불법·무등록 판매행위는 미등록 판매자에 의한 피해로 이어질 수 있는데, 2023년 한 유명 뷰티 크리에이터가 허위 '자가 체험 후기'를 내세운 광고로 논란이 되었고, 그로 인해 공정거래위원회로부터 과징금 처분을 받기도 했다.

Ⅴ. 유통 구조 변화에 따른 법적·경제적 과제

1. 중소 납품업체 보호 문제

대형 유통업체(백화점, 홈쇼핑, 대형마트 등)는 중소 납품업체에 대해 과도한 판매수수료, 판매촉진비 분담, 일방적 반품 요구 등을 관행처럼 요구함에 따라 중소 납품업체의 피해가 가중되고 있다. 특히 평균 30~40%에 달하는 TV홈쇼핑 수수료율은 소상공인에게 지나친 부담으로 작용하고 있다. 이러한 문제를 해결하기 위해서는 판매수수료 상한제 도입 또는 수수료 산정 기준의 투명화가 요구되며, 관련 법인 「대규모유통업법」상 공정거래위원회의 직권조사권을 강화하고, 판매촉진비 부담의 원칙적 금지와 같은 법제 개선을 통해 입점업체를 보호할 필요가 있다.

2. 플랫폼 독점 및 입점업체 종속 문제

네이버·쿠팡 등 플랫폼 기업은 자사몰 내 검색·배치·알고리즘을 자의적으로 조정하여 입점업체 간 차별화를 유도하고, '자사 상품 우대 노출', 리뷰 수 조작, 광고상품 판매 강요 등의 행위를 함으로써 시장지배적 지위를 남용하고 있는데, 2022년 쿠팡은 공정거래위원회로부터 'PB상품을 상단에 노출시켜 경쟁사 노출을 제한한 행위'로 제재를 받기도 하였다. 이런 문제를 해결하기 위해서는 알고리즘 투명성 공개 의무를 부과하고, 입법 진행과정에 있는 가칭 온라인플랫폼공정화법의 사전고지·동의 절차를 강화하고, 입점업체에 대한 검색 순위 설명 청구권을 신설하는 것도 검토할 필요가 있다.

3. 소비자 보호 체계 미비

온라인플랫폼시장에서는 허위광고, 상품 정보 미흡, 배송지연, 교환·환불 거절, 개인정보 유출 등과 같은 소비자 피해가 지속적으로 발생하고 있는데, 이는 비대면 거래가 일반화되면서 거래 상대방 파악이나 증거 확보가 어려운 구조라는 거래특성이 원인 중 하나이다. 예를 들어, 한 소비자가 SNS광고를 통해 무등록 판매자로부터 의류를 구매했으나, 배송을 하지 않거나, 결제 후 판매자와 연락이 되지 않는 경우를 비롯해 하자있는 상품에 대해서도 환불을 해주지 않는 경우에는 청약철회권 적용도 어려울 수 있다. 이런 문제점을 개선하기 위해서는 관련법인 전자상거래법을 개정해 플랫폼사업자에게도 일정 범위에서는 판매자와 공동책임을 부과하는 방안을 제도화하고, 청약철회 제한 사유를 지금보다 명확화하는 방안, 그리고 소비자 피해 분쟁조정제도의 실효성을 강화하고, 소비자 대상 신유형거래에서 발생할 수 있는 피해를 예방하기 위한 교육을 확대하는 방안도 고려할 수 있다.

제2절 온라인 쇼핑 시장 현황과 규제

Ⅰ. 온라인쇼핑시장과 규제 현황

2024년 4월 기준, 국내 온라인 쇼핑 거래액은 19조 8,027억 원으로 전년 동월 대비 10.5% 증가하였으며, 이 중 모바일 쇼핑 거래액은 14조 8,026억 원으로 11.9% 증가함에 따라 모바일 쇼핑 거래액 비중이 74.8%를 차지하는 것으로 나타났는데, 이처럼 국내 유통시장에서 전자상거래의 확산과 모바인 쇼핑의 증가추세가 뚜렷하게 나타난다. 특히, 최근 들어서는 국경간 경계가 없다는 온라인플랫폼시장의 특성상 해외 직접 구매(직구) 이용자 수와 거래액이 지속적으로 증가하고 있으며, 이에 따라 해외 사업자와의 분쟁도 증가하고 있다. 하지만 현행법령상 국내에 주소나 영업소가 없는 해외 사업자와의 분쟁해결에는 한계가 있어, 소비자 보호를 위한 제도적 보완이 필요하다. 이처럼 코로나19 팬데믹 이후 비대면 거래가 일상화되면서, 온라인 쇼핑은 소비자들의 주요 구매 방식으로 자리 잡아가면서 국내 유통시장에서 전자상거래 시장의 규모와 중요성이 더욱 확대되고 있다.

국내 온라인플랫폼시장에 대한 규제는 기본법인 「전자상거래 등에서의 소비자보호에 관한 법률」(이하 '전자상거래법'이라 함)을 중심으로 규율되고 있는데, 이 법은 전자상거래에서의 소비자 권익 보호를 위한 기본 법률로, 통신판매업자의 등록, 정보 제공 의무, 청약 철회 및 환불 규정 등을 규정하고 있다. 먼저, 법에서 정의하고 있는 통신판매업자는 사업자 등록번호, 상호명, 대표자명, 주소, 연락처 등의 정보를 소비자가 쉽게 알 수 있도록 명시해야 하며, 이를 위반할 경우 행정 제재를 받을 수 있다. 그리고, 소비자 보호를 위해 소비자는 상품을 공급받은 날로부터 7일 이내에 청약 철회를 할 수 있으며, 이 경우 사업자는 3영업일 이내에 환불해야 한다. 단, 소비자에게 책임 있는 사유로 상품이 훼손된 경우 등에는 청약 철회가 제한될 수 있다.

Ⅱ. 소비자 보호와 분쟁 해결

온라인플랫폼시장에서는 주로 배송 지연, 상품 불량, 청약 철회 거부 등의 피해 사례가 빈번하게 발생하고 있으며, 특히 청약 철회 부당 거부로 인한 소비자 피해가 심각한 수준인데, 유형별 실제 사례를 살펴보면 다음과 같다.

[배송 지연 및 배송 불이행]

소비자 A는 이커머스 플랫폼을 통해 의류를 주문했으나 2주 이상 배송이 지연되었다. 판매자에게 문의했으나 연락 두절 상태였고, 환불도 거부되었다.

사례의 경우 「전자상거래법」 제15조에 따라 7일 이내 배송이 원칙이며 배송 지연 시 지체 없이 소비자에게 통지 및 환불 조치해야 하는데, 온라인플랫폼 사업자는 미배송에 따른 일정 책임 부담 가능성 있다고 보아야 할 것이다.

[상품 불량 또는 표시내용과 상이한 제품 수령]

소비자 B는 SNS 기반 쇼핑몰에서 가방을 구매했으나, 실제로는 광고 사진과 전혀 다른 품질의 유사 제품이 도착했다.

이런 경우에는 「표시·광고의 공정화에 관한 법률」 위반가능성이 있는데 동법에서는 소비자를 오도하는 허위·과장 광고행위를 금지하고 있으며, 위반시 소비자는 청약 철회권을 행사할 수 있으며, 이를 방해할 경우 행정 제재 및 과태료 부과대상이 된다.

[청약 철회 거부]

소비자 C는 전자제품을 주문 후 수령 3일 이내에 반품을 요청했으나, 판매자는 "제품 포장을 개봉했다"는 이유로 청약 철회를 거부하고 있다.

「전자상거래법」 제17조는 제품 확인을 위한 개봉 등과 같이 포장 개봉이 불가피한 경우에는 청약 철회 제한을 하지 못하도록 하고 있는데, 단순 포장 훼손은 철회 거절 사유가 아니며, 사업자가 이를 오남용할 경우에는 행정제재를 받게 된다.

[개인정보 유출 및 무단 마케팅 활용]

소비자 D는 특정 쇼핑몰 가입 후, 제3자 업체로부터 원치 않는 마케팅 메시지를 다수 수신하였는데, 이후 해당 쇼핑몰에서 고객 데이터 유출 사고가 발생하였음을 알게 되었다.

「개인정보 보호법」에서는 사업자는 소비자로부터 수집한 정보는 수집·이용 동의 범위 이외의 활용을 금지하고 있으며, 제3자에게 제공하는 경우에는 별도의 동의를 필수적으로 취득하도록 하고 있어 사례의 경우에는 법위반 행위가 되어 피해고객은 한국인터넷진흥원(KISA)를 통해 신고를 하고 이후 조사를 통해 사업자에 대한 제재가 가능하다.

[사기성 판매 (SNS 및 미등록 통신판매자)]

소비자 E는 Instagram 계정에서 판매되는 한 패션 브랜드 제품을 구입했으나, 제품을 받지 못하였고, 판매자와의 연락도 불가해 환불도 받지 못하는 피해를 입었다. 확인 결과 해당 판매자는 통신판매업 등록도 하지 않은 상태였다.

각종 SNS등을 통한 전자상거래 행위가 증가하면서 이와 같은 사기성 판매로 인한 소비자피해가 급증하고 있는데, 「전자상거래법」에 따라 통신판매업자는 사업자등록 및 통신판매업 등록 후 정보공개 의무가 있다. 하지만 SNS 상점은 규제 사각지대에 있어, 플랫폼 사업자에게도 등록된 판매자만 입점을 허용하는 의무를 부과하는 규정을 신설할 필요가 있다.

이와 같은 온라인플랫폼시장에서 발생하는 다양한 유형의 소비자피해에 대해 현행 법령에서는 보호에 한계가 있는 것이 사실이다. 따라서 사업자와 소비자간 분쟁해결을 위해 한국소비자원은 소비자 피해 구제를 위한 분쟁 조정 절차를 운영하고 있으며, 전자상거래 소비자분쟁조정위원회를 통해 신속한 분쟁 해결을 도모하고 있다. 특히, 관련 정부부처에서는 플랫폼 사업자의 책임 강화 방안을 마련하기 위해 입법개선 방안을 추진 중에 있는데, 특히 플랫폼사업자와 같은 중개 플랫폼 사업자의 책임을 강화하기 위한 논

의가 진행 중이며, 전자상거래법 전부개정안에서는 플랫폼 사업자에게 입점업체 정보제공 의무 및 소비자 피해에 대한 연대 책임을 부과하는 내용을 포함하고 있다.

전자상거래법상 소비자 보호를 위한 제도적 장치로는 청약 철회권을 들 수 있는데, 소비자는 상품 수령 후 7일 이내에는 이유를 불문하고 구매청약의 철회가 가능하며, 판매자는 이를 방해할 수 없고 정당한 철회 사유에 대한 입증 책임은 사업자에게 있다. 이를 위반하는 경우에는 공정거래위원회의 행정제재, 소비자원 분쟁조정, 민사 손해배상 청구가 가능하다.

특히, 한국소비자원은 '전자상거래 소비자분쟁해결기준'을 통해 유형별 보상 기준을 제시하고 있는데, 예를 들어 배송 지연의 경우에는 배송비 환불과 위자료 청구가 가능하고, 허위 광고의 경우에는 계약 해제와 손해배상청구가 가능하다.

이와 별도로 플랫폼 사업자의 책임을 강화하기 위한 법적 논의도 진행중인데, 주로 현행 전자상거래법 개정을 통한 규제개선에 초점을 맞추고 있으며, 별도로 일명 온라인 플랫폼중개거래공정화법의 제정 논의도 진행되고 있다. 최근 제안된 전자상거래법 전부개정안의 주요 내용은 중개 플랫폼 사업자에게도 공동책임 또는 분쟁 대응 의무 부과, 입점업체의 사업자등록정보, 환불·배송 정책 등 정보제공 의무 확대, 소비자 피해 구제 시 플랫폼의 협조의무 강화 등이 포함되어 있다. 하지만 플랫폼시장의 특수성을 전자상거래법이 제대로 반영하기 어렵다는 한계가 있는데, 구체적으로 플랫폼사업자는 단순한 '중개자'로 책임 면제되는 구조였으나, 구매자에게는 실질적으로 플랫폼이 거래 상대이므로 책임 분담 필요성이 제기되고 있다.

제3절 TV 홈쇼핑 시장의 운영 구조와 규제

Ⅰ. TV 홈쇼핑시장 개요

TV 홈쇼핑은 텔레비전 방송을 매개로 상품을 소개하고, 시청자가 전화·모바일 앱·인터넷 홈페이지 등을 통해 구매할 수 있도록 하는 무점포 판매(Non-store Retailing) 방식의 대표적인 유형으로 다른 유통채널과 비곳해 볼 때 다음과 같은 특징을 가진다. 우선 방송 시간에 맞춰 상품을 소개하며, 한정된 시간 내 구매를 유도하는 실시간 방송 기반형 판매채널이다. 그리고 상품의 특장점, 사용법, 후속 서비스 등을 쇼호스트, 게스트,

셀럽 등이 직접 설명하는 정보 전달 중심형 판매채널이다. 그리고 구매 채널이 다양화되어 고령층부터 디지털소비자까지 모두 타겟이 되어 전화·앱·웹 기반형 주문이 가능하다. 특히 국내에서는 비대면 판매형 유통시장의 원조로서 고객과의 신뢰 기반형 거래 구조 형성에 유리하다.

다른 유통방식과 달리 실시간 방송을 통한 상품 판매의 장점과 한계를 살펴보면, 우선 실제 사용 영상, 확대 촬영, 비교 시연 등을 통해 상품의 품질과 효능을 직관적으로 전달할 수 있어 특히 고령층이나 디지털 기기 활용이 어려운 계층에 적합하다는 장점이 있다. 또한 한정판매와 시간제한 마케팅이 가능해서 '오늘 단 1시간!', '지금 전화주시면 사은품 제공' 등의 긴박감 마케팅 전략을 통해 구매를 자극해 판매량을 높일 수 있다. 그리고 취급하는 상품군이 매우 다양해서 생활용품, 식품, 가전, 패션, 건강기능식품 등 전 연령·전 계층을 대상으로 한 상품 구성이 가능하다. 특히 TV홈쇼핑은 대부분 무료반품, 무료배송 등을 제공하여 초기 소비자 저항을 낮추는 구조의 시장이다.

반대로 TV홈쇼핑시장의 한계로 작용하는 요소로는 방송 시간 제한, 상품정보 과장 우려 및 상품비교의 어려움과 충동구매 유도에 따른 과잉소비 등이 있다. 먼저 방송 편성상 동일 상품에 대한 노출 시간이 한정되어 있으며, 짧은 시간 내 구매 판단이 요구된다. 그리고, 시각적 연출 및 과도한 표현(예: "의료기기 수준의 효과")으로 인해 판매상품의 품질이나 효능에 대한 소비자의 오인 가능성이 증가될 수 있다. 그 외에도 1방송이 단일 상품 위주로 구성되므로, 비교 선택이 어렵고 정보 비대칭이 유발될 수 있고 방송 분위기, 한정 수량, 사은품 제공 등의 요소가 소비자의 합리적 구매 판단을 저해할 수도 있다. 이런 이유에서 공정거래위원회와 방송통신심의위원회는 방송표현에 대한 강도 높은 규제를 가하고 있으며, 실제 방송 중 표현 등에 대해 과장광고행위로 보아 시정 명령을 내리는 사례가 많다.

국내 TV홈쇼핑시장은 1995년 개국 이래 급성장하는 유통채널로 인식되어 오고 있으며, 최근에는 인터넷기술, 모바일기술 등의 발전에 힘입어 TV 홈쇼핑과 온라인 쇼핑의 융합 추세가 가속화되고 있다. 다시 말해서 최근 유통시장의 변화 속에서 TV 홈쇼핑과 온라인 쇼핑의 경계가 급속히 사라지고 있으며, 멀티채널(Multichannel)에서 옴니채널(Omnichannel)로 전환되는 추세에 있다. 예를 들면, 방송과 모바일 앱을 연동함으로써 방송 중 모바일 알림(푸시)을 통해 해당 상품 페이지로 즉시 연결하고, TV시청 중 모바일에서 상품 사양·후기를 확인한 후에 앱으로 결제를 하거나 방송 시간 외에는 VOD로 상품 영상 제공 및 24시간 앱 구매가 가능해져 구매편의성이 높아졌다. 더불어 TV홈쇼핑 플랫폼의 온라인화도 진행중인데, GS샵, 롯데홈쇼핑, 현대홈쇼핑 등은 자체 쇼핑몰을 운영하며, TV 방송 외 시간대에도 상품 판매를 지속하고 있다. 특히, 실시간 방송과 동일한 형식의 라이브커머스방송과의 융합을 통해 홈쇼핑사가 자체 플랫폼 또는 유튜브/카카오 등을 통해 라이브커머스형 방송을 병행 운영하기도 한다. 최근에는 AI 기반 추천서비스를 도입해 TV홈쇼핑 앱이 소비자의 시청, 구매 이력에 기반한 맞춤형 상품 추천기능을 강화하고, 정기구독형 홈쇼핑 모델도 일부 도입되어, 반복 구매를 유도하는 등 새로운 판매기법을 개발하고 있다.

Ⅱ. TV홈쇼핑시장의 운영 구조

홈쇼핑 방송사는 상품 기획팀을 통해 방송 편성을 계획하고, 상품 선정위원회를 통해 판매 상품을 선정하는데, 이 과정에서 시장성, 소비자 반응, 공급 안정성 등이 고려된다. 상품 납품업체와의 계약 및 수수료 구조를 보면, 납품업체는 홈쇼핑 방송사와 공급계약을 체결하며, 판매 수수료, 방송 제작비, 프로모션 비용 등을 부담하고 있는데 이로 인해 중소 납품업체의 수수료 부담이 크다는 문제가 있다. TV홈쇼핑시장에서의 소비자 주문 처리 및 배송 시스템을 보면 소비자의 주문은 콜센터나 온라인 플랫폼을 통해 접수되며, 주문 정보는 물류센터로 전달되어 상품 포장 및 배송이 이루어진다.

국내 TV 홈쇼핑 및 T커머스(T-Commerce) 시장은 최근 몇 년간 디지털 전환과 소비자 행동 변화에 따라 구조적인 변화를 겪고 있는데 국내 TV홈쇼핑시장에서의 주요 사업자 현황, 시장 점유율, 매출 추이, 그리고 향후 전망을 살펴보기로 한다.

Ⅲ. 국내 TV 홈쇼핑 및 T커머스 사업자 현황

국내 홈쇼핑방송은 유료방송플랫폼(IPTV, 위성방송, 종합유선방송)을 통해 상품소개와 판매에 관한 전문화된 프로그램을 편성·제공하는 방송으로, 실시간 방송을 통한 TV홈쇼핑, 양방향성에 기반한 데이터 홈쇼핑(T-Commerce)으로 구분할 수 있다. 국내 TV홈쇼핑사업자는 총7개사로 GS리테일, CJENM, 현대홈쇼핑, 우리홈쇼핑, NS홈쇼핑, 홈앤쇼핑, 공영홈쇼핑이 있으며, 홈앤쇼핑과 공영홈쇼핑을 제외한 5개사는 T-Commerce채널도 함께 운영 중이고, 개별 T-Commerce 사업자는 더블유쇼핑, 에스케이브로드밴드, 티알엔, 신세계티비쇼핑, 케이티하이테 총5개사이며, 2015년 이후 본격적인 확장세를 보이고 있다.

[국내 홈쇼핑사업자 현황]

순번	법인명	채널명	구분	개국일자
1	㈜씨제이이앤엠1) (구 ㈜씨제이오쇼핑)	CJ오쇼핑	TV	1995.08
		CJ오쇼핑플러스	데이터	2015.05
2	㈜지에스리테일2)	GS SHOP	TV	1995.08
		GS MY SHOP	데이터	2015.07
3	㈜엔에스홈쇼핑	NS홈쇼핑	TV	2001.09
		NS Shop+	데이터	2015.12
4	㈜우리홈쇼핑 (롯데홈쇼핑)	롯데홈쇼핑	TV	2001.09
		롯데원티브이	데이터	2015.03
5	㈜현대홈쇼핑	현대홈쇼핑	TV	2001.11
		현대홈쇼핑 +Shop	데이터	2015.04
6	㈜홈앤쇼핑	홈앤쇼핑	TV	2012.05
7	㈜공영홈쇼핑	아임쇼핑	TV	2015.07
8	㈜케이티하이텔	K쇼핑(K Shopping)	데이터	2012.08
9	㈜티알엔3) (구 ㈜쇼핑엔티)	쇼핑엔티	데이터	2013.10
10	에스케이스토아(주)4)	SK Stoa(구 Btv 쇼핑)	데이터	2015.01
11	㈜더블유쇼핑	W쇼핑	데이터	2015.08
12	㈜신세계티비쇼핑	신세계 쇼핑	데이터	2015.11

출처: 정보통신정책연구원, 『국내 홈쇼핑방송 환경 변화 분석』, 『KISDI STAT Report』(2021. 3. 15)
주 1) 2018년 ㈜씨제이이앤엠과 ㈜씨제이오쇼핑 합병
주 2) 2021년 ㈜지에스리테일과 ㈜지에스홈쇼핑 합병
주 3) 쇼핑엔티는 2018년 4월에 티알엔에 인수·합병됨
주 4) 2017년 에스케이브로드밴드(주)는 홈쇼핑 사업부문을 법적 분할하여 데이터홈쇼핑 별도 법인인 에스케이스토아(주) 설립

Ⅳ. TV홈쇼핑시장 매출 및 점유율 현황

TV홈쇼핑사(TV홈쇼핑 7개사 및 겸영 포함 T-Commerce 10개사)의 2023년 매출액은 8조 3,107억 원으로 CJENM과 GS리테일이 연간 매출액 기준 1, 2위를 기록하고 있으며 CJENM TV홈쇼핑부문 매출은 2조 6,395억 원, 영업이익은 1,593억 원으로 나타나고 있다.

[TV홈쇼핑 7사 (회계) 전체 매출현황]

(단위: 억 원, %)

	실적	2020	2021	2022	2023
GS리테일 (구 GS 홈쇼핑)	매 출 액	12,457	12,271	12,393	11,310
	영업 이익	1,569	1,359	1,426	1,169
	당기순이익	1,201	–	1,284	1,180
	영업이익률	12.6	11.1	11.5	10.3
CJENM (구 CJ 오쇼핑)	매 출 액	13,620	11,571	30,102	26,395
	영업 이익	1,798	1,343	2,382	1,593
	당기순이익	–	–	807	265
	영업이익률	13.2	11.6	7.9	6.0
현대홈쇼핑	매 출 액	10,850	10,804	11,016	10,743
	영업 이익	1,557	1,339	1,557	448
	당기순이익	643	448	643	767
	영업이익률	14.4	12.4	14.1	402
롯데홈쇼핑	매 출 액	10,759	11,027	10,778	9,416
	영업 이익	1,253	1,022	784	89
	당기순이익	1,003	559	741	503
	영업이익률	11.6	9.3	7.3	0.9
NS홈쇼핑	매 출 액	5,247	5,479	5,509	5,977
	영업 이익	642	623	397	412
	당기순이익	383	464	318	353
	영업이익률	12.2	11.4	7.2	6.9
홈앤쇼핑	매 출 액	4,366	4,233	4,430	4,350
	영업 이익	397	210	265	271
	당기순이익	325	192	813	314
	영업이익률	9.1	4.9	6.0	6.2
공영	매 출 액	2,039	2,046	1,964	1,862
	영업 이익	218	147	148	31
	당기순이익	255	135	129	51
	영업이익률	10.7	7.2	7.5	107

출처 : 금감원 공시자료 및 각사 재무제표. 방송통신위원회, 「2023년도 방송사업자 재산상황 공표집」(2024. 6)

[TV홈쇼핑 7개사 연도별 (회계)매출액 점유율 추이]

(단위: 억 원)

구분	2021		2022		2023	
GS리테일	12,271	21.4%	12,393	16.3%	11,310	13.7%
CJENM	11,571	20.1%	30,102	39.5%	26,395	31.8%
NS홈쇼핑	5,479	9.5%	5,509	7.2%	5,977	7.2%
롯데홈쇼핑	11,027	19.2%	10,778	14.1%	9,416	11.3%
현대홈쇼핑	10,804	18.8%	11,016	14.5%	10,743	12.9%
홈앤쇼핑	4,233	7.4%	4,430	5.8%	4,350	5.2%
공영	2,046	3.6%	1,964	2.6%	1,862	2.2%
계	57,431	100	76,192	100	83,107	100

출처 : 금감원 공시자료 및 자사 재무제표, 방송통신위원회, 「2023년도 방송사업자 재산상황 공표집」(2024. 6)

Ⅴ. 시장 현황 및 전망

국내 홈쇼핑시장은 지속적인 매출 감소 추세를 보이고 있는데, 2021년 대비 2022년 TV 홈쇼핑 방송 매출은 3.9% 감소하였으며, 2023년에도 감소세가 이어질 것으로 예상된다. 특히, 2022년 기준, TV 홈쇼핑 사업자가 유료방송사업자에 지불한 송출 수수료는 전체 방송 매출의 약 65%에 달하고 있어 사업자 부담을 가중시키고 판매수수료를 인상시키는 주된 원인으로 지목되고 있다. 정체에 빠진 TV홈쇼핑시장을 다시 활성화시키기 위해서는 디지털로의 전환 시급한 과제로 떠오르고 있다.

이와 별도로 T-커머스시장 역시 2021년까지 연평균 21.0%의 성장률을 보였으나, 2022년 이후 성장세가 둔화되고 있다. 주요 원인으로는 T-커머스 채널 수 증가로 인한 경쟁 심화와 함께, TV 시청률 감소로 인한 시장 포화 우려때문으로 분석된다. 이러한 T-커머스시장의 활성화를 위해서는 생방송 허용 등 규제 개선이 필요하다는 의견이 있다

Ⅵ. TV홈쇼핑시장 규제

다른 유통채널과 달리 방송이라는 매체를 이용해 상품을 판매하는 TV홈쇼핑시장은 방송법과 유통관련 법령의 강도 높은 규제를 받고 있다. 방송법상 규제로는 홈쇼핑 방송은 일정 비율 이상의 공익 및 중소기업 상품을 편성해야 하며, 편성의 다양성과 공공성

을 확보해야 한다. 그 외 공정거래법 및 대규모유통업법에서는 납품업체에 대한 거래조건 공개, 부당한 반품 금지, 판매촉진비 부담 전가 금지 등의 규제를 받고 있는데, 최근 들어 공정거래위원회는 홈쇼핑사업자가 중소 납품업체에 판매촉진비 명목으로 부당하게 비용을 전가한 행위들을 적발하여 과징금을 부과하는 사례가 증가하고 있다.

TV홈쇼핑시장은 과도한 수수료문제로 인해 납품업체의 부담이 특히 가중되는 시장으로 TV홈쇼핑사의 평균 수수료율은 30~40%로, 타 유통채널보다 높은 편이며, 방송 시간당 고정 수수료(정액제)와 판매액 비례 수수료(정률제)의 이중 부담으로 인해 중소 납품업체의 수익성 악화 원인으로 지목되기도 한다.

제4절 다단계 시장의 현황과 법적 쟁점

Ⅰ. 다단계 판매의 개념

다단계 판매시장은 후원수당을 조건으로 한 회원 모집을 통해 상품을 판매하거나 하위 판매원을 유치하는 구조로, 대표적인 네트워크 마케팅 방식으로, 일반 판매와 달리, 판매뿐 아니라 하위 판매원 유치행위 자체가 보상요소가 되며, 일정 단계 이상까지 수당이 분배되는 구조를 가지고 있다. 다단계판매란 '재화 등의 거래'를 하면서 다른 사람을 판매원으로 모집하면 수당을 지급한다는 조건을 붙여 또 다른 사람을 모집하게 만드는 방식의 판매를 의미하는데, 수익구조는 "직접 판매+판매원 모집 수당"으로 이중화되어 있다. 합법 다단계는 공정거래위원회에 등록된 사업자이며, 실질적인 재화 판매를 주된 수익원으로 하고 있는 반면, 불법 피라미드는 실질적 상품 유통이 없거나 미미하고, 신규 모집금 중심으로 수익을 창출하는 특성이 있다.

최근에는 '디지털 플랫폼형 리워드 마케팅'이라는 형태로 진화하고 있는데, 이 형태는 상품 구매나 앱 활동(예: 광고 시청, 친구 초대 등)에 따라 포인트를 주고, 이를 암호화폐나 현금으로 교환하도록 유도하는 방식으로, 유사수신·불법다단계와 유사한 구조를 가지면서도 디지털 플랫폼이라는 외피로 가장하고 있어 피해가 가중되고 있다. 예를 들면, 모바일 앱을 통해 특정 상품을 구매하고 추천코드를 통해 수당을 받는 구조로서 일부 플랫폼은 실제 소비보다 추천자 수에 따라 리워드가 결정되기도 한다.

이처럼 합법적 다단계는 제품 판매 실적에 기반하여 보상이 이루어는 반면, 불법

피라미드 방식은 실질적 제품 거래 없이 신규 회원 가입금만으로 수익을 분배하며, 「방문판매 등에 관한 법률」 위반으로 처벌대상이다. 다단계판매시장은 진입장벽이 낮고, 소규모 창업 기회를 제공한다는 장점이 있는 반면, 정보 비대칭, 과장 광고, 과도한 재고 구매 유도 등 소비자 피해 가능성도 있다.

Ⅱ. 시장 현황

공정거래위원회 통계(2023년 기준)에 따르면 등록된 다단계 업체는 100여 개이며, 소속 판매원 수는 약 800만 명으로, 그 중 상위 1%만이 실질적인 수입을 창출하는 것으로 확인되며, 나머지 판매원의 상당수는 '가입만 한 상태'로 비활성 판매원으로 조사되었다. 국내 다단계판매시장은 연 매출 약 5조 원 내외이며, 건강기능식품·화장품·생활용품 등 일상 소비재 위주로 판매가 이루어지고 있는데, 제품 품질에 대한 신뢰가 부족하고, 과대광고로 인한 소비자 불만이 많은 시장으로 청년층, 고령층 등 취약계층이 경제적 피해를 입는 사례가 다수 발생하기도 한다.

Ⅲ. 법적 규제와 쟁점

다단계판매시장에는 「방문판매 등에 관한 법률」이 적용되며 사업자 등록 의무, 보상체계 공개 등에 관한 규정을 두고 있다. 그 외 소비자 보호 교육 실시 의무, 청약 철회권 보장에 관한 규정을 두고 있는데, 다단계 판매업자는 공정거래위원회에 등록하고, 수당 구조 및 판매 조건을 공개해야 하며, 소비자 피해 예방 교육 의무를 부담하고 있다. 특히, 사전 신고 없이 판매조직을 운영하거나, 과장 수익 홍보, 재고 강매 유도 등의 행위는 법위반 행위로 처벌대상이다.

법상 주요 위반행위 우형으로는 무등록 다단계 영업, 판매원 허위 과장 유인, 재고 강매 유도 및 후원수당 한도 초과(현행 35% 이내) 등이 있다. 더불어 다단계시장에서는 다른 유통채널과 달리 보상 체계의 투명성 문제가 중요한 규제대상인데, 이는 과도한 리크루팅 중심 구조로 불법성과의 경계가 모호하고, 계약서상 수당 조건이 복잡하고 불명확한 경우, 소비자와 신규 판매원의 오인이 유발될 위험성이 높을 뿐 아니라 '하위 조직 구성' 자체에 대한 과도한 보상으로 수당구조가 불명확하거나 리크루팅 중심일 경우, 법위반 가능성 있다.

甲은 다단계 판매업체인 A사의 제품을 구매하면서 "월 50만 원만 투자하면 주변에 3명만 추천해도 월 200만 원 수익"이라는 홍보를 듣고 가입하였다. 하지만 실제로는 제품 가격이 과도하게 고가였고, 수익은 거의 발생하지 않았다. 이 경우 A사의 행위는 어떤 법률 위반 소지가 있는가?

사례의 경우 추천인 모집 중심의 수익구조로 불법 피라미드형 구조를 띄고 있고, "월 50 투자로 월 200만 원 수익"은 과장 광고행위로 표시·광고의 공정화에 관한 법률 위반 가능성이 있다. 또한 고가 제품을 실질 소비 없이 구매하게 했을 경우와 같이 재고 강매 유도행위 역시 방문판매법 위반에 해당하고 청약철회권 안내를 이행하지 않은 행위는 소비자보호법 위반에 해당된다. A사의 행위는 방문판매법 위반으로 등록 취소 및 형사처벌 대상에 해당한다.

제5절 프랜차이즈 시장의 현황과 규제

Ⅰ. 프랜차이즈의 개념과 현황

프랜차이즈란 가맹본부(프랜차이저)가 상표, 경영 노하우, 매뉴얼, 영업비밀 등을 가맹점주에게 제공하고, 그 대가로 일정한 가맹수수료를 받는 계약 형태다. 계약을 통해 사업의 일관성과 확장성을 동시에 도모할 수 있다는 장점이 있다. 프랜차이즈 계약 당사자인 가맹본부와 가맹점주의 관계는 외관상 독립된 계약사 간의 수평관계지만, 실질적으로는 가맹본부의 강한 통제력이 작용하는 수직적 구조를 띠고 있다. 이에 따라 광고비 부담, 거래처 지정, 영업지역 침해 등의 분쟁이 자주 발생하고 있다. 그럼에도 프랜차이즈시장은 창업자(가맹점주)에게 브랜드 인지도를 활용한 안정적 출발이 가능하고, 운영 매뉴얼, 교육지원 등으로 리스크를 줄일 수 있다는 장점이 있다. 반대로 과도한 수수료 및 로열티 부담, 가맹본부 중심의 불공정거래 행위(광고비·판촉비 전가, 점포 인근 중복 출점 등) 발생 가능성 등의 단점도 있다.

국내 프랜차이즈 시장의 가맹브랜드 수는 약 6,000개에 달하며 가맹점수는 약 25만 개로 주요 업종은 외식업(60% 이상), 편의점, 세탁, 교육, 뷰티 등으로 연매출 규모는 약 130조 원 으로 추산된다. 소비형태의 변화로 인해 코로나 이후 급성장한 프랜차이즈 시장의 성장 이면에는 구조적 특성으로 인한 문제들이 대두되는데, 우선 과다경쟁으로 인해 동종 업종 간 출혈 경쟁 및 수익성 하락이라는 문제가 있고, 정보 비대칭으로 인해 창업 초보자의 경우 정보 부족으로 인한 피해가 증가될 수 있으며, 높은 폐점률로 인해 창업 후 3년 내 30% 이상의 가맹점들이 폐업하고 있는 실정이다.

Ⅱ. 법적 규제와 이슈

프랜차이즈시장에 대해서는 「가맹사업거래의 공정화에 관한 법률」과 공정거래위원회 고시 및 표준 가맹계약서 등을 통해 규제가 이루어지고 있다. 주요 규제 내용으로는 가맹사업 개시 전 반드시 정보공개서를 등록·갱신하도록 하고, 해당 정보공개서에는 가맹점 수, 평균매출액, 폐점 수, 본부 재무제표 등을 기재해야 한다. 또한 광고비 및 판촉비 분담 금지규정에 따라 가맹본부가 비용 전가 시 사전에 가맹점주의 서면 동의가 필요하며, 영업지역 보호 및 중복 출점 제한규제에 따라 일정 지역 내 본부 직영점 출점을 제한하고 있다.

최근에는 정보공개서 실효성 문제가 심각하게 다루어지고 있는데, 정보공개서상 정보 왜곡 사례로 가맹점 매출 상위 10% 평균만을 게시하여 왜곡된 기대감을 유발하거나, 폐점 사유(자진/계약해지) 구분 없이 단순 수치만 표기하는 등에 대해서는 공정거래위원회가 매출 허위기재 및 고의 누락 등에 대한 시정조치를 가하고 있다.

김씨는 외식업 브랜드 '한식대장'과 가맹계약을 체결하면서 가맹본부로부터 "초기 1년간은 매출의 10%를 광고비로 일괄 징수한다"는 조건을 일방적으로 통보받았다. 김씨는 서면 동의 없이 광고비를 매월 납부해왔다. 1년 후 그는 이 비용에 대해 반환을 요구하는 등의 구제를 받을 수 있는가?

사례와 같이 가맹본부가 광고비를 일방적으로 부과하고, 서면 동의 없이 정기적으로 징수한 행위는 「가맹사업거래의 공정화에 관한 법률」 제12조 위반에 해당하므로 김씨는 공정거래위원회에 신고하거나 민사상 부당이득 반환 청구를 할 수 있으며, 가맹사업거래 분쟁조정협의회에 분쟁 조정을 신청할 수도 있다.

이씨는 수도권 외곽지역에 프랜차이즈 카페를 창업했는데, 1년 뒤 같은 브랜드의 직영점이 반경 100m 내에 개설되면서 매출이 급감하였다. 가맹계약서에는 영업지역 보호 조항이 명시되어 있지 않았다. 이씨는 법적으로 대응할 수 있을까?

이 사례처럼 가맹계약서상 영업지역 보호 조항이 명시되어 있지 않더라도, 동일 브랜드의 직영점 출점은 가맹사업법상 부당한 거래강요 또는 기망행위로 볼 여지가 있다. 특히 가맹 희망자에게 해당 정보를 사전에 알리지 않은 경우, 정보공개서의 부실 기재 또는 기망행위에 해당될 수 있어, 이씨는 공정거래위원회에 신고하고 조정협의회에 구제를 신청할 수 있다.

저자약력

부산에서 태어나 대구 성광고 졸업 후 연세대학교 법학과 입학
연세대학교 법학사, 법학석사, 법학박사 수료
미국 Indiana University Maurer School of Law, 석사(LL.M), 박사(S.J.D)
인천대학교 법학부 교수
연세대학교 경영대학 객원교수
한국경제법학회 제17대 회장(2025년)
인터넷신문윤리위원회 광고심의위원
동반성장위원회 실무위원
前 금융위원회 법률자문위원
前 인천광역시 공직자윤리위원회 위원장
입법고시, 공인회계사시험, 행정고시 출제위원

법과 경제생활

초판발행 2025년 9월 30일

지은이 문상일
펴낸이 안종만 · 안상준

편 집 김선민
기획/마케팅 정연환
표지디자인 벤스토리
제 작 고철민 · 김원표

펴낸곳 (주) 박영사
서울특별시 금천구 가산디지털2로 53, 210호(가산동, 한라시그마밸리)
등록 1959. 3. 11. 제300-1959-1호(倫)
전 화 02)733-6771
f a x 02)736-4818
e-mail pys@pybook.co.kr
homepage www.pybook.co.kr
ISBN 979-11-303-2459-3 93360

정 가 26,000원